COLLECTION

COMPLÈTE

DES MÉMOIRES

RELATIFS

A L'HISTOIRE DE FRANCE.

Vieilleville, tome 1.

LEBEL, IMPRIMEUR DU ROI, A PARIS.

COLLECTION
COMPLÈTE
DES MÉMOIRES
RELATIFS
A L'HISTOIRE DE FRANCE,

DEPUIS LE RÈGNE DE PHILIPPE-AUGUSTE JUSQU'AU COMMENCEMENT
DU DIX-SEPTIÈME SIÈCLE;

AVEC DES NOTICES SUR CHAQUE AUTEUR,
ET DES OBSERVATIONS SUR CHAQUE OUVRAGE,

Par M. PETITOT.

TOME XXVI.

PARIS,
FOUCAULT, LIBRAIRE, RUE DE SORBONNE, N.° 9.
1822.

MEMOIRES

DE LA VIE

DE

FRANÇOIS DE SCEPEAUX,

SIRE DE VIEILLEVILLE

ET COMTE DE DURETAL, MARÉCHAL DE FRANCE.

NOTICE
SUR
VIEILLEVILLE.

FRANÇOIS DE SCÉPEAUX, comte de Duretal, depuis maréchal de Vieilleville, naquit en 1509. Placé d'abord, comme enfant d'honneur, dans la maison de Louise de Savoie, mère de François I, il se distingua par son goût pour les exercices militaires, et fit paroître, dans des luttes souvent périlleuses, un courage qui annonçoit que cet enfant deviendroit un grand capitaine. N'étant âgé que de dix-sept ans, il fut outragé par le maître-d'hôtel de la princesse, se battit avec lui, le tua, et quitta la Cour pour aller servir en Italie sous Lautrec, chargé par le Roi de délivrer le pape Clément VII, et de faire la conquête du royaume de Naples [1526]. Cette action d'un jeune homme à peine sorti de l'enfance promettoit un caractère emporté; mais, soit que de sérieuses réflexions eussent calmé sa fougue, soit qu'un esprit plein de justesse et de droiture lui eût appris quel doit être l'emploi de la véritable valeur, on ne le vit plus, dans une longue carrière, tourner ses armes que contre les ennemis de l'Etat; et si à un âge avancé il eut le malheur de retomber dans la même faute, on ne put attribuer cette violence, si contraire à sa conduite passée, qu'à un premier mouvement dont il est quelquefois impossible à l'homme le plus modéré de se défendre.

Arrivé dans le royaume de Naples, Vieilleville se proposa de prendre pour modèle le chevalier Bayard, qui, mort trois ans auparavant, avoit laissé dans toute l'Italie une réputation éclatante de courage, de loyauté et de désintéressement. Le prince de Melphe, l'un des plus grands seigneurs du pays, étant devenu son prisonnier à la suite d'un combat sanglant, il refusa une rançon de 60,000 ducats, et, ne songeant qu'aux intérêts de sa patrie, il se servit de l'ascendant que sa noble conduite lui donnoit sur le prince, pour le décider à embrasser le parti de la France. Lautrec ne laissa pas ignorer à François I ce service, qui auroit pu être très-important si des défections imprévues n'eussent ruiné l'armée française; il fit aussi mention dans ses lettres des faits d'armes par lesquels Vieilleville s'étoit distingué : rapports qui déterminèrent le monarque à le placer, lorsqu'il fut de retour en France, auprès de son second fils, le duc d'Orléans, qui fut depuis Henri II. « Mon fils, dit le Roi au jeune prince en
« le lui présentant, il n'a pas plus d'âge que vous,
« voyez ce qu'il a déjà faict ; si les guerres ne le dévo-
« rent pas, vous le ferez quelque jour connestable ou
« mareschal de France. »

Vieilleville ne démentit pas les espérances que François I avoit fondées sur lui. Lorsque, en 1536, la Provence alloit être envahie par les troupes impériales, il fut chargé de s'emparer d'Avignon : opération qui, grâce à son courage et à son habileté, réussit complètement, et qui procura aux Français la position la plus formidable. Huit ans après, se trouvant en Piémont avec le comte d'Enghien dont il possédoit la confiance, il partagea les lauriers de Cerizoles ; et, plus prudent que le jeune héros qui vouloit qu'aucun fuyard n'échappât, il le préserva du sort funeste qu'avoit éprouvé Gaston de Foix à la suite de l'éclatante victoire de Ravenne. Tous ces services, que Vieilleville ne cherchoit pas à faire valoir, avoient fixé l'attention de François I, qui, lorsque la mort le frappa, se proposoit de l'avancer, et ne put que le recommander à son successeur [1547].

Henri II, auquel il étoit depuis long-temps attaché, lui préféra le maréchal de Saint-André, qui possédoit plus que lui les qualités d'un courtisan ; et cette préférence, qui auroit désolé Vieilleville si son ame généreuse eût eté capable de jalousie, ne diminua ni son dévouement pour le monarque, ni son amitié pour le maréchal. Il se contenta de commander la compagnie d'hommes d'armes de celui dont il auroit pu se déclarer le rival. Dès la seconde année de ce règne où les favoris devoient faire commettre tant de fautes, une révolte sérieuse éclata dans la Guienne, dans l'Angoumois et dans la Saintonge ; et le connétable de Montmorency, chargé de la réprimer, poussa la rigueur jusqu'à la cruauté. Bordeaux, dont les habitans demandoient grâce, fut traité comme une ville prise d'assaut, et les troupes royales s'y permirent tous les excès. On vit alors Vieilleville, qui avoit accompagné le connétable, suivre l'exemple que Bayard avoit autrefois donné dans Bresse, prendre sous sa protection la maison dans laquelle il étoit logé, en empêcher le pillage, et préserver quatre demoiselles des outrages auxquels leur beauté les exposoit.

S'il montra dans cette occasion une générosité digne du héros dont il avoit fait son modèle, il imita bientôt son désintéressement, en priant le Roi de trouver bon qu'il refusât un bienfait provenant de la dépouille de quelques familles proscrites. Le monarque sévissoit alors contre les Protestans, dont le nombre s'étoit considérablement accru pendant les années malheureuses du règne précédent : des confiscations avoient été prononcées, et les courtisans s'en disputoient le partage. Vieilleville, à qui Henri II offrit celles qui venoient d'être faites dans diverses provinces, se défendit sans affectation de les accepter; et, quoique dans ce moment il eût fait de grandes dépenses en mariant sa fille aînée, il ne voulut pas profiter d'un bien qui, garanti par les lois, ne l'auroit pas été par sa conscience. Il voyoit avec effroi les haines violentes qui s'allumoient à l'occasion de la religion, et frémissoit des suites qu'elles pouvoient avoir ; mais le temps n'étoit pas encore venu où la France devoit être mise à ces terribles épreuves.

Cependant des guerres cruelles ensanglantoient depuis long-temps l'Allemagne ; et Charles-Quint, sous le prétexte de réprimer les sectaires, auroit voulu anéantir les priviléges des princes et des villes, pour rendre absolue l'autorité impériale : conception gigantesque à laquelle la France s'étoit toujours opposée. Henri II, persistant dans ce système, vouloit en même temps agrandir son royaume de ce côté; mais jusqu'alors il n'avoit adopté aucun plan définitif; et ce fut au moment où les circonstances lui prescrivoient de prendre un parti, qu'il récompensa enfin les services de Vieilleville en l'appelant dans son conseil [1551].

Les Protestans d'Allemagne, presque abattus par la prison de l'électeur de Saxe et du landgrave de Hesse, envoyèrent en France des députés pour demander protection et secours. Le conseil fut partagé : quelques-uns vouloient qu'on reprît sur l'Italie les projets de Charles VIII, de Louis XII et de François I, dont l'issue avoit été constamment malheureuse ; d'autres, plus amis du repos, demandoient qu'on différât toute tentative sur les provinces d'Allemagne, jusqu'à ce que ce pays fût entièrement consumé par les guerres civiles : Vieilleville soutint que le moindre délai assureroit à l'Empereur des avantages qu'on ne pourroit plus lui ravir, et son avis fut qu'on profitât de l'occasion pour s'emparer de Metz, de Toul et de Verdun, en donnant en même temps les plus puissans secours aux princes d'Allemagne. Cet avis fut vivement combattu : on prétendit que les fonds manquoient pour une expédition si dispendieuse ; et Vieilleville répondit par l'offre de sacrifier sa vaisselle : exemple qui ne fut pas suivi. Le Roi, touché des raisons apportées par un homme dont il connoissoit les lumières et le dévouement, adopta son avis, et le fit prévaloir. Ainsi une résolution qui devoit avoir pour résultat l'acquisition la plus avantageuse, la plus solide et la plus durable, fut due à la pénétration et à la fermeté de Vieilleville.

Il se distingua dans cette campagne, qui commença sous les plus favorables auspices [1552]. Les villes impériales de Metz, de Toul et de Verdun ayant ouvert leurs portes, il conseilla au Roi de se borner d'abord à les prendre sous sa protection, et de ne pas y établir brusquement l'administration française ; il lui représenta que sa puissance y seroit la même, et qu'il éviteroit l'inconvénient de s'aliéner le cœur des peuples par des changemens contraires à leurs habitudes. Ce conseil ne fut pas suivi parce que plusieurs seigneurs aspiroient au gouvernement de ces places : celui de Metz fut offert à Vieilleville qui le refusa, dans la persuasion qu'il n'y pourroit pas servir utilement le Roi.

Ses pressentimens se réalisèrent bientôt. Henri II crut que la conquête de l'Alsace ne seroit pas plus difficile que celle des Trois-Evêchés; mais les villes de cette province, voyant que, malgré de vaines promesses, l'intention étoit de les priver de leurs libertés, se préparèrent à soutenir des siéges : la gouvernante des Pays-Bas, sœur de Charles-Quint, vint à leur secours; et il fallut que l'armée française fît une retraite longue et périlleuse. La compagnie commandée par Vieilleville se fit remarquer par son excellente discipline, et il obtint le grade de maréchal de camp.

L'Empereur, qui pendant cette expédition avoit fait la paix avec les princes d'Allemagne, menaça vers la fin de cette année les Trois-Evêchés d'une invasion formidable. Vieilleville, chargé de la défense de Verdun, apprit avec regret que l'orage alloit tomber sur Metz, dont le duc de Guise vint prendre le commandement avec la fleur de la noblesse française. Mais, s'il n'eut pas à soutenir un siége glorieux, il tint constamment la campagne pour harceler l'armée impériale; il battit un grand nombre de corps isolés, s'empara de vingt-deux drapeaux, surprit la ville de Pont-à-Mousson, et contribua presque autant que le duc de Guise à la délivrance de Metz. Cette ville étant définitivement réunie à la France, Vieilleville crut pouvoir sans scrupule en accepter le gouvernement, qui lui fut offert de nouveau [1553].

Ce fut dans ce poste, considéré comme la principale clef du royaume, qu'il déploya en même temps les talens d'un grand administrateur et d'un grand général. S'étant attaché d'abord à réparer les maux que les habitans avoient éprouvés depuis la conquête, il fit chérir la domination française par ceux que leurs intérêts n'attachoient point à l'Empire : il fit trembler les autres en établissant une police vigilante et sévère. Quelques familles nobles, dévouées à Charles-Quint, étoient depuis long-temps en possession d'exercer exclusivement les fonctions municipales; il les leur enleva pour en revêtir de riches bourgeois qui, très-accrédités parmi le peuple, lui firent un grand nombre de partisans. Si, par une conduite habituellement modérée, mais rigoureuse à propos, il parvint à maintenir la tranquillité dans la ville et la discipline parmi ses troupes, il ne put empêcher que le comte de Mesgues, général ennemi qui commandoit à Thionville, n'eût des intelligences avec quelques mécontens, et n'essayât souvent de surprendre la place. Non-seulement il déconcerta tous les complots tramés dans l'intérieur, mais, constamment vainqueur du comte de Mesgues, il lui fit payer cher ses tentatives téméraires. La bataille de Saint-Quentin, si désastreuse pour la France, et qui causa un découragement général, le rendit plus actif et plus vigilant que jamais [1557].

Aussitôt que ce revers eut été glorieusement réparé par le duc de Guise, il forma le projet de s'emparer de Thionville, retraite ordinaire de tous les mécontens des Trois-Evêchés. Henri II ayant agréé cette idée,

Vieilleville fit sur-le-champ les préparatifs du siége ; mais le duc de Guise, qui venoit de soumettre Calais, ne voulut pas qu'un autre général pût s'attribuer la gloire d'avoir pris une place presque aussi importante : il conduisit son armée devant Thionville, s'obstina long-temps à faire diriger l'attaque du côté le plus fortifié, rendit le siége plus difficile et plus long, perdit beaucoup de monde, et ne força la garnison à capituler, qu'après être revenu au plan sagement combiné du gouverneur de Metz. Cependant tout le mérite de cette conquête fut donné au prince lorrain, qu'on regardoit comme le sauveur de la France : le modeste Vieilleville ne chercha point à le lui disputer, et quelques contemporains seulement réclamèrent contre cette injustice : « M. de Vieilleville, dit Brantôme, bâ-« tit et traita l'entreprise de Thionville, et M. de Guise « l'acheva et la prit. »

Après cette conquête, qui mettoit les Trois-Evêchés à l'abri de toute surprise, le maréchal de Termes fut battu près de Gravelines, et l'armée française, où étoit le Roi, se trouva long-temps sur les confins de la Flandre, en présence de l'armée ennemie, sans que des deux côtés on voulût en venir à une action décisive. Vieilleville, voyant que la France, ruinée par une longue guerre, venoit d'acquérir des avantages auxquels elle n'avoit pu s'attendre, et craignant de nouvelles chances, crut le moment favorable pour faire la paix : il en aplanit les difficultés par des négociations dont un moine fut chargé ; et le Roi le mit au nombre des plénipotentiaires qui allèrent à Cateau-Cambrésis conférer avec les ambassadeurs de Philippe II. Vieilleville eut beaucoup de part au fameux traité par lequel le Roi, encore très-redoutable, malgré la perte des batailles de Saint-Quentin et de Gravelines, sembloit sacrifier ses possessions d'Italie, qui sous les trois derniers règnes avoient été payées par tant de sang; mais les politiques éclairés jugèrent que ce sacrifice apparent ne balançoit pas l'avantage solide de conserver les Trois-Évêchés, Thionville, Boulogne et Calais [1559].

Le mariage d'une des filles du Roi avec Philippe II, et celui de sa sœur avec le duc de Savoie, cimentèrent cette paix. Au milieu des fêtes, Henri II, excité par le duc d'Albe, ambassadeur d'Espagne, voulut réprimer les Protestans dont il s'étoit peu occupé pendant la guerre, et il résolut d'aller au parlement pour faire arrêter lui-même quelques conseillers soupçonnés d'hérésie. Vieilleville, qui étoit alors à la Cour, fit les derniers efforts pour le détourner d'une démarche peu digne, selon lui, d'un grand monarque : il parvint à l'ébranler; mais le cardinal de Lorraine le fit bientôt revenir à son premier dessein, en irritant son orgueil contre des sectaires qu'il lui présenta comme des rebelles. Cette démarche alloit avoir pour les Protestans les suites les plus funestes, lorsque le Roi, blessé à mort dans un tournoi, laissa le trône à François II son fils aîné, qui n'avoit que seize ans.

Alors se trouvèrent trop justifiées les inquiétudes qu'avoit témoignées Vieilleville sur les suites funestes des haines religieuses, qui venoient d'être envenimées par la dernière démarche de Henri II. Le nouveau Roi, dominé par la belle Marie Stuart son épouse, nièce des Guise, confia toute sa puissance à ces derniers, qui, s'étant mis à la tête du parti catholique, ne songèrent qu'à exterminer les Protestans. D'un autre côté, la Reine-mère, Catherine de Médicis, irritée de n'avoir presque aucune part aux affaires, favorisa secrètement ceux qu'on vouloit opprimer, tandis que les princes du sang et une partie de la noblesse se déclarèrent ouvertement pour eux. Il résulta de cette position des convulsions horribles, et la scène sanglante des guerres de religion s'ouvrit dans la même année par la conjuration d'Amboise [1560].

Vieilleville ne balança pas un moment sur le parti qu'il devoit prendre : voyant les Protestans en armes, il les considéra comme des révoltés; mais, en leur faisant loyalement la guerre, il ne se laissa emporter à aucun excès, et sa conduite sage et modérée fit le contraste le plus frappant avec l'enthousiasme aveugle et sanguinaire de presque tous les autres généraux. Chargé à cette époque de réprimer une rébellion dans la ville de Rouen, il voulut que, dans l'arrêt des condamnés, on ne fît aucune mention de leur religion, et qu'il fût dit seulement qu'ils avoient violé les ordonnances du Roi. Il avoit en horreur les noms injurieux que se donnoient les deux partis, et il désiroit, mais en vain, qu'on ne les désignât que comme Catholiques et Protestans. Lorsque, vers la fin de cette année, pendant les états d'Orléans, le prince de Condé fut arrêté, et le roi de Navarre gardé à vue, il montra le plus vif intérêt pour ces deux princes, et seconda puissamment Catherine de Médicis dans le projet de les soustraire au sort dont ils étoient menacés.

Après la mort de François II et l'avénement de Charles IX, quand la Reine-mère, devenue arbitre des affaires, voulut établir sa puissance en faisant triompher tour à tour l'un et l'autre parti, Vieilleville, envoyé à Vienne comme ambassadeur, eut le bonheur de ne prendre aucune part à cette politique funeste. Sa mission eut le plus grand succès, et, s'étant fait goûter par l'empereur Ferdinand, il prit sur lui de demander Isabelle, petite-fille de ce prince, pour le jeune Charles IX : union qui, à cause de leur âge, ne put avoir lieu que huit ans après, et qui, en appelant sur le trône de France la princesse la plus vertueuse, auroit puissamment contribué à la félicité de ce royaume, si les intrigues et les factions n'eussent détruit l'effet qu'on pouvoit en attendre.

Vieilleville, à son retour, trouva la guerre civile allumée par suite de l'événement de Vassy. Retenu à la Cour, il n'assista point à la bataille de Dreux où les Catholiques triomphèrent, et où périt assassiné le maréchal de Saint-André, dont il n'avoit pas cessé d'être l'ami, quoique une ame moins généreuse que la sienne eût pu ne voir en lui qu'un rival injustement préféré. Il pleura sincèrement sa perte, s'obstina long-temps à refuser le bâton de maréchal de France que cette mort laissoit vacant, et il fallut que Charles IX et sa mère vinssent le contraindre à recevoir cette charge éminente qu'il avoit méritée par trente-six ans de services. A peine en fut-il revêtu qu'il partit pour Rouen, afin de défendre cette ville menacée par Coligny [1563].

D'Estouteville, seigneur de Villebon, en étoit gouverneur, et il ne vit pas sans chagrin qu'un autre que lui alloit commander en Normandie. C'étoit d'ailleurs un de ces Catholiques emportés qui avoient juré d'exterminer le parti protestant, et la modération de Vieilleville ne put qu'augmenter ses préventions. Ils eurent ensemble plusieurs altercations très-vives, et, poussés tous deux par d'imprudens amis qui ne négligeoient rien pour les aigrir, ils agissoient dans un sens contraire, ce qui nuisoit beaucoup à la cause qu'ils étoient chargés de défendre, et ce qui n'empêcha pas cependant Vieilleville de remporter plusieurs avantages sur les troupes de Coligny.

Pendant l'une de ces expéditions, Villebon ayant fait massacrer un riche Protestant qui n'étoit entré dans Rouen que pour y chercher ses trésors, le maréchal témoigna hautement son indignation : mais quelques jours après il sentit que le bien du service exigeoit qu'il se rapprochât du gouverneur, et il le retint à dîner, bien décidé à ne rien dire qui pût faire renaître leurs anciennes querelles. Son espérance fut trompée ; au sortir de table, Villebon osa l'outrager et lui donner un démenti ; ils mirent l'épée à la main ; et Vieilleville, qui s'étoit souvent mesuré corps à corps avec les ennemis, fit presque aussitôt tomber le bras de son adversaire. Cet acte d'emportement, si opposé à son caractère, et qu'il ne tarda pas à se reprocher, lui attira les plus graves désagrémens. On le crut d'accord avec les Protestans, presque toute la ville de Rouen se révolta contre lui, il fut assiégé quelques jours dans l'abbaye de Saint-Ouen, lieu de sa résidence, et il ne dut son salut qu'à son sang-froid et à son courage.

Cette malheureuse affaire, et une modération blâmée par tous les esprits ardens, firent croire à plusieurs Catholiques qu'il avoit embrassé en secret la religion nouvelle. Brantôme, qui a propagé cette tradition, ne l'appuie que sur des motifs frivoles, dont le plus spécieux est que Vieilleville donna sa seconde fille au comte de Duilly, de la maison du Châtelet, zélé protestant. Mais il suffit de lire attentivement les mémoires pour être convaincu que les opinions religieuses n'eurent aucune part à cette union. En effet, Vieilleville destinoit sa fille au comte de Sault, gentilhomme provençal, et ce ne fut que pour obéir aux ordres précis de Catherine de Médicis qu'il accorda la main de cette jeune personne au comte de Duilly. D'ailleurs il regarda constamment les Protestans armés comme les ennemis de l'Etat : il les combattit avec courage toutes les fois que l'occasion lui en fut offerte ; et s'il regretta que la guerre se fît sans loyauté, s'il eut en horreur les massacres et les excès de toute espèce qu'elle traînoit à sa suite, s'il fit des vœux ardens pour qu'une paix solide réunît tous les Français, on doit plutôt trouver dans ces nobles sentimens les vrais principes de la religion catholique, qu'y chercher un penchant vers l'hérésie.

Lorsque la paix, qu'il désiroit si vivement, se fit à Amboise [19 mars 1563], il fut le premier à proposer que les deux partis s'unissent pour reprendre le port du Havre que Coligny avoit livré aux Anglais. Cet avis, qui tendoit non-seulement à rendre à l'Etat le plus éminent service, mais à étouffer l'esprit de parti, ne fut pas adopté sans contradiction. Le souvenir des excès commis des deux côtés étoit trop récent pour que la confiance pût sitôt s'établir. Cependant, après quelques mois d'hésitation, l'expédition eut lieu : les chefs catholiques et protestans semblèrent partager l'enthousiasme de Vieilleville ; les Anglais furent obligés de capituler, et Charles IX attribua au maréchal tout l'honneur de cette victoire.

La paix ayant été rompue quatre ans après par les Protestans, Vieilleville ne put se trouver à la bataille de Saint-Denis, où le connétable de Montmorency fut blessé à mort [11 décembre 1567]. Rappelé aussitôt à Paris, il entendit beaucoup parler de cette bataille dont chaque parti s'attribuoit le gain : le Roi lui ayant demandé son avis, il répondit tristement que, dans une lutte où avoit été moissonnée des deux côtés la fleur de la noblesse française, c'étoit le roi d'Espagne, Philippe II, qui étoit le véritable vainqueur. Charles IX qui le chérissoit, et qui se plaisoit à l'appeler *mon maréchal*, lui offrit alors l'épée de connétable ; mais Vieilleville, assez modeste pour ne pas se croire digne d'une si grande place, et sachant d'ailleurs que la Reine-mère avoit le projet de confier le commandement suprême des troupes à son second fils, le duc d'Anjou, fit agréer son refus par le monarque : âgé de près de soixante ans, il craignit, dans les circonstances terribles où l'on se trouvoit, de ne pas justifier une confiance qui lui étoit si honorable.

On le vit servir utilement dans cette guerre comme maréchal de France : il défendit Poitiers; et, après la bataille de Moncontour, il attaqua Saint-Jean-d'Angely, l'une des places les plus fortes des Protestans : cette ville, défendue par le célèbre Pilles, lui ouvrit ses portes après un siége long et sanglant.

La paix de 1570, où les deux partis ne cherchèrent qu'à se tromper, parut à Vieilleville solide et durable. Il se livra de nouveau à l'espoir chimérique de voir l'union des Français; et ses vœux furent comblés lorsque Isabelle d'Autriche, dont il avoit préparé le mariage huit ans auparavant, vint épouser Charles IX. Comblé de faveurs par le monarque, chéri de la jeune reine, il se figuroit qu'il n'avoit plus à couler que des jours heureux. A la fin d'octobre 1571, le Roi lui fit l'honneur de venir le visiter dans son château de Duretal : il ne négligea rien pour le recevoir dignement; et ce fut au milieu des fêtes qu'il mourut empoisonné, le 2 novembre, à l'âge de soixante-deux ans. Ce crime fut généralement attribué à quelques courtisans jaloux de sa faveur; certaines personnes voulurent y découvrir des combinaisons plus profondes: elles pensèrent que les ennemis de la paix avoient fait périr celui qui auroit tout sacrifié pour la maintenir, et elles s'obstinèrent, sans aucune preuve, à voir dans cet attentat un prélude du massacre de la Saint-Barthélemy qui arriva l'année suivante.

On a pu remarquer, d'après ce résumé des principales actions de Vieilleville, qu'il avoit plus d'un rapport avec Bayard. Mais, comme il arrive presque toujours aux hommes les plus vertueux, son beau caractère céda quelquefois à l'ascendant de la société dans laquelle il eut le malheur de se trouver. Ayant vécu pendant ses dix dernières années au milieu d'une cour où la dissimulation et l'intrigue sembloient se jouer des sentimens les plus nobles, il ne conserva pas toujours cette franchise qui avoit été la meilleure qualité du héros dont il avoit fait son modèle; et surtout dans ses ambassades, il ne fut pas toujours étranger à quelques manéges qu'une excessive délicatesse auroit réprouvés.

L'auteur de ses Mémoires est Vincent Carloix, qui

lui fut attaché en qualité de secrétaire pendant trente-six ans. Cet homme étoit l'unique dépositaire des secrets de son maître, qui lui remettoit tous ses papiers, l'instruisoit de tout ce qui s'étoit passé dans les conseils, et vouloit qu'il fût un jour en état d'écrire son histoire. « Je remarqueray, dit Le Laboureur, que les grands seigneurs étoient curieux au temps passé de s'acquérir des personnes qui leur rendissent cet office. » Certainement Vieilleville ne pouvoit faire un meilleur choix.

Carloix, qui ne s'occupa de ce travail que quelques années après la mort de Vieilleville, sous le règne de Henri III, se proposa d'imiter les récits gais et naïfs du loyal serviteur, comme son maître s'étoit proposé d'imiter les actions de Bayard; mais les mêmes causes qui avoient influé sur le caractère du héros, empêchèrent l'historien d'atteindre entièrement le but qu'il s'étoit proposé. Il parvint à faire un récit fort amusant des actions de Vieilleville; il y joignit plusieurs anecdotes piquantes, et des peintures de mœurs très-fidèles; son style offrit une élégance et une rapidité bien rares parmi les écrivains français du seizième siècle : mais il ne se tint pas suffisamment en garde contre les préventions, et, pour faire valoir son maître, il se permit trop souvent de rabaisser les hommes les plus distingués de ce temps. Vieilleville ne fut pas ingrat envers ce serviteur, dont il avoit pu apprécier la fidélité et les talens. Par son crédit, Carloix fut nommé en 1569 secrétaire du Roi, place qu'il quitta deux ans après, on ne sait par quelle raison. Cet écrivain, ayant terminé son ouvrage dans un âge avancé, ne put le livrer à l'impression, au milieu des guerres civiles qui agitèrent le règne du dernier des Valois : il le déposa dans les archives du château de Duretal.

Ce fut là que ce monument précieux fut découvert, vers le milieu du dix-huitième siècle, par le père Griffet, jésuite, auquel on doit de grands travaux sur l'histoire de France. « Ce manuscrit, dit-il, paroît « être de différentes écritures, toutes également con- « formes à la manière dont on écrivoit du temps de « Charles IX et de Henri III. Les sept premiers livres, « qui sont mis au net, ont été vraisemblablement co- « piés sur l'original. On remarque des ratures et des « corrections dans les trois derniers, ce qui fait croire « qu'ils sont de la main de l'auteur. » Cet intéressant ouvrage, commenté par le père Griffet, parut en 1757, 5 volumes *in*-12. N'ayant pu consulter le manuscrit original, nous le reproduisons tel qu'il fut alors publié; nous nous sommes seulement permis de faire dans les notes les changemens qui nous ont paru nécessaires.

MÉMOIRES
DE LA VIE
DU
MARÉCHAL DE VIEILLEVILLE.

LIVRE PREMIER.

CHAPITRE PREMIER.

Noblesse de M. de Vieilleville.

JE dirai donques que très-haut, illustre et puissant seigneur, monseigneur FRANÇOIS DE SCEPEAUX (1), sire de Vieilleville (2), comte de Durestal (3), baron de

(1) *De Scepeaux.* Cette terre existoit dans l'ancien comté de Laval, entre cette ville et Craon.

(2) *De Vieilleville.* Ce lieu, dont les premiers éditeurs n'ont pu fixer exactement la position, existe encore sous le même nom; il est situé dans la paroisse de Baracé, sur le bord du Loir. Il y avoit près de Vieilleville un port qui porte encore le nom de *Prigne*. Vieilleville fut un château assez considérable jusqu'au moment où les propriétaires l'abandonnèrent pour transporter leur habitation principale à Duretal, château beaucoup plus grand; mais il ne cessa pas de leur appartenir, et il avoit passé, avec toute la terre de Duretal, dans la maison de La Rochefoucauld. Vieilleville, vendu pendant la révolution comme bien national, est aujourd'hui une ferme dont quelques bâtimens ont encore un air de grandeur. (Nous devons ces renseignemens à M. Benoist, directeur général des contributions indirectes).

(3) *De Durestal.* Duretal est à deux lieues de Vieilleville

Mathefelon; seigneur de La Vaisousiere, de Saint-Michel-du-Boys et de La Berardiere, mareschal de France, gouverneur et lieutenant général pour le roi Henry II, François II et Charles IX, en la ville de Metz et pays messin, étoit fils de haut et puissant seigneur messire René de Scepeaux, chevallier, sire de Vieilleville et des terres cy dessus, et de haute et vertueuse dame Marguerite de La Jaille, aussi dame desdits lieux, gens de bien, d'honneur et sans aucun reproche, vivants si vertueusement, que toute la noblesse du pays d'Anjou et du Maine y prenoit exemple : qui estoit cause qu'estants ordinairement visitez et hantez par ladite noblesse et autres gens d'estat, ils tenoient une fort magnifique et ouverte maison, et des plus liberales du pays. Et estoit fils d'une fille de cette illustre maison d'Etousteville que toute la France connoist, et puisné de l'ancienne maison de Scepeaux, de laquelle les prédecesseurs ont fait à nos rois de fort grands et signalés services du tems des guerres contre les Anglais, anciens ennemys de la couronne de France, et quasi à leurs dépens et avec l'aide de leurs sujets, car ils avoient de ce tems-là grandes seigneuries et possessions és provinces de Bretagne, Anjou et le Maine, qui en sont écartées à cause des infinies dépences que leur moyennoient ces guerres. Toutefois encore, pour le jourd'huy, le chef de la maison de Scepeaux jouit de plus de cinquante mille livres de rente, ayant succédé aux biens, par vray et légitime mariage, de très-illustre princesse madame Philippe de Montespedon, en son vivant épouse de très-excellent prince monseigneur Charles de Bourbon, lorsqu'il vivoit prince de La Roche-sur-Yon : qui donne bien à connoître de quelle marque est cette maison de Scepeaux, et ayant hérité pareillement de madame Marguerite de La Jaille, mere de mondit sieur le mareschal.

CHAPITRE II.

M. de Vieilleville entre dans la maison de Louise de Savoie, mère de François I.

De toute ancienneté nos rois ont accoutumé de prendre les enfans des grandes et illustres maisons de leur royaume, et en tirer du service, ou auprès de leurs personnes, ou les mettre avec nos princes leurs enfans pour apprendre la vertu, afin que, devenants en l'aage de porter les armes, ils soient employez aux charges d'importance, et honorez, selon leur merite, des haults grades et estats du royaume, qui sont presque infinis; pour à quoi parvenir ils s'esvertuent à toutes louables actions et exercices, méprisants, poussez de cette espérance, la mort et la vie, de cette sorte qu'ils ne pensent qu'au point d'honneur, à estre vaillants, à acquerir reputation, et se hazarder à toutes entreprises pour le service de leur roi : qui est cause que la noblesse de France excelle toute autre de ce monde, et n'a sa pareille sous l'univers ; car il n'y en a point qui lui soit aucunement comparable.

Suivant cette excellente coutume, il fut nourri enfant d'honneur de serenissime princesse madame Loyse de Savoye, mere du roy François le Grand et regente en France : mais il n'y fut que quatre ans seulement, car il luy survint une fortune qui lui accourcit son service, et lui traina toutefois son advancement : d'autant qu'un gentilhomme lui ayant donné un soufflet comme il alloit au service du diner de sa maistresse, l'enfant d'honneur, le diner finy, se deroba de son gouverneur, et vint trouver ce gentilhomme que l'on disoit estre premier maitre d'hostel de madame la Regente, et, le pressant de lui rendre son honneur, luy donna de l'épée au travers du corps. Ce malheur luy advint le dix-huitieme an de son âge.

Après ce coup, qui ne fut pas tenu pour mauvais des plus grands, et principalement du Roy, qui ne pouvoit trouver bon que les maîtres d'hostel ou autres officiers de sa maison outrageassent ou missent les mains sur les enfans d'honneur, et qui avoient des gouverneurs exprès pour se plaindre à eux et les chastier s'ils s'oublioient en quelque sottise, Sa Majesté envoya chercher M. de Vieilleville pour le présenter à madame la Regente sa mere, et le reconcilier ; car on tenoit ce maître d'hostel pour mort. Mais il s'étoit déjà absenté de la Cour, et venu trouver son pere en sa maison de Durestal, pour prendre de luy le moyen de faire le voyage de Naples, où l'on disoit que M. de Lautrec menoit une belle armée : et ayant fait ses préparatifs, mis ordre à son équippage, et s'estre muny abondamment de finances, et choisy vingt-cinq gentilhommes d'Anjou et de Bretagne pour l'accompagner (car il vouloit paroître en seigneur de sa qualité), il se présenta à M. de Lautrec en la ville de Chambéry, qui le reçut fort humainement, et, le reconnoissant pour son parent à cause de Parthenay (1), le fit loger sous sa cornette, et l'eut en très-grand estime, au moyen des belles preuves d'armes qu'il fit durant ce voyage; car en toutes les factions, prises de villes, et généralement toutes entreprises qui s'offrirent, il fut toujours des premiers.

CHAPITRE III.

Guerre de Naples. — Prise de Pavie.

[1527] AUPARAVANT que l'armée entrast au royaume de Naples, M. de Lautrec la fit passer par l'Etat de Milan et la Lombardie, où furent prises par force plusieurs bonnes villes et fortes places, comme Gênes, Biegras, Morterre, Vigene, Noarre, Alexandrie et toute l'Omeline (2). En quoy M. de Vieilleville n'épargna sa vie non plus que s'il en eust eu une centaine à dépandre, à la vuë de toute l'armée, et au grand contentement de M. de Lautrec. Et ne faut oublier Pavie, qui fut battüe quatre jours durant d'une si étrange furie, que ceux de dedans envoyèrent devers M. de Lautrec deux capitaines et un trompette pour parlementer : mais cependant M. de Vieilleville, bruslant d'ardente jeunesse, suivy de toutes les bandes françaises déja préparées pour l'assaut, entra dedans par la bresche, et taillerent en pieces tout ce qui se

---

(1) *A cause de Parthenay*. Vieilleville, du côté de sa mère, descendoit de Jeanne de Mathefelon, dame de Parthenay.

(2) *Biegras* : Bigrassa. *Morterre* : Mortare. *Vigene* : Vigevano. *Noarre* : Novarre. *L'Omeline* : La Laumeline.

présenta devant eux pour leur faire teste. A quoy ceux de dedans ne s'attendoient pas, car ils étoient aux écoutes de la composition que l'on voudroit faire à leurs deputez. Les Suisses et lansquenets y accoururent bientost; dont la ville fut prise et saccagée huit jours durant, avec infinies massacres et cruautez qui y furent exercées, se souvenants de la prise du Roy et de la defaitte de son armée devant ladite ville; à quoy il ne fut possible à M. de Lautrec de mettre ordre, ny d'y pouvoir remedier; et sans le commandement qu'il fit à M. de Vieilleville de prendre deux cens hommes d'armes pour empescher le feu, elle eust esté sans doute réduite en cendres : encore ne purent-ils tant battre ni menacer, qu'il n'y eust quarante ou cinquante maisons brûlées; car la memoire de cette bataille, qui étoit encore recente, d'autant qu'il n'y avoit pas cinq ans à dire (1), les avoit ainsi enflammez à cette cruelle vengeance.

~~~~~~

CHAPITRE IV.

M. de Vieilleville pris sur mer.

[1528] AYANT M. de Lautrec très-heureusement exploité en toute la Lombardie, et donné ordre, sejournant à Bouloigne, à la délivrance du Pape, il fit marcher son armée, pour toujours tenir sa bonne fortune en haleine, vers le pays de la Brusse (2), et, sui-

---

(1) *Il n'y avoit pas cinq ans à dire.* Il n'y avoit que deux ans, puisque la bataille de Pavie fut livrée le 24 février 1525. — (2) *La Brusse:* l'Abbruzze, province du royaume de Naples.

vant toujours la coste de la mer Adriatique, vint loger au marquisat de Gouast. Or y avoit-il dix ou douze galeres venitiennes qui le cotoyoient toujours terre à terre, pour le favoriser et soutenir du costé de la mer, desquelles étoit général le neveu du duc d'Urbin; lequel, averty que quelques galeres faisoient escorte à des vaisseaux ronds qui passoient en Candie, delibera de les assaillir. De quoy le bruit repandu par l'armée, M. de Vieilleville, qui vouloit veoir de tout, laissant tout son train au cap, entra en une galere; et s'y jetta avec luy un gentilhomme d'honneur, nommé M. de Cornillon, qui luy donna sa foy de ne le jamais abandonner. Il y entra plusieurs autres jeunes gentilshommes de bonne part, pour combattre et acquerir honneur : et voguants de franc courage en esperance de trouver l'ennemy, ils le découvrent auprès de Monica (1), qui estoit audessus du vent et plus fort, lequel ne faillit pas de s'aider de son avantage, et charge furieusement les galeres venitiennes, qui ne tindrent pas coup, mais hausserent la voile et se retirerent sans combattre que bien peu. Et estant celle où M. de Vieilleville combattoit déja bien engagée, elle n'eut moyen de faire voille, mais fut investie et prise, et luy prisonnier entre les mains du seigneur de la même ville de Monica, qui lui presenta une courtoisie qu'il ne voulut pas accepter; car, l'ayant mis à trois mil écus de ranson, et Cornillon à mil, il lui offrit liberté pour aller, sur sa foy, querir lesdites ransons, à la charge toutefois, s'il ne revenoit dedans le temps qu'il lui avoit limité, que son compagnon

---

(1) *Monica* : Monaco.

seroit mis à la cathene (1), en danger d'y user le reste de ses jours.

M. de Vieilleville, qui avoit juré amitié avec M. de Cornillon, refusa ce party, craignant que la longueur du chemin et les moyens ne se pussent accommoder avec la brièveté du temps; mais il pria le sieur de Monica d'envoyer devers M. de Lautrec l'avertir qu'il tenoit Vieilleville prisonnier, et qu'il payeroit, outre sa ranson et depens, ceux que le trompette feroit pour aller jusques la distance du lieu où ils estoient, environ soixante milles. Ce que fit le sieur de Monica : et le trompette de retour amena deux gentilshommes de la part de M. de Lautrec, qui apporterent ce qui étoit requis pour sa liberté. Mais parce que ledit sieur de Monica avoit oublié de specifier la ranson et depens de l'autre, M. de Vieilleville les renvoya avec leur argent, suppliant par eux M. de Lautrec, après l'avoir remercié de sa bonne volonté, d'envoyer un homme sûr en la duché d'Anjou, porter les presentes qu'il écrivoit à son pere estant à Durestal, pour avoir quatre mille écus ; et qu'il creveroit plustost en la prison que d'abandonner un gentilhomme d'honneur et de valeur qui estoit prisonnier avec luy, et s'en estoient mutuellement juré fidelité de courir une même fortune. Mais comme ils estoient prets à partir avec cette créance, le seigneur de Monica, considerant la grandeur du courage et la loyauté de M. de Vieilleville, qui aimoit mieux patir que de manquer de foy et de parole, luy donna fort liberalement son compagnon, et prit ce qu'ils avoient apporté pour luy.

(1) *A la cathène* : à la chaîne.

CHAPITRE V.

Suite de la guerre de Naples.

Arrivé que fut M. de Vieilleville de sa prison, il trouva l'armée déja bien avancée en la Pouïlle, et M. de Lautrec prest à donner la bataille au prince d'Orange (1), lequel depuis la mort du duc de Bourbon étoit toujours demeuré lieutenant de l'Empereur en son armée.

Or M. de Lautrec avoit pris audit païs de la Pouïlle les haras de l'Empereur, et départy les chevaux aux seigneurs de l'armée, capitaines, lieùtenans de gendarmerie et de cavalerie legere : en quoi il n'oublia pas M. de Vieilleville, encoré qu'il fust absent et prisonnier; car il luy avoit reservé deux des plus beaux coursiers de tout le haras, desquels il luy fit publiquement present. Ce qui luy vint à plain souhait en cette occasion de bataille, avec une ferme esperance de rendre M. de Lautrec très-véritable ; car il luy avoit dit, en les luy donnant, telles paroles : « Je les vous ai gardés et choisis, mon cousin, tels que vous les voyez, pour l'assurance que j'ay qu'ils ne retourneront jamais en France, et que vous les sçaurez fort bien employer : l'écuyer de l'Empereur, que je tiens prisonnier, les avoit déja dressés, et estoient

---

(1) *Au prince d'Orange.* Philibert de Châlon, prince d'Orange, avoit succédé dans le commandement des troupes impériales au fameux connétable de Bourbon.

prests d'estre envoyez au vice-roy de Naples, pour les faire passer en Espagne. » Et sur l'heure M. de Lautrec nomma le meilleur de son nom, et appella l'autre *l'Imperial.*

Mais le malheur fut si grand que l'on ne vint point au gros jeu, car il ne fut possible de tirer le prince d'Orange hors de son fort; et, quelques escarmouches qu'on luy pust dresser, qui furent braves et furieuses, deux jours durant, pour l'amorcer au combat, si est-ce qu'il n'en voulut pourtant jamais déloger.

Quoy voyant, M. de Lautrec fit marcher l'avantgarde, bataille et arriere-garde tout d'un front, et son artillerie la bouche devant, qui estoit de vingt-quatre pieces de divers calibres, dont les moindres estoient six moyennes, qu'il fit tirer contre l'ennemy pour l'eschauffer à la bataille; car il s'étoit logé en lieu fort avantageux. Mais ce fut en vain, ou qu'il attendoit du secours qui n'estoit encore prest, ou bien qu'il avoit quelqu'autre projet qu'il ne pouvoit pas encore executer; car il estoit assez experimenté capitaine. Toutefois, pour sa reputation, il fit descendre sur les bataillons qui marchoient après l'artillerie françaises, trois cents chevaux et environ quatre cents arquebusiers, qui ne furent pas sitost découverts, que M. de Lautrec commanda à M. de Vieilleville, qui menoit les volontaires, lesquels pouvoient faire le nombre d'environ deux cents salades, d'aller charger cette troupe à la main droite, et aux sieurs de Moriac, lieutenant du duc d'Albanie, et de Pomperand, avec leurs compagnies de gendarmes, de les attaquer à l'autre main ; ce qui fut si vigoureusement executé, que tous les ennemis qui estoient sortis furent deffaits, et les enseignes et guidons gagnés, et bien peu des nostres tuez, mais beaucoup de démontez, principalement de ceux qui se ruèrent sur l'arquebuserie espagnole : et en cette charge M. de Vieilleville perdit celuy de ses coursiers qui s'appelloit l'Imperial.

CHAPITRE VI.

M. de Lautrec évite la bataille.

L'ARMÉE française, qui marchoit en l'ordre cy-dessus, et qui avoit vû cette deffaite, crioit sans cesse : *Bataille, bataille!* et avoient déjà les Suisses et lansquenets baisé la terre. Ils voyoient de l'autre part M. de Lautrec l'armet en teste, l'épée au poing, et monté à l'avantage; qui faisoit croire à tout le monde que de ce pas on alloit enfoncer l'ennemy en son fort et le combattre, à quoy un chacun se préparoit de très-ardent courage. Mais, au lieu de cela, M. de Lautrec alla loger l'armée sur une autre montagne, vis-à-vis de celle où étoit campé l'ennemy : dequoy l'on pensa crever de desespoir, car, s'il eust combattu ce jour-là, sans doute la victoire étoit la sienne.

Le lendemain le duc d'Albanie, le comte de Vaudemont, le seigneur Michel Antoine, marquis de Saluces, et le comte de Tandes, luy dirent que, s'il eust combattû le jour précédent, il eust gagné la bataille. A quoy il répondit assés fierement qu'il ne l'eust pu faire sans perdre beaucoup de gens de bien, mais que devant peu de jours il les auroit la corde au col, sans hazarder un seul homme, et qu'il sçavoit bien sa charge, n'estant au reste si dépourvu de sens et d'expérience, qu'il ne sçust bien faire la guerre à l'œil. L'on dit que le comte Petre de Navarre (1) l'avoit diverty de combattre, pour attendre le seigneur Horacio Baillon, qui luy amenoit treize compagnies de gens de pied italiens des plus aguerris de toute l'Italie.

Il y avoit entre les deux camps une vallée assés spacieuse, sans bois, riviere, marais ny aucune fondriere, où il se fit huit jours durant de braves combats, escarmouches, charges, prises et recousses (2); et là le fils du sieur de Monica fut prisonnier de M. de Vieilleville, qui le renvoya à son pere franc et quitte, en consideration de la courtoisie qu'il avoit faite en sa faveur et au sieur de Cornillon, avec serment pris de luy qu'il ne porteroit de six mois les armes contre le Roy; et lui rendit son cheval sur lequel il combattoit lors de sa prise, qui estoit un très-beau coursier; dequoy il eust bon besoin bientost après, car le lendemain l'autre luy fut tué entre les jambes.

CHAPITRE VII.

Prise de Melphe.

Après les huit jours, Horacio Baillon arriva au camp avec ses troupes italiennes que l'on appelloit les

---

(1) *Le comte Petre de Navarre.* Pierre de Navarre, général très-célèbre. Après avoir acquis une grande réputation dans les armées de Ferdinand le Catholique, il passa au service de France. Il fut pris lorsque les Français levèrent le siége de Naples, et fut étranglé par ordre de l'Empereur. On le croit l'inventeur de l'art des mines.

(2) *Recousses :* reprises.

Bandes Noires; de quoy le prince d'Oranges averti, fit mettre toutes les campannes et sonnettes des mulets dedans les coffres, et, sans battre aux champs ni faire sonner trompette ni sourdine, délogea toute nuit, prenant le chemin des bois droit à Naples. De là est venu le proverbe, *desloger sans trompette,* qui s'approprie communément à ceux qui, tremblants de peur, se dérobent de quelque lieu sans faire bruit. Cela advint estant M. de Lautrec logé à Rocheres, et le prince d'Oranges à Troye (1).

Sur le délogement fuyard du prince d'Oranges, M. de Lautrec fit une faute, au jugement de toute l'armée, autant et plus pernicieuse que la première; car il ne le suivit pas, mais se contenta seulement d'envoyer quelques compagnies de gendarmerie, qui en deffirent quelques-uns sur la queue, mais bien peu; là où, s'il l'eust suivi avec toute l'armée, il estoit infailliblement deffait, car le vice-roy de Naples, nommé dom Hugues de Moncade, luy portoit telle haine, qu'il luy eust fermé les portes de la ville; aussi qu'il perdit dedans les bois plus de six mille Italiens qui l'abandonnerent d'effroi, et se sauverent dans la terre de Lavour (2) et la Basilicate. Mais on imputa tout ce mauvais conseil au comte Petre de Navarre, par lequel M. de Lautrec, tous autres rejetez, se gouvernoit.

Cependant il employa l'armée à prendre les places qui étoient aux environs de Naples, toutes lesquelles généralement il mit sous son obeissance, et entre autres la ville de Melphe, où furent tués sept à huit

---

(1) *Troye* : Troia. — (2) *Lavour*. Labour.

mille hommes, tant de guerre que de ceux de dedans:
et firent ce carnage les Français et les Bandes Noires,
parce qu'ils avoient perdu beaucoup de leurs compagnons au premier assaut qu'ils furent repoussez. Le
prince de Melphe (1) y fut fait prisonnier en combattant à la bresche, l'épée au poing, sans rondache. Si
M. de Vieilleville ne fût arrivé là il estoit mort; mais
il le tira hors de la presse et des coups, et luy sauva
la vie. Ledit prince se rendit à luy, et puis le présenta
à M. de Lautrec, qui le luy donna; de quoy il ne se
prévalut d'un double, car, par la pratique même de
M. de Vieilleville, il se fit français, et renvoya son
ordre et son serment à l'Empereur : il fut lieutenant
de roy en Piedmont, et mareschal de France, ayant
fait de son vivant beaucoup de signalés services aux
rois et à la couronne. Sur quoy est à noter la très-
loyale affection de M. de Vieilleville au bien des affaires de son prince, aimant mieux luy acquerir un
homme de grand moyen en ce pays-là, et de service,
que de se faire riche; car soixante mille ducats ne luy
pouvoient faillir de cette ranson, à laquelle le prisonnier s'estoit fort librement, de soy-même et sans contrainte, soumis, comme riche de cent mille ducats de
rente (2).

Toutes les autres places, tant grandes que petites,
se rendirent par la terreur de ce qui fut si furieusement executé audit Melphe; de sorte qu'il ne se presentoit plus rien en la campagne qui osast resister.
D'autre part, le comte Phillipin Doria, neveu du sei-

---

(1) *Le prince de Melphe:* Jean Carraciolo. — (2) *Cent mille ducats de rente.* Brantôme dit que Charles-Quint refusa de payer la rançon de ce prince, et que ce fut ce qui le fit passer au service de France.

gneur André Doria, avoit huit galeres qui raudoient par toute cette mer de Naples en si grande liberté, que les six galleres qui estoient dedans le port n'avoient pas le courage d'en sortir ny de se montrer.

CHAPITRE VIII.

M. de Vieilleville commande une galère.

Et M. de Vieilleville, qui connoissoit de longue-main le comte Phillipin, pour avoir esté nourris d'un temps à la Cour, luy enfant d'honneur de madame la Regente, et l'autre page de la chambre du Roy, avoit une extreme envie de le voir pour renouveller leur ancienne connoissance; qui fut cause qu'il le vint trouver en ses galeres, où Phillipin, qui le reconnut tout aussitost, le reçut aussi cordialement qu'il est possible, et toute sa troupe, luy offrant, tant pour l'ancienne amitié que pour la reputation qui couroit de luy, et les louables rapports qu'il en avoit entendus, toute sa puissance et moyens; et, s'il luy plaisoit prendre l'une de ses galeres, il vouloit qu'il y eust tout tel commandement que luy-mesme. De quoy M. de Vieilleville le remercia très-affectueusement; et, puisque telle étoit sa volonté, il le supplia, s'il se présentoit une bonne occasion de combattre sur la mer, de commander qu'il fût reçu en la galere qui s'appelle *la Regente*, se souvenant de madame la Regente sa maîtresse. Incontinant le comte Phillipin fit venir le lieutenant de ladite galere, nommé Napolion, Corse de nation, les comites, mariniers et soldats, auxquels il commanda d'obeir à M. de Vieilleville comme à sa propre personne, non seulement ce cas advenant, mais en toutes autres choses; et le pria deslors d'y entrer, d'en user comme de son propre, et d'en prendre possession.

M. de Vieilleville entra dans ladite galere, où il se fit une infinité de fanfares et d'allegresses, y dînant et soupant ordinairement, et se retiroit sur le soir au camp, distant desdites galeres de deux milles seulement; et continua ce train six ou sept jours, appellant les principaux de l'armée à tour de roolle pour les y fester.

CHAPITRE IX.

Combat naval.

Dom Hugues de Moncade, vice-roy susdit, estant en la ville, fut averti que les gentilshommes et soldats desdites galeres s'en alloient ordinairement au camp françois la nuit, et que par ce moyen elles demeuroient le plus souvent sans bonne garde; à cette cause il fit armer les six galeres qui estoient dans le port de Naples, pour aller surprendre celles du comte, et luy-mesme se mit dedans, pour mieux, ce luy sembloit, executer l'entreprise, prenant avec luy le marquis de Gouast, M. du Riz, riche seigneur de la Franche-Comté, et beaucoup d'autres chevaliers de nom et des gens eslus. Mais M. de Lautrec, surement averti de ce dessein, le fit incontinant entendre au comte Phillipin, et luy envoya tout aussitost et secretement quatre cents arquebusiers lestes et bien choisis, sous la conduite de M. du Croq, vieil capitaine gascon et fort experimenté.

Le pauvre vice-roy, qui ne sçavoit rien de ce renfort, fait voile droit à nos galeres, et les attaque de furie sans les marchander. Mais de premiere abordade les nostres mirent deux des siennes à fond à coups de canon; les autres furent investies et combattues main à main, et, comme l'on dit, pied à pied; tellement que ce combat dura pour le moins deux heures, avec grande perte d'hommes d'une part et d'autre, mais plus des Imperiaux, car il n'en réchappa que bien peu; même le vice-roy y fut tué (1), et le marquis de Gouast prisonnier, ensemble les seigneurs de Riz et de La Chau, Ascanio Colone, le beau Vaudré, et plusieurs autres grands seigneurs des païs de l'obeissance de l'Empereur, et deux galeres prises, outre les deux qui se perdirent. Mais aussi, en contrechange de revange, des quatre cents arquebusiers qu'avoit amenés le capitaine Croq, il n'en rechappa que cinquante, qu'ils ne fussent tous morts ou blessés, sans les autres soldats des galeres et gentilshommes qui s'y estoient jettés pour combattre.

(1) *Le vice-roy y fut tué.* « Le pape Clément VII, dit Brantôme, fut « fort joyeux de la mort de Moncade, parce que ce fut lui qui, au sac de « Rome, prit le Vatican et pilla la sacristie de l'église de Saint-Pierre.»

CHAPITRE X.

M. de Vieilleville est pris.

Monsieur de Vieilleville, qui avoit combattu ce qui se peut dedans *la Regente*, et auquel, de cinquante soldats que l'on luy avoit départis des quatre cents, ne luy en estoient demeurez que douze, voulut encore attaquer une galere des deux qui restoient; et l'ayant cramponnée, luy et ses soldats se lancerent à corps perdu sur la parmente, et entrerent dedans. Mais, cependant qu'ils combattoient sur la courcie, devers la poupe, la chiorme de ladite galere et les mariniers se decramponnent de *la Regente* par force, haussent la voile, et s'en vont droit à Naples, ce qu'avoit déja fait l'autre; car durant le combat elle avoit pris le largue; et emmene cette-ci M. de Vieilleville, qui avoit perdu la pluspart de ses soldats en ce combat; dont fut contraint de se rendre. Surquoy il advint que l'autre galere qui avoit pris les devants, ne fut pas sitost arrivée au port, que le prince d'Oranges [1] fit pendre le capitaine, le patron et tous les comites de ladite galere. De quoy, celuy qui tenoit M. de Vieilleville prisonnier, adverty, fut incontinant suraccueilli de la peur et n'osa se presenter au port; qui fut cause que M. de Vieilleville, le voyant ainsi ébranlé entre la mort et la vie, le pratiqua avec si

---

[1] *Le prince d'Orange.* Ce prince commandoit en chef depuis la mort de don Hugues de Moncade.

bonnes assurances et promesses, qu'il le fit entrer au service du Roy.

Le capitaine, qui se nommoit Horacio de Barletta, se confiant en M. de Vieilleville, duquel il avoit connu et éprouvé la valeur, et le jugeant, à sa façon de commander, devoir estre de quelque grande et illustre maison de France, et ne manquer de credit en l'armée française, ne differa aucunement de luy en prester le serment; et, pour plus grande sureté, fit rompre et déchirer sur le champ toutes les banderolles et croix rouges de ses soldats, qui s'y accorderent fort volontairement, irritez de la cruauté du prince d'Oranges, et fit en outre effacer les armes d'Espagne et d'Autriche, la devise de l'Empereur et les aigles de l'Empire, dont sa galere, nommée *la Nimpharella*, estoit semée; et d'un très-grand joyeux accord, à force de rames, car le vent estoit contraire, prennent la route du camp de France.

CHAPITRE XI.

Autre combat naval.

Le comte Phillipin, qui avoit fait chercher tout le reste du jour du combat, et la nuit ensuivante, M. de Vieilleville, avec un extreme dueil et regret, parmy les morts flottans sur l'eau, ne le trouvant, cuyda mourir d'ennuy, et jugea, par la raison de la guerre, et le recit que l'on luy avoit fait, qu'il devoit estre prisonnier dedans les galeres fuyardes. Et estant M. de

Lautrec en pareille peine et deplaisir, ils furent d'avis d'envoyer une galere à Naples, avec saufconduit, pour le requester, ou, en tout évenement, en sçavoir des nouvelles; car la pluspart avoient opinion qu'il estoit mort, mais qu'à cause de la pesanteur de ses armes le corps n'avoit pu flotter, et estoit demeuré au fond.

Ce conseil suivy, le comte Phillipin commanda au capitaine Napolion, Corse, de prendre *la Regente,* et d'aller jusques à Naples pour les effets cy-dessus. Et faisants voile (car ils avoient le vent maestral propice), ils ne furent pas éloignés de deux milles, allants de terre à terre, qu'ils découvrent une galere venant à l'encontre d'eux à rames, qu'ils jugerent incontinant imperiale; et, se preparant au combat, ils apperçurent à l'approche un homme au faite de l'arbre, sur l'antenne, qui manioit une banderolle blanche; ce qui les mit en divers pensemens. Toutefois, de peur de surprise, ils n'abaissent point la voile, esperant, s'il faut combattre, de les bientost investir, et d'en estre maîtres; car, en tout combat de mer, qui a l'avantage du vent il remporte sans doute la victoire. Mais estant à quart de mille près, ils ouirent les trompettes, qui est signal d'allegresse, et en découvrirent d'autres sur la poupe et par tous les flancs de la galere, qui manioient leurs chapeaux, et que tous en général crioient: *France, France!* ce qui leur fit baisser la voile, et ne se douter plus de rien. Et s'estant mis M. de Vieilleville sur le trinquet, il reconnut aussitost *la Regente;* et appellant le capitaine Napolion, Corse, il se presenta incontinant devant luy avec une extreme joye, louant Dieu de ce qu'il n'étoit pas mort, ny, à ce qu'il voyoit, prisonnier, puisqu'il commandoit à *la Nimpharella*. Et s'estant tous embrassez, et allants de l'une à l'autre galere, ils mouïllent l'ancre, à l'abry d'une haute montagne, pour rafraichir la chiorme de la susdite *Nimpharella* qui avoit longuement pâty, car elle avoit quasi vogué vingt-trois heures. Et ne faut demander si, entre autres, le capitaine Napolion estoit aise de voir M. de Vieilleville vivant et en liberté, qui avoit déja goûté, pour le peu qu'ils avoient esté ensemble, ce que c'est que la liberalité française, et semblablement de voir que le capitaine Horacio de Barletta, duquel il avoit autrefois esté prisonnier, s'estoit rendu français, et qu'ils estoient tous deux à la solde d'un même prince.

CHAPITRE XII.

M. de Vieilleville se rend maître d'une seconde galère.

Le prince d'Oranges, se doutant de ce qui estoit déja arrivé, repeupla incontinant d'officiers nouveaux la galere dont il avoit fait pendre le capitaine et patron, qui s'appelloit *la Moncadine*, et commanda à celuy qu'il y mit pour capitaine, nommé Alphonce Carraciolo, frere bâtard du prince de Melphe, fort vaillant soldat, d'aller après *la Nimpharella*, et plustost se perdre qu'il ne la ramenast; craignant que ceux de dedans ne se revoltassent du service de l'Empereur, ayants sçu ce qu'il avoit fait aux autres : ce que ledit Alphonce entreprit, mais à sa ruine; car estant sa galere découverte de loin, M. de Vieilleville commanda que *la Nimpharella* haussast la voile, et que *la Regente* sans voile fît mine d'estre remorquée, qui feroit penser à Alphonce que c'estoit un butin que le capitaine Horacio avoit fait sur la mer, avec lequel il s'en revenoit à Naples; mais quand ils seroient à la portée du canon que *la Nimpharella* tirast, et que tout à l'instant *la Regente* fît voile et son devoir de tirer quant et quant. En quoy M. de Vieilleville fut très-bien obey et satisfait en sa conception; car Alphonce, aveuglé de cette opinion que Horacio remorquoit cette galere pour rentrer en grace du prince d'Oranges, venoit toujours droit à eux : car s'il eust vu deux galeres l'approcher avec la voile, n'en connoissant qu'une, il se fût aidé de leur vent et eust pris la guérite; mais abusé de cette ruse, il vogue toujours; et ne furent pas sitost à la portée du canon les uns des autres, que *la Nimpharella* tire; et incontinant que la fumée se fust haussée, Alphonce voit l'autre galere avec la voile qui tire aussi; les siens d'autre part ne s'oublient de leur devoir; mais se voyant près d'estre investy, il eut recours à la voile pour se sauver : de quoy ils ne luy donnerent pas loisir; car à force de coups ils abatent le trinquet, tuent plusieurs forsats, et froissent ses voiles. Ce que voyant, Alphonce donna signal de se vouloir rendre. M. de Vieilleville fit cesser les bombardiers; aussi qu'il ne vouloit pas mettre la galere à fond. Il entre dedans, prenant la foi d'Alphonce et des autres gens de guerre qu'il fit passer en *la Regente*, puis venant à force de rames contre vent au camp français, fit remorquer après luy *la Moncadine*.

CHAPITRE XIII.

M. de Vieilleville revient trouver M. de Lautrec.

Se voyant M. de Vieilleville favorablement assisté de sa bonne fortune, que de prisonnier il se trouvoit maître et seigneur de deux galeres, il prit terre auprès de l'armée, contant si jamais gentilhomme le fut; mais, n'y estant plus le comte Phillipin Doria, son ayse se changea en une facherie inexprimable, car ils s'entre-aimoient autant et plus que freres; et demandant l'occasion de son partement, il luy fut répondu que M. de Lautrec l'avoit envoyé en France avec deux galeres, mener le marquis de Gouast et les autres prisonniers d'Estat qui avoient esté pris au combat cy-dessus mentionné. Reponse qui augmenta davantage son ennuy, car il estoit hors d'esperance de le voir de long-tems : mais il ne le vit jamais depuis; car il abandonna le service du Roy pour suivre son oncle André Doria. Et estant sur les regrets de cette absence, M. de Lautrec survint avec grosse troupe pour se rejouir avec luy d'un si heureux succès, l'assurant, après infinies caresses, que de tout ce qu'il avoit jamais ouy reciter en fait de guerre, il n'avoit encore entendu une telle avanture. « Et il faut bien, mon cousin, lui dit-il, que vous meniez votre fortune par la main, pour vous non-seulement seconder, mais obeir du tout en ce que vous entreprenez, ne me pouvant passer de vous dire que l'évenement de cette conqueste m'est admirable, que j'attribue après Dieu à votre assurance, valeur et très-sain entendement; et en faveur de cette victoire, je feray coucher aujourd'huy sur l'état du Roy les capitaines Horacio de Barletta et Alphonce Carracciolo, et les prends en ma protection, ne voulant avoir d'eux autre serment que celuy qu'ils vous ont déja presté, avec promesse que je leur fais, en votre respect et faveur, de les traiter et autant avantageusement appointer que capitaines de l'armée. Quant aux galeres, elles sont vôtres par droit de guerre, et bien conquises; faites en ce qu'il vous plaira. » M. de Vieilleville luy repondit qu'il avoit deliberé de les donner au comte Phillipin, en remuneration des honneurs qu'il avoit reçus par son moyen en *la Regente;* à quoy M. de Lautrec repliqua que c'étoit aux roys à faire tels presents; encore ne les reïterent-ils pas souvent : « Mais, ajouta-t-il, je vous conseille, mon cousin, de les vendre, et vous souvenir de la ranson que vous avés payée, et de la dépense que vous avez faite et ferez encore en ce voyage; et le reste qui en proviendra vous servira pour entretenir vos liberalités. » M. de Vieilleville, qui sçavoit bien où tendoit cet avertissement, car il luy devoit sa ranson de *Monica,* le supplia d'en user comme il luy plairoit, et qu'il seroit très-aise d'estre quitte.

CHAPITRE XIV.

Siége de Naples.

Monsieur de Lautrec, estant logé à Pogereal, tenoit la ville de Naples si étroitement assiegée par terre et par mer, que ceux de dedans n'eussent su faire entreprise qui l'eust pu endommager; et s'attendoit, suivant et s'endormant toujours au conseil du comte Petre de Navarre, de les avoir par famine; qui estoit cause qu'il ne s'y exerçoit un seul fait d'armes, car les assiegez ne faisoient aucune saillie, demeurant par ce moyen l'armée fort inutile: car, du costé de la terre ferme, tout luy clinoit (1), et n'y avoit plus de galeres dedans le port de Naples pour escarmoucher les nostres; de sorte que M. de Lautrec demeura plus de deux mois en ce repos, attendant son malheur tant du ciel que des hommes; car s'il eust assailly chaudement, comme il en avoit le moyen, auparavant quinze jours il en eust eu sa raison, tant estoient divisés les serviteurs de l'Empereur qui estoient dedans, et les habitans de la ville, nobles et autres, épouvantés.

Ce que voyant, M. de Vieilleville, qui ne vouloit perdre tems, commença, le premier des deux mois du repos susdit finy, à parler de son congé; à quoy M. de Lautrec insista fort obstinément, le paissant de très-grandes esperances en l'Estat de Naples, qui ne luy pouvoit, comme luy-mesme en voyoit les apparences, faillir; et ce qui le faisoit ainsi temporiser n'estoit que pour avoir le prince d'Oranges et les autres Français qui avoient suivi le duc de Bourbon, les poings liés, pour en faire present au Roy; car il savoit bien qu'ils estoient tous là dedans. Mais M. de Vieilleville ne se pouvoit desister de son entreprise, ains le pressoit de plus en plus de le luy donner; et sembloit que son destin le voulust tirer à vive force hors de là. Enfin M. de Lautrec s'y accorda, et trois jours durant il fit

---

(1) *Tout luy clinoit*: tout lui étoit favorable.

ses despesches au Roy, tant de ce qui s'estoit passé depuis son entrée en l'Abbruze, que de ce qui estoit nécessaire pour le raffraichissement de son armée, et semblablement d'envoyer quelqu'un pour y commander; car, ayant reduit tout le royaume de Naples en l'obeissance de Sa Majesté, il s'en vouloit retourner en France, et se reposer en sa maison; mais Dieu en disposa tout autrement.

En quoy il n'est besoin de m'étendre davantage, car les Français, Italiens et Espagnols, ont l'histoire de ce voyage en leurs langues, et toute la chrétienté en latin, pour les hauts et généreux faits d'armes que ce M. de Lautrec, qui estoit un très-grand capitaine, executa avec son armée, qu'il fit fleurir vingt-huit mois durant et passer par sur le ventre de toute l'Italie; et n'y eust potentat en icelle qui luy osast contre-dire, mais il le perdit du point duquel tous chefs d'armes, depuis que le monde est monde, l'ont gagné, qui est par temporiser. Car la peste en premier lieu le devora, reduisant son armée, qui estoit de cinquante mille hommes, à moins de seize mille; puis il vit devant luy André Doria, qui s'estoit revolté du service du Roy, raffraichir Naples avec ses galeres, d'hommes, de vivres et d'argent que luy-même prêtoit à l'Empereur. *Item*, il fut abandonné de toutes ses galeres, que Phillipin Doria, qui s'étoit joint avec son oncle, luy déroba; et ne luy en demeura que trois, *la Regente* et les deux que M. de Vieilleville luy avoit acquises, avec lesquelles il ne pouvoit faire beaucoup d'execution contre de si grandes forces. Finalement il y mourut (1) de peste, et tous les princes et seigneurs, colonels et principaux

---

(1) *Il y mourut.* Lautrec mourut dans la nuit du 15 au 16 août 1528.

capitaines de son armée, qui demeura orpheline de capitaines et de conducteurs, et reduite en telle extremité que l'on eust pris ce qui en restoit plustost pour pelerins que pour soldats, tant étoient maigres, havres et appauvris. Les Allemands, qui avoient perdu le comte de Vaudemont leur colonel, se voulants retirer par Trente, estoient assommés comme chiens : les Français qui venoient à Rome pour mêmes effets n'en avoient pas meilleur marché. Toute cette desolation vint trois mois après le partement de M. de Vieilleville.

CHAPITRE XV.

M. de Vieilleville retourne à la Cour.

Lequel partit en la bonne heure en poste, conduit par son ange qui ne vouloit pas qu'il y demeurast davantage pour n'y mourir avec les autres; et se presenta au bout de quinze jours devant le Roy, estant à Moulins, avec les lettres de M. de Lautrec, qui contenoient les services qu'il avoit faits à Sa Majesté, et perilleuses fortunes qu'il avoit courues en ce voyage, tant par mer que par terre; le suppliant de vouloir oublier la faute qu'il avoit commise en l'homicide de ce premier maitre d'hostel, avec ample témoignage de sa valeur, et qu'il promettoit beaucoup de soy pour l'avenir, ayant un si beau commencement en si grande jeunesse. Auquel sieur de Vieilleville Sa Majesté, qui avoit très-agréable sa venüe, dit qu'il n'estoit besoin que M. de Lautrec priast pour luy, et qu'il y avoit long-tems que sa reconciliation étoit faite, veu le bon droit de sa cause et les qualités des parties; aussi que madame la Regente, qui estoit fort animeuse adversaire, estoit morte (1). « Mais il y a bien d'autres nouvelles, luy dit le Roy; vous m'avés fait en ce voyage tant de braves et signalez services, que si vous aviés attenté à ma propre personne, foy de gentilhomme je le vous pardonnerois; et vous commande de ne faillir à vous trouver à mon lever et coucher, et à mes repas, pour me discourir de tout ce qui s'est passé en mon armée de Naples. » Ce que continua M. de Vieilleville huit ou dix jours durant, y prenant Sa Majesté un merveilleux plaisir; aussi y avoit-il un très-beau sujet pour entretenir un grand prince.

Monseigneur le dauphin François regardoit M. de Vieilleville d'un très-bon œil, et l'eust bien desiré à son service et auprès de luy; mais il ne sçavoit ce que le Roy avoit deliberé d'en faire, ou de le retenir pour luy-mesme, ou autrement; ce qui fut cause qu'il se hazarda de le luy demander. A quoy le Roy répondit qu'il en avoit assez d'autres, et qu'il se devoit contenter; mais qu'il l'avoit voüé en son cœur à son frere d'Orléans, pour luy servir d'aiguillon à la vertu. Et sur l'heure il envoya querir monseigneur le duc d'Orléans son second fils, et le luy donna; et après le luy avoir recommandé fort affectueusement, luy bailla les lettres que M. de Lautrec luy avoit écrites en sa faveur, avec cette parole : « Mon fils, il n'a pas plus d'âge que vous; voyez ce qu'il a déja fait : si les guerres

---

(1) *Estoit morte.* Carloix, qui écrivoit sous Henri III, commet ici une grande erreur de date. Louise de Savoie, mère de François I, survécut trois ans à Lautrec : elle ne mourut qu'en 1531.

ne le devorent, vous le ferez quelque jour connestable ou mareschal de France. »

Langage qui sembloit contenir double prophetie; l'une, que ce duc d'Orleans, encore qu'il fust second fils de France, devoit estre roy, comme aussi fut-il du nom de Henry deuxieme : l'autre, que M. de Vieilleville seroit honoré en sa vie de l'estat de mareschal de France; à quoy semblablement il parvint. Et deslors monseigneur d'Orleans le prit en très-grande amitié, l'honorant de l'estat de gentilhomme de sa chambre, avec esperance d'en tirer de grands services.

CHAPITRE XVI.

Guerre en Provence. — Surprise d'Avignon.

[1536] A QUELQUE tems de là l'empereur Charles cinquiéme fit entreprise avec une grosse armée de invahir le royaume de France, et fut conseillé de prendre son chemin par la Provence. De quoy le roy François averty s'arma aussi en diligence, et vint à Lyon, où estoit le rendez-vous de toute son armée, pour donner ordre aux affaires, la premiere desquelles estoit d'envoyer se saisir d'Avignon, ville papalle, de peur que l'Empereur ne previnst, ce qui eust favorisé grandement son entreprise. Et sur la longue déliberation du conseil de trouver homme digne de telle charge, le Roy, de son propre mouvement, choisit

M. de Vieilleville (1), où plusieurs contrarierent à cause de sa grande jeunesse, et que l'on y devoit meurement penser, attendu l'importance de la charge. Mais Sa Majesté, nonobstant ces diversités d'opinions, voulut qu'il y allast, et le dépescha, pour la confidence qu'il avoit en luy, avec six mille hommes de pied sans artillerie, pour prevenir l'Empereur.

Et estant arrivé devant Avignon, qu'il trouva fermé de toutes portes, demanda à parlementer avec le vice-legat, qui se presenta sur la muraille. Mais M. de Vieilleville le pria instamment de descendre, ayant à luy communiquer quelque chose d'importance pour le bien de la ville et le sien, et qu'en cet abouchement il n'auroit que ce qu'il voyoit d'hommes, qui n'estoient en tout que six, et que quant à luy, s'il se deffioit, qu'il amenast tant de compagnies qu'il luy plairoit. Le vicelegat vint à la porte, accompagné de quinze ou vingt soldats et quelques-uns des principaux de la ville; et estant ensemble, M. de Vieilleville l'assura qu'il ne vouloit point entrer dans Avignon, et qu'il n'en avoit aucune charge; mais le Roy le prioit de jurer qu'il ne laisseroit entrer aucunes troupes de l'Empereur, et d'en bailler otages. Le vicelegat promit d'ainsi le faire, et qu'il en avoit exprès commandement de Sa Sainteté de n'y laisser entrer ny les uns ny les autres; mais, quant aux otages, qu'il n'en bailleroit nullement. Or de six soldats qui étoient avec M. de Vieilleville il y en avoit quatre portant

(1) *Choisit M. de Vieilleville*. Les Mémoires contemporains, entre autres ceux de du Bellay, disent que ce fut le maréchal d'Aubigny qui fut chargé par François I de s'assurer d'Avignon. Il paroît que Vieilleville fut employé sous les ordres de ce général.

titre de capitaine, tous à poste (¹), mal vêtus et chaussés de mesme, qu'il pria de laisser entrer pour se mettre en équipage, faire accoustrer leurs arquebuses et achepter de la poudre, ce qui leur fut librement permis; mais, suivant son projet, ils allèrent sur la porte pour empescher que l'on n'abbatist la herse; et pour ce qu'il luy venoit force soldats à la file, où le vicelegat ni ses gens ne prenoient pas garde, s'amusans comme en colere à debatre pour ces otages, d'autant qu'il les menaçoit de faire un dégât à deux lieues à la ronde de la ville s'ils n'en bailloient, ledit sieur, se voyant le plus fort, choque le vicelegat de sa rondache et le porte par terre, met la main à l'épée, et avec ce qu'il avoit de gens force la porte et entre dedans, où il luy fut tiré quelques arquebuzades et tué deux ou trois des siens, mais sept ou huit des autres à coups d'épée. Le reste de ceux de dedans vont à la herse, où ils trouverent ces quatre soldats qui leur resisterent fort furieusement, et les garderent d'en approcher. Et au bruit des arquebuzades qui furent tirées, mille ou douze cents soldats qu'il avoit mis en embuscade de nuit audessus de ceux de la ville, assez près d'icelle dedans les bleds, marcherent en telle diligence qu'ils entrerent dedans de grande furie; et avoit déja mandé le reste de ses troupes estant audessous d'Orange, qui arriverent incontinant, enseignes arborées et le tambour battant; prend les clefs des portes, qu'il laissa fermées, excepté celle du pont du Rhône qui va à Villeneuve, ville des appartenances du Roy.

(¹) *A poste :* dispos.

4.

CHAPITRE XVII.

M. de Vieilleville se rend maître d'Avignon.

S'estant fait par ce stratagéme maitre et seigneur de la ville, il commença à la si bien policer et tenir les soldats en obéissance, qu'il ne fut tué ni outragé aucun habitant, hormis ceux qui à la furie se voulurent défendre, ny forcé femme, ne fille même, les Juifs conservez comme les Chrétiens : en quoy toutefois M. de Vieilleville eust bien des affaires; car il fut contraint de tuer cinq ou six soldats, et un capitaine nommé Arnieilles, qui vouloit à toute force les saccager, et y animoit les autres; mais voyant leur capitaine mort et de leurs compagnons, ils se retirerent.

Toutes choses ainsi tranquilles et asseurées pour le service du Roy, M. de Vieilleville dépescha devers Sa Majesté pour l'avertir de l'heureux succès de son voyage et de tout ce qui s'y étoit passé ; de quoy Sadite Majesté, monseigneur le Dauphin, monseigneur le duc d'Orleans son maître, monseigneur le grand-maître (1), qui pour lors gouvernoit, et tous les grands seigneurs de la Cour, reçurent un merveilleux contentement, ne se pouvant le Roy contenir de leur demander quelle esperance ils avoient de Vieilleville : « Quant à moy, dit-il, s'il fait ces coups, il nous montrera à tous, foy de gentilhomme, nostre leçon;

---

(1) *Monseigneur le grand-maître* : Anne de Montmorency.

car voila un aussi brave trait, et une ville autant accortement dérobée et surprise qu'il est possible. » Alors il demanda à M. le grand-maître, qui depuis fut connestable, de descendre en Avignon en diligence, et y dresser son camp, l'assurant qu'il s'approcheroit incontinant à Valance.

M. le grand-maître marcha droit à Avignon, qui trouva M. de Vieilleville qui luy étoit venu audevant une lieue et demie; et apres les reverances, saluts et embrassements accoutumés, il luy dit : « Vous pouvez bien aller à la Cour, monsieur de Vieilleville, car il y a long-temps que homme, quel qu'il soit, n'y a esté si bien vu ny reçu que vous serez ; aussi avez-vous fait, à la verité, un très-signalé service au Roy, et contre toute esperance, veu les avis que nous avons que ce vicelegat est creature de dom Ferrand de Gonzagues, et que le Pape ne nous est pas trop affectionné : mais vous avés usé de diligence, et ne vous estes pas laissé donner paroles; et, outre tout cela, vous vous estes fort industrieusement servi de l'occasion. Si pouvez-vous prendre cette gloire que vous estes cause que l'Empereur ne nous fera pas tant de maux qu'il avoit projeté, et dont déja il se vantoit; car nous le garderons bien de passer plus outre, puisque nous tenons cette place. Mais ce vicelegat est-il mort? — Non, monsieur, luy répondit M. de Vieilleville, mais il a eu belle peur, et le fais garder en un logis, afin qu'il ne innove rien, l'ayant délogé du palais, que j'ay commandé vous estre preparé; et y ay fait semblablement acoustrer vostre disner : s'il vous plaist que je le y fasse venir, vous le verrez ; et sera bon que vous parliez à luy, car, de parole en autre, vous pourrez sonder quelle pratique ou intelligence il avoit avec Gonzagues; de quoy il ne faut point douter.

CHAPITRE XVIII.

Le maréchal Anne de Montmorency vient à Avignon.

Mais approchants avec tels ou semblables devis de la ville, comme ils y entroient arriva un agent secret du Roy; que les indiscrets appellent par mépris espion, ignorants les importans services que les princes reçoivent de telles gens, qui leur font voir par leur habileté aussi clair dedans les armées de leurs ennemis comme s'ils y estoient en personne; aussi les sots ne furent jamais appellés ny employés en telles charges; et il faut croire davantage qu'ils ne manquent point de hardiesse ny de courage, d'entreprendre choses si hazardeuses, veu qu'il y va ordinairement de leur vie, et que le plus souvent ils passent par là, encore fort miserablement et avec honte : qui doit bien faire perdre toute l'opinion que l'on peut avoir que le gain les y attire, mais au contraire conclure que l'ardent zele qu'ils ont au service de leurs princes et de leur patrie les y pousse et convie.

Ce secret agent se vint presenter à M. le grand-maître à la descente de cheval, qui le reconnut incontinant pour avoir esté seul avec le Roy quand il fust dépesché au lieu d'où il venoit; et luy commandant dire ce qu'il avoit appris en la presence de M. de Vieilleville, après s'estre retirez seuls en la chambre, il commença à discourir de cette façon : « Monsieur, je viens du camp de l'Empereur, auquel il y a telles et telles forces, tels princes, colonels, seigneurs et capitaines » (qu'il luy nomma, tant estoit habile, tous par nom et surnom, avec le denombrement de toutes les forces tant de cheval que de pied); et poursuivant son rapport : « Ils ont tous deliberé, monsieur, de marcher droit en Provence, mais ils n'ont point encore passé le col de Tande; et vous assure, monsieur, que l'Empereur est fort irrité, mais c'est, sur ma vie, contre dom Ferrand de Gonzagues, car il luy a dit telles paroles en grande colere : Comment, playe de Dieu! ce n'est pas ce que l'on m'avoit promis. Et luy demandant Gonzagues que c'estoit, l'Empereur luy a repliqué en plus grand courroux : Que c'est, vertu de Dieu? les Français sont dedans Avignon. Surquoy Gonzagues l'assura que non, luy montrant une lettre que ce vicelegat luy avoit écrite. Mais l'Empereur, pressé de colere, la luy rompit, disant que c'estoit une baye que ce vicelegat *traditor* luy avoit donnée, et qu'il sçavoit pour tout certain que Avignon estoit en la puissance de son ennemy. Et sur cette dispute, monsieur, ils ont depêché un homme par deça pour sçavoir au vray comme il en va, et prendre langue, s'il est possible, du vicelegat que Gonzagues maintenoit avoir esté surpris ou forcé si la chose estoit veritable, car il a l'aigle dedans le cul : et ce qui m'a fait user de diligence, monsieur, c'est que je connois l'homme qu'ils ont envoyé en cette ville pour cet effet. »

Rapport certainement qui fit bien connoître à M. le grand-maître qu'il y avoit intelligence entre ce vicelegat et Gonzagues, et que, sans la diligence, valeur et industrie du sieur de Vieilleville, l'Empereur se fût prévalu d'Avignon, au grand préjudice des affaires du Roy, et ébranlement de son Etat. Car sans doute, si l'Empereur eust prévenu, il montoit, quelque resistance qu'on eust sçu faire, jusques à Lyon, en danger de passer plus outre, et peut-être jusques à Paris; car depuis que l'espavante (1) se met en un royaume cinq cens hommes en feront fuir dix mille. Mais il fut, par cette prise d'Avignon, arresté sur cul d'une grande et forte ville, et de deux grosses rivieres, le Rosne et la Durance. Cela fut cause que M. le grand-maître haut loua davantage M. de Vieilleville; mais il commanda à l'agent secret de chercher en diligence par tout le camp et en la ville l'homme de l'Empereur, qu'il trouva incontinant en la vicegerence d'Avignon, où il s'estoit retiré chez un sien cousin; et l'amena prisonnier devant M. le grand-maître, qui le fit presenter chaudement à la question, qu'on luy donna bien roide, sous laquelle il confessa plus que l'on ne vouloit. Cependant sa déposition avança grandement le service du Roy en l'occasion qui se présentoit; puis il commanda qu'on le fît pendre.

Et ce qui se fit en ce voyage de Provence par l'Empereur, de sa folle entreprise sur Marseille, de sa vaine espérance de se faire couronner roy à Paris, pour laquelle il eust en contrechange une très-honteuse retraite, de la prudence de M. le grand-maître, qui par temporiser le ruina et son armée, parce que toute cette histoire est très-dignement deduite dedans les tres-veritables Memoires de ces illustres freres messires

(1) *L'espavante*: l'épouvante.

Guillaume et Martin du Bellay, seigneurs de Langey et princes d'Yvetot, je m'en deporteray; car ce seroit une facheuse, encore plus odieuse redite, d'en parler après eux, et une digression sur ce que j'ay entrepris de traiter, trop longue et sans aucun fruit.

CHAPITRE XIX.

M. de Vieilleville est fait chevalier par le Roi.

Donques, pour suivre le fil de mon histoire, je vous diray que M. de Vieilleville prit congé de M. le grand-maître, qu'il laissa en Avignon dresser son armée, pour aller trouver le Roy qui estoit déjà à Tournon, descendant à Valance, fort altier en son ame d'avoir eu un si bon visage et tant de louanges du plus grand capitaine de France, encore plus de l'esperance qu'il luy avoit donnée d'estre si bien reçu de son Roy, et specialement de monseigneur le duc d'Orleans son maître. En quoy il ne fut aucunement desceu, car estant, comme dit est, Sa Majesté à Tournon, les principaux de la maison de son âge, ou par commandement ou par l'amitié qu'ils luy portoient, passerent le Rhosne, et vinrent à sa rencontre une lieue au-dessous de Thim, où ils luy firent un million de caresses; et y estoient entre autres les deux Saint André; Escars; Andoüyn[1], Dampierre, Chaistaigne-

---

[1] *Andouyn.* Paul d'Andouyn fut le père de Diane qu'on appela *la belle Corisante*, et qui épousa, en 1567, Philibert de Grammont. Elle eut une intrigue avec Henri IV lorsqu'il n'étoit encore que roi de Navarre.

raye, La Noé, et d'autres jeunes seigneurs ses compagnons, tous d'une volée, et courants une même fortune sous ce genereux prince le duc d'Orleans; et l'accompagnerent jusques devant leur maître, qui le reçut d'un très-joyeux visage, et sur l'heure le mena devant le Roy, La Majesté duquel luy usa de tel langage : « Approchez-vous de moy, gentile lumiere de chevalerie; mais que vous soyez plus âgé, je vous appelleray soleil, car, si vous continuez, vous reluirez sur tous autres : cependant parez ce cop de votre Roy qui vous aime et estime. » Et, mettant la main à l'épée, le fit chevalier, au grand contentement de monseigneur le duc d'Orleans, non pas de l'Ordre, mais de l'Epée seulement, car en ce tems-là l'Ordre ne se donnoit qu'à vieux capitaines de gendarmerie qui s'estoient trouvez en quatre ou cinq batailles, à lieutenants de roy et gouverneurs de provinces qui avoient bien fait leur devoir en icelles dix ou douze ans, j'entends en frontieres, où la guerre estoit ordinaire ; en quoy les gouverneurs faisoient grande preuve de leur sage conduite, soit pour entreprendre sur l'ennemy, soit pour se garder de surprise ; et si il y avoit, de ce regne-là jusques à Charles neufiéme, vingt-cinq ou trente chevaliers de l'Ordre, y comprenant les princes (auxquels cet honneur est actuellement deu dès le ventre de la mère), c'étoit le bout du monde ; aussi la noblesse estoit si ardente à la vertu, et craignoit tant une tache à son honneur, que pour rien un gentilhomme de marque n'eust voulu recevoir une grade s'il n'eust pensé en estre bien digne, et n'avoit rien si odieux que l'on eust dit de luy qu'il estoit parvenu par compere ou par comere. Cette façon est pour le jourd'huy bien renversée, car il y en a pour le moins trois cents en ce royaume ; et les fait-on chevaliers de l'Ordre à dix-huit ou vingt ans, sans aucun merite ny autre sujet que de la faveur, peste et ennemye mortele de la vertu, et par laquelle il y a aujourd'huy plus de chevaliers que de bonnes espées.

CHAPITRE XX.

M. de Vieilleville envoyé par le Roi en Piémont.

[1538] ESTANT M. le mareschal de Monte-Jan, gouverneur et lieutenant général pour le roy François en Piedmont, Sa Majesté eust avis certain que l'Empereur dressoit une armée pour y descendre ; et, encore qu'il eust beaucoup de grands et experimentés capitaines auprès de sa personne, si est-ce que, se souvenant du grand devoir que M. de Vieilleville avoit fait au royaume de Naples, Avignon et autres lieux; l'envoya en Piedmont avec un fort ample pouvoir pour regarder sur toutes les compagnies de gens de guerre, tant de cheval que de pied, si elles estoient en estat de faire service, bien complettes et bien payées, semblablement pour avoir l'œil sur toutes les places, si elles pourroient attendre un siége au cas que l'Empereur les attaquast, et du tout luy en faire un bon et fidele rapport : charge que M. le mareschal de Monte-Jan trouva assez étrange, car elle s'étendoit non seulement aux choses dessusdités, mais en outre d'ouir les plaintes de tous les habitans des villes qui estoient sous l'obéissance du Roy, du devoir des capitaines en leurs charges, et de l'estat des munitions; de sorte qu'il sembla à M. le mareschal que l'on vouloit éclairer ses actions et tacitement s'en defaire; deliberant sur colère (car il estoit fort prompt) d'aller trouver le Roy pour luy remettre son gouvernement, et y laisser, attendant que Sa Majesté y eust pourvu, M. de Vieilleville pour y commander; aussi que son pouvoir, ainsi qu'il disoit, approchoit fort de cela: mais il le rappaisa fort amyablement et en très-affectionné parent, luy remontrant qu'il se feroit le plus grand tort du monde d'en user ainsi, et altereroit la bonne opinion qu'un chacun a de sa prudence et de sa valeur, mesme au Roy, qui ne pourroit trouver bonne une telle promptitude et legereté d'esprit, d'abandonner sans chef un si grand Etat. Et luy dit davantage que ce qui avoit meu le Roy, entre autres choses, à le dépescher, procedoit de l'avertissement que Sa Majesté avoit eu d'une mutinerie que les soldats de Thurin luy avoient dressée, et telle, qu'il avoit esté contraint de se retirer en son logis et y tenir fort cinq ou six heures. « Mais je vous assure, dit-il, que Sa Majesté a sceu aussitost la guerison que la maladie, et que votre dexterité, diligence et sagesse avoit tout rappaisé. » Mais, s'approchant de son oreille, luy dit tout bas : « Monsieur, ne jouez plus, car vous avez joué deux monstres de la garnison de Thurin, qui a esté cause de la mutinerie. — Comment! mon cousin, dit M. le mareschal, le Roy sçait-il cela? — Ouy, je vous jure, dit M. de Vieilleville, mais Sa Majesté vous aime tant qu'elle ne veut pas que vous sachiez qu'elle le sache; et aurés dedans sept ou huit jours quatre-vingts mille écus pour reparer votre faute et donner ordre aux choses les plus nécessaires, si tant est que l'Empereur vous vienne voir. Je ne doute point, au reste, que vous n'ayez eu ma venüe par deça fort désagreable, et me l'avez bien fait paroistre, car j'ay esté par toutes les villes de votre gouvernement sans jamais avoir eu de vous aucune assistance; mais, Dieu mercy, j'ay bien fait ma charge sans vous, et m'en retourne devers Sa Majesté en faire mon rapport. Ne pensez pas, toutefois, que je ne modére les choses en parent, amy et serviteur que vous savés, et vous le connoistrez. » M. le mareschal de Monte-Jan se contenta fort de ce langage, et, après avoir colloqué ensemble tout le reste du jour, il l'accompagna le lendemain de Thurin à Villane (1).

CHAPITRE XXI.

M. de Vieilleville part du Piémont pour retourner à la Cour.

Mais ce ne fut sans le prier par les chemins de le mettre hors d'un doute où il avoit esté jusques alors, s'il ne luy avoit pas toujours voulu mal, depuis qu'il fit entreprise d'aller escarmoucher (2) l'avant-garde de l'Empereur, quand il entra en Provence, sans l'en avertir. M. de Vieilleville, qui ne luy en voulut rien déguiser, luy répondit franchement que ouy, et qu'il

---

(1) *Villane* : Veillane.

(2) *Entreprise d'aller escarmoucher.* On a vu dans les Mémoires de du Bellay que, pendant la campagne de Provence, en 1536, Montejean et Boisy allèrent attaquer témérairement l'avant-garde de l'armée impériale commandée par Ferdinand de Gonzague, et qu'ils furent faits prisonniers.

en avoit eu grandissime occasion, attendu la foy et l'amitié qu'ils s'entrestoient de tout tems promise et jurée, et que d'avoir projetté un si brave dessein pour la guerre sans le y faire participer, il luy sembloit qu'il avoit oublié cette fraternité, et qu'il ne se souvenoit plus de l'obligation en laquelle il luy estoit tenu, car il ne pouvoit ignorer qu'il n'eust esté le vray et seul moyen de son mariage, comme le principal parent de sa femme après M. de Chasteaubriand, auquel il avoit fait toutes instances et remontrances possibles pour le faire plier à sa volonté. « Car encore, monsieur, luy dit-il, que vous soyez riche seigneur et de grand mérite, bien voulu et estimé du Roy, de M. le Dauphin et de tous les princes, si avoit-il deliberé et du tout resolu de la marier à un prince du sang. — Cela scey-je bien, mon cousin, répondit M. le mareschal; ma femme même ne me l'a point celé, jusques à me dire qu'il luy estoit defendu de parler à moy, ny de me faire aucun attrait quand je venois à Chasteaubriand; mais depuis que vous eustes mené toute la troupe en vostre château de Saint Michel du Boys, toutes choses se composerent à ma devotion; de quoy, à la verité, le premier remerciement vous est deu, et ne l'oublieray de ma vie. Mais je me contenteray infiniment si vous m'assuriez aussi d'avoir mis sous le pied cette obmission que je fis, à laquelle je fus poussé par l'avis que l'on me donna que vous estiez tous si attristez à la Cour de l'extresme maladie de feu M. le dauphin François, que tout le monde me disoit que je perdrois tems de vous appeller; aussi que si j'eusse attendu davantage, M. le grand-maître m'avoit déja despesché un courrier pour me commander de rompre mon entreprise, et me defendre de marcher; car, sans cela, je n'eusse sçu choisir un meilleur compagnon d'armes que vous, croyant parfaitement que si nous eussions combattu ensemble je n'eusse pas esté deffait ny prisonnier comme je fus. » A quoy M. de Vieilleville repondit qu'il n'en fust advenu que ce qu'il eust plu à Dieu, et qu'il ne falloit plus parler de cela, comme de chose passée : mais quant à son juste courroux, qu'il l'avoit long-tems, sur son honneur, oublié, et qu'il le trouveroit toujours autant affectionné à son service que parent et amy qu'il aura jamais. Alors de grande ardeur, sur la flame de cette reconciliation, ils mirent pied à terre, et s'embrasserent par plusieurs fois bien serré; car il y avoit fort long-tems qu'ils n'avoient, pour cette occasion, parlé ensemble : ce qui mit toute la compagnie, qui estoit grande, en merveilleuse peine de sçavoir le motif de telles caresses. Puis, remontants à cheval, poursuivirent le chemin de Villanne, où ils souperent et coucherent ensemble, pour plus librement deviser de plusieurs choses secretes.

Arrivé que fut le sieur de Vieilleville devers le Roy, il l'entretint quasi deux jours, et par intervalles, du discours de son voyage, dont sa Majesté reçut un merveilleux contentement; car un ingenieur, un commissaire des guerres, un commissaire de l'artillerie, et un controlleur des reparations, n'eussent sçu plus exactement rapporter des choses concernants leurs états qu'il fit, dont le Roy demeura en fort grand repos; car Sa Majesté apprit ce qui étoit nécessaire d'estre fortifié, de quel nombre de gens de guerre il pouvoit faire estat, du bon ordre qui avoit esté observé en la garde de toutes sortes de munitions, et finalement du fonds de deniers qu'il avoit par de-là pour les fortifications. Outre tout cela, M. de Vieilleville l'assura des gaillardes forces qu'il avoit en Piedmont, de la bonne volonté des capitaines, et de l'obeissance qu'ils rendoient à M. le mareschal de Monte-Jan, qui estoit si grande, qu'il ne falloit douter qu'il y survinst aucun inconveniant si l'Empereur y vouloit rien entreprendre ; mais qu'il avoit entendu en ce pays-là qu'il en estoit diverty par une autre entreprise qu'il avoit en Afrique, et luy en donnoit avis très-certain : de quoy Sa Majesté fut encore plus aise, car on l'avoit mise en alarme que le roy d'Angleterre dressoit une armée pour luy venir faire la guerre.

CHAPITRE XXII.

M. de Vieilleville est fait lieutenant d'une compagnie de cinquante hommes d'armes.

Monsieur de Vieilleville fut sept ou huit ans (1) sans partir de la Cour, durant lesquels il ne manqua de crédit, d'autorité et de reputation, estant toujours preferé aux dignes et importantes charges; aussi que monseigneur d'Orleans, par la mort de son frere aîné François, fut honoré du titre de dauphin de France ; qui accrust le cœur de la gaillarde jeunesse qui estoit à sa suite. Mais M. de Vieilleville, ayant nouvelles de la mort de son pere, fut contraint de venir en sa mai-

(1) *Fut sept ou huit ans.* Vieilleville n'y resta que cinq ans, puisqu'en 1543 il suivit le comte d'Enghien à l'expédition de Nice.

son. Et durant le sejour qu'il y fit, il prit alliance en la maison de La Tour de Meinnes près de Saumur, sortis de la maison de La Roche-des-Aubiers, dont il épousa la fille, qui fust une très-vertueuse dame, comme nous dirons cy-après en son lieu; et la menant en son menage en la susdite maison de Saint Michel du Boys, il pria M. de Chasteaubriand, duquel nous avons parlé cy-dessus, gouverneur et lieutenant-général pour le Roy en Bretagne, de le tant favoriser que de se trouver en la reception de sa femme, que l'on appelle communément *le retour des nopces*; à quoy M. de Châteaubriand ne voulut pas faillir, encore qu'il fust fort valetudinaire et goutteux, tant pour ce qu'ils estoient fort proches parents, comme dit est, que pour l'extreme envie qu'il avoit de luy communiquer quelque chose, et semblablement de le veoir, à cause des louables recits qu'on faisoit ordinairement de sa valeur. Et, toutes bonnes cheres passées, M. de Chasteaubriand le éboucha (1) de cette façon :

« Je ne vous sçaurois dire, mon cousin, l'aise que je reçois tous les jours des louanges que tous ceux qui viennent de la cour à Châteaubriand me rapportent de vous; de quoy j'ay bien à louer Dieu d'avoir un tel parent, tant estimé du Roy et de monseigneur le Dauphin, et honoré de toute leur suite. Mais j'ay à vous requerir d'une chose que je vous prieray ne trouver mauvaise, si tant est que ne la veuilliez accepter; c'est que je vois ma compagnie demeurer inutile en ce pays de Bretagne, où il ne se presente aucune occasion de service pour faire paroître telle qu'elle est; car je la vous pleige (2) autant complette

---

(1) *Le éboucha* : lui parla. — (2) *Je la vous pleige* : je vous la garantis.

que compagnie de cinquante hommes d'armes qui soit en France, bien garnie au demeurant de braves et galants hommes, et tous de maison, qui ne manquent de courage ny de valeur: que si vous me vouliez tant aimer que de prendre la charge, et l'amener aux lieux des affaires, car nous sommes, comme vous sçavez, bien avant en la guerre, je vous aurois une infinie obligation, vous promettant par mesme moyen de vous faire establir lieutenant de Roy au gouvernement de Bretagne en mon absence. » M. de Vieilleville, voyant le zele de M. de Chasteaubriand, luy répondit qu'il acceptoit pour l'amour de luy la lieutenance de sa compagnie, mais de se lier en celle de la province, qu'il ne le feroit nullement, d'autant qu'il s'étoit voüé à une autre et meilleure fortune qui luy pourroit faire tomber entre mains un gouvernement en chef, si la faveur ne triomphoit de la vertu.

Laquelle compagnie il fit fleurir sur toutes celles des ordonnances de France, et la mena aux sieges de Landrecy, Saint-Dizier, Hesdin, Therouanne et camp de Marolles, et l'employa en toutes les guerres qui furent de ce tems-là sur les frontieres de Picardie, Champagne et Lorraine, où il y fit acquerir à cette compagnie une merveilleuse reputation, pour les braves et hazardeuses entreprises où il la fit trouver, et desquelles, pour la pluspart, il étoit conducteur et chef.

CHAPITRE XXIII.

Réflexions de l'auteur sur les emplois militaires.

Quelqu'un pourra s'esmerveiller qu'ayant M. de Vieilleville si grande vogue, reputation et credit envers le Roy, que toujours Henry dauphin augmentoit et nourrissoit au cœur de Sa Majesté par quelque louable recit, n'ait pu avoir une compagnie de gendarmes à soy sans estre lieutenant d'autruy : je l'averty que la mesme difficulté qui a esté descrite au dix-neufiéme chapitre pour les chevaliers de l'Ordre, s'observoit semblablement pour les capitaines des gendarmes, tant pour la retenue du souverain en la distribution de telles charges, que pour le scrupule de ceux que l'on vouloit honorer, à les prendre. Et me servira de temoin la réponse que le mesme sieur de Vieilleville fit au Roy quand il eust la nouvelle de la mort de M. de Chasteaubriand ; car l'ayant envoyé querir, il luy dit telles paroles : « Vous avez si bien employé, commandé et conduit la compagnie de feu sieur de Chasteaubriand, que à autre que vous elle ne peut mieux appartenir ; qui est cause que de lieutenant je vous en fais capitaine en chef. » M. de Vieilleville luy répondit qu'il ne la vouloit aucunement accepter, après l'avoir tres-humblement remercié, et qu'il n'avoit encore rien fait digne d'un tel honneur. De laquelle reponse le Roy, fort esbahy et quasi faché, luy repliqua : « Vous m'avez bien trompé,

5.

Vieilleville; car j'eusse pensé, si vous eussiez esté à deux cens lieux de moy, que vous l'eussiez courue jour et nuit pour la demander; et maintenant que je la vous offre de mon propre mouvement, je ne sçais sur quelle meilleure occasion vous le voulez que je vous en donne une. — Le jour d'une bataille, Sire, répondit-il, que Vostre Majesté aura veu mon merite. Mais à cette heure si je la prenois, tous mes compagnons tourneroient cet honneur en risée, et diroient que vous m'en auriez pourvu en la seule consideration que j'estois parent de feu M. de Chasteaubriand; et j'aimerois mieux mourir que d'estre poussé à quelque grade que ce soit par autre faveur que de mon service. » Reponse veritablement digne d'un tel homme, et que le Roy remarqua comme n'en ayant encore jamais ouy d'aucun courtisan une pareille.

Mais en la saison où nous sommes, nos courtisans y sont beaucoup plus âpres : car tel qui n'a jamais fait autre exercice que de tirer les rideaux, l'autre que de mettre plats sur table, les autres au sortir de page, les briguent et les emportent, comme s'ils avoient toute leur vie suivy les armées, aidé à prendre villes ou en defendre, combattu valeureusement en quelque rencontre, ou s'estre trouvé en deux ou trois batailles. De sorte que l'on ne sçauroit juger lequel des deux a le plus de honte, ou ce capitaine tout neuf qui ne sçauroit dire quelle doit estre la premiere arme de l'homme d'armes, de commander à si braves hommes, ou toute la compagnie ensemble de se voir menée par un si novice capitaine, en hazard de recevoir en quelque inopinée rencontre un escorne irreparable à leur honneur à faute d'estre bien conduits. Car si nous croyons qu'une armée de lyons conduite par un cerf est en danger d'estre defaite par une armée de cerfs commandée par un genereux lyon, il nous faut croire aussi que les victoires dependent d'un bon chef armé d'assurance, de valeur et d'experience, n'eust-il pour toutes troupes que des bisoignes fiolantes et pionniers (1), et eust-il à combattre une armée de Rolands sous la charge d'un Gannes ou d'un Pinabel (2). A quoy nos roys et princes doivent bien prendre garde, et sur tout ne bailler jamais charge pour la guerre, où il va d'honneur de la couronne et de la nation française, à jeunes personnes inexperimentées, et principalement quand ils les connoissent tenir plus du poultron que du chien.

CHAPITRE XXIV.

Trève avec l'Empereur et le roi d'Angleterre.

Ce grand roy François, après avoir soutenu la guerre fort long-temps contre deux très-puissants ennemys, l'empereur Charles le Quint et Henry huitieme, roy d'Angleterre, ligués ensemble pour ruiner de fond en comble et départir sa couronne, fut conseillé d'entendre à la paix : à quoy il condescendit

---

(1) *Bisoignes* : synonyme de gueux, soldat de nouvelle levée. *Fiolant* : homme qui se fait valoir. *Pionnier* : fantassin.

(2) *D'un Gannes ou d'un Pinabel.* C'étoient des noms de brigands. « Vous êtes plus traitres que des Gannes, » dit un des personnages de l'ancienne comédie de Patelin.

fort volontairement, plus pour le soulagement de son pauvre peuple qui estoit exterminé en la Picardie, Champagne et Bourgogne, que pour y estre forcé; car il avoit les princes et seigneurs de son royaume très-affectionnés à son service et à la manutention de l'honneur et de la couronne de France, sa gendarmerie, la principale force de ses guerres, encore guaillarde, et des finances à suffire; aussi que à ces deux terribles ennemys il avoit donné tant d'affaires et rendus si las de manier le baston, que pour effectuer cette paix, de laquelle Paul, pape troisiesme de ce nom, estoit principal entremetteur, il fut conclu que Sa Sainteté, l'Empereur et le Roy se trouveroient à Nice. En quoy Sadite Sainteté se travailla merveilleusement, esperant vuyder tous les differents d'entre ces deux grands princes. Mais voyant qu'il n'y avoit aucun moyen de faire une paix finale, il proposa une trêve de dix ans, que ces deux princes jurerent solemnellement entre ses mains. Ce neantmoins elle ne dura pas quatre ans entiers; car cette entreveue de Nice fut l'an 1538; et l'an 1541, ladite trêve se rompit par l'assassinat que firent les gens de l'Empereur és personnes des seigneurs Antoine Rancon et Cesar Fregoze, que le Roy envoyoit en Levant pour son service, auprès d'un lieu nommé la Baye de Cantaloue, trois milles audessus de la bouche du Tezin.

Au moyen de laquelle treve, toutefois ces grands princes après tant de travaux se reposerent, et fut toute la chrétienté hors de combustion; car elle branloit entierement sous leur empire. Et pour jouir du fruit de cette trêve, on ne parloit en la cour de notre Roy que de festins, tournois, courses de bagues, carouzelles, mascarades et autres passetemps, afin d'ensevelir la memoire des bruslements, pilleries, meurtres, violements et perte d'amys, que si longues guerres avoient mené en ce royaume.

Mais parmy ces plaisirs, il se mesla une étrange folie, qui mit le pere et le fils en une terrible division, et fut telle: Etant monseigneur le Dauphin en ses gaillardes pensées, et avec ses favoris, il leur va dire que quand il sera Roy il fera tels et tels mareschaux de France, un tel grand-maître; il rappellera M. le connestable que n'agueres son pere avoit licencié et commandé de se retirer en sa maison ; *item*, qu'il feroit l'autre grand-maître de l'artillerie, et un autre premier chambellant; et departit ainsi tous les grands etats de France: qui ne fut sans grandement estonner, quand la chose fut découverte, ceux qui possedoient lesdits estats ; car vivants encore, ils ne pouvoient comment ny de quel sens interpreter cette boutade. Mais voyant M. de Vieilleville, qui en avoit voulu divertir son maître, que l'on poursuivoit ce jeu-là, il se retira tout doucement de la compagnie, et en alla chercher une autre.

CHAPITRE XXV.

Brouillerie du Roi et du Dauphin.

Or monseigneur le Dauphin fait tous ces départements en la presence d'un fou à bourlet (¹), nommé

(¹) *Bourlet* : bonnet particulier que portoient les fous de Cour.

Briandas, que l'on n'eust jamais pensé pouvoir retenir, encore moins rapporter tout ce qui s'estoit passé en cette allegresse : mais on y fut merveilleusement trompé; car ce dangereux fou, qui avoit toujours coutume de saluer le Roy par ce nom de Roy, le vint trouver encore à table, et luy dit : « Dieu te garde, François de Vallois ! — Hoy, Briandas, dit le Roy, qui t'a appris cette leçon ? — Par le sang Dieu, dit le fou, tu n'es plus roy ; je le viens de voir : et toy, Monsieur Thaiz, tu n'es plus grand-maître de l'artillerie ; c'est Brissac. » Et à un autre : « Tu n'es plus premier chambellan; c'est Saint-André : » et ainsi des autres ; et puis s'addressant au Roy, luy dit : « Par la mordieu, tu verras bientost icy M. le connestable qui te commandera à baguette, et t'apprendra bien à faire le sot. Fuy-t'en : je renye Dieu, tu es mort. »

Le Roy prenant pied, peut-estre plus qu'il ne devoit, à ce rapport, tire ce fou à part, accompagné de M. le cardinal de Lorraine Jehan, de M. le comte de Saint-Pol, et de madame d'Estampes, et luy commanda, sur sa vie, de luy nommer ceux qui estoient avec le Dauphin : qui les luy nomma tous, et lui recita par le menu tous les propos qu'ils avoient tenus, et comme ils avoient salué le Dauphin pour roy. Et luy demandant si Vieilleville y estoit, il luy répondit que non, et que quand le nouveau roy commença à faire ses départemens, il sortit incontinant, et disoit en se mocquant qu'ils vendoient la peau de l'ours devant qu'il fust mort. « Aussi, il n'est que Vieilleville, dit le fou ; il n'a point eu d'estat. » Alors le Roy dit à ces seigneurs : « Foy de gentilhomme, je ne fis jamais plus grande faute que de donner Vieilleville au Dauphin; car je le devois retenir pour moy, estant si sage et advisé gentilhomme qu'il est. Cependant il se peut assurer qu'il n'a rien perdu de s'estre absenté d'une telle folie. » Et alors entrant en colere, prit le capitaine de ses gardes ecossaises, avec trente ou quarante archers, et s'en va droit en la chambre de M. le Dauphin, où il n'en trouva pas un, d'autant qu'ils avoient esté avertis. Mais il passa son courroux sur ce qu'il trouva de valets de chambre et de garderobbe, de pages, de laquais et de poursuivants, faisant sauter ce qu'il en pust attraper à coups de halebarde par les fenestres, semblablement les lits, coffres, tables, chaises, tapisseries et tout ce qui estoit en l'antichambre, chambre et garderobbe, jusques à faire effacer l'écriture des fourriers qui estoit sur les portes.

Qui fut cause que M. le Dauphin s'absenta de la cour pour trois semaines ou un mois; durant lequel tems toutes les princesses et dames, princes et seigneurs qui estoient auprès du Roy, se travaillerent pour sa reconciliation, qu'ils obtinrent : de quoy M. de Vieilleville luy porta les nouvelles par le commandement de Sa Majesté, et de passer au lieu où s'estoit retirée madame la Dauphine (1) fort atristée de cette brouillerie, pour la rejouïr de cette reconciliation, avec expresses defenses cependant à mondit sieur le Dauphin de n'amener avec luy Saint-André, Andouyn, Dampierre, Escars, Brissac, ny pas un des autres qui avoient assisté à cette folie. Toutefois, après l'arrivée de M. le Dauphin en cour, leur appointement fut fait par le menu, et y revinrent de

---

(1) *Madame la Dauphine* : Catherine de Médicis, encore fort jeune.

loin en loin, les uns après les autres; mais le Roy ne les pust jamais voir de bon œil, car il n'y a chose en ce monde plus domestique, ny familiere à un grand prince que le soupçon, principalement quand il vient à la declinaison de sa vie; car il se forge des opinions ou qu'on le veut empoisonner, ou que l'on dresse des entreprises pour le détruire, et mille autres imaginaires apprehensions où il se rend sujet par fantaisie, et le plus souvent par rapports. Aussi se gardoit de tous ceux-là fort soigneusement, comme faisant connoître qu'il n'avoit pas agréable de les trouver en sa chambre. A cette cause, ils n'y venoient que bien peu, et le plus souvent n'y accompaignoient M. le Dauphin leur maître, craignant que les huyssiers de chambre ne leur fissent quelque rudesse ou affront, de quoy ils estoient bien avertis, et qu'ils en avoient commandement.

CHAPITRE XXVI.

Mort du maréchal de Montejean : il laisse une riche veuve. Lettre de cette maréchale à M. de Vieilleville.

Durant que toutes ces choses se faisoient M. le mareschal de Monte-Jan mourut en Piedmont, sans enfans de madame Phillippes de Montespedon sa femme, qui fut pourchassée de plusieurs grands seigneurs de ce royaume; de quoy il ne se faut esbahir, car c'estoit une très-honneste et très-vertueuse dame, ornée de grande beauté et en fleur de jeunesse, riche au demourant, pour donner la couleur, comme l'on dit, à telles perfections, de soixante mille livres de rente de son chef, sans la succession de M. de Chasteaubriand, qui luy appartenoit comme à sa vraye heritiere. Mais on luy en fit tort, ainsi que nous deduirons bien amplement.

[1539] Le marquis Jehan-Loys de Saluces (¹) fut le premier qui luy presenta son service, à quoy elle fit semblant d'entendre, pour la commodité qui s'offroit de s'en retourner en France avec luy, où il alloit par le commandement du Roy; et la deffraya, sur l'esperance de l'épouser, depuis Thurin jusques à Paris, et tout son train, qui estoit fort grand, car elle menoit les serviteurs de toutes qualités de son feu mary, qui estoient en grand nombre, et puis les siens, sans aucun moyen d'y pouvoir satisfaire que de celuy du marquis. A cette cause, il se tenoit fort assuré de son mariage, et par les chemins il en railloit et ordonnoit tout ainsi que s'ils eussent esté déja fiancés ou en menage, jusques à dire qu'il falloit casser et renvoyer tous les gentilshommes, serviteurs et officiers de son mary, et retrancher la moitié des siens, et principalement de tant de femmes; car elle en avoit, outre dames et demoiselles, femmes de chambre et d'autres pour les ouvrages, quinze ou seize. Mais elle fut si prudente et advisée, qu'il ne luy échappa jamais parole qui la pust ny dust obliger, cependant si accorte, qu'elle s'ayda fort dextrement de cette occasion.

(¹) *Le marquis Jehan-Loys de Saluces.* Jean-Louis de Saluces étoit alors prisonnier en Espagne. Il paroit qu'il est ici question de son frère Gabriel, à qui François I avoit donné cette principauté.

[1540] Elle reçut, à leur arrivée à Lyon, lettres de M. de Vieilleville, qui furent si secrettement baillées par le courrier, que jamais le marquis ny pas un des siens n'en eurent connoissance, encore que, incontinant qu'il fut entré en France, il les eust mis, comme Italien, fort soigneusement aux escoutes pour découvrir ses corrivaulx et leur couper chemin, ne doutant point qu'une telle et si rare perle ne deust estre fort affectueusement recherchée.

Les lettres de M. de Vieilleville contenoient que la Cour estoit abbrevée (1) de son mariage avec le marquis de Saluces, et qu'ils venoient à Paris pour épouser; de quoy le Roy se rejouïssoit bien fort, disant qu'il s'assuroit dudit marquis plus que jamais, pour avoir toujours ouï dire qu'il n'y a chose en ce monde qui plus arreste toutes personnes en païs estrange que l'amour; et qu'estant le marquis fait et naturalisé français par cette alliance, il ne falloit plus craindre qu'il entrast en pratique avec l'Empereur, ny que ses ministres entreprissent pour l'avenir de le corrompre ny revolter ou distraire de son service : et sembloit, par les discours que Sa Majesté faisoit de son mariage, qu'elle se marioit plus pour accommoder les affaires et service du Roy que pour son propre bien et advancement; mais que, de luy, il n'en avoit jamais rien cru, et ne le pouvoit encore croire : ce qui luy avoit fait depescher ce courrier exprès devers elle, pour la supplier bien humblement de l'en vouloir éclaircir; car, s'estant loüée à luy, par plusieurs lettres qu'il garde et qu'il luy montrera, du premier mariage auquel elle

---

(1) *Abbrevée*: informée.

avoit esté liée par sa conduite, il ne luy pouvoit entrer en l'esprit qu'elle eust sitost convollé au second, sans luy avoir fait cet honneur de l'en avertir, comme son humble parent et affectionné serviteur; remetant, pour la fin de ses lettres, une créance sur le courrier, la suppliant de le croire comme luy-mesme, et de la bien peser. Elles estoient écrites à Saint-Germain-en-Laye, du sixieme d'avril. La reponse de madame la mareschale de Monte-Jan fût telle :

« Mon cousin, j'ay reçu vos lettres par ce gentilhomme, et ne vous puis assez affectueusement remercier de la bonne opinion que vous avez de moy, en laquelle vous ne serez jamais trompé; car je mourray plustost que de commettre jamais chose dont il me faille repentir : bien vous confesseray-je que l'extreme necessité où m'a laissée à sa mort feu M. le mareschal, m'a cuydé faire oublier seulement d'une parole; mais Dieu m'a de telle sorte assistée, que je suis par sa grande bonté rendue en France sans estre accordée, promise ny contractée avec homme vivant; et de cecy fera foy la presente, que vous montrerez à qui vous voudrez, avec laquelle j'oblige mon honneur, s'il se trouve autrement, en face d'Eglise ny de justice, ne me pouvant assez esmerveiller du Roy, qui pense que je luy acquiere des serviteurs aux despens et prejudice de ma bonne fortune, et même contre mon humeur, car je ne seray jamais italienne; et, si j'avois à l'estre, le marquis Jehan Loys est celuy que je fuyrois sur tous les autres seigneurs d'Italie, par plusieurs raisons que je remets à vous dire à notre premiere entrevue, dont la principale, et qui plus me déplaist, c'est qu'il n'a eu et n'aura jamais l'ame bien française, qu'il en dissimule au Roy, et ne sera pas meilleur que son frere le marquis François, qui par ses tradiments hazarda la vie de tant de seigneurs et braves chevaliers de France, auquel nombre vous et moy avions des parents au siége de Fossant : la ville en fut perdüe pour le Roy, et tous eulx ou morts ou prisonniers. J'ay, au demeurant, bien consideré la créance que ce gentilhomme m'a dite de vostre part, par laquelle je vois bien que vous pensez en moy, et affectionnez mon bien plus que moy-mesme : de quoy je vous remercie de tout mon cœur, ne pouvant, pour recompense, que vous assurer que me trouverez pour jamais vostre très-obligée cousine, et très-affectionnée amye à vous obeyr. PHILIPPES DE MONTESPEDON. De Lyon, ce douzieme d'avril. »

CHAPITRE XXVII.

Le marquis de Saluces vient à Paris avec la maréchale de Montejean.

CE marquis fut douze jours à Lyon pour faire ses appresłs, esperant arriver à la Cour en grand magnificence ; et avoient tous deux un si grand attirail, qu'il leur fallut six grands batteaux pour les porter et toute leur suite (car ils y faisoient leur cuisine), ensemble leurs coffres, malles et une infinité d'autres bagages dont ils se meüblerent à Lyon ; aussi qu'il y en avoit pour une bande de violons qu'il prit audit Lyon pour se donner du plaisir sur la riviere de Loire, et essayer d'amortir l'ennuy que madame la mareschale portoit encore de son feu mary; et, s'embarquants à Roüanne, envoyerent les chevaux et mulets par terre, qui furent aussitost qu'eux à Briare.

M. de Vieilleville, qui avoit ordinairement avis de leurs journées par les courriers qui alloient et venoient incessamment de la cour en Piedmont pour les affaires de la guerre, ne faillit de se trouver à Corbeil, avec environ quatre-vingt chevaux, le soir qu'ils arriverent à Essonne: de quoy il envoya incontinant avertir madame la mareschale, par un homme sûr et secret, par lequel elle le pria de ne se montrer qu'au lendemain à la disné qui devoit estre Juvizy. Ce que fit M. de Vieilleville, et si dextrement, qu'il ne se trouva que à l'yssue de leur disner avec sa troupe, craignant de les troubler. Et après toutes reverances et saluts accoutumez, ils se mirent tous trois à deviser de plusieurs propos, tant de leurs bonnes cheres par les chemins, que des avantures qui survinrent en un si long voyage. Mais se retirant madame la mareschale de ce devis, appella secrettement le sieur du Plessis-au-Chat, gentilhomme breton, sur-intendant de la maison de son feu mary, auquel elle commanda de tirer tout son train d'avec celuy du marquis quand ils seroient à la porte Saint Marceau, et que tous s'avanceassent sur les fossés d'entre ladite porte et celle de Saint Jacques, et qu'ils s'arrestassent là jusques à ce qu'elle eust pris congé du marquis. Cependant l'on amena les chevaux, et se mirent en chemin pour arriver de bonne heure à Paris.

Entrez qu'ils furent dedans le fauxbourg Saint Marceau tous ensemble, qui faisoient une fort belle et grosse troupe, Plessis-au-Chat prend une moitié de la rue, et s'avança suivy de tout le train de sa maitresse, et ne faillit pas de prendre le chemin des fossés d'entre les deux portes; y estant, fait alte: ce que voyant le marquis, pensant qu'ils s'égarassent, demande où ils vont. A quoy madame la mareschale, en s'arrestant, répond: « Monsieur, ils vont bien, et là où ils doivent aller; car vostre logis est à l'hostel des Ursins, au cloistre Notre-Dame, et le mien à l'hostel Saint Denys, auprès des Augustins. Et mon honneur me commande de ne loger pas avec vous et de m'en séparer; qui est cause que je prends congé de vous pour cette heure, qui ne sera sans vous remercier très-humblement, monsieur, de la bonne compagnie qu'il vous a plu me faire : quant à la depense du voyage pour ce qui me touche, je l'ay tout par écrit. Votre maistre d'hostel et Plessis-au-Chat vuideront si bien cela, qu'auparavant huit jours nous en demeurerons quittes. J'entends pour le regard de l'argent; car quant à l'obligation, elle me sera perpetuelle, et ne pense pas m'en pouvoir jamais acquitter. Vous suppliant de croire que cette départie n'est que de corps seulement, car je vous laisse mon cœur, duquel il vous plaira faire bonne garde. » Et là-dessus elle le baisa luy disant : « Adieu, monsieur, nous nous verrons demain au logis du Roy. »

Le marquis demeura si éperdu de cette si subite mutation, qu'il ne luy fut possible de proferer une seule parole. Mais ses soupirs et sanglots, parlants pour luy, firent bien paroistre de quelle tristesse et angoisse il avoit le cœur pressé : puis luy estants revenus ses esprits, en la regardant d'un œil fort éloigné d'amour, luy va dire : « Madame, votre adieu m'avoit arraché le cœur ; mais vos dernieres paroles et le baiser dont vous m'avez honoré me l'ont remis, trouvant par trop étrange ce changement et prompte resolution. Demain, comme vous dites, nous nous verrons ; mais souvenez-vous bien des promesses que vous m'avés faites ; et adieu, madame. » Ainsi se departirent prenants un chacun la route de son logis. Mais dès le soir M. de Vieilleville presenta M. le prince de La Roche-sur-Yon (1) à madame la mareschale, luy disant : « Madame, voilà le gentilhomme de la créance que vous parla le courrier que je vous envoyé à Lyon. Si vous me voulez croire, vous le ferez devant peu de jours maître de votre personne et de vos biens, car le retardement en est perilleux. »

CHAPITRE XXVIII.

Le marquis de Saluces veut épouser la maréchale de Montejean.

Monsieur Dannebaud (2), mareschal de France, qui avoit eu par la mort du mareschal de Monte-Jan le gouvernement de Piedmont, eust bien voulu avoir la veuve quantesquant. Et pour y parvenir, allant de

---

(1) *M. le prince de La Roche-sur-Yon* : Charles de Bourbon, frère du duc de Montpensier.

(2) *M. Dannebaud*. Il avoit depuis peu perdu son épouse, Françoise de Tournemine.

son gouvernement à Venize par le commandement du Roy, supplia par lettre madame la Dauphine de luy moyenner ce bien; alleguant, pour rendre la chose fort aisée, trois ou quatre raisons qui pourroient y faire condescendre la veuve. La premiere, qu'elle ne se rabbaisseroit en rien, ayant semblables estats que avoit son feu mary; l'autre, qu'il avoit fait si grands et signalés services au Roy, que s'il y avoit encore quelques grands estats en France à departir, il s'attendoit bien d'y estre preferé, comme aussi il advint, car il fut amiral; la troisieme, qu'il avoit des terres en Bretagne, voisines et enclavées parmy celles de la veuve, entre autres la terre de Henodaye (1), fort belle et seigneuriale, qui apporteroit une très-grande commodité à tous deux; et pour la derniere, si cette alliance se faisoit, ils pourroient accumuler ensemble, et faire une maison de cent mille livres de rente; chose fort rare en ce royaume sans qualité de prince.

Madame la Dauphine entreprit fort volontairement cette charge; et, appellant madame la mareschale de Monte-Jan, premier que de luy rien nommer, proposa toutes les qualités susdites en un mary qu'elle luy vouloit donner, la conseillant de ne la reffuser: « Et si je pensois, dit-elle, que ce ne fust un fort grand heur pour vous, je ne voudrois nullement vous en parler. C'est M. le mareschal Dannebaud, que vous connoissez. Je confesse bien que le marquis de Saluces est plus riche trois fois (2), et qu'il a mieulx de qua-

---

(1) *Henodaye* : La Hunaudaye. — (2) *Est plus riche trois fois*. Si l'on en croit Ribier, la maison de Saluces avoit été ruinée par les dernières guerres. Gabriel, selon lui, n'avoit alors que six mille écus de revenu, et une pension du Roi.

tre-vingts mille écus de rente; mais c'est un bien en combustion; et sur le moindre soupçon que l'on prendra de luy, le voilà desarçonné, et encore avec honte; car on l'appellera traitre. Quant à la difference des personnes, le marquis est fort malaisé de la sienne, et pansardement gros, mal propre, noir, bazanné et de fort mauvaise grace. Je vous laisse à juger de celle de M. Dannebaud; car vous l'avez veu, et n'ignorez point comme il est honneste et fort mettable en toutes choses. »

Madame la mareschale luy fit cette réponse : « Je ne sçaurois dire, madame, lequel de luy ou de moy est le plus heureux, qu'une si grande princesse, et la plus excellente de toute la chretienté, ait daigné de prendre la peine de nous assembler; et voudrois pour deux mille écus de rente qu'il vous eust plu, quand nous estions par les chemins, me faire declarer par quelque courrier vostre intention; car je l'eusse suivie, où je meure éternellement, m'estimant par trop heureuse d'estre mariée d'une telle et si rare main. Mais, madame, je suis si avant en propos de mariage avec un autre, que malaisement pourrois-je retirer mon épingle du jeu, et ne le sçaurois faire sans estre convaincue de legereté et de perfidie : pour le moins vous n'aurez pas désagreable que je me veuille allier avec celuy qui aura l'honneur d'estre un jour très-humble serviteur et très-proche parent de messeigneurs vos enfans, si Dieu vous fait cette grace, et à nous tous, de vous en donner. — Mon Dieu, qui seroit-ce? dit madame la Dauphine. — C'est, dit-elle, M. le prince de La Roche-sur-Yon; mon cousin de Vieilleville en a mis si avant les fers au feu, que je ne m'en puis plus dedire. » Madame la Dauphine le trouva bon, et luy rendit la lettre que le mareschal Dannebaud luy en avoit écrite, avec protestation de ne luy en parler jamais; la conseillant de dépescher cette affaire au plustot, car elle sçavoit que le Roy affectionnoit fort le mariage d'elle et du marquis Jehan-Loys de Saluces; et estoit à craindre que Sa Majesté, pour satisfaire à son desir, n'y interposast son absolue authorité, et qu'elle prenne garde.

CHAPITRE XXIX.

Décision du parlement sur les prétentions du marquis de Saluces.

Il ne passoit jour que le marquis ne vinst voir sa maitresse; mais à toutes les fois il y trouvoit le prince de La Roche-sur-Yon, qui luy estoit une très-poignante épine au pied; et pour mourir ne luy eust pas quitté sa place. De sorte que le marquis fut contraint, pour sortir de cet ennuy qui luy estoit insupportable, de la faire adjourner, non pas devant l'official, mais en la cour de parlement, où s'assemblerent les presidens et conseillers de la grand'chambre, par le commandement du Roy, qui avoit la chose affectée (1). Auquel lieu elle comparoissant, assistée de M. de Vieilleville et de plusieurs autres seigneurs et gentilhommes, dames et damoiselles, le premier president, luy faisant lever la main pour dire verité, luy demanda si elle

(1) *Avoit la chose affectée*: avoit la chose à cœur.

n'avoit pas promis mariage à M. le marquis de Saluces, icy present. Elle repondit sur sa foy que non. Et comme le president vouloit entrer plus avant en interrogatoire, le greffier écrivant, elle va dire : « Messieurs, je ne m'étois jamais trouvée en face de justice comme je suis maintenant, qui me rend craintive de me couper en mes reponses. Mais pour rompre le chemin à toutes subtilités dont vous sçavez pointiller une parole, je vous dis et declare que, devant vous, messieurs, et de toute l'assistance, je jure à Dieu et au Roy, à Dieu sur la damnation eternelle de mon ame, au Roy sur la confiscation de mon honneur et de ma vie, que je ne donné jamais ny foy, ny parole, ny promesse de mariage à M. le marquis Jehan-Loys de Saluces, et, qui plus est, que je n'y pensé de ma vie. Et s'il y a quelqu'un qui veuille dire du contraire, voilà (en prenant M. de Vieilleville par le poing) mon chevalier que je presente pour maintenir ma parole, qu'il sçait estre très-veritable et proferée de la bouche d'une dame d'honneur s'il en fust oncques, et d'une fort femme de bien ; esperant en Dieu et en mon bon droit qu'il le fera, sauf l'honneur de la Cour, vilainement mentir. — Quel revers ! dit lors M. le president : vous pouvez bien, greffier, retirer vos regreas (1), car, à ce que je vois, il n'est plus icy question d'ecritures ; madame la mareschale a pris un autre chemin, et beaucoup plus court. » Et puis s'addressant au marquis : « Et bien, monsieur, que dites-vous sur ce passaige ? — Je ne veux point, repondit-il, une femme par force ; et si elle ne veut point de moy, ny moy d'elle non plus. » Et faisant une basse reve-

(1) *Regreas*: écritures.

rance se retira, luy estant tombé le poulce dans la main ; car l'indisposition de sa personne, non pas de maladie, mais d'addresse, et la connoissance qu'il avoit de la valeur du chevalier, ne luy conseilloient pas d'entrer en plus longue dispute.

CHAPITRE XXX.

La maréchale préfère le prince de la Roche-sur-Yon au marquis de Saluces.

Alors M. de Vieilleville demanda à Messieurs si madame la mareschale ne pouvoit pas en toute liberté contracter mariage avec qui il luy plairoit, puisque le marquis, par sa propre bouche, n'y prétendoit plus rien : à quoy il fut répondu que ouy. « Or, messieurs, dit-il, s'il vous plaist venir chez l'archidiacre du Hardaz, nous y trouverons M. le prince de La Roche-sur-Yon, accompagné de messieurs le duc d'Estampes, de Rohan et de Gyé, qui l'attend pour la fiancer, et l'evesque d'Angiers tout préparé pour cet effet. » Mais ils s'en excuserent, et qu'ils alloient deputer quelques-uns de leur compagnie faire rapport au Roy de ce qui s'étoit passé en cette assemblée. Ainsi ils prirent congé les uns des autres ; mais fut dit en passant et bien bas à M. de Vieilleville : « Vous en aviez pour six mois de taillé, si vous n'eussiez jetté ce combat à la traverse ; car le marquis avoit un interrogatoire de quarante articles pour interroger madame la mareschale sur tous les propos qu'elle a jamais tenus à luy et à ses gens, et des baisers qu'elle luy a donnez par les chemins, et de celuy de la porte Saint-Marceau, et entre autres qu'elle avoit promis (chose qui luy eust bien nuy) au grand gouverneur dudit marquis, l'escuyer Saint Julien, une chesne de cinq cens escus pour sa livrée de nopces. — Et bien, dit M. de Vieilleville, c'est une Française qui a trompé une centaine d'Italiens. — Ce n'est pas cela, dit l'autre, mais c'est vous qui estes un fort galant seigneur, et qui avez si bien conduit cette affaire que vous en estes fait depescher en moins d'une heure, et avez tiré madame la mareschale d'un grand bourbier par votre industrie; et allez en la bonne heure faire vos fianceailles. »

Ainsi se départirent. Et alla de ce pas madame la mareschale chez le sieur du Hardaz, archidiacre de la Sainte Chappelle, où l'evesque d'Angiers la fiança avec monsieur le prince de La Roche-sur-Yon; et à trois ou quatre jours de là M. le cardinal de Bourbon les épousa aux Augustins, et ce sans grand apparat ou cérémonie, car elle estoit veuve.

Il ne faut point demander si M. le prince de La Roche-sur-Yon se sentoit très-obligé à M. de Vieilleville pour ce mariage, car il pouvoit bien dire que, sans son bon conseil et sage conduite, il n'y fust jamais parvenu, ayant le Roy du tout en tout contraire; La Majesté duquel par sous main faisoit beaucoup de menées secrettes pour le dissoudre, ouvertement non, car il luy eust esté reprochable d'empescher le bien et l'avancement d'un prince de son sang, aussi en cette consideration que monsieur de Vieilleville ne desista jamais de son entreprise, encore qu'il eust ce grand

Roy pour adversaire, jusques à ce qu'il l'eust veüe effectuée. Ce prince l'aima toute sa vie d'une amitié immortelle, que personne vivant n'a jamais pu alterer.

CHAPITRE XXXI.

Acquisition de la terre de Châteaubriant par le connétable de Montmorency. — Voyage du Roi en Bretagne.

[1541] QUANT à la succession de Chasteaubriand dont nous avons parlé cy-dessus, nous en dirons ce qui s'en trouve de bruit commun, et ce qui a esté toujours allegué et répondu en toutes compagnies, quand on s'est enquis de l'occasion qui a peu mouvoir monseigneur Jehan de Laval, sire de Chasteaubriand, de faire un tel present à M. le connestable, qui est si grand de gentilhomme à gentilhomme, qu'il n'y a gueres de rois en la chrestienté, hormis le nostre et celuy d'Espagne, qui en puissent souvent libéralizer de pareils sans faire flaistrir beaucoup de fleurons de leurs couronnes, ayant esté ladite terre estimée, avec son bastiment et ses appartenances, à quinze cents mille francs.

Il faut donc commencer par un voyage (1) que fit

(1) *Par un voyage.* On lit ce qui suit dans l'Histoire de la maison de France par MM. de Sainte-Marthe, tome 1ᵉʳ, page 719 : « Le Roy es-
« tant à Nantes en aoust 1532, par lettres patentes, prenant la qualité
« de pere, légitime administrateur et usufructuaire des biens du prince
« Dauphin son fils, propriétaire du pays et duché de Bretagne par le
« decés de la reine Claude sa mere, déclara, à la requeste des Estats
« de ce pays, son fils estre vray duc proprietaire du duché, lequel Sa

le roy François en Bretagne sur les premiers ans de son avenement à la couronne, en intention de faire reconnoistre, par les Estats du pays, son fils aisné François, dauphin de Viennois, pour duc de Bretagne, et par ce moyen casser les contracts de Charles huitiéme et Loys douziéme avec la reine Anne, duchesse dudit pays, et semblablement le sien avec madame Claude, fille du roy Loüis douziéme, sa femme; par tous lesquels contracts il estoit dit que le second fils provenant de leur mariage seroit duc. Ce qui fut par lesdits Estats fort libéralement accordé à ce grand Roy, qui leur proposa tant de bonnes choses pour l'utilité du pays en ce faisant, qu'ils eussent esté ennemys du bien et repos de leur patrie s'ils ne s'y fussent condescendus. Et dès lors ladite duché fut incorporée à la couronne, et arresté que pour l'avenir le Dauphin porteroit en ses armes escartelé de France, Dauphiné et de Bretagne, et s'intituleroit dauphin de Viennois et duc de Bretagne; ce qui a toujours continué depuis.

Lesdits Estats, qui avoient, par cette liberale et volontaire gratification, gagné le cœur du Roy, eurent opinion, s'ils demandoient quelque chose à Sa Majesté pour la décoration de la province, que facilement ils l'obtiendroient ; et recherchant tous les endroits d'icelle les plus deffectueux, ils trouverent que la ville de Rennes, qui est la principale et premiere du pays, avoit faute d'un port ou havre pour la rendre l'une

« Majesté unit à perpétuité avec le royaume et couronne de France,
« sans jamais en pouvoir estre desuny et séparé » Il résulte de ce passage que ce ne fut pas dans les premières années de son règne que François I réunit à la couronne le duché de Bretagne, puisqu'en 1532 il régnoit depuis dix-sept ans.

des bonnes villes du royaume, avec les belles marques qu'elle a deja, estant fort peuplée et de grand circuit; ce qui seroit très-aisé, en faisant profondir la riviere de Villennes, qui passe au travers de ladite ville, et élargir ses flancs et chantiers de dix ou douze toises, car son canal est fort étroit, et la faire entrer dedans le bras de mer qui monte jusques à Messac, distant dudit Rennes huit ou neuf lieues pour le plus; et que, par ce moyen, les grands navires et autres baisseauls [1] qui viennent à La Roche-Bernard, Rieux et Redon, pourroient flotter jusques audit Rennes, qui rapporteroient une très-grande et très-utile commodité, non-seulement à la ville et à la province, mais à la Normandie et au Meine leurs voisins, dont s'accroistroit le revenu du Roy en tous ces pays-là quasi de la moitié.

Toutes ces choses ne furent pas si tost remonstrées au Roy estant à Rennes [2], que Sa Majesté ne leur fist incontinant paroître son affection en cet endroit; car, pour visiter les lieux, il descendit jusques à Redon, et prenoit lui-même la peine de faire planter les paulx, aligner le cordeau, niveler et ordonner de toutes choses nécessaires à la perfection de cette entreprise, comme un ingenieur; recevant un merveilleux plaisir de perpetuer en ce pays-là sa mémoire; et promettoit grande récompense à ceux qui en avoient fait l'ouverture. Et pour rendre la chose immortelle, changeant le nom de Villennes, il la vouloit appeller la Françoise; et le port qui se devoit construire à la porte Saint-Yves, par où sort ladite riviere de la ville, se

---

[1] *Baisseauls* : bateaux. — [2] *Estant à Rennes*. François n'alla jamais à Rennes. En 1533 il y avoit envoyé son fils le dauphin François.

devoit nommer le Port-Dauphin-le-Duc, avec des privileges que tous ceux qui y bâtiroient seroient exempts à perpétuité de tous daces et tributs, afin de dresser en diligence un spacieux cay, et le peupler de grands magazins, de longs et larges celiers, et de belles maisons; en outre, que le premier navire qui viendroit tous les ans à la montaison, chargé de vins de Grave et de Marche, ne seroit sujet en façon quelconque à la prevosté, d'entrée ny semblablement d'yssue, de quelque marchandise qu'il eust esté freté pour s'en retourner. Et d'une royale façon il laissa, de son propre et liberal mouvement, pour effectuer que dessus, tous les rachapts de Bretagne qui luy pourroient échoir, sans autre limitation d'années ny de tems, que jusques à ce que tout ce dessein fust entierement parachevé : qui estoit un très-insigne et très-riche présent, et duquel il provint une excessive somme de deniers, étant la duché de si grande étendue comme elle est, et un si grand nombre de noblesse. De toutes lesquelles choses Sa Majesté fit dépescher, émologuer et vérifier, en la cour de parlement et chambre des comptes à Nantes, les lettres qui pour ce estoient nécessaires.

Il ne restoit plus qu'à trouver quelque personnage solvable pour faire état des deniers susdits, et qui prît la charge de faire avancer la besoigne; et sur la longueur de cette élection, tous les Estats, d'un commun assentement, nommerent M. de Chasteaubriand, que son autorité, estant gouverneur de la province, feroit diligenter, et que les receveurs du domaine, que l'on nomme en ce pays-là de l'ordinaire, seroient plus soigneux de recueillir lesdits deniers que si un moindre en avoit la charge : et le supplierent tous de la vouloir accepter, ce qu'il fit fort librement; et commença, dès la premiere année, à y mettre environ deux cents gastadours (1), pour faire paroître au peuple son affection.

Mais l'année subsequente il s'y rendit un peu nonchallant; aussi que le desir de faire sa maison de Chasteaubriand le divertit de cette bonne volonté, et employa ces deniers, pour le moins la pluspart, à ses propres bâtimens, et bien peu à l'autre attelier; aussi que ce que l'on faisoit à ladite riviere en un mois estoit, par les ravages et cretines d'eaux (2), renversé en une heure; de sorte que cet argent, onze ou douze ans durant, se consomma pour ses edifices et en l'amelioration de sa maison.

CHAPITRE XXXII.

Moyens employés par le connétable pour avoir la terre de Châteaubriant.

Les habitans de Rennes ausquels cette intermission touchoit le plus ne s'en donnoient aucune peine, et par conséquent les plus éloignez n'en avoient pas grand soucy; mesme aux Estats, qui se tiennent tous les ans en septembre, il ne s'en parloit jamais : de sorte que M. de Chasteaubriand se servoit sans aucun contredit de ces deniers-là, et en faisoit estat comme de son propre revenu; mais le premier president des comptes

---

(1) *Gastadours* : ouvriers. — (2) *Cretines d'eaux* : crues d'eau.

de Bretagne, nommé La Pommeraye, courtisant et
affectionné à M. le connestable, luy en reveilla l'esprit, alleguant que, s'il mettoit cela en avant, il ne
pouvoit faillir qu'il ne luy en revinst un grandissime
profit.

M. le connestable, ne voulant pas negliger cet avertissement, l'envoya devant à Chasteaubriand pour faire
tout de loing la premiere trempe de la peur; car, d'y
proceder par menaces ouvertes de confiscation, il l'eust
perdu tout comptant, veu que l'autre avoit un si grand
credit à la Cour, que le Roy luy eust donné et quité
tous lesdits deniers, à quelque somme qu'ils eussent
pu monter, en faveur d'une personne (1) que je ne puis
et ne veux nommer, qui estoit auprès de Sa Majesté
en telle authorité et respect, qu'en un besoin elle eust
fait succomber le mesme connestable; de quoy il n'estoit ignorant.

Ce précurseur, plain de cautelle, joua si bien son
rolle, qu'en moins de huit jours qu'il fut à Chasteaubriand il mit le seigneur de la maison en si grand
frayeur qu'il eust voulu estre mort; l'intimidant premierement de la colere où estoit le Roy à cause de l'abus
de ses deniers, et plus encore d'estre frustré de l'esperance de voir son nom perpetué en Bretagne, suivant
les choses memorables qu'il y avoit instituées; disant
en outre que Sa Majesté avoit une juste occasion de se
douloir de voir qu'il ait manqué de parole aux Estats
de Bretagne, lesquels pourront se persuader qu'il leur
a donné la baye, comme ayant intelligence secrette
avec son lieutenant; *item*, que « *qui mange de l'oye
du Roy, en cent ans il en rend la plume*; qui feroit

(1) *En faveur d'une personne* : de la duchesse d'Etampes.

que sa postérité en seroit à jamais recherchable ; plus, que les deniers du Roy sont de telle nature, que qui en abuse est sujet à la restitution du quadruple ; en somme, que M. le connestable avoit commandement de descendre en Bretagne pour en connoître, et en un besoin se saisir de sa personne, qui ne se pouvoit faire sans une merveilleuse honte. Paroles toutefois fausses et malicieusement controuvées, car tout ce fait se mania au desceu du Roy, du chancelier et de tout le conseil. Aussi, quand M. le connestable partit de la Cour, il fit entendre au Roy qu'il alloit faire une cavalcade par tout le royaume, pour connoitre des déportemens des gouverneurs et de l'estat des frontieres, et qu'il vouloit commencer par la Bretagne : ce que Sa Majesté trouva le meilleur du monde.

Cependant le voilà arrivé à Nantes où il estoit descendu par eau, car il avoit pris congé du Roy à Amboise ; et ne faut demander si sa venue, ainsi à l'improvîte et inopinée, troubla M. de Chasteaubriand, lequel en toute diligence le vint trouver audit lieu, fort bien accompagné, hormis de ses gardes, le suppliant tant honorer que de venir en sa maison, pour là donner ordre aux affaires qui l'avoient fait descendre en son gouvernement, avec toutes offres d'assistance et de service. L'autre, avec un visage severe, luy répondit qu'il ne partiroit pas de la province sans l'aller voir ; et commanda, pour donner le goût à la chose, à ce president, en presence de tous, qu'il n'y eust faute que tous les receveurs de la Bretagne, tant généraux que particuliers, et principalement du domaine, eussent dedans dix jours à se trouver par devers luy à Nantes, sur peine de privation de leurs estats, afin qu'il leur montre son pouvoir et l'urgente occasion qui le meine pour le très-exprès service du Roy et de l'abus de ses finances et de l'averment (1) d'icelles depuis douze ans. Et cela dit, il se retira en sa chambre, sans que personne vivant pust parler à luy de tout le reste du jour; car telle estoit la fourbe entre luy et le president.

Par ce commandement fut frappé le coup qui engendra le contract; car M. de Chasteaubriand, perdant le courage, ne cessa qu'il n'eust parlé à luy le lendemain au plus matin, ayant le president avec luy, et y furent trois bonnes heures ensemble; et, au sortir de là, ils partirent tous après dîner pour aller à Chasteaubriand y consommer quelques jours en bonnes cheres; durant lesquels M. le connestable envoya devers le Roy son secretaire Berthereau, avec mille louanges du sieur de Chasteaubriand; qu'il avoit bien perdu son tems d'estre descendu jusques là, car il n'y avoit province sous sa couronne mieux conduite, regie ny policée, que celle de Bretagne; promettant d'estre bientost auprès de Sa Majesté pour luy en faire plus ample recit par le menu : et, parce qu'il y avoit long-tems qu'il faisoit service à Sa Majesté en estat de gouverneur avec infinies depenses, sans jamais en avoir aucune remuneration, il luy sembla que Sadite Majesté y devoit avoir esgard, comme à personnage très-digne d'une grande recompense, et telle que son secretaire Berthereau luy feroit entendre, s'il luy plaisoit l'ecouter.

Lequel apporta un brevet dépesché à Chambourg (2),

---

(1) *De l'averment* : du divertissement. — (2) *Chambourg* : Chambord.

signé de la main du Roy, et contre-signé de deux secretaires des commandements, que l'on appelle aujourd'huy d'Estat, Bayard et Bochetel, qui portoit quitance generale de tous les deniers de rachapts que jamais reçut le sieur de Chasteaubriand, à quelque somme qu'ils eussent pu monter, sans que luy, ses successeurs heritiers en fussent recherchez; desquels deniers Sa Majesté, en tant que besoin estoit, en faisoit don et present gratuit audit sieur de Chasteaubriand, pour aucunement le recompenser des très-grands et signalés services qu'il avoit faits et fera encore à Sa Majesté et à la couronne; validant les quittances qu'il en avoit baillées aux receveurs du domaine qui luy avoient apporté lesdits deniers; commandement aux gens des comptes à Nantes de les passer en la reddition de leurs comptes, sans les tenir, pour ce fait, nullement en souffrance; et tout à plain d'autres clauses que peut contenir un brevet de telle importance, et basty par gens de si grand esprit que les secretaires susdits et serviteurs voués à M. le connestable.

Par cette ruse fût sourratée (1) cette succession, en laquelle M. le prince (2) ny sa femme ne purent jamais rentrer, encore qu'ils y fissent tous leurs efforts, principalement du tems de la desfaveur de M. le connestable; mais estant intervenue la mort du sieur de Chasteaubriand, la donnaison demeura en sa force, comme faite entre vivants. Mesme j'ay veu M. de Vieilleville, comme heritier pour son sixieme de madame la princesse de La Roche-sur-Yon, car il estoit premier puisné de la maison de Scepeaux, plus de trente ans

---

(1) *Sourratée* : soustraite. — (2) *M. le prince* : le prince de la Roche-sur-Yon, époux de la maréchale de Montejean.

après la confection du contract, la voyant veuve et sans enfans, assembler en sa maison de Paris, rüe des Penitentes, que possede aujourd'huy le comté de Fiesque, MM. les presidens de Thou, Seguyer et de Morsant, avec deux fameux avocats, Mango et Versoris, sous ombre de leur donner à disner, où ladite princesse estoit, faire consultation de cette matiere ; mais, après en avoir disputé quatre bonnes heures, n'en rapporterent que perte de tems et d'argent.

CHAPITRE XXXIII.

Autres acquisitions faites par le connétable.

Et encore que l'empietement de cette succession eust esté trouvé fort étrange de plusieurs, si est-ce qu'il ne le fut pas tant que de celle de messire Claude de Ville-Blanche, sieur de Bron, fait par le même connestable ; car on est encore à deviner pour quelle occasion il le fit son heritier. C'estoit un fort aisé et riche seigneur de Bretagne, possedant de vingt-cinq à trente mille livres de rente, qui n'eust jamais charge, pension ny estats de nos roys, et n'en pourchassa de sa vie ; se contentant de suivre les armées sur le sien, avec un train et depense honorable, sans en rechercher, le voyage finy, aucune recompense ; après lequel il se retiroit en sa maison, attendant qu'il s'offrist une autre nouvelle occasion de marcher. Mais il se trouve qu'un gentilhomme qui estoit domestiquement à son service, nommé Monterfil, trama cela avec ledit sieur connestable, sur promesse qu'il le feroit, effectuant ce desseing, gentilhomme de la chambre du Roy, qui estoit pour lors un très-grand honneur; car on ne tiroit en ce tems-là les capitaines des gendarmes et les lieutenans de roy que de cette troupe; et falloit que le gentilhomme de la chambre, qui estoit promu à l'un desdits estats, quittât par necessité la place de la chambre, car les deux ensemble estoient incompatibles, tant alloient bien de rang et d'ordre les grades et honneurs de France des regnes des anciens roys.

Monterfil cependant, apasté de cette esperance, s'evertua, pour y parvenir, d'y faire condescendre son amy, comme il fit; mais on ne peut imaginer les artifices dont il usa pour le faire plier à cette donnaison, veu qu'il avoit une très-honorable dame de sœur, madame Françoise de Villeblanche, dame d'Espinay, qui fut mere de feu monseigneur Guy d'Espinay, pere de monseigneur le marquis d'Espinay aujourd'huy vivant: et d'avoir desherité une telle et si vertueuse dame pour enrichir un étranger, il faut bien croire que ce serviteur y appliqua de terribles et étranges remèdes; car son maître n'estoit aucunement ambitieux, et ne reçut de son vivant aucun bienfait de M. le connestable; innocent au reste de toute criminelle charge: mais il les trompa dextrement, et en rusé courtisan, tous deux; car il eust les terres et les biens de l'un, et la recompense de l'autre qui vendit son maître n'est pas encore née.

M. de Vieilleville en parla à M. le connestable assez dignement à Bloys, mais long-temps après, et du regne du roy Henry deuxieme, lorsque ledit connestable étoit rentré en sa bouïllante faveur, parce que mondit seigneur le marquis d'Espinay, auquel cette succession appartenoit à cause de sa grand' mere, devoit épouser sa fille aisnée, madame Marguerite de Scepeaux, comme nous dirons cy-après; mais il n'en peut tirer que la terre de Bron, que luy quitta M. le connestable, moitié de honte, moitié de gratification ; car il l'aimoit et le tenoit en grande estime. Mais Branssian, Callac, Martigné, Ferchault, Plusgnollet, et plusieurs autres terres, demeurerent au croq de Montmorency, alleguant ledit connestable qu'il n'y a chose au monde mieux acquise à toute personne que ce que gratuitement on luy donne; qui est une vieille rubrique de laquelle se targent impudemment les hardis preneurs.

Ce messire Claude de Villeblanche, sieur de Bron, avoit esté aux batailles de Ravanne (1), la Bicoque et des Suysses (2) ; et à cette derniere le Roy le fit chevalier, seul de son rang, puis remit son épée au fourreau. Mais luy demandant le duc de Bourbon pourquoy il n'avoit fait chevaliers cinquante ou soixante autres qui estoient à genoux devant luy, Sa Majesté répondit qu'il ne vouloit pas que l'on dist du sieur de Bron qu'il estoit des chevaliers à la douzaine, et qu'il sçavoit bien, pour l'avoir vu, que son épée estoit tainte du sang des Suysses, et n'en estoit pas si certain des autres; toutefois qu'il les feroit chevaliers le lendemain: et ajouta qu'il y avoit beaucoup de villes en son royaume, mais qu'il ne s'en trouvoit gueres de blanches, voulant inferer par-là ce mot de ville, et

(1) *Ravanne* : Ravenne. — (2) *Des Suysses.* L'auteur appelle ainsi la bataille de Mariguan, livrée en 1515, parce que François I y défit les Suisses.

qu'il y en avoit bien peu qui luy fussent comparables : et n'en exceptoit Sa Majesté que huit ou dix, et trois ou quatre qu'il mettoit au-dessus.

CHAPITRE XXXIV.

François de Bourbon, comte d'Enghien, parent de M. de Vieilleville.

Si M. le prince de la Roche-sur-Yon aimoit M. de Vieilleville de la parfaite amitié que nous avons recitée cy-dessus, il y avoit encore un autre jeune prince qui ne la luy portoit pas moindre, et en pouvoit faire autant et plus d'estat, bien qu'il n'y eust aucune obligation : c'estoit M. François de Bourbon, comte d'Anghien, second fils de monseigneur le duc de Vendosmois, premier prince du sang; et estoit si grande, qu'il ne pouvoit vivre sans luy; et ne se dressoit partie ou entreprise, de quelque jeu que ce fût, où la jeunesse de la Cour s'exerce, qu'il ne fallût que M. de Vieilleville fust de son costé. Et ne se faut esbahir de l'étroite liaison de cette amitié, car, outre ce que l'influence céleste y donnoit beaucoup, si estoit-elle fondée sur deux notables points, et immortels, sçavoir, l'alliance et la vertu, qui la rendoient inviolable. Le fondement de l'alliance se poursuit ainsi :

M. François de Bourbon, comte de Saint-Paul, oncle dudit comte d'Anghien, avoit épousé l'heritiere de cette très-illustre maison de Tousteville (1), de la-

(1) *De Tousteville* : d'Estouteville.

quelle le grand-pere et la mere de M. de Vieilleville
estoient freres et sœurs; et pour ce regard il estoit
très-bien venu là-dedans de la part de tous deux, qui
ne pouvoient faire aucun repas sans le y faire toujours appeller, estans très-aises de l'avoir à leur table:
luy, pour ce qu'il n'y avoit jeune seigneur en la Cour
qui eust plus vu ny voyagé que M. de Vieilleville;
elle, pour le contentement qu'elle recevoit de un sien
proche parent, tant honoré et estimé de son seigneur
et mary. M. d'Anghien, d'autre part, qui suivoit plustost son oncle que son pere, à cause de la libre privauté, faisoit ordinaire de cette table, par le moyen
de laquelle ils vivoient ensemble, et à l'issue de leur
repas entreprenoient mille gaillardises, où toute la
jeunesse de la Cour abordoit pour y participer; qui
estoit le premier nourrisson de cette amitié. Et voyant
M. d'Anghien que madame la comtesse de Saint-Paul,
duchesse de Tousteville, sa tante, appelloit M. de
Vieilleville son oncle, il l'appella toute sa vie son
bel oncle : terme d'alliance de tout tems usité entre
les anciens parents de France, car les ducs de Bretagne, de Berry, Bourgogne, Guyenne, d'Orléans,
d'Anjou et de Bourbon, s'entre-appelloient bel oncle,
beau cousin et beau neveu; coutume qui dure encore
entre les grands. Or nous faut-il déduire comment le
point de la vertu les lia encore en amitié plus étroitement.

M. le comte de Saint-Paul, duc de Tousteville, a eu
d'aussi belles et importantes charges pour la guerre que
prince de son tems; car il mena une belle armée en
Italie, qu'il fit passer jusques au royaume de Naples [1].

[1] *Qu'il fit passer jusques au royaume de Naples.* Le comte de Saint-

Mais, voyant les choses desesperées par la ruine de l'armée de M. de Lautrec et sa mort, et encore davantage par la mort du prince de Navarre, que le Roy avoit envoyé audit Naples avec une armée volante, pour raffraichir celle du sieur de Lautrec; en outre toutes les alliances du Roy en ce pays-là, non-seulement faillies, mais revoltées par depit de n'avoir esté secourues à tems, il marcha son armée en Lombardie, où il fit de braves gestes, et reculer l'armée imperiale, et luy faire passage pour s'en retourner en France, pour obeir au commandement de son Roy, qui luy commanda une autre fois d'aller saisir le duché de Savoye; ce qu'il executa en si grande diligence, que le duc ne pust estre prest assez à tems pour y resister, encore qu'il eust sceu, il y avoit plus de trois mois, cette entreprise. *Item*, en la frontiere de Picardie, où la guerre estoit ordinaire, il y fit des choses fort memorables; et, ce qui est grandement à noter, quand le duc de Bourbon, pour suivre l'Empereur abandonna le service du Roy, Sa Majesté, passant les Monts, ne voulut pas laisser le duc de Vendosmois, son frere aîné, en France, se deffiant de quelque intelligence, à cause du nom de Bourbon, mais le mena avec luy, laissant en sa place en son gouvernement de Picardie M. de La Trimouille; mais il eust telle confidence en M. de Saint-Paul, qu'il luy donna charge, avec des forces, d'aller après le duc de Bourbon pour l'attrapper, sur le chemin de la Franche-Comté, où l'on fut averty qu'il alloit: en quoy il fit un fort loyal devoir; mais il y

---

Paul, en 1528, ne pénétra pas jusqu'à Naples. Il fit la guerre dans le Milanez où il fut battu par Antoine de Lèves. (Voyez Introduction aux Mémoires de Du Bellay, page 102.)

avoit pris une autre route, par le conseil de Pomperand, ainsi que le Roy le sceust bien depuis. Or en toutes ces guerres et païs susdits M. de Vieilleville avoit esté, et donné coups de lance et de coutelats; qui estoit un si grand contentement à ce prince d'en pouvoir souvent jouyr pour en discourir, qu'il ne le voyoit pas à demy, et répondoit à ceux qui luy disoient, s'il n'avoit point d'enfans, qu'il feroit M. de Vieilleville son héritier, qu'il seroit plustost convié à ce faire pour sa valeur et réputation, que pour l'affinité qui estoit entre sa femme et luy, encore qu'elle fût fort proche; et estoit digne, disoit-il, de commander à une armée. M. le comte d'Anghien estoit si affamé de tels discours, que si le Roy l'eust voulu traiter il l'eust refusé, pour n'en pas perdre une leçon; car incessamment son oncle, M. de Saint Paul, en mettoit M. de Vieilleville en propos. Quelquefois il s'accusoit des fautes qu'il avoit faites en telle et telle occasion, ou d'avoir trop ou peu temporisé sur un avertissement, ou de l'avoir du tout negligé, et une infinité d'autres oubliances ou promptitudes ausquelles un chef d'armée est sujet par trop croire à quelqu'un ou à soy-même : à quoi M. de Vieilleville luy rendoit une si grande et certaine résolution, qu'elle luy estoit très-admirable. M. d'Anghien, d'autre part, qui estoit attentif à toutes ses reponses, les tenoit pour oracles; et par toutes les compagnies où il se trouvoit, il ne parloit que de son bel oncle, qu'il aimoit, à cause de sa vertu, autant ou plus que soy-même.

CHAPITRE XXXV.

Le comte d'Enghien va commander en Provence.

Ayant eu le Roy, l'an 1543, nouvelles que l'armée turquesque conduite par Barberousse devoit bientost arriver à Marseille pour son service, Sa Majesté delibera d'envoyer un prince de son sang pour la recevoir et estre en ladite armée, jointe avec la sienne de Levant (1), son lieutenant géneral; et, sans autre remise de conseil, elle nomma M. le comte d'Anghien, qui n'avoit point encore voyagé ny manié aucune charge à cause de sa grande jeunesse, car il ne pouvoit lors avoir plus de vingt-trois ans, et qu'il estoit desormais temps, ainsi qu'il disoit, de l'employer et nourrir aux affaires, pour le rendre capable à l'avenir de quelque gouvernement digne d'un prince de son sang, veu que son frere aisné, Anthoine de Bourbon, après la mort de Charles, duc de Vendosme, leur père, avoit succedé au gouvernement de Picardie, estant très-raisonnable que son puisné, qui promettoit beaucoup de soi, fust semblablement honoré de quelque province.

Cette conclusion prise au cœur du Roy, il eust commandement pour se preparer en diligence pour ce voyage, et luy furent ordonnez pour l'accompagner les sieurs de La Chaistaigneraye, de Bourdillon et de

---

(1) *La sienne de Levant.* On appeloit ainsi cette armée, parce qu'elle devoit agir de concert avec celle de Barberousse.

Thavannes. Ce qu'estant sçu par le comte de Saint Paul, il envoya querir le sieur d'Anghien, luy disant qu'il estoit très-joyeux de la charge qu'il plaisoit au Roy luy commettre; mais il ne pouvoit penser qui avoit meu Sa Majesté à luy choisir Chaistaigneraye pour l'assister en ce voyage, ayant trop ouy parler de ses bizarres humeurs; et s'esbahissoit grandement que l'on eust oublié son bel oncle. Son neveu luy répondit qu'il avoit un grandissime regret en cette oubliance; mais, quand le Roy luy eust donné Bourdillon, gentilhomme de sa chambre, M. le Dauphin luy en voulut donner un autre de la sienne, Chaistaigneraye, et conséquemment M. d'Orléans, Thavannes : ce qu'il ne pouvoit honnestement refuser ; car s'ils luy en eussent donné de moindre qualité, moins ne pouvoit-il faire que de les prendre, et avec grande demonstration de les avoir très-agréables; mais qu'il estoit après à inventer le moyen de faire trouver bon l'eschange de Chaistaigneraye avec son bel oncle; « car à la verité, dit-il, ses façons de faire et de parler ne me plaisent pas, et ne me sçaurois compatir avec ses humeurs. »

Sur ces devis arriva le duc de Vendosme, son aîné, qui luy dit : « Vrayment, mon frere, vous en avez tout au long, car Chaistaigneraye s'en va avec vous : faites estat d'appointer tous les jours une douzaine de querelles, et provision d'aureilles pour escouter ses vaillances et venteries. Au reste, mesurez bien vos faveurs, car si vous ne luy en departés plus que à nul autre, quel qu'il puisse estre, vous n'avez pas besoigne achevée : somme, vous serez plus empesché à luy obeir qu'à vostre propre charge. — C'est, monsieur, luy répondit M. d'Anghien, la peine où M. nostre oncle et moy estions. — Or, mon frere, dit M. de Vendosme, mettez vous en hors, car je viens d'y donner ordre. M. le Dauphin s'en va jouer à la paulme; allez vous presenter devant luy avec le plus triste visage que vous pourrés contrefaire; et, s'il s'enquiert de l'occasion de vostre fascherie, j'ay embouché nostre bon amy Saint-André, qui répondra pour vous, ou qui vous secondera si vous parlés le premier, comme tous trois nous le désirons : si ce moyen nous est inutile, il s'en présente un autre qui nous fera jouir de nostre intention. »

A quoy ne faillit M. d'Anghien; et s'estant presenté contrefaisant le malade ou le fasché, M. le Dauphin luy dit que l'armée de Levant estoit déjà bien avant en deçà de l'isle de Chipre, et qu'il failloit qu'il se diligentast de partir; et luy demandant ce qu'il avoit, veu que son visage demonstroit quelque fascherie, M. de Saint-André va promptement répondre : « Je mettray ma vie, monsieur, qu'il a regret de laisser M. de Vieilleville, ou bien qu'il ne luy a esté commandé de l'accompagner en ce voyage. — Vrayment, dit M. le Dauphin, j'estois bien hors de moy quand il ne me souvint point de son bel oncle. » Et sur l'heure, appellant Griffon, son premier valet de chambre, luy commanda d'aller dire à Chaistaigneraye qu'il ne fist aucun preparatif pour le voyage de Marseille, et qu'il vinst parler à luy; et demandant où estoit M. de Vieilleville, il luy fut répondu : « En la chambre de madame d'Estampes, jouant au flux (1) à toutes restes avec elle et M. le cardinal de Lorraine

---

(1) *Flux* : jeu de cartes.

(car la premiere (¹) n'estoit encore en usage). » Auquel lieu il s'achemina incontinant, et, après avoir veu donner trois ou quatre cassades, il fit à M. de Vieilleville ce commandement, qui le reçut à très-grande joye; et puis il s'en alla commencer sa partie.

Il ne se faut point enquerir si l'oncle et les deux freres furent aises de cet eschange, se promettans bien que le voyage succederoit heureusement, sans tumulte, desordre ny confusion; et envoyerent prier M. de Vieilleville de venir souper avec eux chez M. de Vendosme, où ils luy firent une infinité de bonnes cheres et de remercymens, sachant la franche volonté dont il avoit accepté ce commandement : et delibererent par ensemble du partement; et, pour ce qu'il se presentoit une infinité de gentilshommes pour faire le voyage, sur le desir de voir cette armée et la façon des Turcs, occasion peut-être qui ne s'offriroit jamais, ils resolurent d'en refuser la pluspart; car, s'ils eussent pris tous ceux qui en faisoient parler, ils eussent enlevé toute la jeunesse de la Cour.

CHAPITRE XXXVI.

M. d'Enghien arrive à Marseille.

LE jour devant leur partement, qui fut de Fontainebleau, M. de Vieilleville ordonna que M. de Rubempré partiroit avec cinquante gentilshommes de ceux qui estoient sur le roolle pour faire ce voyage,

---

(¹) *La première :* la prime, autre jeu de cartes.

et que, sans sejourner, ils allassent droit à Lyon sur-attendre M. d'Anghien, afin que les chevaux de poste fussent toujours frais quand il voudroit courir avec sa troupe, qui estoit quasi de pareil nombre, en comprenant les officiers. En quoy il n'y eust aucune confusion, car le controlleur des postes, nommé Poinctet, avoit donné bon ordre à tout cela huit jours auparavant; aussi que la troupe de Rubempré avoit un jour et demy sur celle de son maître, premier qu'ils fussent à La Charité; car il la menoit toute nuit, pour de tant mieux accommoder le prince et les seigneurs qui le suivoient, lesquels n'arriverent à Lyon que deux jours après luy; tant fut grande la diligence de Rubempré, par le moyen de laquelle M. d'Anghien, à cause que ses officiers avoient chevaux à point nommé, trouvoit ses repas et toutes commodités de trois en trois postes.

Arrivez qu'ils furent tous à Lyon, M. d'Anghien entra aux bateaux que Rubempré luy avoit déjà fait préparer sur le Rhosne, et descendit en Avignon avec toute sa troupe, qui estoit grande, où le vice-legat l'accommoda de chevaux et de toutes choses requises pour aller à Marseilles; et estant au village des Cabanes, à trois lieues de Marseilles, il trouva M. de Grignan, gouverneur de Provence, qui estoit venu jusques là au devant de luy.

Je laisse la reception qui luy fut faite à Lyon, tant par les comtes de Saint Jehan, les gens de la justice, que l'hostel de ville, qui fut et très-grande et très-honorable comme à un tel prince et tant recommandé du Roy, ny semblablement de celle de Marseilles, qui luy presenterent à l'entrée de la

ville un poêle, qu'il trouva fort mauvais, et en dit son
avis à M. de Grignan, modestement toutefois, marchant entre luy et M. de Vieilleville; lequel Grignan
s'en excusa, et que cela avoit esté entrepris à son desceu: aussi fut-il trouvé que trois ou quatre capitaines
et lieutenans de galeres, enfans de la ville, avoient
mis cela en avant pour de tant plus l'honorer, ignorants la consequence d'une telle usurpation sur le
souverain. Il me suffira de dire, laissant les harangues
en arriere, que je ne vey jamais tant canonner; car
en ce temps-là il y avoit quarente galeres dedans le
port de Marseilles, qui n'en partoient jamais que pour
la guerre, laquelle finie elles y revenoient sans qu'on les
departist, comme l'on fait maintenant, à Nantes, Rouan
ou Bourdeaux, et battoient cette mer de Levant si
bien, que les Français y estoient redoutés et en estoient
quasi maîtres; lesquelles toutes tirerent plursieus fois
de toutes leurs pieces; en outre celles des tours, murailles et lieux éminents de la ville; plus l'artillerie
de la tour dite Notre-Dame de la Garde, de la tour
Saint-Jehan, et de l'abbaye de Saint-Victor; *item*,
les chiamades et salves de tant de chiormes: de sorte
qu'il n'estoit pas possible d'ouyr un plus grand bruit;
et pour l'accroistre, il se trouva un si grand nombre
de fregates et brigantins qui faisoient raige de canonner, et ne se contenterent pas d'y employer le jour,
mais toute la nuit on ne fit autre chose. Les habitans
de la ville semblablement, qui sont pour la pluspart
guerriers, n'y épargnerent pas la poudre; en somme
le tonnerre y estoit si grand, que les femmes grosses
et les nourrices furent contraintes de se retirer dedans
les caves; car, voyants ce jeune prince y prendre si

grand plaisir, ils s'y eschauffoient davantage : il estoit quasi jour poignant premier que luy ny tous autres s'en fussent retirez.

Sur l'après-dinée du lendemain, M. de Grignan vint trouver M. d'Anghien, qu'il prit à part pour luy découvrir une vendition que luy devoient faire trois soldats savoysiens du chasteau de Nice, qui l'avoient assuré d'y avoir telle intelligence qu'il leur seroit livré incontinant qu'ils se seroient presentez devant la place. Le prince, qui estoit jeune, sans plus avant s'enquerir, luy demanda seulement le moyen de s'acheminer à cette entreprise, lequel luy répondit qu'il luy donneroit quatre galeres, dont seroient chefs les capitaines Saint-Blanquart, Pierre Bon, Magdalon et Michelet, qui estoient presents avec luy lors de son discours; et seroient en la sienne les trois marchants dudit chasteau; et que après luy flotteroient onze autres galeres chargées à fonds de gens de guerre, pour plus aisément le faire maître de la place. Mais il le supplioit de ne mettre ce secret en bouche d'ame vivante, et qu'il n'y avoit pas demy-jour qu'il s'en estoit découvert aux quatre capitaines là presents, qui avoient bien deliberé de faire un bon service au Roy et à luy, ou de mourir en l'execution de cette entreprise, qui estoit infaillible.

CHAPITRE XXXVII.

Entreprise sur Nice manquée.

Monsieur d'Anghien, qui ne vouloit rien entreprendre sans le conseil de M. de Vieilleville, luy vint declarer tout ce qu'il avoit entendu de M. de Grignan, et qu'ils devoient partir à mynuit pour estre à l'autre mynuit en suivant au lieu de l'entreprise. « Elle seroit belle, dit M. de Vieilleville, si elle estoit sure; mais je m'apperçois bien que M. de Grignan n'est pas homme de bon entendement, et qu'il ne l'a pas bien profondie. Car premierement, les soldats sont de Savoye, donc suspects; car le Roy a dépouillé leur prince de tous ses biens. Secondement, ils se pourmenent par cette ville, et M. de Grignan veut que l'on tienne la chose secrette! Davantage, où a-t-il trouvé, luy estant gouverneur de Provence et capitaine de gendarmes, que un prince, tel que vous estes, doive mener une avant-garde, et n'estre à la bataille ny Roy ny autre grand prince, pas seulement un connestable, et en une affaire si perilleuse que celle-là, et qui n'est pas exempte de tradiment? Car que sait-il si les quatre Doria, André, Jannetin, Anthoine et Phillipin, qui sont à la solde de Gennes, et devenus nos mortels ennemis, n'ont point dressé cette partie, ou que, vous presentant avec vostre avant-garde de quatre galeres devant la place, ils aient si bien affusté leur cas, que d'une volée de canon ils les vous mettent toutes à fonds? D'autre part, en tout ce que vous a discouru le sieur de Grignan il n'y a chose qui approche en rien de la lumiere d'une telle marchandise, ny qui vous éclaircisse le moyen d'y pouvoir parvenir; mais seulement vous a abloqué (¹) en gros que ces trois soldats y ont bonne intelligence. Il faut, sauf sa grace, specifier quelle, et avec quelles gens; s'ils sont capitaines ou soldats, ou si c'est par

(¹) *Abloqué* : déclaré.

une porte ou par escalade, et si ceux qui sont pratiquez ont le credit d'en livrer l'un ou favoriser l'autre. C'est mon avis, monsieur, et en ferez comme il vous plaira; mais vous ne irez pas sans nous, car nous voulons participer en tout ce qui se pourra départir, ou en l'honneur ou en la honte; et si ne menerez pas les quatre galeres, car il n'est pas raisonnable qu'un tel prince sonde le gué pour telles gens. »

Il sembla bien à M. d'Anghien, par les vives raisons que luy avoit deduites M. de Vieilleville, que la marchandise n'estoit pas trop loyale, ou que pour le moins il y avoit quelques bourriers (1), et ne luy sçut que dire, sinon qu'il mettoit sa personne et l'entreprise entre ses mains; et encore davantage, s'il ne vouloit qu'il y allast, il diroit à M. de Grignan qu'il l'executast avec ses capitaines de galeres. « Ha, monsieur, dit M. de Vieilleville, il faut resolument que vous y alliez, et que tout ce qui est ici avec vous d'honnestes hommes vous suive, au moins les plus apparants, comme les sieurs de Bourdillon, de Thavanes, de la Roche-des-Aubiers, les deux fils de M. de Humieres, Becquincourt et Contay, La Tour-de-Menynes (2), La Roche-Pozé, Buzancés et La Rochechouart. Et pource que l'heure de souper s'approche, il s'en faut diligenter, pour estre prets de s'embarquer à l'heure assignée par M. de Grignan, afin que s'il survient de la faute il ne la rejette pas sur nous pour notre retardement. » Ce que trouva M. d'Anghien le meilleur du monde; et sur l'heure envoya querir M. de Grignan pour luy communiquer le tout, et commencer à l'heure dite

---

(1) *Bourriers* : mécomptes. — (2) *La Tour-de-Menynes* : la Tour du Maine.

à mettre la main à l'œuvre, pour au premier coup de canon entrer en galere.

Tous ceux donques qui devoient aller en cette entreprise avertis, se tinrent prets pour à l'heure dite s'embarquer. En quoy M. de Grignan ne trouva rien de changé, sinon que M. d'Anghien ne iroit pas avec les quatre premieres galeres, toutefois bien fasché de voir si grand nombre de courtisans estre de la meslée; « car, disoit-il, c'est autant de commandements que l'on oste aux capitaines, parce qu'ils veulent toujours commander en tous lieux où ils se trouvent; et s'il y a quelque honneur, ils en remportent le plus souvent les deux parts, à cause de leur grandeur et faveur; et toute la fatigue, quelquefois la mort, demeure aux pauvres capitaines. » Cependant tout le monde rangé, les trois canonades tirées, on desmare, flottants les quinze galeres ensemble; et voguerent tout le reste de la nuit et jusques à midy du jour ensuivant, à demi-voile, car il faisoit fort calme, et pour soulager la chiorme s'il advenoit que l'on fust contraint de faire force et volte.

Or, estant à cinq ou six milles près de Nice, M. d'Anghien commanda au capitaine Magdalon, autrement le chevalier d'Aux, brave marinier, de se mettre devant avec les quatre galeres, mener les trois marchands pour se presenter devant le chasteau, et que luy, avec le reste des galeres, prendroit le largue, et iroit surgir au Cauroux, auquel lieu Magdalon l'envoyeroit advertir des bonnes nouvelles, pour estre à luy incontinent. Mais la chose réussit tout au rebours; car soudain que Magdalon s'approcha de Nice, six galeres sortirent pour l'investir, suivies de quinze autres, à la portée de harquebuse, conduites par Jannetin Doria, qui estoient à l'abri et couvertes du cap Saint-Souspir, et donnerent la charge si forte au pauvre Magdalon et ses quatre galeres, qui furent abandonnées au port d'Antibe; mais luy et Michelet, se voulants jetter à terre, furent tuez d'arquebuzades, et tout le reste semblablement, ou prisonniers, et lesdites quatre galeres remorquées, par le commandement de Jannetin, au port de Ville-Franche, qui est un port commun et ouvert à tout le monde; lequel, venant avec vingt galeres pour surprendre M. d'Anghien au Cauroux, fust decouvert au clair de la lune; mais ses mariniers firent telle diligence de lever l'ancre, et faire, comme dit est, force et volte, avec aussi l'avantage qu'ils avoient d'environ deux milles, qu'ils se retirerent dedans Toulon sans rien perdre. Il donna mille écus à départir à toutes les giormes (1) des onze galeres, et cinq cents à tous les mariniers, qui tous ensemble firent un merveilleux devoir; car quand un forsat se pasmoit, comme j'ai veu avenir souvent en une telle force, les mariniers se mettoient en leur place.

Encore faut-il dire que devinrent ces trois bons marchants que M. de Vieilleville avoit toujours dit que l'on tînt prisonniers bien liez en la galere, pour les tuer soudain que l'on s'appercevroit de quelque tradiment, dont toujours il se doutoit; à quoy M. de Grignan s'estoit obstinément opposé. Incontinant qu'ils découvrirent les six premieres galeres, ils se jetterent en la mer, pour se retirer à la nage dedans Nice après avoir fait leur emploicte (2); ce qui leur fut fort aisé,

---

(1) *Giormes* : chiourmes. — (2) *Emploicte* : emplette.

ayant bras et jambes en liberté, et la nuit qui les couvroit, n'estant encore la lune levée.

CHAPITRE XXXVIII.

Chagrin de M. de Grignan.

M. d'Anghien, de retour à Marseilles, trouva M. de Grignan malade, ou feignant de l'estre, de deplaisir que l'entreprise avoit si mal-succedé, encore plus de ce qu'il s'estoit tant opiniastré contre l'opinion de M. de Vieilleville, dont il en voyoit les évenements et le danger, s'il eust esté cru, où avoit esté le prince : et estant en cette perplexité, il envoya un jeune gentilhomme nommé Carses devers M. de Vieilleville, le supplier que son plaisir fust qu'il luy pust dire une parole, et sans sa maladie, et qu'il estoit alicté, il le fust venu trouver; lequel accepta fort courtoisement ce message, et, se derobant de M. d'Anghien, suivit le gentilhomme.

Entré qu'il fut en la chambre, M. de Grignan luy tend les bras, et s'écriant luy dit : « Ha! monsieur, M. d'Anghien a-il point opinion que je l'aye voulu vendre? dites, monsieur? — En conscience, répondit M. de Vieilleville, ne luy avez-vous pas donné grande occasion de le presumer? Mais il est si bon prince, qu'il attribue le tout au bon zele que vous avez au service du maître. Ce n'est pas la premiere fausse amorce que l'on a donnée aux princes et grands capitaines pour surprises de villes et chasteaux; et sans

8.

ramener le temps passé et les anciennes histoires, vous sçavez combien, seulement de ce regne, les ennemis en ont failly sur nous, et combien aussi nous en avons entrepris envain sur eux. Or tout va bien, Dieu mercy, puisque ce gentil prince est eschappé. Il est bien vray que s'il eust suivy vostre avis, de mener les quatre premieres galeres, et auquel vous fustes merveilleusement arresté, il estoit sans doute perdu. — C'est, monsieur, dit M. de Grignan, ce qui me dragonne l'esprit; car si vostre opinion n'eust vaincu la mienne, cela fust advenu, à ma grande confusion et malheur; mais ce que j'en debatois contre vous, n'estoit que pour ne luy donner point de compagnon en cette gloire, et que tout seul en eust rapporté l'honneur. Or ne sais-je si jamais il me pourra regarder de bon œil. — Ne vous donnez peine de rien, dit M. de Vieilleville; car si vous n'avez autre maladie que celle-là, je vous gueriray. » Alors M. de Grignan, jettant ses bras hors du lit, l'embrassa plusieurs fois, avec humble priere de moyenner sa reconciliation, et surtout que l'on ne face trouver ce désastre si maulvays au Roy, tant du hazard où a esté le prince, que de la perte des quatre galeres, que Sa Majesté l'en prive de ses estats.

Quand M. de Vieilleville l'eust ouy proferer ces mots, il se douta bien que sa maladie luy donnoit bien avant en l'esprit; qui fut cause qu'il s'en alla, le laissant en très-bonne esperance de toutes choses : et ayant trouvé M. d'Anghien, luy récita bien au long les regrets et ennuys de M. de Grignan, et qu'il étoit necessaire, pour le guerir, qu'il prist la peine de le visiter. « Quand il seroit mort, dit M. d'Anghien, le

Roy n'y perdroit pas beaucoup; et ne seroit sa charge gueres vacante, car vous estes icy tout porté pour luy succeder; et ne sçauroit excuser qu'il ne m'ait fait le plus lache tour qu'il est possible, ayant engagé mon honneur et hazardé ma vie comme il l'a fait; et sans vous je serois maintenant ou mort ou pris; et faut que je vous confesse, mon bel oncle, que je vous dois, après Dieu, la vie. Mais quant à l'aller voir, mon cœur ne s'y peut aucunement accorder. — Encore faut-il, monsieur, dit M. de Vieilleville, que vous respectiez la vieillesse et un lieutenant de roy de telle marque. Cette rigueur seroit de trop mauvais exemple pour un jeune prince, quand on vous découvriroit implacable, tenant vostre cœur, et inexorable. Or sus, monsieur, allons-y, et tout en riant consolez-le vous-mesme; et pour luy oster l'opinion qu'il a d'une dépesche au Roy à son prejudice, faites-la en sa presence, et telle qu'il la voudra luy-mesme dicter : car aussi-bien faut-il qu'il y ait une lettre au Roy qui rougisse pour nous tous, et principalement pour luy, car il est auteur de la fausse menée. » A quoy s'accorda M. d'Anghien. Et estant tous trois en la chambre de M. de Grignan, écrivirent au Roy fort amplement; et afin d'oter à M. de Grignan tout soupçon de dépesche contraire, Valencienne, secretaire de M. d'Anghien, porta ce paquet au Roy, et sortant du logis de M. de Grignan, et à la porte, trouva les chevaux de poste pour en faire la diligence.

Estant M. d'Anghien rappaisé, et le sieur de Grignan reconcilié par la prudence de M. de Vieilleville, les bonnes cheres commencerent de plus belle à Marseilles, attendant Barberousse; et cependant les prisonniers Saint Blanquart et Pierre Bon furent renvoyés avec beaucoup d'autres pour légere ranson, et plusieurs pour rien; car le comte Phillipin Doria fit en cela une infinité de courtoisies à M. de Vieilleville, qui luy en avoit écrit, se souvenant du voyage de Naples; et luy renvoya, entre autres, franc et quitte, le sieur de La Tour de Menynes duquel M. de Vieilleville avoit épousé la sœur.

CHAPITRE XXXIX.

Jonction de la flotte du Roi avec celle de Barbérousse.

A quelques jours de là Barberousse arriva à Marseille avec son armée, qui estoit de cent douze galeres, que M. d'Anghien prit en main, suivant son pouvoir, avec laquelle il joignit celle du Roy, qui pouvoit revenir en tout à soixante galeres, en comprenant quelques fregates et brigantins qui s'y estoient venus rendre; de sorte que l'on nombroit les deux armées à deux cents soixante vaisseaux ou environ. Barberousse, qui ne vouloit perdre temps, prend resolution avec M. d'Anghien d'aller assieger Nice. Au devant de laquelle arrivez, mettent l'artillerie en terre, et la battent avec si grande diligence et de telle furie, qu'elle se rendit au deuxieme jour.

La ville prise, ils braquent leurs pieces contre le chasteau, et tirerent plusieurs volées; mais ce fut en vain, car il est planté sur un rocq bien haut et fort malaisé à battre, semblablement hors de myne. Quoy voyant, Barberousse ne s'y voulut opiniatrer davan-

tage; mais, sentant l'hyver approcher, délibera de
faire voile devers Constantinople, aussi qu'il ne pensoit pas que son armée se pust surement tenir au port
de Ville-Franche. Ainsi prit congé de M. d'Anghien,
sans faire autre exploit, qui n'estoit pas grand au prix
de l'argent que luy et les grands de son armée emporterent, qui montoit à plus de huit cens mille écus. Il
y avoit trente-deux tresoriers à Toulon, qui trois
jours durant ne cesserent de faire des sacs de mil,
deux mil et trois mil écus chacun, et y employerent
la pluspart de la nuit. Il estoit accompagné de deux
bachaz, car il portoit titre de roy, et de douze ou
treize autres, vestus ordinairement de robbes longues
de drap d'or, ausquels il faisoit beaucoup d'honneur;
mais ils ne les portoient si non quand ils descendoient
à terre, et d'une infinité d'autres gens qui avoient des
offices et des estats serviles que je ne puis nommer et
à nous inconnus, sous cette tiranique et monstrueuse
monarchie, toutefois fort respectez en l'armée, que
leurs habits faisoient reconnoistre; car chacun y est
vestu selon la charge qu'il exerce.

La ville de Nice fut saccagée, contre la capitulation,
et puis bruslée; dequoy il ne faut blasmer Barberousse
ny tous ses Sarrazins, car ils estoient déja assez éloignés quand cela advint; mais on dit que les parens et
amys du capitaine Magdalon et Michelet firent cette
fougade, et le dépit semblablement du sieur de Grignan, de la fausse marchandise, car on y vit de ses gens
qui faisoient office et devoir de sacments. Toutesfois
on rejetta cette méchanceté sur le pauvre Barberousse,
pour soutenir l'honneur et la reputation de France,
voire de la chrestienté.

M. d'Anghien, après avoir fait ses presens suivant le roolle qu'il avoit du Roy, et contenté l'armée turquesque selon leurs rangs et grades à souhait, se retira à Marseilles pour donner ordre à son partement. Et trois jours après, laissant MM. de Bourdillon et de Thavannes malades, s'achemina devers le Roy qu'il trouva à Casteau-Cambrezy, où l'on pensoit qu'il se deust donner une bataille, que le Roy rechercha plusieurs fois, et y voulut attirer par tous moyens l'Empereur, pour l'extreme desir qui le brusloit d'avoir sa revanche ou se perdre encore une fois. Mais l'autre n'en voulut jamais manger, craignant le revers de la fortune : mesme, depuis qu'estant à Rome il eust parlé à un devin, il se rendit plus couart ; car il ajoutoit beaucoup de foy à tels imposteurs, qu'il appelloit, pour couvrir son honneur, prophetes ; et ne s'osa jamais depuis avancer de presenter bataille aux Français, s'il étoit en son armée.

Le trait du devin est tel, ainsi que je l'ay ouy compter à Rome à son propre fils, qui exerçoit la boutique, le train et la science de son pere en Transtevre (1), auprès du palais de Salviaty. L'Empereur vint en son logis, travesty pour n'estre point connu, sommant le devin de tenir chose secrette, et qu'il y venoit de la part de l'Empereur pour s'enquérir de luy si, donnant encore une bataille au roy de France, il n'auroit pas du meilleur. Le devin luy répondit qu'il luy feroit la réponse par le mesme esprit, afin qu'il fust plus certain de ce qu'il desiroit sçavoir ; et le prenant par la main, et assis auprès de luy, feignant de ne le connoistre, donna un grand coup sur la table, dont la

---
(1) *Transtevre* : Transtevère, faubourg de Rome.

chambre devint aussi ténébreuse qu'en obscure nuit; et parmy les ténèbres apparut un fantosme tout nud, fors que d'un suaire. Alors le devin luy dit qu'il fist sa demande, car celuy qu'il voyoit estoit là pour luy répondre. L'Empereur incontinant la luy propose, et en langage alemand; mais le fantosme luy répondit en langage français: « Qui prand sera pris, les armes sont journalles. » De quoy s'étonna l'Empereur, et crust parfaitement, puisque la reponse avoit esté faite en français, qu'elle estoit à l'avantage de la France : ce qui l'a toujours fait fuyr l'ocasion d'entrer en ce gros jeu. Et en ay veu deux du temps du roy François, Avignon et celle-cy de l'avitaillement de Landrecy, et deux du roy Henry deuxieme, Renty et Valencienne.

CHAPITRE XL.

Guerre de Piémont.

L'AN 1543 le Roy eust nouvelles de Piedmont qui ne luy furent pas trop agreables, parce que M. de Botieres, son lieutenant-général audit pays, avoit laissé fortifier Carignan quasi à sa vüe, ainsi que disoient quelques presteurs de charité, et qu'il y pouvoit bien donner ordre et l'empescher ; ajoutants encore, pour l'achever de paindre, qu'il n'estoit pas trop bien obey ny respecté en son gouvernement ny en l'armée : à quoy Sa Majesté devoit diligement prendre garde, pour obvier aux inconveniens qui en pourroient subvenir, au grand prejudice et deshonneur de son service.

Ces calomnies, jointes au grand desir qu'avoit le Roy d'avancer M. d'Anghien, furent cause que son pouvoir fut incontinant depesché; et ayant presté entre les mains de Sa Majesté le serment en tel cas accoutumé, il fait ses apprets pour partir, car l'affaire requeroit diligence. Mais estant allé, six jours auparavant, M. de Vieilleville en sa maison, de quoy il portoit un extreme ennuy, il envoya devers luy un gentilhomme expres, nommé Moyencourt, pour luy annoncer les nouvelles, et l'abjurer (1), sur tout ce qu'il pouvoit, de le tant gratiffier que de venir apres luy en Piedmont, toutes choses laissées, sans aucune excuse; et qu'il y avoit d'aussi fines gens en Piedmont qu'à Marseille; mais sur-tout qu'il ne le pensast pas payer d'aucune excuse, car il n'en prendroit une seule, quelque legitime qu'elle fût, quand même madame de Vieilleville seroit à l'extremité, que Dieu ne veuille; car il ne penseroit pas estre lieutenant de roy en Piedmont s'il n'avoit son bel oncle à son costé, et s'assurant de son amitié, et qu'il ne luy voudra manquer en ce besoin. Il monte à cheval, pressé du Roy de partir en diligence, remettant sur Moyencourt le reste; il se recommande à luy. De Rommorentin, le premier de janvier.

[1544] Ayant écrit cette lettre de sa main à son bel oncle, ne pouvant plus dilayer, il se diligente de partir; et estant arrivé en Piedmont, il commanda à un capitaine des siens, nommé Blainville, d'aller devers M. de Botieres l'avertir de sa venue, et de luy envoyer

(1) *Abjurer* : conjurer.

à Chivas, où il estoit, escorte pour le conduire en toute seureté au camp; lequel il trouva devant Ivrée, l'ayant deja battu trois jours durant, mais hors d'esperance de le pouvoir forcer. Et après luy avoir dit toute sa créance, ledit sieur de Botieres delibera de lever siege et luy mener toute l'armée; et ayant rencontré M. d'Anghien à Chivas, la luy présenta en bataille, avec ces belles paroles : « Je suis trop heureux, monsieur, qu'il plaist au Roy de me donner un si grand prince pour successeur, que cette armée, remplie de plusieurs nations, et garnie de braves colonels et capitaines, attendoit il y a long-temps pour estre commandée de vous, et pour obéir à la volonté du Roy. Je la vous présente, vous suppliant de la prendre, suivant le pouvoir que vous en avez de Sa Majesté, mais croire que c'est de la main d'un fort homme de bien, qui ne fit jamais faute au service de son Roy, ny par peur, ny par esperance, la vous ayant amenée pour vous servir de témoignage de toutes mes actions; il ne reste qu'à vous en informer. » M. d'Anghien luy répondit qu'elles estoient du Roy assez connues, et par toute la France, et qu'il estoit venu là, par le commandement de Sa Majesté, pour suivre ses traces, dont Dieu luy fasse la grace, et non pas pour se informer de sa vie, qu'un chacun sçait estre autant illustre que de chevalier d'honneur qui ait long-temps porté les armes et commandé pour la manutention et service de la couronne de France. Et là-dessus ledit sieur de Botieres, après l'avoir remercié de sa bonne opinion, prit congé de luy, et se retira en sa maison en Dauphiné.

Ayant M. d'Anghien l'armée en sa puissance, delibera de la bien employer; et d'entrée de jeu, il prit, à la barbe du marquis de Gouast, Pallezol, Cressentin, Desanne, et quelques autres petites places. Or, pour se rendre de tant plus agréable au Roy, il entreprit d'attaquer Carignan, et y aller planter le siege; mais il en fut diverti par les capitaines, qui le payerent de tant de raisons, qu'il acquiesça, comme prince sage et advisé, à leur opinion, dont la plus forte estoit qu'il y avoit là-dedans quatre ou cinq mille hommes des plus aguerrys de toute l'armée de l'Empereur, et d'autres forces assez bastantes pour faire un avant-garde; de sorte qu'ils se resolurent tous ensemble, par conseil commun, de l'affammer. Et pour cet effet, M. d'Anghien se vint camper à Vymeu, deux milles en de-çà de Carignan, pour empescher les vivres qui venoient aux ennemis de-çà le Pau; puis fit en diligence bastir un fort à quatre milles de Carignan, sur le chemin de Pancalier, à une eglise nommée Saint-Martin, qui leur ostoit toute esperance de vivres du costé de de-çà: auquel fort furent mises quatre enseignes de gens de pied italiens. Après il passa le Pau, laissant garnison à Vymeu, Carpernay, et autres petits forts, pour empescher l'ennemy de faire saillies à son plaisir. Outre tout cela, il fait un pont de bateaux deux milles au-dessous de Carignan, en un lieu nommé les Sablons, et aux deux bouts dudit pont ordonne deux forts estre bastis, qui furent incontinant prêts, et met en chacun deux enseignes; puis vint loger à Villedestelon, my-chemin entre Carignan et Quiers; auquel lieu de Villedestelon il fortifia son camp, qui demeura en ce point depuis la Chandeleur jusques en Caresme, durant lequel temps il se fit de belles escarmouches, car les nostres passoient le pont de jour à autre, et, à la faveur de la garde d'iceluy, des garnisons de Vymeu et du fort de Saint-Martin, alloient chercher le coup de lance et de picque devant Carignan ; dequoy ils n'estoient pas refusez, car les quatre mille Espagnols et lansquenets qui estoient dedans leur faisoient paroistre souvent qu'ils avoient esté en bonne école.

Mais estants si estroitement assiegez qu'il ne leur venoit aucun rafraîchissement de vivres du plat pays, ils avertirent le marquis de Gouast que, si dedans la my-avril ils n'estoient secourus, la famine les contraindroit de faire ce qu'ils n'avoient deliberé : qui fut cause que le marquis fit toutes parts diligenter ses forces, et renvoyer querir incontinent à Gennes quatre mille lansquenets qu'il avoit un peu auparavant licenciez. M. d'Anghien, d'autre part, depescha devers le Roy le susnommé Blainville (1), pour luy faire entendre les diligences dudit marquis, et ce qu'il avoit exploité depuis son arrivée, semblablement comme il tenoit Carignan en telle extremité que, s'il n'estoit bien forcé, il esperoit dedans Pasques en rendre bon compte à Sa Majesté, laquelle il supplioit de luy mander si, le marquis le contraignant de venir au combat, il ne luy plaisoit pas tant honorer que de luy permettre de hazarder une bataille, et sur-tout d'envoyer de l'argent, et considerer qu'il estoit deu trois mois aux Suysses, qui estoient sa principale force.

Le Roy fit réponse à M. d'Anghien, par le capitaine

(1) *Le susnommé Blainville.* Blaise de Montluc dit dans ses mémoires (livre 2) que ce fut lui que le comte d'Enghien envoya près de François I, pour demander l'autorisation de livrer bataille.

Blainville, qu'il avoit si heureusement commencé qu'il estoit impossible que la fin n'en fût bonne; et puisqu'il avoit la fortune si favorable, il s'en remettoit du tout à sa prudence et à la discretion des vaillants capitaines et loyaulx serviteurs qu'il avoit par de-là; suppliant Dieu au reste de l'accompagner en toutes ses entreprises, suivant le bon droit qu'il avoit en cette guerre; l'assurant aussi que bientost, et quasi à l'arrivée de ce porteur, il seroit secouru de finances, tant pour payer ce qui estoit deu du passé, que pour faire nouvelle montre, afin d'accroitre le courage aux soldats, et principalement aux étrangers.

Cette réponse publiée par-tout, la jeunesse de la Cour se prepara pour s'y trouver, se doutant bien, puisque l'on avoit authorisé ce jeune prince d'en user à sa volonté, que le jeu ne se departiroit pas sans qu'il y eust de la meslée; et partirent, les uns sans congé, et les autres non; comme les sieurs de Saint-André et Dampierre, de la maison de Clermont en Dauphiné, Chaistaigneraye, Chatillon et Andelot freres, Jarnac, le vidame de Chartres, les deux freres de Bonnyvet, Bourdillon, Escars, les deux freres de Jenlys, le sieur Dassier, Rochefort, Lusarches, Wartis, Lassigny et La Hedonaye, fils unique de M. l'amiral: de sorte qu'il demeura bien peu de jeunesse à la Cour, principalement de celle qui suivoit M. le Dauphin. Et ayant tous esté fort cordiallement reçus, M. d'Anghien demanda tout haut quelles nouvelles ils avoient de son bel oncle; à quoy M. de Saint-André répondit qu'il esperoit le voir bientost en la compagnie, car M. le Dauphin l'avoit averti de la depesche et reponse du Roy au capitaine de Blainville.

« Je ne pense pas, dit M. d'Anghien, qu'il ait attendu cela, car des meshuy il ne viendroit que trop tard; mais j'ay plus d'esperance en une lettre que je luy ay écrite, qui le hastera, ses affaires faites, de marcher. » Cependant leur arrivée apporta une merveilleuse commodité à M. d'Anghien; car, estant ses finances si courtes et épuysées qu'il n'y en avoit quasi plus entre les mains des trésoriers, ny de personne du camp, il s'ayda dextrement de ce qu'ils avoient apporté, et le mit entre les mains du tresorier de l'extraordinaire de la guerre, qui en fit sa propre dette pour les en rembourser, ayant reçu l'argent que le Roy devoit envoyer.

Le lendemain M. de Vieilleville arriva avec quinze chevaux de poste; et s'estant l'un des siens avancé de demye-heure pour son logis, M. d'Anghien monta à cheval, et l'alla recevoir à bien quart de mille du camp; chose qui sema plusieurs grains de jalousie aux cœurs de ceux qui estoient venus le jour précedent. Car, à tous, fors que à trois, Saint-André, Dampierre, et Bourdillon, il avoit à la verité bien fait le prince et le lieutenant de roy. Et l'ayant rencontré, sans nullement permettre qu'il mist pied à terre, s'en vinrent devisants à Villedestelon, descendre au logis de M. d'Anghien. Il ne faut demander les carresses et embrassements; car s'il eust esté son pere il ne l'eust pas plus humainement reçu, ny avec plus grande demonstration de bonne amitié : mais ce qui plus fascha les autres estoit la familiere privauté de laquelle ce prince le favorisoit.

CHAPITRE XLI.

Suite de la guerre de Piémont. — Bataille de Cerisolles, le 11 avril 1544.

L'ARRIVÉE des courtisans et de la noblesse de France, qui estoit venue au bruit de la bataille, rechauffa les escarmouches de devant Carignan; car il ne passoit jour que l'on ne combatist, et qu'il ne s'y fist de belles preuves d'armes d'une part et d'autre; ce qui continua quelques jours, et jusques à ce que le capitaine Blanfossé, qui estoit eschappé du camp imperial où il estoit prisonnier, vinst avertir M. d'Anghien que le marquis de Gouast s'en venoit avec son armée avitailler Carignan, et que pour cet effet il se vouloit saisir de Carmaignoles, pour entrer au marquisat de Saluces, où il devoit trouver trente mille sacs de farine, et quinze mille qui estoient dedans Conys [1]. Qui fut cause que M. d'Anghien abandonna Villedestelon, et se vint luy-mesme loger dedans Carmaignoles, et fait renforcer la garde du pont des Sablons, auquel toutefois le marquis de Gouast n'avoit pas deliberé de s'amuser, ny prendre des hommes, ainsi que rapportoit Blanfossé; car il faisoit mener un grand charroy de bateaux pour passer le Pau quand il luy plairoit. Mais quand le marquis fut averty de la prise de Carmaignoles, il fut contraint de changer de dessein, et s'en vint loger à Serizolles, auquel lieu il ordonna de ses

[1] *Conys*: Coni.

batailles; car il fut averty que M. d'Anghien s'apprestoit au combat, et envoya incontinant à Ivrée faire haster le comte de Challan, qui avoit commissions de l'Empereur pour faire levées de dix mille hommes: mais elles ne furent pas prestes à temps; encore sans cela il estoit plus fort que M. d'Anghien de dix mille hommes.

M. d'Anghien, d'autre part, ordonne de son armée, et à M. de Botieres, qui, ayant eu nouvelles de la bataille, estoit party de sa maison pour en avoir sa part, donna l'avant-garde avec cent cinquante hommes d'armes, les bandes italiennes et les nouvelles bandes françaises, et quatre compagnies de harquebuziers à cheval; luy, prend la bataille et deux cents hommes d'armes, les vieilles bandes françaises et les Suysses; et ordonna que M. de Termes, avec six ou sept cens chevaux legers, soutiendroient les Gruyeriens, et d'autres troupes italiennes, qui faisoient environ neuf mille hommes : et avoit avec luy, ledit seigneur, M. de Vieilleville, M. de Saint André, le sieur de Chastillon, et les autres courtisans d'apparence cy-dessus nommez, qui pouvoient faire le nombre de cent chevaux. Or en estoit-il venu tant d'autres, qu'ils furent contraints, par faute de chevaux, de se renger avec les gens de pied, qui servirent bien toutefois, car il se trouve qu'il y avoit plus de mille volontaires qui estoient venus des provinces françaises voisines du Piedmont, et beaucoup d'autres qui avoient amené leurs chevaux, lesquels se mesloient parmy la gendarmerie, qui firent ce service au Roy fort à propos.

M. de Vieilleville, qui n'avoit pas accoutumé de

rien laisser en arriere, mais qui avoit esté visiter les rangs, et voir l'assurance des bataillons, vint dire à M. d'Anghien qu'il avoit perdu la bataille si luy-mesme ne s'approchoit des Gruieres et combattoit avec eux, car ils estoient trop eloignez de luy à la main gauche, et les venoit de voir si palles et épouventez, qu'on ne tireroit pas de tous une pinte de sang, et que les Italiens qui estoient à leur main droite n'avoient pas meilleur taint. « Il nous faut donc, mon bel oncle, dit M. d'Anghien, changer de dessein; car vous sçavez que nous avons entrepris d'aller charger le prince de Salerne pour ce que c'est cavalerie. — Si vous le faites, dit M. de Vieilleville, vous estes perdu; car ne voyés-vous pas, monsieur, un gros bataillon quarré? il est composé d'Allemands pour la picque, et d'Espagnols pour l'harquebuze; et se sont mis ensemble pour faire un grand eschec; et y a pour le moins vingt enseignes: » ce que l'on pouvoit voir aisément, car le pays estoit large et plain. Mais ils n'eurent pas sitost achevé leur propos, que ledit bataillon de meslinge (1), qui avoit déja découvert la froide contenance de nos Gruieres et Italiens, les vint charger de telle furie, qu'ils se mirent tous en fuite, hormis les capitaines qui estoient au premier rang: et ne s'en fust sauvé un seul, sans que M. d'Anghien et sa troupe vinrent à toutes brides charger ce bataillon par les flancs; de telle sorte qu'ils rompent et brisent tout à travers, et ne demeura une seule enseigne debout, leur faisant bien changer de langage; car, ayant mis lesdits Gruieres et Italiens à vau-de-route, ils com-

---

(1) *Ledit bataillon de meslinge* : bataillon de mélange. L'auteur l'appelle ainsi parce qu'il étoit composé d'Allemands et d'Espagnols.

mençoient déja à crier *Victoire!* mais estant taillez en pieces, on la crioit sur eux.

Il est bien vray que cette charge fut sanglante; car le sieur Dassier, le baron d'Oyn, le gouverneur de Cahors, Monsalais, Courville, deux écuyers de M. d'Anghien, et environ cinquante gentilshommes, demeurerent sur la place. Le cheval de M. d'Anghien eust une harquebusade dedans l'oreille, et celuy de M. de Vieilleville un coup de picque dedans le chanfrain, et un autre dedans l'épaule, qui ne fit qu'effleurer la peau et se vint rompre dedans la selle d'armes: celuy du sieur de Lassigny luy fut tué. Les sieurs de Saint-Amant et de Fervacques y furent blessez et tombez entre les morts, mais retrouvez, et puis gueris.

Il ne se faut émerveiller, cette charge ainsi heureusement faite, si M. d'Anghien haut loüa M. de Vieilleville; car s'ils eussent suivy leur entreprise, ce bataillon meslé d'Espagnols et Allemands défaisoit nos Gruieres et Italiens sans perdre un homme: et ce qu'ils alloient combattre n'estoit pas deffaicte trop aisée, car le prince de Salerne avoit la fleur de la cavalerie de Naples, et à son aile droite sept ou huit cens chevaux de la Toscane, qu'avoit envoyez le duc de Florence, sous la conduite de Rodolphe Baillon. Mais par cette deffaite les Gruieres se rallierent et se vinrent renoüer, non sans quelque honte, à leur teste, de cinq ou six rangs qui estoient encore demeurés debout; et servirent pour le moins, tant que la journée dura, d'épouvantail de cheneviere, et les autres de frayeur aux leurs, car ils estoient morts étendus sur la terre; de sorte que M. d'Anghien ne se put tenir de dire à M. de Vieilleville : « Si nous suivons nos coups aujourd'huy, bous ferons exalter jusques aux cieux l'honneur de France. »

CHAPITRE XLII.

Suite de la bataille de Cerisolles.

Le sieur de Botieres, voyant M. d'Anghien en besoigne, va chercher, avec sa gendarmerie, Alisprand de Madruce, frere du cardinal de Trente, ayant en son bataillon dix mille Allemans, qu'il enfonce de si grande furie, qu'il entre dedans et y fait jour. Les gens de pied français et italiens qui le suivoient se diligentent de marcher sans rompre leur ordre; mais les Albanais et harquebusiers à cheval viennent donner sur l'un des coings de ce bataillon, qu'ils renversent du tout à coups de lances et d'harquebuzes: où il y eust un fort sanglant combat, car il y fut tué soixante hommes d'armes, deux cens Albanais, et six-vingt harquebuziers à cheval; et sans les bandes françaises et italiennes qui arriverent, l'issue en estoit fort douteuse pour la victoire : mais ils acheverent le reste avec l'épée, car ils estoient si meslés que le trait n'y servoit plus de rien. Enfin, estant le colonel Madruce tué, et deux ou trois autres colonels, le reste prit la guerite (1). Et ne se trouve point que jamais gendarmerie française ait fait pour un jour plus de vaillance ny d'effort qu'elle fit alors; car M. de Botieres et quarante hommes d'armes, estant leurs chevaux morts,

____
(1) *Prit la guerite* : prit la fuite.

combattirent plus de demie-heure à pied avec la masse et le coutelas.

Quoy voyant le marquis de Gouast, et que la ruine estoit tournée sur ses Allemans, qui estoient sa principale force, et que M. de Thaye (1) avec ses vieilles bandes françaises, et le colonel Furly avec ses Suisses, alloient attaquer son artillerie, ne voyant personne pour la soutenir, veu que le prince de Sulmonne, qui en avoit la charge avec un regiment de six mille Italiens, avoit esté défait par une seconde recharge qu'avoit faite M. d'Anghien, et qu'il n'y avoit plus de toutes batailles en pied que le prince de Salerne avec ses Italiens, et auquel il ne pouvoit faire entendre son intention ny mander un seul message, il se mit à la guerite sans coup frapper : ce qui bien luy servit, car, par le conseil de M. de Vieilleville, M. d'Anghien avoit mandé ausdits Thaye et de Furly qu'ils tournassent teste derriere le marquis, et qu'il l'alloit croiser sur le chemin d'Ast où il devoit faire sa retraite, et que l'artillerie ne luy pouvoit faillir estant la victoire sienne. Ce que firent les deux colonels en diligence ; mais le fuyart et sa troupe, qui estoit sept ou huit cens chevaux, estoient trop bien montez et n'avoient point combattu, qui fut cause qu'ils échapperent.

Il ne reste plus que le prince de Salerne avec huit ou neuf cents chevaux, que tout n'eust esté combattu et vaincu s'il n'avoit fuy : lequel, voyant toute l'armée deffaite ou à vau-de-route, et qui avoit esté posé là par le marquis de Gouast, avec defense d'en partir,

---

(1) *M. de Thaye.* Brantôme l'appelle *de Taix.* Il fut par la suite grand-maître de l'artillerie.

sans son exprès commandement, et n'en ayant aucunes nouvelles, commença à faire sa retraite, et abandonne l'artillerie. Ce que entendu par les sieurs de Saint-André et de La Chastaigneraye, font entreprise d'aller après, esperants, fondez sur la raison de la guerre, de le deffaire avec cent chevaux. De quoy M. d'Anghien averty, veut aussi estre de la partie; mais l'en divertissant, M. de Vieilleville luy demanda s'il ne luy souvenoit plus de Gaston de Foix, qui, suivant la victoire de sa bataille de Ravane gagnée; fut tué d'un coup de picque. A quoy M. d'Anghien répondit : « Faites donc retirer Saint-André et Chastaigneraye, et je me retireray. » Mais M. de Vieilleville luy dit, comme en colere : « Vertu de Dieu ! estimez-vous à grande gloire de poursuivre des fuyards, et en sçauroient-ils acquerir toute leur vie une comparable à celle que Dieu vous a mise aujourd'hui sur le front ? Avez-vous, monsieur, oublié votre qualité, puisqu'il faut que j'en entre là ? Au reste, je sçais bien qu'ils n'y vont que par envie l'un de l'autre. » Alors M. d'Anghien, luy jettant le bras sur le col, luy dit : « Holà, mon bel oncle, je n'en parle plus. »

Mais, estant sur ces propos, ils virent Saint-André et Chastaigneraye qui s'en retournoient à toutes brides, parce que, les ayant reconnus, le prince de Salerne tourne visage, et ne voyant point de cavalerie en pied que la leur, les chargea vivement. Alors M. de Vieilleville dit : « C'est à cette heure, monsieur, qu'il faut marcher et combattre puisque l'on nous fait teste, et non pas quand on nous tourne le dos. » Mais ayant le prince de Salerne decouvert le hot de M. d'Anghien, et d'autres qui se preparoient au combat, il double le pas et prend le chemin de Carignan; et n'eust sceu faire un mille qu'il n'eust esté dedans avec ses chevaux frais, car il n'avoit aucunement combattu, ou bien au couvert de l'artillerie imperiale; qui fut cause qu'il ne fut pas suivy. Cela advint le onzieme jour d'avril 1544, après Pasques. Nous estions en ce temps-là contraints d'ainsi compter le milliaire, car, seuls en la chrestienté, le prenions à la Resurrection; mais Charles neufiesme nous a mis avec les autres à la Nativité.

Telle fut l'yssue de cette bataillé, que l'on nommoit indifferemment de Carignan et de Serizolles, parce qu'elle fut formée sur l'avitaillement de Carignan, et donnée à Serizolles, logis du marquis de Gouast, de laquelle toutefois on fit fort mal son profit ; car, si on eust poursuivy la conqueste de Milan, l'on en eust eu sans doute la raison, et à trop grand marché, tant estoit le pays épouvanté, et de telle sorte, que le marquis de Gouast, ayant fait battre le tambour après sa deffaite en toute la duché, l'espace de vingt-cinq jours, ne sceust jamais lever que cent hommes.

Mais au lieu de cela, le Roy commanda à M. d'Anghien de luy envoyer les six mille François des vieilles bandes de Piedmont, et six mille Italiens et toute la gendarmerie qui y estoient, pour resister aux entreprises que l'Empereur et le roy d'Angleterre avoient faites, ligués ensemble, de luy courre sus, le premier par la Champagne, et l'autre par la Picardie où il entroit quand il vouloit par son Calais : à quoy toutefois ce grand Roy s'opposa fort magnanimement, ainsi que toutes les histoires vulgaires et latines font ample mention, sans qu'il ne soit besoing d'en faire redité.

CHAPITRE XLIII.

Mort de François I. — Son éloge. — Bataille de Marignan.

Or, sur la fin de l'année 1546, ce grand Roy, après tant d'affaires sous lesquelles il ne perdit jamais ny le cœur ny l'esprit, tomba malade d'une fievre, en la maison seigneuriale de Ramboillet (1); avec lequel pas un de ses predecesseurs, excepté Charles le Grand, dit Charlemagne, ne peut entrer en comparaison : encore, à le bien disputer, François auroit du meilleur, d'autant que Charles le Grand estoit, tant en propriété que vasselaige, roy paisible de toute la France, que l'on bornoit de ce temps-là du costé de l'Allemagne, de la source du Rhin jusques à sa cheute en la mer océane, depuis laquelle cheute l'on suivoit cette mer le long des costes, premierement de tous les Pays-Bas, qui sont terriblement grands, puis de Calais et la comté d'Oye, de Boulonnais, et de toute la Picardie, Normandie, Bretagne, le pays d'Aulny, Rochelais, Poitou, Xaintongeois, jusques au goulet des rivieres de Garonne et Gironde en icelle mer, c'est-à-dire Guyenne et toute l'Aquitaine, d'où l'on prenoit les Pirenées, costoyant les Hespaignes jusques à Marseilles, pour venir trouver la riviere du Var qui separe la France d'avec l'Italie, de laquelle on entre aux Alpes, qui vous ramenent à la même source du Rhin, dedans laquelle sont compris les Suysses; qui est un circuit d'une merveilleuse

---

(1) *Ramboillet* : Rambouillet.

et incredible grandeur; et puis le presque infini nombre de provinces qui sont en son dedans, faisoient un royaume le plus grand de tout le monde pour une seule couronne. Aussi fut-on contraint d'en ériger un autre en son enclos, que l'on nomma le royaume d'Austrasie, duquel l'on se servoit pour appanager l'un des fils de France.

Mais François n'en possedoit pas la dixieme partie; toutefois avec ce peu il fit de grandes et admirables choses, se defendant contre si grands et puissants ennemys, et quelquefois les assaillant; car il sembloit que toute la chretienté eust conjuré à sa ruine. Premierement, l'empereur Charles cinquieme, qui estoit un très-grand et très puissant monarche; le roy Henry d'Angleterre, huitieme du nom, qui avoit une force invincible sur la mer, et s'en pouvoit quasi dire Roy; les Venitiens, qui conduisent une seigneurie très-grande et très-opulante, luy estoient tous ensemble mortels ennemys. Les Suysses, que l'on appelle le grenier des forces, luy donnerent une bataille près Marignan, qu'ils perdirent; mais il n'y gaigna que des pous, car le plus grand et le plus riche prisonnier de leur armée, n'eust sceu payer dix écus de ranson, et ne se prévalut, par cette victoire, d'un seul poulce de terre pour l'avancement de ses desseins et entreprises.

Aussi, contre toutes les opinions de son conseil, même du duc de Bourbon, qui pour lors estoit connestable de France et son lieutenant general en l'armée, les alla, comme prince genereux, combattre, et les defit usant de ce mot : « Qui m'aime, si me suive, » qui est demeuré en proverbe à tous princes avantureux qui courent et cherchent la fortune. Mais le soir de la derniere journée de la bataille (car elle se reprit par deux jours, tant estoient acharnées les deux armées), le duc de Bourbon, qui revenoit de suivre la victoire, le trouva prenant sa refection sur le flasque d'une couleuvrine, auquel il dit telles paroles : « Et bien, Monseigneur, Dieu nous a donné la journée; mais que y avons-nous gaigné, là où, si vous l'eussiez perdue, vostre prise et celle de ce grand nombre de princes, seigneurs et braves capitaines, eussent pour jamais enrichy cette vermine? » Le Roy, qui connoissoit assez avoir plustost suivy le feu de sa jeunesse que l'attrampance de son conseil, ne luy sceust repondre autre mot, sinon : « Encore faut-il, mon oncle, qu'un roy, tel que je suis, fasse paroistre au monde ce qu'il doit estre; car, Dieu m'en soit temoin, que si mon armée ne m'eust voulu suivre, je les eusse plustost combattu tout seul que de fuir devant une telle païsandaille, avec ferme esperance en Dieu que, par la terreur de mon nom, de ma presence et de l'équité de ma cause, je les eusse fait agenouiller devant moy; et eusse fait vœu de jamais ne porter lance, si j'eusse esté defait par gens de pied, encore conduits par un prestre de cardinal Syon.

CHAPITRE XLIV.

Suite de l'éloge de François I. — Bataille de Pavie.

A QUELQUE temps de là il repassa les Monts, et se presenta devant Pavie avec une puissante et gaillarde armée. Mais, comme il advient que le premier qui hûe le loup anime tous les autres pastres et paysans à faire le semblable, et prendre fourches de fer, pelles, leviers, pierres, frondes et autres armes champestres pour l'attrapper, ou en la plaine, ou à son passage dedans les bois; aussi tous les potentats d'Italie, sans nul excepter, voyants ce prince en proye, ou se joignirent avec l'armée de l'Empereur, ou par sous main la favoriserent; et tous ensemble, poussés d'une incredible animosité, luy donnerent, sous la conduite d'Anthoine de Leve, la bataille en laquelle son armée fut deffaite et luy prisonnier : mais ce fut avec aussi bon marché que peuvent remporter cinquante dogues qui assaillent et dechirent un lyon.

Encore se montra-il ce jour-là si ardent au combat, tant estoit genereux, qu'il ne luy souvint pas d'avoir envoyé le jour precedent M. le mareschal de Montmorency avec cent hommes d'armes, mille hommes de pied françaïs et deux mille Suisses, pour garder le passage de Saint-Ladre, qui estoit enerver une grande force de son armée, où il fut en armes jusques au point du jour : duquel lieu oyant jouer l'artillerie, il marcha en diligence pour se joindre avec le Roy; mais ce fut trop tard, car il estoit déjà pris, et son armée deffaite. Si voulut-il combattre, et avec le peu de forces qu'il avoit se jetta, sans reconnoître, dedans l'armée imperiale, et deffit de grande furie l'un des bataillons de lansquenets imperiaux; mais il fut incontinant enveloppé, deffait et pris par un gros hot de cavalerie italienne; aimant mieux, en brave chevalier et loyal serviteur du Roy et de la couronne de France, s'abandonner au hazard et se perdre, que de demeurer sain et sauf et voir son maître prisonnier : en quoy il acquit un merveilleux honneur; car il s'en fût bien exempté s'il eût voulu, d'autant que, quand il commença la charge, il n'y avoit une seule enseigne française arborée, ny de gens de cheval ny de pied, mais toute nostre armée en route. Mais on dit qu'il fit cette avantureuse entreprise pour essayer de rallier les plus couraigeux de nostre armée, et principalement pour faire voir au combat le duc d'Alenson, beau-frere du Roy, qu'il voyoit de loin, à son très-grand regret, se retirer avec l'arriere-garde, de laquelle il estoit chef, encore fraische et quasi entiere, sans coup frapper ny faire contenance de vouloir combattre; mais ce fut envain, car il ne revint pas, ains se retira et passa par dessus le pont que le Roy avoit fait, deux jours devant la bataille, dresser sur le Tesin.

Et affin que le Roy ne manquast d'ennemys, le mesme duc de Bourbon, son parent et son sujet, qui estoit revolté contre luy un peu auparavant, se trouva à cette deffaite combattant l'épée au poing contre son sang et sa patrie, au grand regret des principaux seigneurs de France, qui ont maudit cent et cent fois celuy qui leur fit perdre ce valeureux prince. Et faut bien dire qu'il fut despiteusement pressé en son ame de faire cette saillie, car il quitta librement en un jour huit cents mille livres de rente [1] qu'il possedoit en ce royaume, sans aucune esperance de les recouvrir jamais; et ne se trouve point, qui plus est, qu'il ait de

---

[1] *Il quitta librement en un jour huit cents mille livres de rente.* Au contraire, lorsque Bourbon quitta la France, ses biens étoient séquestrés par suite du procés que lui avoit suscité Louise de Savoie. (Voyez Introduction aux Mémoires de Du Bellay, page 59.)

sa vie, après la faulte, jetté un seul sanglot de repentence de les avoir perdues.

Et pour montrer que le ciel s'estoit bandé avec les hommes pour exterminer du tout ce grand Roy, il avoit en son armée dix ou douze mille Suisses, sa principale force, qui firent, sur le gros du combat, haut le bois; et ne fut possible de les faire combattre, mais se retirerent de la bataille, prenant le chemin de Milan, s'excusants sur un vœu commun à leur nation, de ne combattre jamais au vendredy. Mais la playe de leur bataille perdüe à Marignan estoit si recente, que l'on jugea fort aisément qu'ils s'en voulurent ressentir, faisants pratiquer à ce pauvre prince, et à sa grande ruine, le proverbe qui défend de trop se fier à l'ennemy reconcilié.

CHAPITRE XLV.

Suite de l'éloge de François I. — Parallèle de ce roi et de Charlemagne.

Tels desastres n'arriverent jamais à Charles le Grand; car incontinant qu'il fut entré en Italie, le Pape, les potentats et toutes les republiques qui le y avoient appellé, se joignirent avec luy pour expulser ce tyran roy de Lombardie, remettre le Pape en son siége, et rendre aux susdites villes la liberté et immunités qu'il leur avoit par force ravies; pour lequel exploit d'armes il fut remuneré de la dignité imperiale, qu'il transfera dèslors en Allemagne sans aucun contredit, ou qu'il se rendit redoutable à tous les princes qui y avoient interest, ou par la fainéantise de l'empereur d'alors, qui se tenoit en Grece, ou plustost par la maladie de lepre de laquelle il estoit détenu.

Et quant aux Espagnes qu'il subjuga, il y fut suivi par les Français de toutes les provinces de son royaume, poussez d'un zèle très-ardent d'accroistre et d'avancer le christianisme et en chasser les Infideles : et depuis ces deux grands voyages, il n'eust jamais à combattre que petits princes, ducs et moyennes republiques, qui tous ensemble n'eussent peu mettre en campagne autant de forces que pouvoit tout seul Charles-le-Quint empereur, qui n'a eu son pareil depuis trois cens ans en l'Empire.

D'autre part, Charles le Grand étoit fils d'un puissant roy qui luy avoit laissé un fort ample royaume, purgé de toutes sortes de rebelles et des plus grands, comme de Gaysire, roy d'Aquitaine, que les siens propres tuerent pour se rendre sujets de Pepin ; là où François entra au royaume, n'estant fils que d'un simple comte d'Angoulesme; en quoy il eust beaucoup d'affaires à demesler, d'amys à gaigner, et à attraire des serviteurs, principalement ceux du roy Loys douziesme son beau-pere, et par ce moyen peu de richesses pour fournir à la depence excessive qui est requise à l'investiture d'une si grande succession, et pour y entrer en roy qui desire user de liberalité; mesme que son beau-pere susdit mourut épuysé de toutes finances, à cause des longues guerres qu'il avoit entretenües en Italie pour les duchés de Gennes et de Milan ; car les daces, gabelles, traictes, dohannes, subsides, impositions, decimes, subventions, emprunts et tant d'autres termes exactaires, desquels pour le jourd'huy la France abonde, n'estoient encore en usage ny connus du peuple, excepté celuy qui s'appelle taille ordinaire, de laquelle les roys se contentoient, et du revenu de leur domaine.

CHAPITRE XLVI.

Suite de l'éloge de François I, et du parallèle avec Charlemagne.

Ils furent toutefois tous deux égaux en la restauration des bonnes lettres, desquelles ils estoient très-ardents amateurs; car Charlemaigne en apporta l'exercice de Rome à Paris, y establissant l'université, et y amena plusieurs doctes hommes pour enseigner toutes sciences; mais peu à peu, par la nonchalance de ses successeurs, elles s'abastardirent, et devinrent quasi à néant, et de telle sorte, que quand le roy François vint à la couronne, l'on ne usoit que de la seule langue latine, encore fort barbarement; et n'y avoit science qui eust cours et vogue en l'université de Paris, que la theologie. Mais il envoya en toutes les parties du monde, et principalement en Orient, pour les langues hébraïque, grecque et chaldeicque, sans y épargner aulcune depense; d'où nous vinrent de grands et doctes personnages, qui proffiterent si bien, qu'en moins de douze ou quinze ans toutes langues et sciences furent remises sus : et les fit ce grand Roy par sa liberalité fleurir plus que jamais; et chacun y étudia de telle sorte à l'envy, que j'ay ouy dire à M. de Bellisle, archidiacre de Nantes, gentilhomme breton, de profondissime sçavoir et grand rechercheur des antiquités, que l'on a composé plus de livres en toutes langues et sciences depuis l'avenement de ce François le Grand jusques au regne de Henry troisieme, à present regnant (espace de temps qui ne peut revenir au plus de soixante-dix ans), que l'on n'a fait depuis Charles le Grand jusques à François. Temoignage très-certain et infaillible; car il n'y a sorte de livres au monde, j'entends des recouvrables et qui ont passé sous le tippe de l'impression, qui ne soit en la librairie de ce M. de Bellisle, que l'on tient pour l'une des plus belles de France.

Aussi, en cette très-celebre université abordoient, de toutes parts et nations, écoliers en telle et si grande abondance, qu'au denombrement et reveue qu'en fit l'abbé de Saint-Victor-lès-Paris, fils du prince de Melphe, mareschal de France, lorsque Charles-le-Quint avoit entrepris de prendre et saccager Paris, il s'en trouva environ quarante mille portants armes pour la deffence de la ville.

Au reste, ces deux grands princes estoient vaillants et magnanimes, qui hazardoient leurs personnes à tous perils et dangers, sans aucune apprehension de la mort; tous deux de fort belle et grande stature, nous estant Charlemaigne representé tel par ceux qui ont écrit sa vie; mais nous avons vu François, tandis qu'il a vescu, le plus beau et le plus grand homme de sa Cour, et d'une telle force corporelle, qu'aux joustes et tournoys il renversoit tout ce qui se presentoit devant luy : et pour cette force et addresse, et sa très-belle assiete à cheval, les princes, seigneurs et capitaines de sa gendarmerie, l'estimoient le premier homme d'armes de son royaume. Dont se sentant ainsi nommé, et en faveur de cette reputation, il institua l'estat de premier homme d'armes de France, qui se donne à quelque chevalier d'honneur et de merite; et est sa charge de chausser les esperons au Roy le jour d'une bataille; mais il faut que, ce faisant, il soit armé de toutes pieces, prest à monter à cheval et à combattre; et peut, par privilege special, marcher ce jour-là au rang des princes.

Davantage, Charlemaigne ne logea point ses successeurs en roys, tels qu'ils sont de toute ancienneté; car il ne se trouve aucun vestige ny vieille marque de ruyne de maisons royales, chasteaux ou grands palais, qui aient esté édifiez par luy, ny en son nom : là où François le Grand, ayant supporté si longues et grandes guerres l'espace de trente ans, fait tant de forts, de villes et fortifications en nombre infini de frontieres, entretenant tant de grosses pensions aux princes, colonels et grands capitaines d'Allemagne et d'Italie, et semblablement aux cantons des Suysses, pour la commodité de ses levées, mesmes aux bachas du Turc pour detourner leur Grand Seigneur de luy courre sus avec tant d'autres ennemys, n'a laissé de bastir dix ou douze chasteaux et maisons de la plus superbe structure qu'il y en ait en toute l'Europe, et si admirables à cause de leur variété, que les architectes de toutes nations les viennent contempler pour y apprendre. De sorte qu'il n'y a roy ny monarche sur la terre qui soit logé en si grande majesté que le roy de France; ayant les roys qui luy ont succedé, les princes, prelats, grands seigneurs, riches gentilshommes, et autres gens de moyen de ce royaume, si bien fait bâtir à son imitation, que la France se peut vanter d'estre la plus decorée d'excellentes et magnifiques maisons, que tout autre royaume qui soit sous le ciel.

CHAPITRE XLVII.

Circonstances de la mort de François I. — Origine de la fortune du maréchal de Saint-André.

[1547] CE grand prince, quelques heures devant mourir, se souvenant des merites de M. de Vieilleville, de l'ardante et fidelle affection qu'il avoit à son service, se voyant aussi prévenu sans avoir le loisir de luy faire paroistre le bien qu'il luy vouloit et l'amitié qu'il luy portoit; le connoissant d'autre part, par le refus qu'il avoit fait de la compaignie de M. de Chasteaubriand, du tout exempt de vice d'ambition, envoya querir M. le Dauphin pour le luy recommander, semblablement pour luy faire beaucoup de remontrances pour le bien du royaume, qui sont écrites ailleurs, aussi pour luy donner sa benediction; et puis luy tint ce langage : « Je scey bien, mon fils, que vous avancerez plustost Saint-André que Vieilleville, et que vostre cœur y est tendu; mais si vous faisiez en vostre esprit une conferance de la valeur, de l'entendement et des preuves de l'un et de l'autre, vous ne vous y precipiteriez; pour le moins vous prieray-je que, si vous ne les voulés agrandir ensemble, que le dernier suive de bien près le premier. » A quoy monseigneur le Dauphin répondit qu'il avoit double occasion d'aimer Vieilleville : « la premiere, que c'est un present dont vous m'avez honoré ; l'autre, pour les grands et signalés services qu'il a déja faits. Mais je vous supplieray, monsieur, ne trouver mauvais si je me rends plus affectionné envers Saint-André, y estant convyé par une seule raison que vous-même ne rejetterez pas ; car il est fils de M. de Saint-André que vous m'avez donné pour gouverneur, sous lequel j'ay esté environ quinze ans, qui a esté cause que son fils et moy avons esté nourris ensemble dès nostre enfance, que je ne puis oublier, et a pris possession de ma chambre, et y couche ordinairement. Et quant à la valeur et bon entendement, je vous jure, monsieur, que Saint-André ne cede à nul autre. » Et luy demandant le Roy où il en avoit fait preuve, il luy répondit : « Si les hommes font et exercent les charges, monsieur, les charges aussi font et dressent les hommes. Et si jamais le moyen se presente de pousser et elever Saint-André aux plus sublimes grades et estats de France, je le feray ; mais je n'oublieray jamais Vieilleville, car quand il s'offrira une bonne occasion de quelque charge d'honneur et d'importance, il sera toujours des premiers employés, et preferé à tous autres ; car je ne doute point qu'il ne s'en acquitte toujours et fort dignement. »

Alors le Roy luy dit qu'il faisoit bien connoître par cette reponse qu'il feroit Saint-André des plus grands de son royaume, sans l'éloigner de sa personne ; mais que si Vieilleville parvenoit, ses services, les corvées et sa vertu luy en dresseroient le chemin. Et sur l'heure il envoya querir M. de Vieilleville, auquel il tendit la main, luy disant telles paroles : « Autre chose ne vous puis-je dire, Vieilleville, en l'extremité où je me sens, si non que je meurs trop tost pour vous ; mais voilà mon fils qui m'a promis de ne vous point oublier : faites-luy bon service, comme vous avez déja bien commencé ; son pere ne fut jamais ingrat : et veux que presentement il vous promette le second estat de mareschal de France vaccant ; car je me doute bien à qui le premier est voüé. Mais je prie Dieu qu'il n'en pourvoye jamais qui n'en soit aussi digne que vous. Ne le voulez-vous pas ainsi, mon fils ?—Ouy, monsieur, » repondit M. le Dauphin ; et sur l'heure il jetta son bras sur M. de Vieilleville, ayant tous trois les larmes aux yeux : faveur qu'il ne departit à un seul de ses compagnons durant sa maladie ; car resolument il ne les peut jamais voir ny aimer depuis cette frasquerie découverte par Briandas, qu'ils n'avoient faite, selon son opinion, que sur le desir de le voir en l'estat où il estoit. Et bien-tost après les medecins firent sortir M. le Dauphin et tous autres de la chambre ; et ne fut gueres sans rendre l'esprit.

LIVRE SECOND.

CHAPITRE PREMIER.

Avénement de Henri II à la Couronne. — Ambassade de M. de Vieilleville en Angleterre.

Henry, dauphin, par cette mort devenu roy, partit de Ramboillet, et, après avoir commandé de porter le corps du feu Roy son pere à Saint-Cloud (1) près Paris, pour y faire la quarantaine avant estre enterré, selon l'ancienne coutume de nos rois, s'achemina droit à Saint-Germain-en-Laye, où il trouva déja M. le connestable qui attendoit, il y avoit plus de six ans, ce changement en grande dévotion; et tous deux commencerent à donner ordre aux affaires, desquelles les plus pregnantes d'alors estoient celles d'Angleterre; et y ayant vacqué cinq ou six jours sans intermission, ils appellerent au septieme M. de Vieilleville, auquel ils baillerent, se confians de sa prudence, memoires et instructions pour aller en Angleterre devers le petit roy Edouard et son conseil, pour les assurer qu'il vouloit tenir inviolablement la paix que leurs seigneurs et peres avoient jûrée, et que Sa Majesté avoit envoyé, par un autre chevalier d'honneur, à l'empereur Charles, curateur (2) honoraire de leur jeune Roy,

---

(1) *A Saint-Cloud.* L'évêque de Paris avoit une maison de campagne dans ce village. Ce fut là que le corps de François I fut déposé.

(2) *l'Empereur Charles, curateur.* Aucune pièce du temps n'annonce que Charles-Quint ait été curateur du jeune Edouard VI.

une pareille asseurance; et que, si besoin estoit, le seigneur de Vieilleville, deputé de sa part devers eulx, avoit un pouvoir fort ample pour la jurer de nouveau.

Ce conseil, qui n'attendoit rien moins que une forte guerre par la mort de François le Grand, pour la recousse (1) de Boulogne, car elle n'étoit point comprise dedans le traité de paix d'entre les deux rois, fut fort rejouy; et ne faut demander si M. de Vieilleville fut le bien venu, ny avec quelle allegresse on le reçut. Mais le lendemain, s'estant offert en plein conseil, le Roy y estant, de jurer de rechef la paix, pour plus grande confirmation et assurance d'amitié, suivant son pouvoir duquel il fit faire publiquement lecture, le duc de Sommerset, oncle du petit roy Edouard, et son curateur avec l'Empereur, mais onerayre, luy répondit qu'il n'en estoit aucun besoin s'il ne vouloit faire rayer du traité de paix l'article qui concernoit Boulogne; et faisant M. de Vieilleville semblant de l'ignorer, luy dit qu'il ne pensoit point qu'en un accord solemnel juré entre deux grands roys, il y eust quelque article de réservé qui eust pu alterer le reste, et rallumer la guerre de plus belle, le prenant, du petit au plus grand, sur les appointemens des capitaines et gentilshommes d'honneur en leurs querelles, ausquelles la meilleure clause que l'on y puisse inserer est qu'ils s'entrembrassent avec protestation d'oublier toutes choses, telles qu'elles puissent. « Cela est bien vray, répondit le duc de Sommerset; mais l'article de Bouloigne (2) est en ce traité de mot en mot, ainsi que je les vous reciteray : »

(1) *La recousse* : le recouvrement. — (2) *L'article de Bouloigne.* Cet article ne se trouve pas dans le traité conclu le 6 juin 1546, entre

« Et quand le roy de France voudra ou pourra prendre la ville de Bouloigne, et desmenteler tous les forts bastis ou commencés à bastir à l'entour d'icelle, il luy sera licite de l'entreprendre et faire tous ses efforts de l'executer; et ne sera ce present accord aucunement alteré, ny à iceluy préjudicié en aucune façon; avec condition toutefois que ledit sieur roy de France ne touchera, attentera, ny fera aucune entreprise, soit par guerre ouverte, soit par menée, intelligence ou surprise secrette sur la vieille conqueste, qui est la ville de Calais, et toutes les autres places que ledit sieur roy d'Angleterre détient et possede en la comté d'Oye; et laissera généralement ladite comté en repos, et franche de toute hostilité, que ledit sieur roy d'Angleterre maintient estre son vray heritage, et en estre en possession il y a plus de trois cens ans, sur peine de nullité du present accord. »

« C'est, monsieur de Vieilleville, la teneur de cet article, par lequel et plusieurs autres, dit le duc comme en colère, que nous avons faits avec les Français, où connoist assez que, quand nous avons à negocier avec eulx, nous y sommes toujours surpris. Car ce fut très-mal entendu au conseil du feu roy d'Angleterre de laisser passer cet article; mais j'estois, à mon grand regret, absent et sur les marches d'Irlande, pour appaiser quelque émotion entre la noblesse et le peuple. Aussi véritablement nous faut-il confesser que vous estes plus rusez et consommez aux affaires d'Estat que nous; mais en recompense, quand ce vient au faire et

---

Henri VIII et François I. Peut-être étoit-ce un article secret qui ne fut jamais publié, et qui par conséquent a dû échapper aux recherches de Léonard. (*Recueil des Traités.*)

au prendre, nous montrons toujours aux Français que nous sommes anglais. »

A quoy M. de Vieilleville repliqua : « Je pense, monsieur, que vous l'entendez sainement, et que une nation paroist toujours pour telle qu'elle est, sans se pouvoir contrefaire ny déguiser pour une autre : car on connoist toujours de quelle nation est un homme, ou par le langage, ou par sa façon de vivre ordinaire, ou par l'habillement, ou bien par quelque trait naturel de son ramaige qui lui échappe quand il s'oublie, pour quelque depaysé qu'il soit ; mais si vous le prenez pour la valeur, les Français ont toujours fait connoistre aux Anglais ce qu'ils sçavent faire. — Vrayment, dit le duc, je le quitte : vous avez eu beaucoup de Normandies, de Guyennes et de Calais en Angleterre, et vos rois se sont fait couronner à Londres comme les nostres à Paris ? — Ha, monsieur, dit M. de Vieilleville, ne le prenez pas là, car il n'estoit pas en la puissance de six roys d'Angleterre de faire telles conquestes en France, s'ils n'eussent eu les ducs de Bretaigne et de Bourgoigne pour confederez, parents et amys. — Et de Bouloigne, dit le duc, depuis que ces deux princes-là sont éteints, que vous en semble ? — Il me semble, répondit-il, que vous ne la devez appeller conqueste, mais plustost achapt, car nous tenons prisonniers en la Bastille de Paris les trahistres (1) qui la vous ont vendu. »

Cette parole chargea de rougeur le visage du duc de

---

(1) *Les trahistres.* Le maréchal de Biez et le seigneur de Vervins son gendre, accusés d'avoir livré Boulogne, étoient à la Bastille. Ils furent condamnés à mort par des commissions, le gendre en 1549, le beau-père en 1551. Vervins seul périt ; Biez fut enfermé à Loches.

Sommerset, car il estoit le premier en ce marché: lequel voyant M. de Vieilleville si actif et prompt en ses réponses pour soutenir l'honneur de sa nation, changea de propos, et le pria, comme chef du conseil, de parachever sa charge; ce qu'il fit très-dignement, et au grand contentement du roy Edouard. Et après avoir assuré toute l'assemblée de la bonne volonté du Roy son maistre envers le leur, et que, pour mourir, il ne vouldroit enfraindre ce qui avoit esté si saintement arresté et scellé entre deux si grands princes, le conseil se leva avec une extreme allegresse. Lors le milort Coban, qui avoit esté deputé pour l'accompagner et assister dedans Londres et par-tout, et qui desja l'estoit venu recueillir à Douvres, le vint conduire en son logis nommé Darompler, assez voisin de celuy du Roy, que l'on appelle Westminster, tous-deux sur la Thamise, aux fauxbourgs de Londres, tirant à Richemont.

Ce duc de Sommerset n'estoit gueres bien voulu des milorts et autres seigneurs d'Angleterre, ny même du Roy, car il entreprenoit sur l'Etat, et s'en faisoit si bien accroire, que son opinion, bonne ou mauvaise, effaçoit toutes les autres; et ce qui le rendoit plus odieux à tous les estats du royaume, estoit que, de sa seule et privée authorité, il s'estoit qualifié Protecteur d'Angleterre (1), pour lequel estat il tiroit plus de vingt milles nobles à la roze par an; et outre ce, il avoit, de la même puissance et authorité, créé et estably Thomas Semer (2), son frere puisné, amiral de toute la mer.

(1) *S'estoit qualifié protecteur d'Angleterre.* Sommerset brigua cette place, mais ne se l'attribua point : elle lui fut donnée par le conseil de régence. — (2) *Thomas Semer :* Thomas Seymour.

CHAPITRE II.

Coutume de servir les rois d'Angleterre à genoux.

Monsieur de Vieilleville sejourna six jours à Londres, durant lesquels il fut fort magnifiquement festoyé des princes et millorts, et principalement en un festin royal où il disna entre le Roy et ledit duc de Sommerset, après lequel estoit assis M. de Thevalle, beau-frere de M. de Vieilleville, fort vaillant et sage chevalier, qui avoit épousé madame Françoise de Scepeaulx, très-vertueuse et très-belle dame; et au dessous de luy Thomas, amiral, sans qu'il y en eust d'autres à table. Et servirent les millorts chevaliers de l'ordre de la Jartiere, portans les plats après le grand-maître, les testes nuës; mais, approchant de la table, ils se mettoient à genoux, et venoit le grand-maître prendre le service de leurs mains, estant ainsi agenoilez : ce que nous trouvasmes fort étrange, de voir si anciens chevaliers, gens de valeur et grands capitaines des plus illustres maisons d'Angleterre, faire l'estat que font les enfans d'honneur et pages de la chambre devant nostre Roy, qui ont seulement les testes nuës portants le service, mais ils ne s'agenoillent nullement, et en sont quites pour une reverance d'entrée et d'issuë de la salle où se fait le festin. Et estans en difficulté de juger de qui approchoit le plus cette façon, ou de la tirannie, ou de l'idolatrie, un gentilhomme anglais qui nous écoutoit nous y satisfit fort promptement, disant en bon langage français qu'elle participoit de tous les deux, avec cette raison : « Si vous faites aux vieilles gens, si experimentez en toutes choses qu'ils n'ont plus besoing de rien apprendre, faire des choses puerilles, vous pouvez bien penser qu'ils sont contraints d'y obeyr, car le vieillart n'a rien si odieux que de contrefaire l'enfant; par ainsi il faut conclure que s'ils refusoient ce commandement quand nostre Roy veut monstrer ses magnificences et grandeurs, qu'ils seroient en danger d'estre chassez de la Cour, privez de leur estat, et peut estre de la vie : doncques est tirannie. Et quant aux testes nuës et agenoillements qui sont ordinaires devant la face de nostre Roy, puisque cela appartient à un seul Dieu, vous ne pouvez ignorer que ce ne soit idolâtrie. Mais vostre Roy en use plus chrestiennement, et ne tient pas une si turquesque rigueur à ses sujets et serviteurs; aussi il n'y a pas un de vous autres Français qui ne voulust librement sacrifier sa vie pour son prince. Icy tout au contraire : car des douze qui sont à genoulx, les sept que voyez derniers voudroient avoir coupé la gorge au Roy et au duc de Sommerset son oncle maternel : car estants parens et creatures des feues roynes meres (1) des infantes Marie et Elizabeth, ils crevent de deplaisir de voir l'usurpation que ce duc, par son authorité, a fait sur elles de la couronne, qui appartient premierement à Marie, et puis par son decès à Elizabeth; se targuant du testament du feu roy Henry, qu'il a basty à sa poste, auquel il ne s'est

---

(1) *Des feues roynes meres* : Catherine d'Aragon, mère de Marie; Anne de Boulen, mère d'Elisabeth.

pas oublyé, car il s'y est trouvé le premier, après l'Empereur (1), de saeze tuteurs de ce jeune Roy ordonnez par son pere ; mais les quinze luy ont bientost quitté toute la charge, le connoissant incompatible, ou bien par remords de conscience de la falsité de ce testament, et du tort que l'on faisoit à ces deux très-excellentes princesses.

« Car ledit feu roy Henry, qui estoit un prince voluptueux, et auquel un serail de femmes n'eust pas suffi, repudia la reyne Catherine, mere de l'infante Marie, pour épouser Anne de Boulan, de laquelle il eust Elisabeth, les accusant fort iniquement toutes deux d'impudicité (2) et d'adultere, sans pouvoir dire ny prouver, encore moins les convaincre du fait ; qu'il fit neantmoins mourir la premiere entre quatre murailles, et l'autre sur un échafaut (car un roy n'a jamais faute de juges ny de temoins), pour épouser Janne Semer, sœur de ce duc, et mère du Roy que vous voyez, de laquelle il fust un an amoureux : en quoy elle se maintint si vertueusement, que la force d'amour contraignit ce Roy, n'en pouvant rien tirer que par mariage, de faire insignes meschancetez : la premiere, de repudier ainsi à la vollée des princesses de bien et d'honneur, foulant leur reputation, et, con-

(1) *Le premier après l'Empereur.* Charles-Quint, comme on l'a vu, ne fut ni tuteur, ni curateur d'Edouard VI. Ses tuteurs reconnurent Sommerset pour chef, parce qu'il étoit l'oncle du jeune Roi.

(2) *Les accusant toutes deux d'impudicité.* Henri VIII n'accusa d'impudicité qu'Anne de Boulen. Il rendit constamment justice à la vertu de Catherine d'Aragon, avec laquelle il rompit ses liens, sous le prétexte que, ayant été femme de son frère Arthur, le mariage étoit incestueux. Il ne fit pas non plus mourir cette princesse entre quatre murailles : elle fut toujours traitée en reine.

tre sa conscience, leur ravir la vie pour épouser celle-cy ; la seconde, de priver, contre tout droit divin et humain, ces deux rares princesses en toute vertu de leur vraye, legitime et naturelle succession, pour y preferer ce petit Roy que les gens de bien et d'esprit de ce royaume tiennent pour bastard; et la troisieme, que, non voulant le Pape approuver ce fornicatoire mariage, il laissa sa religion ancienne et catholique pour adherer et suivre celle de Luther (¹), par depit d'avoir esté debouté de sa demande, comme injuste, en plein consistoire des cardinaux; et s'oublia tant, qu'il écrivit et fit publier un petit meschant livre contre ce très-sacré senat, perdant par cette folie un fort saint et honorable titre (²) que ses predecesseurs et luy avoient entre les roys chrestiens; car vostre roy s'appelle Très-Chrestien, celuy d'Espagne Catholique, et le nostre se nommoit Protecteur de la foy. Et croyez que cestuy-cy ne rendra pas ce titre à sa posterité: car son pere le fit instruire et nourrir en cette nouvelle secte, en laquelle il persiste, et y est, par le commandement du duc son oncle, entretenu.

« Vous voyez donc, messieurs, par ce discours, que la paillardise de feu son pere le fit forvoyer en sa religion, de laquelle il n'eust jamais changé si le Pape luy eust accordé la dispense d'épouser Anne de Boulan : et s'il eust ausé faire mourir Catherine, il

---

(¹) *Suivre celle de Luther.* Henri VIII n'adopta point la secte de Luther contre laquelle il fut au contraire toujours très-animé : il se borna à détruire dans son royaume l'autorité du Pape.

(²) *Honorable titre* : celui de *défenseur de la foi*, que lui avoit donné Léon X pour avoir publié un livre contre Luther. Il n'est pas vrai que ses prédécesseurs eussent possédé ce titre.

n'eust pas esté en la peine de faire la poursuite; mais elle estoit tante de l'empereur Charles cinquieme. Aussi depuis ce refus il n'épousa jamais que des filles de ducs ou simples damoiselles, pour plus librement exercer sur leur honneur et sur leur vie sa detestable volonté; et en épousa jusques à cinq depuis ladite Catherine, qu'il fit toutes passer ou par la mort ou par la honte de repudiation, excepté Janne Semer, mere de ce Roy, qui mourut incontinant après en estre delivrée; dont bien luy en print, car elle eust esté mise au rang des autres: encore dit-on qu'il la fit empoisonner pour épouser la quatrieme, qu'il repudia un an après; et fit trancher la teste à la cinquieme, forcené de l'amour d'une vefve nommée Catherine Parre, à laquelle, s'il ne fust mort, il faisoit déja faire le procès, l'accusant faussement d'avoir conspiré à sa mort avec la princesse Marie sa fille : ne nous estant demeuré autre fruit de cette bruslante luxure, que l'usurpation de la couronne que vous voyez, je vous laisse à juger, messieurs, si ce royaume doit prosperer. »

CHAPITRE III.

Etat de la cour d'Angleterre.

Lors l'un des nostres, nommé Vausurhosne, dit à ce gentilhomme anglais, qui s'appelloit Vartich, qu'il estoit fort esbahy qu'ayant tant de droit de leur costé, et la pluspart des millorts favorables, qu'ils ne hazardoient une bataille, et y attirer le peuple par quelque menée secrette, s'assurant que s'il se presentoit quelque magnanime seigneur qui s'en voulust entremettre, il seroit suivy de tous les estats, « veu, millort Vartich, ce que vous nous venez de discourir, car Dieu ayde au bon droit. Et s'il vous souvient d'avoir leu vos histoires d'Angleterre, vous y avez trouvé que le comte d'Herby, qui avoit esté long-temps fugitif en la cour de France, craignant la fureur du roy Richard d'Angleterre, sur-nommé de Bourdeaux, arriva de nuit à Londres par le moyen de l'evesque, et se presentant de jour au peuple, l'attira tout entierement de son party, qui le reçut avec une extreme joye; et marchant en campagne, tous les grands et autres se vinrent joindre en son armée, qui s'enfla si grosse qu'il alla combattre le Roy sur les marches d'Irlande et d'Angleterre, et le deffit; puis, l'ayant fait mourir en prison, il se fit couronner roy. — Cela est très-certain, répondit Vartich; mais le duc de Sommerset, qui est un prince fort provide, y a prevenu merveilleusement, car il a osté à tous les grands de ce royaume tous les moyens de rien innover. Premierement il a donné l'estat d'amiral à son frere, qui est la principale force d'Angleterre; le gouvernement d'Irlande à un autre parent qui luy est du tout voué; les gouverneurs de Calais, de Boulogne et de tout ce que nous tenons en France sont de sa main, semblablement de tous les ports de ce royaume, comme de Porsemme [1], de Douvre et de La Rye, les petits forts sur la Thamise, mesme de la tour de Londres, où il a mis de ses gentilshommes et obligez serviteurs;

---

[1] *Porsemme* : Portsmouth.

de sorte qu'il ne demeure au plus puissant et habile homme d'Angleterre une seule ouverture où invention de rien attenter ny entreprendre; et faut necessairement attendre ce coup de la main de Dieu, qui ne laissera pas regner long-temps cette tirannie sans faire rendre, par sa grande justice, ce que l'on a usurpé sur ces dignes princesses. Et si prieres ont lieu, et qu'il luy plaise les exaucer en sa juste requeste, nous esperons tant de sa bonté, que auparavant la fin de trois ans l'oncle et le neveu iront exercer leur tirannie en l'autre monde; car il n'y a petit ny grand en ce royaume, hormis ceulx de leur ligue, qu'il n'y entende fort devotement. » Cela dit, il print congé de nous et se retira, sans que jamais l'ayons pu trouver ny revoir depuis; et le cherchasmes tant que nous fûmes là, parce que nous le tenions pour fort habile homme, et qui avoit grande envie de remuer pour estaindre cette usurpation, et remettre sus la religion catholique.

Il semble, à ce qui est advenu depuis, que ce Vartich estoit touché de l'esprit de prophetie; car au commencement de l'année 1547 il nous tint ce langage, et sur la fin de l'année 1550 (1) ce petit Roy mourut; par la mort duquel la couronne revint à l'Infante Marie, qui fit mourir assez bon nombre de millorts qui avoient assisté et favorisé le couronnement de son feu frere.

(1) 1550. Edouard IV ne mourut qu'en 1553.

CHAPITRE IV.

Fêtes données par les Anglais à M. de Vieilleville.

Cette digression des affaires d'Angleterre ne me fera pas oublier de quelles sortes de passe-temps ils recreérent M. de Vieilleville, qui ne furent pas de joustes, tournays, courses de bagues, ny prendre le cerf à force, car ils n'y sont pas si propres ny exercez comme à la bolingue (1); mais le menerent en un parc peuplé de dains et de chevreulx, et luy ayant fait amener un cheval sarde fort richement en ordre, accompaigné de quarante ou cinquante, que millorts, que gentilshommes du pays, tuerent quinze ou vingt bestes à course de cheval : et y avoit un extreme plaisir de voir les Anglais courir à toutes brides en cette chasse, l'épée au poing; car s'ils eussent suivy la victoire de quelque bataille gaignée, ils n'eussent pas plus cryé, ny usé des mots qui leur sont propres et ordinaires en une charge, qu'ils faisoient, ou qu'ils vouloient monstrer à M. de Vieilleville ce qu'ils avoient d'adresse à cheval, ou qu'ils se vouloient gorger de ce plaisir, duquel ils ne jouïssent, sinon quand il vient des seigneurs étrangers devers leur roy, et principalement de France, que l'on connoist aimer la chasse et y estre duicts sur toutes nations.

Une autre journée ils luy donnerent le plaisir du

(1) *Bolingue* : nom qu'on donnoit à une des voiles d'un vaisseau; il veut dire ici navigation.

combat des dogues contre les ours et les taureaux, l'un après l'autre, et sur chacun de ces animaux ils lachoient une douzaine de dogues à la fois : passe-temps assez agreable, mais celuy du taureau plus que l'autre. Qui fut cause que, se delectant M. de Vieille-ville de tels combats, fit achepter des dogues en bon nombre ; aussi on luy en donna qu'il fit passer la mer, avec un puissant taureau et bien aguerry : et fut le premier qui amena ce plaisir en France, que le Roy aima infiniment et continua toute sa vie, car il n'y avoit prince ny seigneur en la Cour qui n'eust une demye douzaine de dogues pour entretenir tels combats ; et amenoit-on des taureaux de Provence : et dura ce passe-temps depuis le commencement du regne de Henry jusques à quatre ou cinq ans dedans celuy de Charles son fils ; mais la continuation de nos guerres civiles les fit esvanouyr.

Le jour que partit M. de Vieilleville de Londres pour s'en retourner en France, il fut accompagné du duc de Sommerset et de l'amiral son frere jusques à Grenouych, qui luy firent voir environ deux cents navires armés en guerre, soixante renberges, et grand nombre d'autres vaisseaux tous en bataille, à la teste desquels y avoit quatre navires d'une immense grandeur, dont l'un se nommoit le Grand Henry, l'autre Marie-Roze, le tiers Roze-Blanche, et le quatrième Liepard ; et sur le tillac desdits vaisseaux, mariniers et soldats se presentoient, mais avec un merveilleux silence, encore qu'il y en eust plus de six mille. Et quand ce vint au congé prendre, que les deux freres s'en retournerent à Londres et M. de Vieilleville à Gravezins, sa couchée, on n'ouit jamais un si grand tonnere de canonades, que ceulx qui commandoient là dedans firent aussi industrieusement filer de navire en navire que pourroient faire dix mille harquebuziers des vieilles bandes, une scopeterie d'harquebuzades, rang pour rang; et dura ce plaisir une heure pour le moins : qui fit bien juger à M. de Vieilleville et à tous les gentilshommes qui l'avoient accompagné en ce voyage, que le roy d'Angleterre estoit un très-puissant prince sur la mer; car, outre cette force, il n'y avoit port en Angleterre et Irlande qui n'en fust bien garny, sans ce qu'ils avoient à Calais, Bouloigne, et autres forts de leur nouvelle conqueste en France; avec un indicible regret qu'avoit M. de Vieilleville que nostre Roy n'y faisoit une pareille dépense, comme il en avoit le moyen, et y faire nourrir une infinité de jeunesse qui aussi bien demeure inutile : estant en cette opinion que, avec une telle force par mer, et sa gendarmerie et noblesse par terre, qui n'ont point leurs pareilles, il rendroit la paix à tous ses voisins, et feroit trembler le reste du monde.

CHAPITRE V.

Retour de M. de Vieilleville à la cour de France.

Ayant passé la mer et surgy à Calais, car ils ne vouloient nullement que l'on approchast de Bouloigne ny des forts, et poursuivants notre chemin, un courrier depesché de la part du Roy le vint trouver à Marquise, village à my-chemin de Calays et de Bouloigne, qu'il ramena jusques à Montreul; duquel lieu il le renvoya devers Sa Majesté avec une fort ample depesche de tout ce qu'il avoit negocié en Angleterre; et ne luy restoit à dire que une créance dont le roy Edouard l'avoit chargé pour rapporter à son Roy, inconnüe à son conseil, mesme à ses oncles, avec une lettre écrite de sa main, comme les roys s'entrescrivent, non point pour affaires, mais pour se fraterniser privement, et s'offrir les uns aux autres.

Il apprint par ce chevaucheur d'escuyrie que M. le connestable possedoit le Roy de telle façon, qu'il le menoit par toutes ses maisons, Chantilly, Escouan et l'Isle-Adam, et que prince, quel qu'il fust, ny autre, n'approchoit de sa personne que par sa faveur et introduction, et qu'il trouveroit Sa Majesté à Escouan, duquel lieu l'on ne devoit partir de trois semaines : et tramoient tous deux d'envoyer sept cardinaux à Rome, et qu'entre autres le cardinal de Lorraine Jan, qui avoit tant gouverné le feu Roy, en devoit estre. Et luy demandant M. de Vieilleville si le Pape estoit mort, il luy répondit que non, mais qu'il estoit si viel que le Roy vouloit qu'ils partissent de bonne heure, afin qu'estants là ils regardassent par ensemble d'en créer un, par leur sollicitation et faveur, qui fust bon français. Lors M. de Vieilleville dit à M. de Thevale et autres gentilshommes là presents, que c'estoit un bien rusé preteste que M. le connestable inventoit pour demeurer seul auprès du Roy, mais qu'il plaignoit fort le cardinal de Lorraine, qui estoit déja sur l'aage, n'ayant accoutumé de faire si longs voyages; et qu'il pensoit, quand il auroit acheminé les autres, qu'on le feroit revenir, estant déja demy-mort des regrets et ennuys qu'il portoit de la mort du feu Roy.

Si M. le connestable vouloit seul posseder le Roy, il projetoit bien encore en son esprit un autre dessein de plus grande importance, qui estoit que nul n'eust pu estre advancé ou promeu aux grands honneurs et estats de ce royaume que par son moyen, afin que tous luy eussent cette obligation pour mieulx fortifier ses enfans, dont il y avoit nombre, et toute sa maison, qu'il s'assuroit de faire très-grande, comme il fit; et, pour effectuer cette volonté, il tachoit par tous moyens de pratiquer les plus grands seigneurs de France, sans toutefois titre de prince (car pour ceulx-là il ne s'employa jamais gueres), semblablement les chevaliers d'honneur et de valeur, et autres gentilshommes dignes et de merite. Et affin que tout le royaume luy clinast, il peupla les cours de parlements, principalement celle de Paris, de presidens et conseillers faits de sa main, pour avoir toutes robbes à sa devotion, aussi pour la vuydance de ses procès.

Suivant cela, saichant que M. de Vieilleville devoit coucher à Luzarche le lundy, et que le mardy il se devoit trouver au disner du Roy lors estant à Escouan, comme dit est, il envoya au devant de luy M. de Gordes, avec trente ou quarante gentilshommes, pour le bien veigner des premiers, et luy faire entendre de sa part le contentement que le Roy avoit de son voyage, et d'autres particularités.

CHAPITRE VI.

Saint-André demande le bâton de maréchal de France.

Mais M. de Saint-André, nourry en cette mesme esperance d'estre grand, et brûlant de semblable ardeur d'attirer les hommes, s'estoit, au desceu du Roy, derobbé de la Cour, accompaigné du sieur d'Apchon son beau-frere, des sieurs de Sault, de Senneterre, Saint Forgeul, Saint Chaumont, Thalaru et de La-Roue, gentilshommes de la chambre, et plusieurs autres gentilshommes de nom qui suivoient, à la françaiɾe, cette voile de Saint André flotante en une très-large mer de profonde faveur; et dès le soir du lundy, sur la fin d'avril 1547, se trouva à Lusarche au logis de M. de Vieilleville comme il se mettoit à table. De quoy il fust fort esbahy, mais cependant très-joyeux de voir que le plus grand de ses amys luy avoit departy telle faveur; et en soupant, M. de Saint-André luy dit que ce qui l'avoit meu à devancer tous ses amys, estoit qu'il se vouloit réjouir avec luy le premier du merveilleux contentement que le Roy avoit de l'heureux succès de son voyage, et, entre autres, d'avoir si bien rivé les cloux au duc de Sommerset en plain conseil d'Angleterre, leur roy present, sur l'honneur de la nation française : de quoy Sa Majesté recevoit un ayse incroyable, pour la connoissance qu'elle avoit que de tout temps ce duc en estoit mortel ennemy; ce qu'il avoit toujours fait paroistre du vivant du feu roy d'Angleterre son maître, car incessamment il s'opposoit aux entremises et negociations ou des treves ou de la paix ; et l'appeloit-on alors le comte de Herfort, qui avoit tant de faveur auprès de sondit maître, que je puis appeller son beau-frere, qu'il l'incita de rompre l'alliance qu'il avoit avec le feu roy François, et l'anima de invahir avec l'Empereur le royaume de France : ce qui fut, à son importune persuasion, promptement executé; car l'Empereur y vint par la Champaigne jusques à Chasteau-Thierry avec une grosse armée, et son maistre avec une autre devant Bouloigne, qu'il print, comme nous avons dit cy-dessus, par intelligence.

Après soupper ils se retirerent tous deux en la chambre, où, de propos en autre, M. de Saint-André se descouvrit à luy d'une chose qui luy troubloit fort l'esprit, comme à son parfait amy du conseil duquel il avoit plus grand besoing que jamais ; qui estoit que madame la duchesse de Valentinois et luy avoient eu de telles disputes et paroles ensemble, que leur amitié, qui auparavant estoit et de tout temps très-grande, mal aisément se pourroit à jamais renouer ; mais il se consoloit grandement, connoissant le droit de son costé. Et s'ébahissant M. de Vieilleville comme s'il avoit si peu regardé à soy que de n'avoir évité de tomber en cet inconveniant, dont la consequence luy pourroit estre nompareillement pernicieuse, pour plusieurs raisons qu'il remettoit à une autre fois, il luy en demanda l'occasion et le sujet ; à quoy M. de Saint-André répondit en cette façon :

« Vous sçavez, monsieur mon meilleur amy, comme le Roy m'a par cy-devant honoré du premier estat de mareschal de France vacquant, et que j'en ay deux brevets signez de sa main, le premier estant daulphin, et l'autre du second jour de son advenement à la couronne; et se presentant celuy du mareschal du Biez, duquel et de son gendre le procès sera bientost instruit et prest à juger, comme de trahistres, ainsy que vous avez bien fait sonner en Angleterre; l'un, qui est le mareschal, par degradation d'honneur, confiscation d'estat, de biens et confinement que l'on appelle mort civile; et l'autre de son gendre, de mort naturelle, car il sera décapité; l'arrest ne sera pas sitost executé que je ne soys pourveu de l'estat de mareschal de France dudit Biez, ainsy que je vous monstreray par un troisieme brevet confirmatif des deux precedents.

« De quoy advertye madame de Valentinois, elle vint, il y a huit jours, trouver Sa Majesté, se plaignant du tort que l'on faisoit à M. de La Marche, son premier gendre, de l'avoir oublié, duquel le grand pere et pere avoient esté mareschaulx de France [1], le pre-

---

[1] Il y a ici une méprise très-considérable. Nous ne connoissons que deux maréchaux de France du nom de la Marck; savoir, Robert de la Marck, troisième du nom, duc de Bouillon, seigneur de Sedan et de Fleuranges, qui fut fait prisonnier à la bataille de Pavie, et qui défendit ensuite la ville de Péronne assiégée par le comte de Nassau, général de l'armée de l'Empereur, en 1536. Celui-ci fut père de Robert de la Marck, quatrième du nom, gendre de la duchesse de Valentinois, qui fut le second maréchal de France du nom de la Marck; c'étoit pour lui que la duchesse de Valentinois demandoit alors cette dignité. Ainsi, dans le temps que Saint-André parloit de cette affaire à M. de Vieilleville, il n'y avoit encore eu qu'un seul maréchal de France du nom de la Marck, puisque Robert, quatrième du nom, ne l'étoit pas encore. Or l'auteur des Mémoires, qui le fait parler, suppose qu'il y en avoit déjà eu deux; savoir, le grand-père de Robert, quatrième du nom, et son père. Il suppose encore que le grand-père fut tué à la bataille de Pavie, qui se donna en 1525, et il ne mourut qu'en 1536. Voyez l'*Histoire généalogique des grands officiers de la Couronne*, tom. VII.

mier mort à la bataille de Pavie, à la veue du feu Roy, et l'autre avoit soustenu le siege de Peronne; alleguant un milliasse de services que ses predecesseurs de La Marche ont faits à la couronne, desquels toutes les terres sont en combustion pour avoir plustost suivy le party de France que de l'Empire; et que mesme aujourd'huy leur forteresse de Scedan est une clef et seur rempart de ce royaume du costé de la Champaigne et Lorraine, que jamais l'Empereur ny autre grand prince n'a ausé regarder, non que l'assaillir; laquelle sondit gendre garde fort soigneusement, munit et fortifie à ses propres cousts et dépens, sans que le Roy y face aulcune despence, ny mette du sien un double; et qui plus est à considerer que son gendre, qui est de nature et condition libre et de franc aleu, ne tenant ses terres que de Dieu et de l'espée, se veult rendre vassal du Roy, et offre sans cesse les hommaiger, et relever de la couronne de France; qui est bientost, non seulement oublier, mais indiscretement mepriser une si pure, si nave (¹) et tant fidelle affection; avec une infinité d'autres propos qui ont mis le Roy en une extreme peine; car de la malcontenter, il ne voudroit pour rien l'entreprendre, et aussi peu se dedire de ce qu'il m'a si souvent et liberallement donné. Cependant je luy ay dit que je trouvois bien estrange qu'elle entreprît de destourner de cette façon ma fortune, et que je n'eusse jamais attendu d'elle, luy ayant esté toute ma vie affectionné amy et serviteur, une telle indignité; à quoy elle m'a répondu qu'elle en avoit la promesse premier que moy, mais qu'elle n'avoit pas esté si pratiquée ny rusée aux affaires de la Cour, que

(¹) *Si nave* : si ferme.

de faire parler un roy par écrit, se contentant seulement de sa simple parole; et que l'arrest du mareschal du Biez ne sera pas sitost executé, qu'elle ne contraigne le Roy en bonne compaignie de luy maintenir sa promesse, en luy nommant les lieux et devant qui Sa Majesté la luy a plusieurs fois reïterée ; autrement qu'elle et son gendre sortiront, non-seulement de la Cour, mais du royaume de France, et que la vieille devise des anciens seigneurs de La Marche : « Si Dieu ne me veult, le Diable me prye, » n'est pas encore morte ; et tant d'autres langaiges, et tels que peut tenir une femme passionnée qui pense que, sous ombre de sa grandeur et faveur, tout luy doive cliner; jusques à là, ainsi que m'a assuré une honneste dame qui la possede, et qui est bien de mes amyes, qu'elle a deliberé de reprocher au Roy la honte qu'elle souffre en son honneur pour luy faire service, si son gendre n'a ledit estat. Mais elle en pourroit mourir; et, quant à moy, je creveray plustost que je me laisse ravir ainsi des poings de ma bonne fortune, puisque, du propre mouvement du Roy, elle s'est à moy si volontairement offerte ; estant conseillé de tous mes amys d'en user ainsy, et surtout de ne desmordre point; estimant tant de vous et de nostre parfaite amytié, que vostre opinion n'y sera aulcunement contraire, eu esgard principalement que toute la Cour, petits et grands en général, m'appelle le mareschal de Saint-André : honneur qui m'est advenu depuis vostre partement. »

CHAPITRE VII.

Conseil que lui donne M. de Vieilleville.

A quoy M. de Vieilleville, comme fort fasché, répondit qu'il recevoit ung merveilleulx ennuy de cette dispute, le priant de ne faire jamais estat de l'amytié de ceulx qui luy avoient conseillé de s'opiniastrer en la manutention de sa promesse; « car ils ne vous sont, dit-il, nullement amys; mais, au contraire, je vous conseille de la luy quiter tout-à-fait; et me semble que vous avez l'entendement bien tayé (1), de n'avoir plus avant profondy l'importance de cette affaire : car vous n'ignorez point ce qui en peult advenir, et du mecontentement que le Roy prendra de la perte d'un si grand et puissant serviteur, qui est en sa liberté de suivre tel party qu'il luy plaira, comme marchissant (2) et limitrophe entre l'Empire et la France; et de tous les inconvenients et incommodités qui en adviendroient, vous en serez le premier et seul regardé comme le principal autheur de cette insigne perte. D'autre part, où est votre esprit? Ne sçavez-vous pas bien qu'il n'y a que trois mareschaulx en France? Faictes par vostre credit, vous qui gouvernez si privément le Roy, qu'il en erige un quatrieme, à la mode ancienne, et le prenez pour vous, sans vous attendre à la despouille d'un malheureux, perfide, trahistre, desloyal à la couronne; et dès demain que nous serons arrivés, mettez-

---

(1) *Tayé* : obscurci — (2) *Marchissant* : confinant.

en les fers au feu, me confiant tellement en l'amytié que le Roy vous porte, qu'il ne fauldra pas user beaucoup de charbon que cet estat ne soit promptement forgé à vostre souhait; car, encore que le Roy ne vous fasse demonstration d'aulcun mauvais semblant, si est-ce que je ne doute point qu'il ne voulût que vous en fussiez desja desmy pour en contenter la dame. Et si vous estes saige et advisé, croyez mon conseil, que mal ne vous advienne, quelque faveur que vous ayez; car ce que vous faites s'appelle proprement se mettre entre l'ongle et la chair. Et de M. d'Aumalle, qui est son second gendre, quoi? Pensez-vous faire beaucoup pour vous d'attaquer les princes? — A la verité, monsieur mon meilleur amy, dit lors M. de Sainct-André, c'est aussi saigement parlé qu'il est possible, et trouve vostre conseil très-bon et plus loyal que de ceulx qui me nourrissent en cette opiniastreté; mais comment le pourray-je suivre, veu ce qui s'est passé entre elle et moy, les paroles que nous avons eues, et les diligences et efforts que j'ay faits pour me maintenir? — Laissez en faire à moy, respondit M. de Vieilleville, demain je ne me coucheray point que je ne vous aye mis à ung. Il n'y a rien si aisé; car je luy quitteray l'estat pour vous, avec une honneste excuse que vous estes très-marry d'avoir si obstinément resisté contre sa volonté, et luy remettray entre les mains tous vos brevets rompus et lacerez. Cependant ne faillez de prendre le Roy à part pour l'effet que dessus; et, vos lettres obtenues, qui se depescheront en demy-jour, prestés en diligence le serment entre les mains du Roy, et le plus secrettement que faire se pourra; et serez, par ce moyen, plustost créé mareschal que son gendre, car l'arrest de ces trahistres ne sera pas executé de trois semaines, et rendrez le Roy plus content que vous ne pensez. »

Jamais homme ne se trouva si contant que M. de Saint-André, qui se resolut de suyvre entierement cet avis; et, embrassant M. de Vieilleville de très-grande ardeur, luy dist que pour rien il n'eust voulu avoir failly de parler à luy avant son arrivée à la Cour, et qu'il s'alloit retirer le plus satisfaict en son ame qu'il fut jamais. Et là dessus chacun se retira en son logis, attendant le matin pour aller trouver le Roy. Lors de ce conseil il n'y avoit avec eux deux que MM. de Thevalle et d'Apchon, leurs beaux-freres.

Le mardy, au plus matin, toute cette troupe deslogea de Lusarche; et ne furent pas à my-chemin dudit lieu et d'Escouan, que MM. de Gordes, le bailly de Caux, qui fut long-temps après mareschal de France du nom de Cossé, Antragues, le jeune Humieres aultrement Contay, Soubize, le comte Reingraff, allemand, gentilhomme de la chambre, et beaucoup d'autres, se rencontrerent; et après infinis saluts, reverances et embrassements, ils s'abanderent tous ensemble. Mais M. de Gordes fut fort esbahy d'y voir M. de Saint-André, et desplaisant de ce qu'il avoit bienveigné M. de Vieilleville le premier, veu le commandement qu'il en avoit de M. le connestable. Toutefois il s'acosta de luy pour se descharger de sa créance, et marcherent bien environ une lieue seullets et à part, devisants de plusieurs choses. Et approchants d'Escouan, ils descouvrirent, au dessous de Villiers-le-Veuf, M. le prince de La Roche-sur-Yon, accompagné de M. d'Anghien, qui fut depuis tué en la journée Saint Laurent, et de Loys, M. de Bourbon, son frere, qui mourut prince de Condé, et plusieurs autres, où tous mirent pied à terre; et après s'estre fort caressez, et principalement M. le prince de La Roche-sur-Yon, qui sans cesse embrassoit M. de Vieilleville son bon cousin, et incroyablement ayse de l'assurance qu'il avoit qu'il seroit le très-bien venu, ils remonterent tous à cheval, se diligentants affin de trouver le Roy au sortir de la messe.

Arrivant M. de Vieilleville à la Cour avec cette trouppe, qui estoit de plus de cinq cens chevaulx, au milieu de M. le prince de La Roche-sur-Yon et de M. de Saint-André, car les deux autres princes estoient fort jeunes, aussy que M. de Saint-André estoit quasi comme proclamé mareschal de France et en tenoit déja le rang, tous mettent pied à terre à la porte du chasteau; mais estants lesdits prince et de Saint-André d'advis d'aller trouver le Roy qui estoit encore en la chapelle, M. de Vieilleville leur dist que quand le Roy le dépeschea en Angleterre M. le connestable y estoit present et seul; par ainsi il luy sembloit raysonnable de l'aller premierement trouver que Sa Majesté: et les remerciant très-humblement de leur faveur, il les plante là; qui fut un trait duquel ils rougirent ung petit, mais cependant fort remarqué d'un saige et très-advisé courtisan: aussi toute sa vie il en remporta, sur tous ceulx de son temps la reputation; et s'en alla droit en la chambre de M. le connestable, qui eust esté bien trompé s'il eust suivy l'advis des aultrés, car il le y attendoit de pied coy.

CHAPITRE VIII.

Entretien de M. de Vieilleville avec le connétable et avec le Roi.

Estant entré en la chambre, M. de Thevale seul avecques luy, M. le connestable le vint embrasser joyeusement, luy disant telles paroles : « Voicy, monsieur de Vieilleville, la deuxiesme foys que je vous ay dict que vous serez le très-bien venu à la Cour : la premiere, quant vous me mîtes Avignon entre les mains, et ceste-cy pour la seconde ; car il n'y est entré ny entrera de long-temps gentilhomme mieulx receu que vous, ny que le Roy ayt plus grand envye de voir ; et ne sçauriez croire comme il est satisfaict de vostre voyage : car, oultre ce que vous avez fort dignement executé vostre charge, par les lettres mesme de son ambassadeur, Sa Majesté est si ayse et contante de la braverie que vous avez faite au duc de Sommerset, qu'il est impossible de l'exprimer, et dict qu'en meilleur endroit ne pouviez-vous abatre l'orgueil de ce gallant-là. Mais ce n'a pas esté sans avoir eu quelque crainte de vostre vie, et en avons toujours esté en peine jusques à l'arrivée du courrier que vous nous despeschastes de Montreul ; car nous sçavons bien que ce duc ne vault rien, et doubtions qu'il vous eust dressé quelque mauvayse partye, ou au sortir d'Angleterre ou sur la mer. Or Dieu soyt loué que vous voilà ! allons trouver le Roy pour luy faire entendre le reste de ce que vous avez retenu à dire, et principalement la créance du roy Edouard. »

Mais comme ils vouloient sortir, le Roy, qui avoit sceu par ses seigneurs son arrivée, et estre avecques M. le connestable, se trouva à la porte de la chambre; devant lequel s'estant presenté M. de Vieilleville, avecques les reverances deues et accoutumées à son Roy, Sa Majesté luy fist un très-favorable acueil, et en riant l'appella duc de Sommerset; et ayant de l'un de ses bras entouré le col dudit sieur de Vieilleville, ils entrerent tous troys dans le cabinet de ladite chambre, où ils furent deux bonnes heures, et remirent le reste à l'après dînée que le Roy alla disner. Et demeura M. de Vieilleville à disner avecques mondit sieur le connestable, qui le ramena, à l'issue de là, en la chambre du Roy, où ils ne furent pas moins de temps à traiter des affaires qu'ils avoient esté la matinée.

Quant à l'estat de mareschal de France cy-dessus mentionné, M. de Vieilleville tint promesse, dès le soir du mesme jour de son arrivée, à M. de Saint-André; lequel, parce que l'on n'est jamais si hardy à demander pour soy comme pour aultruy, pria M. de Vieilleville d'en faire l'ouverture, qui très-volontiers s'y accorda; et furent les premiers propos qu'il en tint au Roy fort agréablement receuz, luy disant Sa Majesté que s'il s'en fust souvenu il ne les eust pas tant layssé disputer, et qu'il luy avoit fait un fort grand service d'avoir mis cela en avant, car il se desplaisoit de les voir s'animer si violentement l'un contre l'autre; mais qu'il n'avoit rien plus cher que sa parolle. Touteffoys il y voyoit une difficulté non petite, que M. le connestable ne s'estoit point desmys de son estat de mareschal de France quand il fut promeu à Moullins de la dignité de connestable, et qu'il pretendoit, en son advis, faire le quatrieme : il ne sçavoit touteffoys à quelle fin, ou pour jouir des gaiges ou pension dudit estat, comme il faisoit, ou pour le garder à quant son fils aisné seroit en aige. A quoy M. de Vieilleville respondit que c'estoit une tolerance gratuite et volontaire, car les deux estats estoient sans doubte incompatibles : « car vous m'advourez, Sire, de deux choses l'une, ou que le connestable et les mareschaux ont une mesme authorité sur la gendarmerie, cavallerie, gens de pied, toute la guerre en général, et sur la justice, et que leur puissance est esgalle, ou que les mareschaux ne sont que lieutenans du connestable. Si esgaulx, il ne peult manifestement tenir les deux; si lieutenans, c'est une chose non encore ouye et du tout ridicule d'estre lieutenant de soy-mesme. A cette cause, Sire, il me semble qu'il ne peult tenir les deux estats, et que c'est faire fort mal à propos d'un sac, comme l'on dict, deux moultures. »

Le Roy trouvoit les raisons de M. de Vieilleville fort pertinentes et très-bien deduictes; mais il estoit si débonnaire, et avoit le naturel si franc, qu'il luy faschoit de donner occasion à ses serviteurs de diminuer en rien leur volonté à son service; mais au contraire il se les conservoit de tout son pouvoir, et les respectoit tous, selon leur grade et mérite : qui fut cause qu'il demeura sur l'heure en suspens, et, comme l'on dict, entre deux et as, s'il en devoit parler à son bon compere, car ainsi l'appelloit-il, et l'aymoit autant ou plus que soy-mesme, jusques à se desrober de la Cour, du vivant et contre le gré et deffences du feu Roy son pere, pour l'aller visiter en sa desfaveur. De quoy s'appercevant, M. de Vieilleville luy demanda tout à l'instant s'il ne plaisoit pas à Sa Majesté qu'il luy en portast la parole; ce que le Roy, avec une extreme joye, comme se trouvant deschargé d'un très-pezant fardeau, fort cordialement luy accorda, ayant differé de l'entreprendre de crainte de l'offencer.

CHAPITRE IX.

Crédit du connétable de Montmorency, et son caractère.

QUAND M. de Vieilleville s'offrit au Roy pour porter cette parolle, il ne se soubzmit à une petite ny aysée entreprise, car il avoit affaire à ung seigneur qui en ung mouvement de collere eust rabouré le plus brave prince de France; et n'y avoit à la suite du Roy ame vivante qui ne le redoubstast, car c'estoit la supréme faveur : ce que M. de Vieilleville ne pouvoit ignorer pour les experiences qu'il en voyoit tous les jours; mesme que de toutes choses qui concernoient en général et particulier l'estat du royaulme, hors ou dedans iceluy, Sa Majesté s'en remettoit entierement sur luy; faisant en oultre, comme grand-maistre de France, casser ou couscher sur l'estat de la maison du Roy qui bon luy sembloit, tant estoit grande son authorité, qui s'estendoit d'abondant jusques-là qu'il n'y avoit ambassadeur, de quelque prince qu'il fût, qui eust sceu avoir audiance que par sa faveur : ce qui le faisoit rechercher de tous les roys, princes et potentats de la chrestienté, qui luy escrivoient comme au Roy quand ils deputoient quelqu'un pour exercer cette charge auprès de Sa Majesté, affin de le favoriser et rendre sa negociation favorable. Et maintenant, de venir parler de se depouiller de ses estats et retrancher ses pensions, à un homme principalement esclave des honneurs et des biens, il sembla au duc de Nevers, monseigneur François de Cleves, qui estoit avecques le Roy quand M. de Vieilleville se chargea de cette parolle, qu'il s'estoit obligé trop librement à une bien haulte entreprise, dont il s'ebahissoit, et que malaisément y pourroit-il parvenir ; et craignoit, qui plus est, pour la grande amitié qu'il luy portoit (car il estoit ainsi pour sa valeur bien voulu des grands), qu'il encourust la mauvaise grace de M. le connestable, ou receust quelque fascheuse parolle.

Mais M. de Vieilleville, qui faisoit une telle et si grande religion de sa parolle, que plustost eust-il souffert la mort, et la plus cruelle, que d'y faillir et de la faulser, s'en alla d'une ferme et hardye resolution trouver M. le connestable, qui avoit déjà souppé, encore toutefois assis et devisant avecques quelques seigneurs qui avoient pris leur refection avecques luy ; mais aussi-tost qu'il apperceust M. de Vieilleville, il se leva, pensant qu'il eust encore quelque reste à dire de la negociation d'Angleterre qu'ils avoient tout ce jour-là tant demenée ; et s'estant tous deux retirez à l'escart, M. de Vieilleville, s'aidant d'une très-subtille ruse, en accort courtisan l'aboucha de cette façon :

« Monsieur, vous me voulez bien promettre, en foy de seigneur plain de verité et d'honneur, que vous ne me déclarerez point de ce que je vous diray, ny me demanderez le nom des personnes qui ont parlé de ce que je vous veux descouvrir en très-fidelle serviteur que je vous suis? » Et le luy ayant promis M. le connestable mettant la main sur le pis (1), il recommença ainsi : « Monsieur, je viens de veoir disputer devant le Roy de l'incompatibilité des deux estats de connestable et mareschal de France que vous tenez; et a esté la chose si bien débatüe, qu'ils ont fait veoir au doigt et à l'œil à Sa Majesté que vous ne les pouvez exercer ensemble. » A ce propos M. le connestable s'emeut, et, comme à demy en collere, va dire : « Vertu de Dieu! jamais le feu Roy ne m'en recherchea de si près; et quand il me commanda de me retirer en ma maison, il ne m'envoya de sa vie, en six ou sept ans que je fus absent de la Cour, demander ny l'ung ny l'aultre : et qui plus est, M. de Monte-Jan, quand il fut créé lieutenant pour le Roy en Piedmont, ne voulut pas prendre, pour le respect qu'il me portoit, mon estat de mareschal, et luy en fallut eriger un aultre qui fut desormais et à jamais affecté à ceulx qui seroient lieutenants de Roy de là les Monts. Je vouldrois bien sçavoir qui sont ces entrepreneurs qui me galopent ainsi effrontément en mes estats, encores devant le Roy! Madame de Valentinois y estoit-elle poinct? — Cela ne vous puis-je dire, monsieur, respond M. de Vieilleville, suivant mesme vostre promesse; mais il y a bien plus, que le Roy a resolu de vous demander l'estat de mareschal aussi-tost qu'il

---

(1) *Sur le pis* : sur la poitrine.

vous verra, et fust-ce dès ceste heure; et pour ce que je scey que vous aimeriez mieulx mourir que de l'en reffuser, je suis d'advis que vous le luy presentiez vous-mesme sans attendre qu'il le vous demande, croyant plus que aultrement, veu l'extreme envyé qu'il en a, qu'il a differé jusques icy à vous en parler, de sa seule crainte de vous fascher, tant est grande l'amitié qu'il vous porte. » Et cela dict, après une humble reverance, il se retira.

Mais ce ne fut sans laisser, par un tel affront, M. le connestable en une indicible perplexité; et s'estant acouldé à l'une des fenestres de sa chambre, il appella les sieurs de Gordes et de La Guische, principaulx de son conseil et ses plus favoris, qui bastissoient leur grandeur à sa suite et à la fumée de sa faveur, avec lesquels il commença à fantastiquer une infinité de considerations, dont la premiere et la plus pregnante estoit de ne plus s'alterer contre les femmes, saichant bien à quoy s'en tenir; car sans doubte l'amiralle de Bryon l'avoit desancré du cœur et de l'amitié du feu Roy son maistre, pour les querelles qu'il avoit entreprises contre l'amiral de Bryon, aultrement Chabot, son mary: car ces deux grands seigneurs, qui ne se pouvoient compatir, jouoient à boute-hors; et le fit le connestable, par sa grande faveur, chasser de la Cour, priver de ses estats et quasi de la vie par justice. Mais l'Amiralle, tournant son yüé (¹), moyenna si bien envers le feu Roy par ses diligentes poursuites, secrettes menées et ses larmes, que son mary fut rappellé, remis en ses estats et absoubs de toutes char-

(¹) *Tournant son yüé*: tournant son jeu.

ges, toutes les faveurs du connestable renversées, et commandé de se retirer en sa maison, avecques quelque aultre couleur que print ledit sieur Roy sur le passaige de l'Empereur en France. Enfin, la chose bien pesée, tous trois furent d'advis; suivant le conseil de M. de Vieilleville, d'aller remettre entre les mains du Roy l'estat de mareschal, et qu'il ne luy en pouvoit que bien venir quand Sa Majesté verroit une si franche et liberale volonté. Encores il se trouva un incident qui fit une merveilleuse espaulle à ceste deliberation; car il n'y avoit que deux jours que ung Cordelier, docteur en théologie, nommé Hugonis, avoit fait un sermon devant le Roy, des quatre plus grandes forces du monde, sçavoir, le vin, le Roy, la femme, et la verité, contenues au livre troisieme d'Estras, troisieme chapitre, qu'il ampliffia d'une si admirable doctrine, principalement sur la force de la femme, que tous trois s'imaginerent et tomberent en ceste opinion, que madame de Valentinois luy avoit servy de porthocole, c'est-à-dire luy avoit fait dilater ce theme pour intimider tous ceulx qui vouldroient entreprendre contre elle, encores que la pauvre dame n'y eust jamais pensé (mais le naturel du soupçon porte cela quant et soi, et nourrist telles illusions en l'esprit de ceulx qui s'y rendent subjets, joinct aussi qu'ils savoient bien l'animeuse dispute d'entre ladite dame et le sieur de Saint-André pour un pareil estat); de sorte que, par resolution unanimement prise entre eulx, ils partent de là pour aller trouver le Roy aux effets que dessus.

Mais, premier que s'y acheminer, M. le connestable fist appeller le sieur du Thiers, l'un des quatre secretaires des commandements, qu'on appelle aujourd'huy d'Estat, pour recevoir devant le Roy la demission qu'il prétendoit faire. Et trouvant le Roy bien peu accompaigné, qui estoit ainsy demeuré exprès, d'aultant que M. de Vieilleville l'avoit déjà adverty du langaige qu'il luy avoit tenu, il dit à Sa Majesté que, voyant des principaux de ses serviteurs se battre à la perche d'un estat de mareschal de France, s'alterer les uns contre les aultres, et faire plusieurs ligues et menées qui pourroient allumer ung feu très-malaisé à esteindre (car il y a des princes qui s'en meslent), « j'ay bien voulu, Sire, pour nourrir paix entr'eulx, et entretenir le repos que j'ay toujours desiré en vostre hostel, vous remettre franchement et de très-bon cœur l'estat de mareschal que je tiens, pour en pourvoir tel qu'il vous plaira; et m'asseure tant de vostre bonté que vous n'oublirez pas mon fils aysné d'un pareil estat quand il sera en aage de vous rendre service. » A quoy Sa Majesté, qui estoit incroyablement ayse, respondit : « Comment, mon compere, oublier Montmorency! Non-seulement à luy, mais à mon filleul Dampville, je donne les deux premiers estats de mareschal de France vaccants, quand ils seront capables de les exercer; et cependant je veulx que vous jouissiez toute vostre vie de la pension dudit estat, comme vous faisiez auparavant la demission que vous en venez de faire : » et commanda à du Thiers de despescher incontinant tous les brevets des dons, promesses et retenues cy-dessus, et les luy apporter le lendemain pour les signer.

Ce que M. de Vieilleville, n'estant pas trop esloigné de là, mais aux escoutes de l'evenement de sa cassade (1), vint incontinant faire entendre à M. de Saint-André, qui avoit tout ce jour-là, depuis estre revenu de Lusarche, feint d'estre malade, craignant un maulvais reuscissement de cette affaire; mais le voyant si dextrement executé, luy remit entre les mains les trois brevets dont nous avons parlé cy-dessus; qui les porta à madame de Valentinois, le contenu dedans, laquelle les receut avec ung aise inexprimable, luy disant qu'elle sçavoit assez que ce bien venoit de luy, et qu'elle avoit toujours cru et croyoit toute sa vie qu'il tiendroit à jamais son party, n'en voulant aultre preuve que ce qu'elle voyoit, qui estoit du tout contraire au langaige que M. de Saint-André avoit tenu le dimanche dernier, « qu'il aimeroit mieulx crever que de quitter ce que le Roy luy avoit donné; » et l'en remercia fort dignement, l'asseurant qu'elle n'oublieroit jamais cette obligation.

Par ainsi M. de Vieilleville, par cette industrie et diligence, en rendit d'un seul coup et en demy-jour quatre contants : le Roy premierement, qui, comme nous avons dict, n'eust pour rien voulu fascher son bon compere; M. le connestable, qui d'un estat en fit deux, et sa pension reservée; madame de Valentinois, qui eust l'estat du mareschal du Biez pour M. de La Marche son premier gendre, qu'elle avoit tant poursuivy et desiré; et M. de Saint-André, qui dès le mercredy matin presta le serment de mareschal de France entre les mains du Roy, sa reconciliation avec elle par l'entremise de M. de Vieilleville pardurablement faicte : et demeura le cœur du Roy du tout affranchy de l'ennuy qu'il portoit pour ceste division.

(1) *De sa cassade*: de son stratagème.

CHAPITRE X.

Etat de la Cour au commencement du règne de Henri II.

LE Roy, à quelques jours de là, partit d'Escouan pour s'en aller à Paris, non pas pour y paroistre en roy, car il n'y avoit pas encores faict son entrée, mais en habit incogneu, pour donner ordre aux affaires, et principalement pour la justice, faisant venir les presidents et les plus anciens conseillers de la cour parler à luy. A quoy M. de Vieilleville fut ordinairement appellé, et pas ung seul des aultres gentilshommes de la chambre; mais le Roy, qui en avoit une très-bonne oppinion, le fit participer en toutes ses conférences, tant de ladite cour de parlement, chambre des comptes, tresoriers, que du prevost des marchants et de l'hostel de ville.

Toutesfois, quelque estime qu'en eust le Roy, il ne fust jamais advancé du vivant de Sa Majesté, selon son désir ny l'amitié qu'elle luy portoit; car le connestable avoit tant d'enfans et de nepveux, qu'il les feist preferer à tous, mesme aux princes, et mist, par succession de temps, tous les estats de France portants commandement pour la guerre par mer et par terre en sa maison; et n'y eust pas jusques à la mairie du palays (1), qui n'est pour le jourd'huy que l'ombre de celle du temps passé, qu'il ne fist avoir à son plus

(1) *A la mairie du palays.* L'auteur se sert d'un terme impropre. Il paroît qu'il s'agit ici de la place de bailli du palais, qui fut donnée à Guillaume de Montmorency, seigneur de Thoré, cinquième et dernier fils du connétable.

petit fils, aussi que M. de Vieilleville ne fut jamais ambitieux ny avare; car de sa vie il ne demanda aux roys estat ny present, se contentant de bien faire sans en esperer aultre remuneration que d'estre aimé et favorisé de son prince : de quoy les temps de son advancement servent de suffisante preuve, car il avoit quarante-deux ans premier que d'avoir gouvernement; à quarante-quatre il fut honoré de l'Ordre, et à cinquante-ung de l'estat de mareschal de France : et de tous ces honneurs-là il n'en cherchea jamais ung seul, et n'en fist de sa vie aulcune brigue ni pourchas pour soy-mesme, ny par interposition d'amys, mais luy furent departys du propre mouvement du Roy, qui recevoit une merveilleuse honte de le laisser tant en arriere sans l'honorer selon ses merites, desquels il avoit de long-temps très-bonne connoissance; mais il estoit tant importuné de plusieurs hardis demandeurs et gourmands de gloire et de biens, qu'il ne pouvoit satisfaire à tous : qui estoit cause que les modestes et temporiseurs, se fiants en leurs services, le perdoient tout comptant; dont Sa Majesté fut contrainte de luy dire quelquefois qu'il s'amusoit tant au proverbe qui dict *assez demande qui bien sert,* qu'il se trouveroit ung jour tout gris et à pied.

Si on demande pourquoy ce grand Roy ne pouvoit advancer ung digne serviteur et de merite qu'il affectionnoit, selon la volonté qu'il en avoit, il est aisé de repondre que non, quand ceulx qui le possedoient estoient effrontez et par trop convoiteux à l'envy de faire fleurir leurs maisons; car il ne leur eschappoit, non plus qu'aux arondelles (1) les mousches, estat, di-

---

(1) *Arondelles* : hirondelles.

gnité, évesché, abbaye, office, où quelque autre bon morceau, qui ne fust incontinant englouty; et avoient, pour cest effect, en toutes parts du royaume gens apostés et serviteurs gaigez, pour leur donner advis de tout ce qui se mouroit, sans espargner les confiscations, pour les demander. Mais bien plus, ils avoient des medecins à Paris, où tous les grands de France abordent, atiltrez et comme pensionnaires, qui ne failloient de leur mander l'yssue de leurs patients quand ils estoient d'estoffe; et bien souvent, sur le goust de mil escus, ou d'ung benefice de mille livres de rente, on les faisoit passer. De sorte qu'il estoit quasi impossible à ce debonnaire prince d'estandre ailleurs sa libéralité; car ils estoient quatre qui le devoroient comme ung lion sa proye, jusques à ravir ce qu'il avoit donné à ses domestiques, pour en pourveoir les leurs : sçavoir, le duc de Guise Claude, qui avoit six enfans qu'il fit très-grands; le connestable avec les siens; la duchesse de Valentinois avecques ses filles et gendres; et le mareschal de Saint-André, qui estoit entouré de grand nombre de nepveux et d'aultres parents tous pauvres; et luy-mesme qu'il falloit agrandir : et estoit contraint le Roy, s'il vouloit particularizer quelque bienfaict, de mentir à ceux-cy et dire qu'il y avoit deja pourveu; encore estoient-ils si impudents, qu'ils le debattoient souvent contre luy par l'impossibilité, alleguants la diligence secrette de leurs advertissements.

Suivant cela, le duc de Guyse vint demander, à quelque temps depuis, au Roy l'abbaye de Saint-Thierry-lés-Rheims, comme fort commode à son second fils Charles de Lorraine, archevesque de Rheims, non encores cardinal; le connestable, pour son nepveu le cardinal de Chastillon, mais cependant pour son usaige, à cause du beau parc de vignoble en laditte abbaye, où il se cueult tous les ans environ deux cents queues de vin blanc et clairet très-excellent, du plant d'Ahy et de Bar-sur-Aulbe, et qu'il a une belle maison assez voisine de là, nommée Ferre en Tartenoys (1); et la duchesse de Valentinoys, pour ce qu'elle vault douze mille livres de rente, affin d'en approprier ung de ses nepveux du nom de Brezé : advertissement qui leur vint à chacun par ces consciencieux medecins de Paris, vaccante par la mort d'ung Flamant qui s'estoit venu jetter entre leurs bras, esperant recevoir guerison de quelque maladie secrette. Mais le Roy, se souvenant de M. de Vieilleville absent, leur dit à tous particulierement qu'ils estoient venus trop tard, et qu'il y avoit plus de deux heures que le courrier de M. de Vieilleville s'en estoit allé avecques le don; ayant embouché et commandé au sieur de Sassy Bochetel, l'ung des quatre secretaires, de répondre ce langaige à ces importuns; et sur l'heure luy fit commandement de faire les despesches necessaires, tant à Rome que ailleurs, et les envoyer incontinant audit sieur de Vieilleville, estant lors en sa maison de Saint-Michel du Boys, par ung chevaucheur d'escurie : et parce que l'abbé dernier possesseur estoit religieux et tenoit l'abbaye en tiltre, tout son bien estoit acquis au Roy, que l'on appelle robbe-morte (1), Sa Majesté luy en faisoit semblablement present. Laquelle abbaye

---

(1) *Ferre en Tartenoys* : terre appartenant au connétable. —
(2) *Robbe morte* : cotte morte.

M. de Vieilleville donna à son frere (¹), qui estoit d'Eglise, nommé prothenotaire de La Vaizouziere, et grand doyen de Saint-Maurice d'Angiers, sans en retenir, tant estoit homme de bien, ung seul liard d'aulcune commodité de rente, pension, subjection ou aultrement, en quelque façon que ce fust; et departit six-vingts muids de vin très-excellent, qui furent trouvez en ladite abbaye, à tous les principaux et plus grands de la cour; les bleds, qui estoient en grande quantité, aux religieux et aux pauvres; les lits, vaisselle, accoustrement, meubles de bois, tapisserie et toutes aultres utencilles de cuisine, le tout de grandissime valeur, aux parens et serviteurs du feu abbé: et furent toutes choses distribuées au contentement d'un chacun; qui fut cause que l'on prioit pour luy en ladite abbaye plus que pour leur feu abbé, qui ne leur avoit jamais tant fait de bien par l'espace de vingt-cinq ans qu'il avoit tenu ce benefice. Et du linge de table et de chambre, qui estoit très-beau et riche, comme venant de Flandres, il en departit à madame de Valentinois, qui l'eust en grande estime, estant chose fort rare; et n'oublia semblablement mesdames les comtesses de Tonnerre et de Saint-Aignan, qui estoient ses proches parentes à cause de Tonnerre, estant sa baronnye de Mathe felon ung partaige de l'ancienne comté de Tonnerre, ainsy qu'il se peult veoir aux sepultures de l'abbaye de Challoché, fondée par les anciens seigneurs de Mathefelon, qui s'intitulent en leurs épitaphes comtes de Tonnerre et barons de Mathefelon; laquelle baronnye ledit sieur fist ériger en comté, soubs le tiltre et annexe de Durestal.

(¹) *A son frere.* Jean du Mas étoit frère utérin de Vieilleville.

On peult bien doncques juger, veu ce que dessus, qu'à vive force, et, comme l'on dict, son corps deffandant, le Roy fit cest advantaige à M. de Vieilleville, et continuant de pallier la verité pour rompre l'insatiable avidité de ces trois harpies, qui tout le matin avoient, au desceu l'un de l'autre, poursuivi, importuné et chevalé Sa Majesté pour engloutir ce benefice, duquel, ny de tout ce qui generalement en dependoit, M. de Vieilleville ne se prevalut, et n'appropria à son particulier que deux levrettes de Champaigne, qui sont par reputation des meilleures de France pour le liévre, ceste couple là entre aultres, et d'un tiercelet d'autour, pour se donner du plaisir; preferant à tous les proficts du monde l'honneur que le Roy, de son propre mouvement, luy avoit faict de l'en gratifier, et, qui plus est, d'avoir donné parolles, ou, pour mieulx dire, la baye à trois si grands et favoris personnages pour l'en faire jouir.

CHAPITRE XI.

Obsèques de François I.

IL nous fault revenir à Paris retrouver le Roy, que nous y avons n'agueres laissé donnant bon ordre au faict de la justice et police génerallle du royaume. La Majesté duquel, après ceste expedition, fit semblablement diligenter les obsèques du feu Roy son pere et ses freres, les feus Daulphin et duc d'Orléans, n'ayant pas deliberé de partir de là sans en veoir la fin. Et, pour cest effet, toutes choses qui y estoient necessaires, par la diligence des maistres de cérémonies et des heraulx à ce deputez, furent incontinant preparées : et avoit-on déja envoyé appeller par ban et cry public, par tous ressorts, plus de trois sepmaines auparavant, toutes les maisons des feus Roy et de ses dicts frères, et aultres qui devoient assister et marcher en ceste cérémonie, de se trouver à Paris au jour designé. Et fut telle ceste pompe funébre, qu'en toutes les histoires de nos roys non-seulement, mais de ceux de toute l'Europe, il ne se trouve point que l'on en ait jamais veu une pareille, de la description de laquelle je me deporte, car ce seroit entreprandre sur la herauldérie, aussi que ce n'est pas mon but. Bien diray-je que le bassa de Turquie, que le Grand Seigneur avoit envoyé devers le Roy pour se rejouir avecques luy sur son advenement à la couronne, et le prier de continuer en l'intelligence et amitié qui estoit entre son feu pere et luy, ayant veu tout ce royal convoy marcher en si belle et paisible ordonnance, qui esmouvoit les plus durs aux larmes, en eust une si grande admiration, qu'il protesta à tous ceulx de sa trouppe, qui estoit fort grande, n'avoir jamais rien veu de tel, et que leurs monarques, qui sont les plus grands de tout l'univers, ne sont point enterrez avec une si grande sumptuosité et magnificence; et luy fallut bailler par escrit et par ordre toute ceste cérémonie, traduite en sa langue, pour la porter à son Grand Seigneur. En quoy est grandement à louer la debonnaire pieté du Roy, de n'avoir oublié chose qui soit, ny espargné aulcune despence pour honorer l'enterrement de son seigneur et pere, qui revenoit, par supputation qu'en avoient faite les tresoriers à ce commis et ordonnez, à cinq cents mille francs des deniers royaulx, sans y comprendre ce que les Parisiens y avoient mis du leur, qui y firent un très-honorable devoir, comme vrays, naturels et premiers subjets de la couronne, non toutefois sans y estre tenus par une grandissime et à jamais inacquitable obligation; car le très-hault et très-glorieux nom que porte leur ville, par sus toutes celles qui sont au monde, *Paris, fontaine de toutes sciences,* luy fut acquis par la munificence et libéralité de ce grand Roy duquel on faisoit les obseques, qui mérita aussi, pour ce très-insigne chef-d'œuvre, d'estre appellé le Pere et Restaurateur des bonnes lettres, ainsi que nous avons amplement deduict au chapitre XLVI du premier livre.

Or, affin que le Roy peust veoir l'ordre de cet apparat, et si toutes choses s'y conduisoient selon son desir, il s'estoit fait retenir secrettement une chambre en la ruë Sainct Jacques (car les corps partoient de Nostre-Dame-des-Champs (1)), en laquelle entrerent avec luy M. le mareschal de Saint-André et M. de Vieilleville, et nul aultre quel qu'il fust; et avoit Sa Majesté laissé son accoustrement violet, qui est le port ordinaire du deuil de nos roys. S'estant doncques mis à l'une des croysées de la fenestre, et lesdits sieurs en l'autre, il leur commanda de ne user d'aul-

---

(1) *Partoient de Nostre-Dame-des-Champs.* L'église du faubourg Saint Jacques qui portoit alors ce nom fut donnée, en 1604, aux Carmélites. Les corps de François I et de ses deux fils furent transportés de cette église à la cathédrale le 22 mai 1547; le lendemain ils furent conduits à Saint-Denis où on les enterra le 27.

cune reverance ny respect, mais plustost de toute privauté, pour ne descouvrir sa presence, y estant comme travesti. Et voyant de loing marcher les chariots qui portoient les trois effigies, la premiere du duc d'Orleans, la seconde du Daulphin, ses freres, et la derniere du Roy son pere, il se voulut lever de là, car le cœur luy haulsoit, et commençoit à s'esmouvoir et attrister jusques aux larmes; de quoy s'appercevant, M. de Vieilleville quite sa place et s'approcha de Sa Majesté, luy disant :

« Sont-ce les louanges et remerciments que vous devez à Dieu, Sire, d'une telle succession qui n'a point au monde sa pareille, pour une couronne qui vous est advenue par sa divine providence ? car il a voulu que M. le Daulphin, qui estoit un très-valeureux prince et digne de gouverner ung empire, la vous ayt, en sa fleur de jeunesse, quitée; et le Roy, par droit cours de nature, vous en a fait possesseur, en la mort duquel vous vous devez avec juste occasion consoler, ayant esté sa vie, sur tous les roys de son temps, illustrée de tant d'honneur et de gloire, et qui a non-seulement resisté à si grands et puissants ennemis, mais en a glorieusement triomphé, et conquis sur eulx tant de villes et de provinces, desquelles il a augmenté et estandu, par sa vaillance et très-saige conduite, les limites de son royaume, sans que jamais ils ayent peu gaigner sur luy que une seule ville [1], encores par tradiment.

« Quant à M. d'Orleans, Sire, je ne pense pas qu'il vous en doibve tomber au cœur un seul regret; car il ne nacquist, il y a plus de trois cents ans, ung plus pernicieux prince pour la France que cestuy-là; et

[1] *Une seule ville.* Boulogne.

croy parfaitement que Dieu le nous a osté pour le repos commun de tout vostre Estat; et ne fault doubter que, espouzant la niepce ou la fille de l'empereur, qui luy donnoit, mariaige faisant, les Pays-Bas et la duché de Milan, et le feu Roy la duché de Bourgongne, ainsi qu'il fut proposé au traité de paix commencé en l'abbaye de Sainct Jehan-des-Vignes près Soissons, où estoit logé l'Empereur, que vous n'eussiez eu en luy ung perpetuel ennemy, et plus grand que ne furent jamais les ducs de Bourgongne; car je proteste à Dieu, et le jure devant Vostre Majesté, qu'il ne vous ayma et n'estima jamais. »

Or, encores que ces remontrances fussent grandement consolatrices, si est-ce que le Roy ne se pouvoit tant commander que de se contenir, tant estoit consterné en son affliction. Ce que voyant, M. le mareschal de Saint-André pressa M. de Vieilleville de luy descouvrir le trait de maulvays frere dont ledit duc d'Orleans avoit fait demonstration à Angoulesme, le feu Roy y estant, il y avoit dix ans; et luy avoit tousjours continué ce cœur venimeux jusques à la mort.

Le Roy, s'arrestant à ce propos, et donnant quelque relasche à son dueil, voulut sçavoir que c'estoit. Alors M. de Vieilleville luy va dire : « Vous souvient-il, Sire, quand, par la folatrerie de Chastaigneraye, Dampierre et Dandouyn, feu M. le Daulphin et vous tombastes en la Charente, et que le bateau se renversa sur vous? Genlis le vint incontinent anoncer au Roy, et qu'il vous avoit veu noyer tous deux: nouvelle qui troubla toute la Cour, et principalement le Roy, qui entra en sa chambre, menant ung dueil desespéré. M. d'Angoulesme, que vous verrez tantost passer pour duc d'Orléans (1), entre en la sienne, saczy d'une telle joye qu'il en fust malade. Mais quasi tout aussi-tost j'arrivai en toute diligence frapper, sans le respect accoustumé, à la porte de la chambre du Roy, luy dire que vous estiez tous deux vivants, et que vous en aviez été quittes pour avoir beu au cœur saoul. Le Roy, qui me cuyda manger de caresses, me commanda de l'aller dire à M. d'Angoulesme, et qu'il chassast Genlys de son service. Et frappant à la porte de sa chambre de la mesme insolence, je cryai tout hault : « Bonnes nouvelles, monsieur, messieurs vos freres sont en vie; vous les verrez bientost, car les Suisses les apportent. » Mais je ne parlay point de Genlis parce qu'il m'estoit amy.

« Si je fusse venu, Sire, pour entreprendre quelque chose contre son service, voire contre son honneur, il ne m'eust pas fait ung pire visaige; et, m'ayant respondu fort froidement qu'il en estoit très-aise, et prié de retourner dire au Roy qu'il l'alloit trouver pour en louer Dieu avecques luy, il se destourna devers Tavanes; mais il ne me donna pas loisir de sortir de la chambre que je n'entendisse esclatter ceste parolle : « Maulgré en ait « Dieu de la nouvelle. Je renie Dieu! je ne seray jamais « que ung belistre. » Lors il fut surpris d'une grosse fievre chaulde, que les bien experts medecins attribuerent au changement soudain d'une telle joye à une si profonde tristesse, pour la terrible guerre que firent ces deux qualitez contraires en l'intérieur de ses viscerailles et de toute sa personne, dont le feu Roy et

(1) *M. d'Angoulesme, que vous verrez tantost passer pour duc d'Orleans; c'est-à-dire: M. votre frère, que l'on appeloit alors M. d'Angoulême, et que vous allez voir bientôt passer avec le titre de duc d'Orléans.*

vous-mesme le veillastes à la mort : que si vous eussiez sceu la source de son mal, peult-estre n'en eussiez pris la peine ny répandu tant de larmes. »

Alors le Roy, changeant sa tristesse en colere, s'écria disant : « O le méchant naturel et couraige de frere ! Je vous assure que mon principal dueil estoit à cause de luy; car le Roy estoit si griévement persécuté de sa maladie, telle que tous deux sçavez, que je l'ay ploré cent et cent fois avant sa mort. Quant à M. le Daulphin, la vertu eust esté trop foible en moy si je n'en eusse oublié la perte, veu le long-temps qu'il y a qu'il est décédé. Mais cettuy-cy, je ne la pouvois encores oster de la mémoire, n'ayant pas plus de seze moys qu'elle est advenue (1); aussi que peu de temps auparavant il m'avoit tant voué d'amitié, et juré semblablement que, s'estant bien insinué envers les Estats de son appanaige, et gaigné les cœurs des subjets de tant de pays que luy apportoit sa future espouse, nous départirions teste à teste la chrestienté. — Il estoit encore plus trahistre, respond M. le mareschal, de vous engeoller de ceste promesse; car il avoit fait ligue avec le prince d'Espaigne pour vous courre sus après la mort de vos peres, et faire beaucoup de mal; car il en eust eu, s'il eust vescu, un très-puissant moyen. » Et demandant le Roy par quelle menée avoit esté pratiquée ceste ligue, il luy respondit : « Par madame d'Estampes et la comtesse d'Arembergue, lesquelles, sous pretexte de ce mariaige, s'entrescrivoient de belles lettres, et estoient comme banquieres de celles de ces deux princes. » De quoy le Roy merveilleusement s'estonna, encores

(1) *Pas plus de seze moys* : il y avoit à peu près deux ans.

plus quand M. le mareschal luy promist monstrer, avant le jour failly, le chiffre d'entr'eux deux, qu'il avoit recouvré de l'un des secretaires dudit duc d'Orléans, nommé Clairefontaine, parisien, qui s'estoit jeté à sa suite, pour, par sa faveur, obtenir les estats qui lui avoient esté promis du vivant de son feu maistre. M. de Vieilleville adjousta que ladite dame d'Estampes n'avoit pas fait M. d'Orléans son heritier pour néant, car elle devoit estre gouvernante des Pays-Bas; puis dist en riant que, s'il vivoit, le duc d'Estampes, son mary, ne la tiendroit pas prisonnière à Lambale ou aux Essarts, qui la désarme maintenant de ses pierreries et riches joyaulx. « Et vous-même, Sire, ne luy eussiez pas osté le diamant de cinquante mille escus, tant celebré en France; car il s'en fust pieça (1) saezy, pour le donner à la fille de l'Empereur, sa maîtresse, à laquelle il estoit desja voué, et dès aussi-tost que la paix fut conclue à Chasteau-Thierry. »

Par ces propos et aultres, ces deux sieurs, que l'on appelloit les deux doigts de la main, consolerent leur maistre, et luy firent passer sa melancolie et tristesse : si bien que il se remist en sa place, et regarda constamment passer les trois effigies; mais il ne se peust garder de dire, quand celle du duc d'Orléans, qui estoit la premiere, passa, comme par desdain : « Voilà doncques le belistre qui meine l'avant-garde de ma felicité? » faisant allusion d'une armée complette à ces trois chariots qui representoient une avantgarde de bataille et arriere-garde; car, devant, derriere et de tous les costés d'iceux, entre lesquels il y avoit grande espace, marchoient une infinité de gens de toute sorte, vestus de

---

(1) *Pieça* : depuis long-temps.

dueil, qui court, qui traisnant, et la pluspart avec les torches ardantes et armoyées, hormis celui qui portoit l'effigie du Roy; car les présidents et conseillers de la cour de parlement l'environnoient de toutes parts, en leurs robbes rouges, exempts de porter le dueil, avec ceste raison, que la couronne et la justice ne meurent jamais; de laquelle justice ils sont, soubs l'autorité des roys, premiers et souverains administrateurs.

CHAPITRE XII.

Duel de Jarnac et de la Châtaigneraie.

L'ENTERREMENT du feu roy François le Grand parachevé avec la sumptuosité cy-dessus declarée, le sieur de La Chastaigneraye poursuivit très-instamment envers le Roy l'assignation du jour et du lieu de son combat contre Jarnac, pour mettre fin à leur querelle : ce que Sa Majesté luy accorda le jour... de juin (¹) de la mesme année 1547, à Saint Germain en Laye, où la Cour s'achemina au sortir de Paris; car Sadite Majesté en desiroit veoir l'issuë avant que se faire sacrer; qui ne fut pas telle que Chastaigneraye esperoit, encores qu'il ne craignist son ennemy non plus que ung lyon le chien; mais il luy en advint comme à une femme grosse qui, se sentant preste d'accoucher, n'espargne aulcune despence pour decorer et diaprer sa maison et ses couches, cherchant des parains et maraines d'etoffe pour honorer le baptesme de son

---

(¹) *Le jour... de juin.* Ce duel eut lieu le 10 juillet.

enfant; mais, le terme venu de verser, elle et son fruit
meurent en l'enfantement. Aussi cestuy-cy fist une
excessive despence en appresest très-magnifiques pour
paroistre, attendant le terme ordonné, mesme pour le
soupper du jour de son combat, comme se promettant infailliblement la victoire; et invita tous les plus
grands seigneurs de la Cour pour en estre; et d'autant
que M. le prince de La Roche-sur-Yon l'en avoit reffusé, et qu'il n'est demeuré auprès du Roy prince du
sang que luy (car M. de Vendosme s'estoit retiré, que
les aultres princes avoient suivy), pour luy avoir esté
deffendu d'estre parrain de Jarnac, il pria M. de Vieilleville de tant faire envers luy qu'il honorast son festin de
sa presence : ce que ledit sieur prince, en faveur de
M. de Vieilleville, luy accorda; mais, Dieu qui l'attendoit au passaige, le fist, de vainqueur par fantasie,
demeurer vaincu par effet : et fut ce soupper tout crû
enlevé par les Suisses et laquais de la Cour; car on
n'avoit pas voulu touscher au feu que l'on n'en eust
veu la fin; aussi qu'il estoit quasi soleil couché premier qu'ils entrassent en duel : les pots et marmites
renversées, les potaiges et entrées de tables respandus,
mangez et devorez par une infinité de herpaille (1); la
vaisselle d'argent de cuysine et riches buffets, empruntez de sept ou huit maisons de la Cour, dissipez, ravis
et volez avec le plus grand desordre et confusion du
monde; et, pour le dessert de tout cela, cent mille
coups de halebardes et de bastons departis sans respect à tout ce qui se trouvoit dedans la tente et pavillon
de Chastaigneraye, par les capitaines et archers des
gardes et prevost de l'hostel qui y survindrent, pour

(1) *Herpaille* : canaille.

empescher ce vol et saulver ce que l'on pourroit : car il estoit venu ung infiny peuple de Paris, comme escoliers, artisans et vagabonds, à Saint Germain-en-Laye, pour en veoir le passe-temps, qui s'estoient jectez là dedans à corps perdu, comme au sac d'une ville prise par assault, pour y exercer toutes sortes de ravaiges.

Ainsi passe la gloire du monde qui trompe toujours son maistre, principalement quand on entreprent quelque chose contre le droit et l'équité, comme l'on disoit qu'avoit fait Chastaigneraye : car luy ayant dict Jarnac, en amy et proche parent, qu'il entretenoit fort paisiblement madame de Jarnac sa belle mere, et en tiroit ce qu'il vouloit de moien pour paroistre à la Cour, Chastaigneraye fut si desbordé et impudent qu'il luy vouloit maintenir luy avoir dict qu'il paillardoit et couchoit avec elle, se fiant en sa force et adresse ; mais il en receut un dementir, et par juste jugement de Dieu la mort ; contre touteffois l'esperance de tout le monde, mesme du Roy et de M. le duc d'Aumalle [1] son parain, fils aisné de M. Claude, duc de Guyse ; estant Chastaigneraye homme fort adroit aux armes, de couraige invincible, et qui avoit fait mille preuves et mille hazards de sa valeur ; et l'aultre non, qui faisoit plus grande profession de courtisan et dameret à se curieusement vestir, que des armes et de guerrier.

[1] *M. le duc d'Aumalle* : François de Lorraine, qui, après la mort de son père, prit le nom de duc de Guise, et devint, sous le règne suivant, le chef des Catholiques.

CHAPITRE XIII.

Procès du maréchal de Biez et du sieur de Vervins.

Telle fut l'issue de ceste tragedie, proprement ainsi nommée à cause de sa miserable fin et de la trop superbe pompe de son commencement; car Chastaigneraye, ung mois ou cinq semaines avant entrer au combat, estoit ordinairement accompaigné de cent ou six-vingts gentilshommes, faisant une piaffe à tous odieuse et intolerable, avec une despence si excessive, qu'il n'y avoit prince à la Cour qui la peust égaler : à laquelle il luy eust esté impossible de fournir de ses facultez, si le Roy qui l'aymoit ne luy en eust donné le moyen; car elle montoit à plus de douze cens écus par jour, ne m'estant voulu estandre à specifier par le menu les ceremonies observées en ce duel, qui durerent plus de six heures, tant pour la visitation des armes des combattants par les parrains d'une part et d'autre, que pour la forme des serments; semblablement pour la multitude des confidents qui suivoient les parains : car ung prince estoit parain de l'un, et M. de Boisy, grand escuyer de France, de l'aultre.

Item, des coups que se tirerent les combattants, et de quelles armes ils estoient armez, ny de mille aultres incidents qui seroient longs à reciter, desquels je m'excuse, et les remets pour cette occasion aux heraulx, auxquels particulierement cela touche, comme chose dépandante de leur office. Seulement je diray que le Roy, pour en oublier les regrets, car il estoit en partie cause de ce combat, pour avoir luy-mesme interpreté en trop maulvaise part ce mot d'*entretenir*, sur lequel fut fondée la querelle, deslogea de Saint Germain-en-Laye et s'en vint à Paris descendre en la maison de Baptiste Gondy, au faux-bourg de Sainct-Germain-des-Prez, duquel lieu il envoya querir M. le premier president Lizet et trois aultres presidents de la Cour.

Arrivez qu'ils furent devant Sa Majesté, il leur demanda en quels termes ils estoient du procès de ces miserables (1). Le premier president respondit qu'il estoit quasi instruit, et que, auparavant quatre jours expirez, leur vie dependroit de sa misericorde; car il y avoit tant de charges sur eulx que, sans sa grace specialle, malaisément se pourroient-ils sauver. « Mais, en conscience, dist le Roy, n'ont-ils pas grande honte de leur desloyalle perfidie, et principalement Vervein, quand le majeur de Bouloigne et tous les citadins le prierent de sortir, et s'offrirent de bien garder leur ville et d'empescher les Anglais d'y entrer; qui leur respondit qu'il ne vouloit faillir de sa parolle au roy d'Angleterre, et, suivant la capitulation qu'en avoient faite de sa part avecques ledit roy Sainct Blymont et Freumeselles, il la luy vouloit remettre entre les mains? Que respond-il à cela, ny de quelle excuse se peust-il couvrir, dist le Roy, veu qu'il sçavoit bien que je venois avecques des forces pour luy lever le siege, et que le ciel favorisoit mon entreprise? Car il survint une si grande tourmente de vent et de pluie, qu'il ne

---

(1) *De ces misérables* : le maréchal du Biez et le seigneur de Vervins.

demeura dedans le camp de l'ennemy une seule tente
ny pavillon debout, et que, à cause des terres qui sont
fort grasses en ce païs-là, homme ny cheval ne pouvoit marcher avant ny arriere. Mais sa responce là-
dessus, je vous prie, car il n'avoit point encores baillé
d'hostaiges quand la tourmente fist ce ravaige, qui
dura deux jours; et se pouvoit honnestement des-
dire de la capitulation et la rendre nulle. » Le premier president respondit qu'il s'excusoit sur la peur
et lascheté de couraige, semblablement sur faulte d'experience; et que depuis qu'il eust perdu le capitaine
Philippes Corse il commença, comme estonné de sa
mort, à parlementer. « O le villain! dist le Roy ; mais
il avoit eu advertissement très-certain que des cent
cinquante mille nobles à la Roze que fut vendue la
ville de Bouloigne, avec aultres promesses de se faire
grands en Picardie, le comte de Herfort, aujourd'huy
duc de Sommerset, luy en avoit fait porter secrettement en sa maison quarente mille : et, quant au capitaine Philippes Corse, il est encores plus meschant
d'alleguer cela, car il le fit tuer par l'un des nostres à
la bresche parce qu'il commençoit à descouvrir sa
marchandise, et qu'il en avoit jecté quelque propos à
sa table. Mais je lui apprendray à faillir de sa foy à
son prince naturel et souverain, pour tenir sa parolle
à ung estrangier.

« Au demourant, monsieur le president, que respond
le mareschal du Biez sur le temporisement de la cons-
truction du fort dont il trompa tant de fois le feu Roy,
et qu'enfin on trouva, quand il envoya visiter ses diligences, que l'on n'y avoit non plus advancé en six
sepmaines que l'on eust peu faire en huit jours? —

Il respond, Sire, dist le premier president, que la gloire l'a déceu, et qu'il faisoit ainsi le long pour avoir cest honneur de toujours commander à une si grosse armée en laquelle estoient si grand nombre de princes et de grands seigneurs. — O quelle palliation de meschant homme! dist le Roy. Mais il vouloit garentir sa marchandise au roy d'Angleterre; car si le fort eust esté basty au temps ordonné, et comme le meschant l'avoit promis, nous reprenions sans doubte, de ceste empreinte, la ville à bien peu de perte; car on eust contraint de si près l'ennemy par mer, comme il l'estoit desja par terre, qu'il n'eust eu aucun moyen de s'eslargir, ny d'y faire entrer hommes ny vivres, et pas un seul loisir de respirer.

« Et pour vous monstrer évidemment sa trahison, sur la resolution que je pris de venir au fort, sans me conseiller qu'il feust en defence ou non, pour employer une si belle armée au recouvrement de la ville, quoi qu'il en deust arriver, il envoya audevant de moy le sieur de Vieilleville, gentilhomme de ma chambre (qui estoit venu au camp sans mon congé pour acquerir honneur, et, suivant sa coustume, ne demeurer jamais inutile), pour me faire entendre de sa part qu'il avoit advertissement très-certain que l'ennemy assembloit ses forces à Calais pour venir secourir Bouloigne par terre, qu'il tenoit pour affamée; et que, quant à luy, il avoit deliberé d'abandonner le fort, y laissant seulement trois mille hommes, et passer la riviere avec l'armée pour aller loger sur le Mont-Lambert, et faire teste à l'ennemy, en intention de luy donner la bataille s'il poursuivoit son entreprise; ce qu'il executa contre l'opinion de tous les capitaines. Et le trouvay logé au lieu qu'il m'avoit mandé, où arrivé il me fist parler à cinq ou six espions, qui tous me rapporterent, sans se couper ne contredire, que l'ennemy marchoit bien fort et resolu de forcer nostre armée si on le vouloit empescher d'avitailler Boulojgne; de quoy nous fumes très-aises, esperant une bataille. Mais après avoir sejourné et temporisé cinq ou six jours sur cette attente de combattre, nous nous apperçûmes que l'advertissement estoit faulx, mesme par ledit sieur de Vieilleville, qui fut estrader avecques deux cents salades bien près de Calais, et jusques à la portée du canon, où il ne trouva aulcune resistance et n'apporta une seule nouvelle de l'ennemy : qui fut cause que je fis pendre tout ce que je peus attrapper d'espions, lesquels estans au supplice chargeoient tout hault le mareschal du Biez, et qu'il leur avoit ainsi faict la bouche. Cependant les pluyes continues survinrent, qui nous firent perdre l'esperance de reprandre la ville; et demeura, par ce moyen, pour le reste de l'année, nostre armée inutile, qui estoit composée de douze mille lansquenets, quatorze mille hommes de pied français, huit mille italiens, six mille legionnaires, douze cens hommes d'armes, mille chevaulx-legers et huit cens harquebuziers à cheval. Je vous laisse à penser si ce perfide ne couvroit pas, soubs tels deguisements et connivances, une détestable meschanceté contre le service de son prince. — A la verité, Sire, dirent-ils tous quatre comme d'une voix, ils ont bien merité la mort ; et avons encores d'aultres charges pour la leur advancer. —Et quelles? demanda le Roy.» Le premier president respondit qu'il n'avoit pas fait bastir le fort suivant le plan qu'en avoit baillé l'ingenieur Hieronime Marin, et qu'il en avoit retranché deux bouleverts, et ceulx principalement qui devoient regarder l'embouchure du havre de Bouloigne, pour en empescher l'entrée et l'yssue : qui fait bien connoistre qu'il avoit une très-mauvaise volonté au service de son Roy, et favorisoit trop évidemment l'ennemy. « Mais sur ceste interrogatoire, Sire, il s'excuse sur ung ingenieur italien, nommé Anthoine Melon, qui le trompa en ceste fortification. » Alors le Roy dist : « Le poltron a faict nuictamment six ou sept voyaiges du fort, de la part du mareschal, dedans Bouloigne; cela sçavons-nous bien; et s'y est aujourd'huy retiré avec gaiges du roy d'Angleterre; par ainsi il ne faut pas que le mareschal dise qu'il le trompa, mais qu'il a basty le fort par son commandement; et tel que le prince de Melphe le trouva, qui l'a faict racommoder depuis ; et n'oublia les deux bouleverts retranchez par ledit mareschal, comme vous dites, sans lesquels le fort eust servy de bien peu, et eust esté du tout inutile. » Et là-dessus le Roy les licentia, leur commandant d'accelerer le procès, et plustot leur presenter la question, pour donner lumiere aux choses qu'ils vouldroient oppiniastrement cacher; car il en desiroit veoir la fin, et qu'ils luy feroient très agréable service.

Mais le premier president, en prenant congé, luy demanda s'il entendoit qu'ils mourussent tous deux. Le Roy respondit : « Ouy bien Vervin; mais le mareschal a faict beaucoup de grands et signalez services que je veux balancer contre son forfaict : mais il faut qu'il soit condamné à mort et confisqué, aultrement je ne disposerois pas de son estat de mareschal; car vous sçavez que les estats de connestable, mareschaux et chancelliers de France sont totalement collez et cousus à la teste de ceulx qui en sont honorez, que l'on ne peut arracher l'un sans l'autre : et luy donnant la vie, qu'il devroit perdre pour ses desmerites, et dont je sens ma conscience chargée, ne fust-ce que pour l'exemple, il sera trop heureux d'en estre quite pour ses estats; aussi que ung mareschal de France tient ung si grand et digne rang, et est personne si qualifiée et sacrée, commandant à tant de princes, grands seigneurs et braves capitaines, mesme aux fils et freres des roys, qu'il n'est pas licite de les faire mourir en public, et a-t-on horreur de leur veoir finir leurs jours sur un eschaffault. »

Cela dict, il leur fist, en général et en particulier, beaucoup de bonnes et belles offres, sur lesquelles, après l'en avoir très-humblement remercié, ils se retirerent très-contans, et grandement édifiez d'une si familiere privaulté, mais avec une fervente délibération de bien travailler en toutes sortes ces pauvres prisonniers, pour en satisfaire promptement Sa Majesté (1).

CHAPITRE XIV.

M. de Vieilleville refuse une partie de la dépouille du mareschal du Biez.

Ceste depesche faicte, et les presidents retirez, le Roy dist à M. le mareschal de Saint-André, qui estoit

---

(1) *Pour en satisfaire promptement Sa Majesté.* Le jugement ne fut rendu que long-temps après. (Voyez la note de la page 152.)

présent et seul en ce colloque, que de cent hommes d'armes du mareschal du Biez il en avoit donné cinquante à M. de Humieres, gouverneur de M. le Dauphin son fils, et que des autres cinquante il en vouloit pourvoir M. de Vieilleville, mais bien-tost, car M. le connestable luy en avoit desja donné une attaque pour La Guische, son lieutenant, affin qu'il fist place au sieur de Gordes. Sur quoy ledit sieur mareschal le supplia de ne se vouloir haster, et qu'il avoit projeté en son esprit quelque aultre desseing qu'il desireroit sur toutes choses pouvoir sortir son effect. Et luy demandant le Roy que c'étoit, il luy répondit : « Je voulois supplier très-humblement Vostre Majesté, Sire, de luy commander de prendre ma lieutenance. » Le Roy luy répondit qu'il n'y avoit aulcune apparence de luy faire ce commandement, non pas seulement d'y penser; « car vous sçavez, monsieur le mareschal, dit-il, les mérites de M. de Vieilleville, qui sont infinis, et qu'il est bien temps desormais qu'il soit capitaine en chef, ayant esté huit à neuf ans lieutenant de la compagnie de feu sieur de Chasteaubriand, avec laquelle il exécuta de si belles entreprises aux guerres de Picardie, et l'a faict fleurir sur toutes celles de ce temps-là, ne s'y estant présentée une seule occasion de combattre, soit par rencontre, surprise de ville, jour de bataille, avitaillement de place, siege à planter ou soustenir, ny aultre quelconque cavalcade ou course, pour perilleuse qu'elle fust, où il ne se soit trouvé, et n'en refusa jamais une, tant estoit ardent à faire service et acquerir honneur, encores qu'il en ait beaucoup rapporté de son voyaige de Naples et d'Italie, où il a passé si triomphamment sa jeunesse par mer et par terre, que, quand le feu Roy me le donna, il n'y avoit gentilhomme à la Cour qui ne l'eust en admiration et qui ne desirast luy estre comparable; et tant d'aultres belles choses que je tais, comme la prinse d'Avignon et ce qui en est ensuivy; encores, de fraische memoire, qu'il s'est derobé de moy pour aller au fort, où il a passé sa demye-année, y faisant si valeureusement la guerre, que M. d'Aumalle, qui le tient pour ung des plus vaillants, adventureux et determinez gentilshommes de France, n'a aultre chose en la bouche que ses louanges, et non sans cause; car, quand il fut blessé de ce cop de lance anglesche entre l'œil et le nez, il fut abandonné de tous, fors de M. de Vieilleville, qui le tira hors de la presse, toujours combattant, jusques à ce que son cheval luy fust tué de deux coups de lance; de sorte qu'il publie partout luy en debvoir la vie. Et auparavant, se trouvant en d'aultres charges, il avoit perdu deux aultres chevaulx, dont l'un luy fut tué à coups de pique, combattant contre les lansquenets de l'ennemy, et l'autre d'une canonade, rembarrant les Anglais jusques dedans la tour d'Ordre d'où ils estoient sortis. Davantage, y a-t-il gentilhomme en France que mon cousin le prince de La Roche-sur-Yon affectionne plus que M. de Vieilleville, ny à qui il soit plus obligé? Toutesfois, dernierement que le feu Roy luy donna des gendarmes, il ne voulut pas luy offrir sa lieutenance, craignant de luy faire tort ou desplaisir; seulement le pria de luy donner ung lieutenant, et qu'il en vouloit avoir ung de sa main. Alors M. de Vieilleville luy nomma La Boulaye Malelievre, qu'il print en sa faveur, encores qu'il y en eust plusieurs aultres, et de grande maison et mérite, qui luy pouvoient estre preferables et qui la pourchassoient. Par ainsi vous pouvez bien oster cela de vostre fantaisie, car je penserois luy faire grand tort de luy en parler. Il y a bien plus; que je suis obligé par testament, et quasi dernier commandement du feu Roy mon pere, de luy faire du bien et de l'advancer; et pouvez croire que s'il eust vescu il l'eust preferé à tous, et auroit peut-estre vostre place, car vous seriez esbahy de quelle affection il me le recommanda à sa mort. »

M. le mareschal, qui s'apperceust bien que le Roy ne trouvoit pas sa requeste trop civile, et que son langaige tenoit plus de la reprimande que d'une remonstrance entremeslée d'un tacite courroux, ne voulut ou n'osa pas insister davantaige, mais supplia Sa Majesté de le tant honorer qu'il fust present quand il luy donneroit cette moitié, « afin, dit-il, Sire, qu'il se persuade que je vous en ay faict souvenir. — Trop bien cela, dit le Roy, et tout à cette heure. » Et se trouvant en l'endroit ung paige de la chambre, nommé La Noë de Bretaigne (¹), qui depuis fut ung grand capitaine, il luy fut commandé d'aller chercher M. de Vieilleville, qui le trouva incontinant.

Arrivé qu'il fut, et luy ayant dit le Roy qu'il s'adressast au sieur de Lausbepisne, qui avoit le commandement de sa commission pour cinquante lances des cent du mareschal du Biez, dont il luy faisoit présent en attendant mieux, M. de Vieilleville le remercia très-humblement de sa bonne souvenance, qu'il

---

(¹) *La Noë de Bretaigne.* Le pére Griffet croit qu'il est ici question de La Noue qui fut depuis l'un des chefs les plus illustres des Protestans. La Noue avoit alors seize ans.

estimoit à grand honneur, veu que c'estoit de son propre mouvement; mais il le supplioit de ne trouver maulvais s'il la refusoit, car pour rien il ne vouldroit estre successeur d'un tel homme. Et luy en demandant Sa Majesté la raison, « Sire, respondit-il, je penserois avoir épousé la veufve d'un pendu ; aussi que je n'ay pas haste, car je sçay que, incontinant après vostre entrée à Paris, vous avez resolu de reprendre Bouloigne : il y mourra peult-estre quelque capitaine d'honneur duquel vous me donnerez la place, ou bien je y demeureray moy-mesme, n'ayant pas deliberé de m'y espargner, mais vous y faire un bon service; et, ma mort advenant, je n'auray plus besoing de compaignie. »

Le Roy, s'ébahissant de cette resolution, voulut entrer en remonstrances, et, taschant de le faire plier à son offre et l'induire à l'accepter, luy dist que ung capitaine de gendarmes en une armée est toujours plus capable de quelque grand commandement que celuy qui n'y a aucune charge, et est ordinairement employé aux affaires d'importance, et bien souvent, selon l'estime qu'on a de luy, on luy donne une hot de mil ou douze cents chevaulx pour aller executer quelque brave entreprise, ce que l'on ne vouldroit commettre à ung aultre, pour valeureux qu'il fust, s'il n'estoit capitaine en chef, de crainte d'un desordre et d'estre mal obéy; le priant de bien considerer son dire premier que de s'oppiniastrer en ce refus. Sur quoy M. de Vieilleville luy respondit, pour toute resolution, qu'il ne la prendroit nullement, et qu'il aimeroit mieulx estre lieutenant de M. le mareschal là présent, que d'avoir les cent hommes d'armes du mareschal du Biez, tant avoit en horreur de succeder à un tel homme convaincu de tradiment et de perfidie.

CHAPITRE XV.

M. de Vieilleville accepte la lieutenance de la compagnie du maréchal de Saint-André.

Il est impossible de croyre de quel ayse fut saezy M. le mareschal de Saint-André par ceste parolle, et ne se peut tenir de luy dire : « De vostre propos vous souvienne, monsieur mon meilleur amy (ainsi l'appelloit-il ordinairement, tant par lettres que en commun devis), et que vous l'avez proferé devant le Roy. — Je l'entends sainement, respond M. de Vieilleville; car je ne seray jamais lieutenant de personne, fust-il fils de France, que je n'aye en sa compagnie telle authorité que j'avois en celle de feu M. de Chasteaubriand, qui estoit si grande que jamais il ne s'en mesla et ne m'escrivit de prendre cestui-cy ou casser cestui-là, et ne s'ingera de sa vie d'y mettre enseigne, guydon ny mareschal de logis. Et en neuf ans que j'en fus lieutenant je perdy aux guerres de Picardie quatre enseignes, six guydons et neuf mareschaulx de logis; que je remplaçois toujours des gendarmes de la mesme compagnie; et plustost mourir que d'y en mettre par compere et par commere, eust-il esté fils de mon capitaine, s'il n'eust faict service en ladicte compaignie. Et semblablement aux places des morts je faisois enroller les plus anciens archers, que je remplissois de la plus brave et volontaire jeunesse que je pouvois choisir en Anjou et en Bretaigne. — Ung si bel ordre, dist le Roy, vous devoit bien faire aimer et obeir. — Comment! Sire, respond M. de Vieilleville, cette observation de rang, et l'esperance, commune à tous, de porter quelque jour le drappeau d'enseigne ou de guydon, les animoit si courageusement au combat, qu'ils faisoient lictiere de leur vie. — Et de l'estat du capitaine, et de sa place d'hommes d'armes, dist M. le mareschal, qu'en dites-vous? — J'en eusse aussi bien parlé que d'aultre chose, respond M. de Vieilleville, sinon que cela eust trop senty son mercenaire : mais il n'en toucha de sa vie bon ny maulvais escu, et m'en servois, ou pour appointer quelque pauvre archer, ou ayder à remonter ceulx qui avoient perdu leurs chevaulx en combattant, ou les faire penser de leurs blessures, ou à payer leurs ransons. — Vrayement, dict le Roy, si toute ma gendarmerie estoit traitée de mesme soing et liberalité, je penserois estre le plus redoubté prince du monde, et ne quiterois pas ma part de ce brave tiltre d'invincible. » Et comme il vouloit poursuivre ce propos, M. le mareschal, bruslant d'ardeur de parler, luy va dire : « Puis, Sire, que M. de Vieilleville s'est en vostre presence offert de prendre ma lieutenance, je la luy donne, avec toutes les conditions et authorité qu'il a cy-dessus alleguées avoir euës en la compagnie du feu sieur de Chasteaubriand, et toutes aultres qu'il se pourra imaginer; promettant, en la presence de Vostre Majesté, de ne m'en mesler nullement; et luy quicte de ceste heure, et mon estat de capitaine, et place d'homme d'armes, et tout ce qui en peult ou pourra jamais dependre, pour en faire à sa volonté. »

M. de Vieilleville, se voyant surcueilly, voire surpris en son offre, qu'il n'avoit advancé que pour se depestrer de ceste traditoire succession, pensant s'en descharger, jecta encores ceste difficulté, disant qu'il n'auroit pas querelle achevée avecques le sieur Dapchon, son beau-frere, qui s'y attend en grand devotion, comme à chose qui luy est par l'alliance d'entre eux justement acquise, et que pour rien il ne vouldroit courre sur la fortune d'un si homme de bien, veu que la sienne estoit en la main et au cœur du Roy ; mais M. le mareschal va incontinant respondre : « Il ne fault point, monsieur mon meilleur amy, alleguer cela, car j'ay de quoy contenter mon beaufrère; et vous jure, devant Sa Majesté, que si mon propre frere pourchassoit ceste place, tousjours je vous y prefereray ; vous suppliant de vous acquicter de vostre offre et l'effectuer : seulement je ne vous veux pas donner les couleurs des casaques, ny ordonner des façons d'icelles; mais faictes-les faire comme il vous plaira, et y metez les vostres, et en usez comme si vous en estiez capitaine en chef, ne m'en voulant jamais plus entremettre que pour la faire toujours bien payer, et favoriser des meilleures garnisons que vous pourrez choisir. »

M. de Vieilleville, se trouvant vaincu par une si liberale et ardante volonté, ne sceust que respondre, sinon : « Faites donc, monsieur, que le Roy me le commande. » Ce qui fut bientost executé, avec belles et grandes promesses, tant de la part de Sa Majesté, que dudit sieur mareschal, qui faisoit bien estat d'avoir devant peu de temps la plus belle compagnie de toutes les ordonnances de France, sans nulle excepter : en quoy il ne fust point trompé, comme nous dirons cy-après.

CHAPITRE XVI.

Mécontentement de ceux qui prétendoient à cette lieutenance. — Digression sur M. de Thevalle, beau-frère de M. de Vieilleville.

CET accord ainsi mutuellement receu entr'eulx, en la presence de leur Roy, fust bientost publié par la Cour, que les princes et grands seigneurs trouverent fort estrange, mesme la duchesse de Valentinois : les susdites comtesses, et plusieurs aultres dames qui luy portoient amitié et desiroient son advancement, en furent merveilleusement esbahyes; qui fut cause que, trois ou quatre jours durant, on ne parloit que de l'extraction, du merite et de la valeur de l'un et de l'autre, avec une infinité d'aultres propos qui seroient trop longs à reciter. Mais, entre aultres, M. le prince de La Roche-sur-Yon, qui ne s'en pouvoit taire, vint aborder M. de Vieilleville avec ce langaige, touteffois facetieusement et comme par raillerie : « Vraiment, mon cousin, si je vous eusse pensé si friant de lieutenances, je vous eusse faict gouster de la mienne; et eussiez trouvé que la saulce d'un prince du sang vault bien celle d'un mareschal de France. »

A quoy M. de Vieilleville respondit que, s'il sçavoit comme cela s'est passé et avec quelles conditions, il n'en parleroit jamais; et luy va discourir bien amplement le tout, ensemble les grandes offres que luy avoit faictes le Roy, en faveur desquelles il s'y estoit volontairement soubmis, aussi pour ne demeurer inutile, encores plus pour n'entrer en la charge qui luy avoit esté proposée; joinct qu'ayant desja refusé le Roy de son premier present, il estoit plus que raisonnable d'accepter le second; car luy-mesme luy avoit commandé de prendre ceste lieutenance. « Or, vous en direz ce qu'il vous plaira, mon cousin; si estes-vous à vostre dernier maistre; car je vous assure qu'il destournera tant qu'il pourra l'affection du Roy de vous eslever à quelque grade, affin qu'il ne vous perde, pour la gloire qu'il reçoit de vous avoir pour lieutenant, car je congnois l'humeur de l'homme; et premier que l'an passe vous vous appercevrez de ma prophetie. » M. de Vieilleville respondit qu'il en adviendroit ce qu'il plairoit à Dieu; et de ce pas s'en allerent souper chez M. le cardinal de Bourbon qui les faisoit chercher.

Mais sur-tout MM. de Thevalle et d'Apchon, leurs beaux-freres, se virent frustrés de leurs esperances; car, à son arrivée à la Cour, M. de Thevalle avoit esté salué en l'oreille lieutenant de M. de Vieilleville par le sieur de Theligny, aultrement le gros Bois-Daulphin, premier maistre-d'hostel, et les sieurs du Bellay et des Arpentis, ses intimes amis, qui s'y attendoient comme à chose qui ne luy pouvoit eschapper si son beau-frere eust accepté l'offre du Roy. Toutefois il ne fist aulcune demonstration d'estre malcontant, mais, au contraire, loua grandement l'oppinion de M. de Vieilleville de s'estre plustost chargé de la compaignie d'un si parfaict ami que de succeder à ung trahistre. Ce que ne fist pas M. d'Apchon ; car incontinant qu'il en sceust la nouvelle fist trousser bagaige et s'en alla, fort mal édiffié de son beau-frere, en sa maison de Montrond, au païs de Forests. M. de Saint-Forgeul n'en fist pas moins, et se retira en la sienne, au Lyonnais ou Baujolais, sans dire adieu ; car il se promettoit d'estre preferé au sieur d'Apchon, estant chef du nom et des armes de la maison d'Albon, de laquelle le pere de M. le mareschal estoit sorti capdet. Mais ce qui plus les mutina provint de l'advertissement certain qu'ils eurent que le mesme mareschal avoit très-justement requis Sa Majesté, par deux fois, de demander à M. de Vieilleville de prandre ceste charge ; à quoy ils ne s'attendoient nullement, pour l'estroite obligation d'alliance qui estoit entr'eux ; et ne pouvoient que à toute peine croire qu'il les eust tant oubliez ou mesprisez, encores à la face du Roy, qui en pouvoit concevoir une oppinion d'insuffisance, ou telle aultre que bon luy eust semblé ; qui estoit leur plus grand creve-cœur, car ils estoient tous deux gentilhommes de sa chambre et riches seigneurs.

Mais M. le mareschal, qui avoit, par sa faveur, ung gouvernement de plus grande estandue que nul aultre, pour prince qu'il ait esté, a peu obtenir jamais, car il s'intituloit gouverneur de Lyonnais, Forest, Dombes et Beaujeullais, Auvergne, Bourbonnais, haulte et basse Marche, Combrailles et Nivernais, leur donna moyen de faire service au Roy en charges honorables, sans sortir de leurs maisons ; car il fist le sieur d'Apchon lieutenant du Roy, en son absence, au pays de Forests et de Nivernais; et le sieur de Saint-Forgeul, au Lyonnais, Dombes et Beaujollais : qui leur fust un attraict de reconciliation, et se repatrierent avecques luy; qui bien leur servit, car ils ne se fussent jamais prévalus de sa grande faveur, au moyen de laquelle les eveschés et abbayes pleuvoient abondamment en leurs maisons, où il y avoit grand nombre d'enfans, principallement en celle d'Apchon.

Quant à M. de Thevalle, qui estoit d'illustre extraction, et des plus anciennes maisons de tout le païs du Meyne, il y avoit long-temps que le Roy congnoissoit sa valeur et services. Il estoit present quand le feu Roy son pere, au retour du camp d'Avignon, le fit chevalier, seul de son rang, à Fontainebleau, pour les vaillances qu'il avoit faictes au siege de Peronne; y estant venu trouver le comte de Dampmartin, suivy d'environ cinq braves honnestes hommes, que ledit comte, qui estoit lieutenant de M. d'Angoulesme, depuis duc d'Orleans, receut fort humainement, et luy fit departir logis en son quartier et soubs sa cornette; durant lequel siege il s'estoit porté fort valeureusement, car il ne se fit saillie sur l'ennemy qu'il ne s'y trouvast, avec sa volontaire trouppe, des premiers; aussi y moururent-ils quasi tous, et luy blessé en deux ou trois endroits. Et se souvenoit bien Sa Majesté des grandes louanges et recits qu'en avoient fait les sieurs de Cereu et Moyencourt, qui estoient des principaulx capitaines de ce siege, et presents quand le feu Roy l'honora de ceste accolade, jusques à dire que Dieu leur avoit envoyé M. de Thevalle pour garantir la ville; car il donna l'invention et l'advis au comte de Dampmartin, qui avoit, pour sa part, la garde du chasteau de Peronne, d'estançonner la grosse tour dudit chasteau de quatorze gros chesnes, et dresser une plate-forme de la hauteur desdits chesnes, pour venir au combat, si tant estoit que ladite tour versast par la mine qu'avoient faite les ennemys, que ceulx de dedans ne peurent esvanter que bien tard: industrie qui bien servit à la conservation de la ville, car le feu, mis à la mine, où fust accablé le comte de Dampmartin, ne peult emporter que la moitié de la tour, à cause desdits estançons; et se trouverent les Français encores à pied ferme pour soustenir l'assault que firent donner fort furieusement les comtes de Nassau et de Reux, mais en vain, et s'en retournerent avec leur courte honte. Auquel conflit ledit sieur de Thevalle eut une harquebuzade dans l'os de la jambe gausche, dont il demeura boyteux. Et une infinité d'aultres bons propos que cesdicts deux capitaines disoient dudit sieur de Thevalle, que le Roy avoit bien mis en sa memoire, estant, il n'y avoit pas trois mois, devenu daulphin, par la mort de son aisné: qui estoit cause, avec la continuation de plusieurs aultres signalez services, que Sadite Majesté l'avoit en grande estime; et pour ceste consideration, luy monstrant la Royne si grosse qu'elle ne pouvoit aller plus de deux moys sans accoucher, luy dist qu'il priast Dieu que ce fruict vînt à perfection, car il luy en avoit voué le gouvernement si c'estoit un fils. Dequoy M. de Thevalle le remercia très-humblement, le recevant avec ung incroyable honneur, voyant que le Roy, de sa propre ame, sans que jamais il luy en eust été parlé, luy faisoit ce present. Toutefois Dieu voulut que ce fust une fille, nommée Claude, de laquelle les Suisses furent parrains. Mais à deux ou trois ans de là (¹), que M. de Thevalle ne s'en donnoit plus de peine ny d'esmoy, comme celuy qui se soulcioit fort peu des honneurs, la Royne accoucha d'un fils, qui fut nommé François, duc d'Alençon. Le Roy, qui estoit très-soigneux remunerateur des services qu'on luy faisoit, et principallement des volontaires, luy despescha ung courrier exprés, jusques au chasteau de Thevalle, luy annoncer que son gouvernement estoit né, et qu'il vînt incontinant à la Cour pour en prendre possession, ensemble de l'estat de premier chambellan de ce petit prince.

CHAPITRE XVII.

Soins de M. de Vieilleville pour mettre en bon état la compagnie du maréchal de Saint-André.

Pour bien faire entendre l'excessive peine que print M. de Vieilleville, entrelassée d'une merveilleuse despence, pour dresser la compagnie de M. le mareschal de Saint-André, il me fauldra ressembler à celuy qui, voulant franschir ung large fossé, prend sa course de bien loing; car je seray contraint, pour mettre fin à mon entreprise, de tirer mon discours de bien hault, d'autant que ceste compaignie eust un fort foible commencement; et quand je dirois très-pietre et très-abject, j'approprierois la chose à son vray poinct, comme fort indigne d'estre honorée de

(¹) *A deux ou trois ans de là.* Il y eut six ans d'intervalle entre la naissance de madame Claude et celle du duc d'Alençon.

ceste qualité des ordonnances (¹). Touteffois M. de Vieilleville, par son fameux credit entre les gens de guerre, et par ung extreme diligence, il la fist renommer par dessus toutes les aultres de France, et emporter toujours parmy les armes la reputation d'estre la premiere. Il en acquit aussi entre les princes et les grands ung merveilleux honneur.

Or, pour entrer en jeu, je diray que M. de Saint-André, pere de M. le mareschal, fut l'espace de dix-huit ou vingt ans gouverneur de la jeunesse du Roy estant duc d'Orleans; mais, devenu daulphin, d'aultant que le menton desja luy frisonnoit, et que le feu Roy son pere vouloit qu'on luy communiquast les affaires, et qu'il se trouvast à l'ouverture des pacquets, tant des gouvernements de son royaulme que des ambassadeurs qu'il avoit auprès des princes et potentats, et de toute la chrestienté, ledit sieur de Saint-André se relaissa de sa charge, en remuneration de laquelle ledict feu Roy l'honora de son Ordre, d'une compaignie de gendarmes, et du gouvernement de la ville de Lyon et Lyonnais, sans annexe d'aultres païs, ensemble de l'estat de seneschal de ladite ville, pour luy donner moyen de faire service à la couronne, estant desja sur l'aage, en sa maison distante de Lyon de douze ou treze lieües pour le plus : qui estoit en ce temps-là une très-digne recompense.

Ce bon homme vint à Lyon prandre possession de son gouvernement, et institua pour son lieutenant, tant au gouvernement qu'en la senechaussée, ung homme de robbe longue, nommé du Peyrat; car il

---

(¹) *Des ordonnances* : les compagnies de gendarmes s'appeloient alors compagnies d'ordonnance.

n'estoit aulcun besoing d'y en installer ung plus chevaleureux, n'estant plus la ville de Lyon frontiere, par la conqueste de Bresse, Savoye et du Piedmont; et peupla sa compaignie d'une terrible sorte de gens, car il n'y avoit hoste ny fils de tavernier de Rouanne, La Pacaudiere et La Palice, qui n'y fust enrollé. Et parce que communément, aux hostelleries de France, les enseignes qui y pendent sont soubscrites du nom de quelque sainct ou saincte, ceste racaille portoit le nom d'un sainct ou d'une saincte, selon l'enseigne qui pendoit aux maisons desquelles ils estoient sortis : et pour ce que l'on suyt toujours le chemin le plus battu, les valets de chambre du pere et du fils, les concierges, recepveurs et fermiers de leurs maisons, comme Cérezac, Saint-André, Tournoelles et Saint-Germain-sur-Allier, qui semblablement en estoient, s'intitulerent de ceste mesme façon : car ils n'avoient point de terres ny de seigneuries, methairies, clozeries, borderies, cassines ny bastides, dont ils se pussent, à la française, qualiffier ou anoblir.

Mais, pour couvrir leur jeu, ils se vantoient de porter tels noms en faveur de leur cappitaine qui s'appelloit Saint-André. Toutefois ils ne purent empescher la populace de Lyon d'en faire mil risées, car ils les cognoissoient tous : les ungs louoient Dieu de ce qu'il leur avoit envoyé une compaignie de son paradis pour les garder; mais la pluspart les appelloit gendarmes de la quirielle : et quand ils en voyoient neuf ou dix ensemble se pourmener par la ville, ils disoient qu'ils alloient en quelque lieu chanter la letanie.

En somme on n'eust sceu trouver en toute la compaignie cinquante chevaulx de service. De quoy il ne se fault esbahir, car il n'y avoit pas quarente gentilshommes. Aussi, quelque armée que dressast le Roy, ny quelque affaire qu'il eust d'hommes, elle estoit toujours exemte, par la faveur du fils, de marcher, alleguants toujours, entre aultres excuses, qu'elle estoit très-necessaire auprès du gouverneur, pour la conservation de son authorité, et pour le faire obeir en une si grande ville, et peuplée de tant de diverses nations. Et affin que l'on ne pense pas ce que dessus estre impossible, et qu'il est malaisé à croire que les commissaires des guerres eussent ainsy laissé butiner l'honneur et l'argent du Roy, veu qu'il y va de leur vie, je responds qu'il en avoit ung à sa devotion, qui estoit commissaire des guerres, provincial de Daulphiné, auquel le fils avoit fait donner l'estat, nommé La Gateliniere, qui faisoit au pere aultant de passe-droits et plus qu'il n'en eust sceu demander; car ils les passoit tous, absents comme presents : et la pluspart des armes et chevaulx estoient d'emprunt; en quoy il faisoit l'aveugle. Le controlleur estoit secretaire du capitaine; le tresorier de la compaignie avoit esté son argentier, et l'assignation de toutes les monstres, tant en robbes qu'en armes, ne se prenoit jamais plus loing que à la recepte générale de Lyon, chez le recepveur Martin de Troyes, sieur de La Ferrandiere.

Ceste rustrerie dura neuf ou dix ans, du temps du feu Roy ; et mourant le bon homme ung an et demy avant son maistre, la compaignie fut donnée à son fils, laquelle il laissa au mesme poinct qu'il l'avoit trouvée, se doubtant bien de la grande honte qu'il trouveroit au fonds d'icelle s'il y remuoit quelque chose. Et ce qui l'avoit fait desirer M. de Vieilleville pour lieutenant, provenoit de ce qu'il le cognoissoit homme roidde et inexorable en ce qui concernoit le poinct d'honneur, et qu'il n'eust pour rien enduré ung bisoigne (¹) occuper la place d'ung homme de bien : ce que n'eussent pas faict, à son jugement, ny Apchon, ny Saint-Forgeul; car il sçavoit bien que eulx-mesmes avoient en ladicte compaignie beaucoup de leurs domestiques.

CHAPITRE XVIII.

M. de Vieilleville fait la revue de cette compagnie.

Monsieur de Vieilleville, suivant la publication génerale des monstres de la gendarmerie, ayant faict assigner celle de M. le mareschal de Saint-André exprès à Clermont en Auvergne, pour éviter les emprunts d'armes et chevaulx si sa monstre eust esté faicte à Lyon, se trouva audit lieu, accompaigné de soixante-dix ou quatre-vingts braves gentilshommes de Bretaigne, d'Anjou et du Meyne, qui avoient passé leur jeunesse et fait leur apprentissaige d'armes aux guerres de Piedmont, et tous de bonne part; car il devoit remplir la compaignie, qui n'estoit que de cinquante hommes d'armes, jusques à cent, ainsi qu'ont accoustumé d'avoir les mareschaulx de France. Il n'y fut pas sitost arrivé qu'on luy presenta trente ou quarante attestations de medecins pour exempter, à la façon ac-

(¹) *Ung bisoigne* : un misérable, une nouvelle recrue.

coustumée, ceulx qui y estoient dénommez, qu'il reputa toutes pour faulces, nonobstant lesquelles aussi il les cassa et les fist rayer du roolle, semblablement tous les valets de chambre et officiers censiers, tant de son capitaine que des aultres seigneurs et dames qui y en avoient faict par faveur enrooller. Au reste, il commanda à vingt-cinq ou trente qui estoient en bataille, de picquer et manier leurs chevaulx devant le commissaire. Mais ne saichants par quel bout y commencer, ils habillerent bien fort à rire aux vieils guerriers, car leurs chevaulx les portoient par terre; qui fut cause qu'il les mist au rang des aultres, et les renvoya avec leur courte honte en leurs hostelleries servir leurs hostes, leur disant que les ordonnances n'estoient dédiées que pour les gentilshommes, et que s'ils vouloient suivre les armes, qu'ils allassent trouver les gens de pied. Entre ceulx-là il y en avoit trois dont l'un se nommoit Sainte-Agate, fils de l'hoste du Daulphin de Rouanne, qui voulurent groumeler, disants avecques grands blasphemes qu'on leur faisoit tort. Mais quatre ou cinq gentilshommes se jetterent par commandement sur leur malle, qui leur donnerent tant de coups de baston, que les aultres, qui n'estoient pas de meilleure maison qu'eulx, ny de plus grand service, rompirent leurs rangs et prindrent la guerite à toutes brides, craignants d'estre servis de mesmes : qui fut une huée là non-pareille. Il en fit aussy pandre ung aultre, portant le nom de sainct qui n'est toujours en la letanie, car il s'appelloit Sainct-Bonnet, pour avoir donné un coup de dague à un garson deffandant sa mere veufve qu'il vouloit forcer, estant logé par fourrier chez elle.

Enfin, il en usa comme le bon laboureur, qui, trouvant son champ remply de landes, genests, ronces et fougeres, deffronce tout cela, poussé de colere, pour y mettre de bonne semence. Aussi il cassa toute ceste vermine qui n'avoit jamais donné coup d'esperon pour le service du Roy ny de la couronne, et ne l'eust sceu faire, installant en leurs places des gentilshommes d'honneur, riches et en fort bon équipage, et suivant l'authorité que luy avoit donnée M. le mareschal de Sainct-André en la compaignie. Il avoit amené avecques luy M. de Fervacques, gentilhomme de la chambre du Roy, qu'il aimoit de tout temps pour sa valeur, auquel il donna l'enseigne, qui la receut très-volontiers, plus pour l'amitié qu'il portoit à M. de Vieilleville que sur aultre esperance, car il estoit fort riche gentilhomme de Normandie. Il mist aussi au poing de M. de Chazeron, ferme gentilhomme de gaillarde volonté, nepveu de M. le mareschal, le guidon de ladicte compagnie, qui s'en trouva fort honoré.

Estant encore dedans le pays, la monstre faicte, grand nombre de gentilshommes de Gascoigne, de Perigort et de Lymosin, parants de madame la mareschale de Saint André, le vindrent trouver, qui les receut fort humainement, et les fist enrooller, qui pour hommes d'armes, qui pour archers, selon leur moyen, mais avec juste occasion, car ils n'y estoient acheminez que en la faveur de sa reputation, et sur le bruit qui avoit couru de la casserie générale qu'il avoit faicte de ceste valletaille, par desdaing de laquelle ils ne s'y estoient jamais voulu presenter. Et finallement il rendit la compaignie si belle et complette, que à l'aultre monstre qu'on fist en armes à Moulins, elle paroissoit de plus de cinq cens chevaulx, mais de si bragards (¹) hommes aguerris et experimentez, que, tout ainsi que de toutes les parts du royaume, et bien souvent de dehors, l'on vient à Paris chercher des regents pour tenir lieu de principal de college aux aultres villes, instruire la jeunesse et y planter quelque forme d'université, aussi, quand le Roy avoit donné à quelque jeune prince compaignie nouvelle de gensd'armes ou de cavallerie legere, il venoit prier M. de Vieilleville de luy donner un homme d'armes pour estre son lieutenant, et luy faire honneur en la conduite de sa compaignie, pour semblablement façonner et aguerrir la jeunesse que l'on y avoit enrollée.

Il sejourna en ce pays-là depuis la premiere monstre jusqu'à la seconde, car le petit gouvernement du pere de M. le mareschal fut augmenté de la façon que nous avons recitée cy-dessus; se promenant par l'Auvergne, Bourbonnais, Forests et Lyonnais, où tous les seigneurs et gentilshommes desdits païs, mesme les villes de Lyon, Clermont, Ryon, Montferand, Montbrison et Moulins, luy firent de grands honneurs et des traitements, festins et bonnes cheres à l'envy, comme au supresme lieutenant de leur gouverneur; parmy lesquelles, parce qu'il se trouvoit souvent grand nombre d'excellentes dames et damoyselles riches et d'admirable beauté, les courses de bagues, combats à la barriere, carrouzelles, danses, masquarades, et toutes aultres sortes de passe-temps propres à la noblesse, n'y furent pas oubliés.

(¹) *Bragards :* braves.

LIVRE TROISIÈME.

CHAPITRE PREMIER.

Sacre de Henri II.

L'empereur Charles cinquiesme, tenant François, roy de France, surnommé le Grand, prisonnier en Espaigne, tascha, par tous moyens et sur toutes choses, à le faire condescendre de luy quicter la souveraineté de Flandres. A quoy le captif resista de tout son pouvoir, alleguant qu'il luy estoit impossible de s'y accorder sans le consentement general de tous les Estats de son royaume, et qu'estant le comte de Flandres pair de France, et tous les Païs-Bas que possedoit l'Empereur tenus et mouvants de sa couronne, il feroit une merveilleuse bresche à sa reputation et memoyre, de quicter si legerement l'hommaige de tant de villes et provinces de si grande estendue, desquelles les peuples, qui sont infinis, viennent, par appel et dernier ressort, chercher la justice en sa cour de parlement à Paris, et le mesme comte de Flandres estre tenu, le jour que l'on sacre ung roy en France, d'y assister, et luy chausser ce jour-là les esprons, ou les porter devant luy, marchant en ceremonie. Touteffois l'Empereur qui avoit cela à cœur ne s'en tint refusé; mais, par l'importunité et allichement de deux grandes promesses, l'une de luy donner sa sœur en mariaige, l'aultre, de le mettre en liberté moyennant hostaiges, obtint, ce luy sembla, sa demande. Mais estant le Roy hors d'Espaigne, et ayant fiancé sa femme par parolles de present, manda à l'Empereur, parce que son ambassadeur le pressoit fort de luy donner ung acte de ceste promesse, qu'il ne luy avoit jamais rien promis, et, qui plus est, despeschea ung herault devers luy, avec un cartel de deffiy pour le luy maintenir, et qu'en tout évenement ung prisonnier ne se peult aulcunement obliger : dont demeura ceste querelle toute leur vie en vigueur, et dure encores indecise jusques à present.

Le roy Henry son fils, venant à la couronne, assigna le jour de son sacre à Rheims au vingt-sixieme de juillet, l'année susdicte 1547 ; et pour reveiller l'Empereur de l'hommaige de Flandres, il despeschea envers luy le premier herault de France, du tiltre de Valoys, le sommer de comparoir audit jour, comme comte de Flandres, et y faire sa charge de pair de France ; et au mesme temps la cour de parlement de Paris, pour ne rien oublier en faict de telle consequence, avoit envoyé le premier huissier à Therouanne, prendre escorte de la compaignie de M. de Villebon, lors gouverneur de ladicte ville, pour le mener bien avant en la frontiere, devers Saint-Omer, adjourner le comte de Flandres aux effects que dessus, qui eurent tous deux une response de semblable subject : le herault, par la bouche de l'Empereur, et l'huissier, par acte du gouverneur de Saint-Omer, qui estoit que l'Empereur s'y trouveroit avec cinquante mille hommes pour y faire son devoir.

Le Roy, prévoyant bien de n'en avoir poinct d'aultre, avoit desja faict faire levée de dix mille lansquenets, soubs les colonels Jacob Bon, Ausbourg et Bastien Schretel, et de quatre mille reithres, que l'on appelloit lors pistolliers, soubs les colonels Ernest, de Mandesloc et Joachim Sitvits, qui ne faillirent à se trouver le quinziesme dudit mois aux environs de Sainct-Marcoul et de Commercy; et avoit l'on semblablement faict approcher quinze cents hommes d'armes aux villes les plus voisines de Rheims, et renforcé de fanterie les garnisons de Champaigne et de Picardie, à petit bruit, affin de bien recevoir l'Empereur s'il eust tenu promesse; mais il s'en oublia ou n'osa, jugeant, par la diligence de tels préparatifs, la resolue deliberation du Roy de le combattre.

Cependant Sa Majesté fust sacrée, très-heureusement et sans trouble, avec ung appareil très sompueux et magnificence incomparable. La description de laquelle me sembleroit par trop superflue, veu le grand nombre de bons esprits qui l'ont fort amplement deduicte en plusieurs langues; mais pour ce qu'ils ont obmis une dispute qui se presenta sur quelques préferences, et qui est du nombre des cérémonies du sacre du Roy, je n'ay voulu faillir de la speciffier : et fut telle.

CHAPITRE II.

Des quatre barons donnés en otage pour la Sainte-Ampoule. — Difficultés survenues au sujet des bannières de ces barons.

La saincte Ampolle, où est l'huile celeste de laquelle sont oincts nos Roys à leur sacre, repose en l'abbaye de Saint Remy de Rheims, fort precieusement gardée par les abbé et religieux que l'archevesque et duc de Rheims, premier pair de France, vient querir en ladite abbaye en grande reverance et devotion, accompagné des aultres evesques, ducs et comptes, pairs ecclesiastiques, qui luy est delivrée par lesdits abbé et religieux : mais il laisse pour ostaige de ladite saincte Ampolle quatre barons, que le Roy choisit par grand faveur, qui demeurent en ladicte abbaye jusques à ce qu'elle soit rapportée par l'archevesque, l'infusion faicte sur le chef de Sa Majesté ou aultres endroits de sa personne, comme il est accoustumé.

Or, les quatre barons furent M. de Montmorency, fils aisné de M. le connestable ; M. de Rieux, comte de Harcourt ; M. de Martigues et M. de La Trimoille. Et pour la memoire de cest honneur, l'on met dedans le chœur de l'église cathedrale de Notre-Dame de Rheims, où se fait ledit sacre, les quatre bannieres armoiées des armes des susdicts barons aux deux costés du grand autel. M. de Chemaux, maistre des cérémonies, et les heraulx planterent la banniere de M. de Montmorency, comme premier baron de France, où l'on ne peult contredire, au premier ranc de la maistresse main, que l'on dict communément de l'evangile ; et celle de M. de Rieux, audessoubs ; et au premier ranc de l'aultre main, qui est de l'espitre, celle de M. de Martigues ; et audessoubs, M. de la Trimoille.

De quoy adverty, M. de Rieux vint trouver M. de Vieilleville comme son proche parent, à cause de Harcourt (car il en portoit les armoiries en faulx escu, ou chargeure sur les siennes, que lesdits mauvais blasonneurs appellent *sur le tout*). Et luy ayant dict le tort que luy faisoient les maistres de cérémonies, M. de Vieilleville arrive là, où il trouva encores le sieur de Chemaux parachevant son entreprise : et luy ayant demandé de quelle authorité il plantoit de tel ranc les bannieres, il luy respondit qu'il sçavoit bien son estat, et qu'il falloit qu'elles demeurassent ainsi. Mais M. de Vieilleville, irrité de cette responce, commanda à cinq ou six gentilshommes et autres de sa suite de les arracher toutes, hormis celle de M. de Montmorency : ce qu'ils firent avec menaces assez rigoureuses, qui contraignirent Chemaux et les heraulx d'aller faire leur plainte au Roy et à M. le connestable.

Leur plainte faicte, M. le connestable s'enflamma de colere, croyant par leur rapport que M. de Vieilleville eust fait semblablement abbattre celle de son fils ; et supplia le Roy de l'envoyer querir pour luy en faire une bonne reprimande, et que une telle hardiesse ne se devoit nullement tollerer. Mandé qu'il fust, il s'y achemina fort librement ; encores que plusieurs seigneurs de ses amis l'eussent adverty du courroux du Roy, et prié de s'absenter, toutesfois il y voulut aller, et se presenta devant Sa Majesté avec une contenance fort éloignée de la peur. Mais au lieu d'attendre que l'on parlast à luy, il commença le premier, par une très-subtile ruze, à se plaindre ainsi.

CHAPITRE III.

M. de Vieilleville discute devant le Roi la préséance entre les barons. — Décision du Roi.

« Je suis venu, Sire, demander ma raison du faux rapport que Chemaux et les heraulx de Bretaigne et Daulphiné ont osé faire devant Vostre Majesté, que j'aye fait abbattre toutes les quatre bannieres des ostaiges de la saincte Ampolle; car je ne suis pas si peu entendu aux anciennes histoires de France, que je ne saiche bien que le premier baron de France Montmorency, qui fut le premier seigneur de tout ce royaume, qui se fist chrestien avec le roy Clovis son maistre, ne doibve estre semblablement le premier aux honneurs et ceremonies des sacres de nos roys, et est sa banniere demeurée au mesme lieu qu'ils l'ont plantée, comme à elle appartenant; mais de mettre celle du sieur de Rieux au dessoubs de pas une, il n'y a aucune apparence. » Lors M. le connestable, qui s'estoit un peu modéré, ayant entendu le recit qu'il avoit fait de l'ancienne marque de sa maison, et du respect qu'il avoit porté à la banniere de son fils, luy demanda s'il ne sçavoit pas bien le merite de la maison de Luxembourg, en laquelle il y avoit eu trois ou quatre empereurs, et s'il ne luy sembloit pas bien raisonnable que sa banniere deust estre preferée à tout le reste des barons.

M. de Vieilleville respondit: « Je penserois bien, monsieur, qu'elle y deust estre preferée, si ceste ceremonie se faisoit en Allemaigne et au sacre d'un empereur; mais estant ceste-cy française et au sacre d'un roy de France, il me semble que ceux qui ont cest honneur d'appartenir à la couronne, et reputez du sang de France, doivent marcher devant. »

Alors le Roy prenant la parolle, comme en colere: « J'aurois à ce compte, dit-il, beaucoup de parens, si tous les enfans de ceux qui ont espousé des princesses du sang me vouloient apparenter; et ne s'ensuit pas, si le mareschal de Rieux espouza Suzanne de Bourbon, fille de Montpensier, que ce qui est sorty de ce mariaige doive avoir la hardiesse de prandre tiltre de prince. » Mais M. de Vieilleville repliqua : « Je voy bien, Sire, que Vostre Majesté n'est pas bien informée de l'extraction de ceux de Rieux, car ils sont sortis d'un puisné du second duc de Bourgoigne, qui estoit, comme chacun sçait, fils d'un fils de France, et appanaigé de la couronne. Ce puisné, qui avoit grievement offencé son pere pour avoir voulu tuer son frere aisné, se vint refugier devers le duc de Bretaigne, qui l'affectionna merveilleusement; mais il ne luy fust jamais possible de le reconcilier avec son pere; ce que voyant, le duc de Bretaigne luy donna l'une de ses filles en mariage, avec un fort riche appanaige, comme les terres et seigneuries de Rieux, d'Anceny, d'Asserac, de Donges, de Largouet, de Chasteauneuf, de Sourdeac, et plusieurs aultres terres seigneuriales de grande estendüe et jurisdiction; car son pere pour son forfait l'avoit desherité. »

« Cela, dist le Roy, n'avions-nous jamais encores entendu, et ne tenions pas ceux de Rieux de ce rang ny d'un tel estoc. » M. de Vieilleville, luy monstrant

M. le chancelier Olivier qui sçavoit toutes les races de France, supplia Sa Majesté de luy demander ce qui en estoit; lequel confirma le discours de M. de Vieilleville, et qu'il n'y avoit rien de si veritable. Mais M. du Thillet, qui estoit ung aultre viel et plus certain registre des anciennes histoires et antiquitez de France, et là present comme deputé du corps du Chastelet pour assister au sacre du Roy, commença à parler ainsi:

« Sire, M. le chancelier ny M. de Vieilleville ne vous ont pas du tout esclarcy l'histoire, car ce puisné de Bourgoigne, nommé Loys, qui planta ceux de Rieux en Bretaigne, ayant son beau-pere guerre contre le duc de Normandie, pour l'estendüe de leurs limites touchant le mont Saint Michel, fust faict lieutenant-général de l'armée par sondict beau-pere, estant contraint de demeurer malade en la ville de Dol, lequel donna la bataille au duc de Normandie, entre Avranche et Pontorson, qu'il gaigna; au moyen de quoy la paix se fist entre ces deux ducs, en faveur de laquelle le duc de Normandie donna au sieur de Rieux la comté de Tancarville à perpetuité, qu'une fille de Rieux transporta depuis en la maison de Longueville où elle fut mariée, et par usufruict le tiers et denier de tous les boys et forests de Normandie, sa vie durant. — D'où vient doncques, dist le Roy, que ce puisné laissa son surnom de Bourgoigne pour prendre celuy de Rieux ? — Il le fist, Sire, respond du Thillet, par despit de son pere qui l'avoit desherité; et mesme son grand-pere, qui estoit frere du roy Charles cinquiesme, avoit faict une pareille faulte, car il laissa son surnom de Valois pour prandre celuy de son appanaige. — Or, puisque la chose va ainsi, dist le Roy, il n'y a que tenir pour Martigues; et approuve tout ce que a faict en cecy Vieilleville. » Et commanda Sa Majesté sur le champ au sieur de Chemaux de planter vis-à-vis de la banniere de Montmorency celle de Rieux, et au dessoubs de Montmorency y mettre Martigues, et au dessoubs de Rieux La Trimoille; et qu'il n'y eust faute, car avec la raison il luy plaisoit ainsi. Ce qui fut promptement executé, tant en l'eglise cathedrale qu'en l'abbaye de St. Remy, avec gardes du Roy qui furent posées aux deux eglises, pour empescher quelque remuement, tandis que le Roy sejourna en la ville de Rheims; car M. de Martigues et les comtes de Ligny, de Brienne et de Roussy, tous du nom et des armes de Luxembourg, en voulurent murmurer; mais on leur imposa bientost silence par ceste seule remontrance, qu'ils estoient bien princes, mais d'Allemaigne et estrangers, et le sire de Rieux prince français.

CHAPITRE IV.

Henri II prend la résolution de visiter les provinces de son royaume.

Le Roy, au partir de Rheims, vint loger à Saint-Marcoul pour y faire sa neufvaine, suivant l'ancienne coustume des roys après leur sacre; de laquelle neufvaine ils prennent leur vertu de toucher et guerir des escrouelles : car saint Marcoul en fust grievement persecuté, et fist sa priere à Dieu pour ceux qui en seroient frappez, telle que l'on peut veoir en sa legende. Touteffois, quand le Roy touche les malades, ce qui arrive aux quatre grandes festes de l'an, il ne parle nullement de saint Marcoul, et dit seulement ces mots, empanant (¹) le visage du patient, en forme de signe de la croix : « Le Roy te touche, Dieu te guerisse. » Il fault doncques que les grand et premier aulmosniers, qui marchent devant le Roy, en facent mention en leurs suffrages. Ceste neufvaine, au reste, se faict en très-grande devotion par le Roy, qui jeusne trois ou quatre jours, et est en continuelle priere avec les evesques et abbés qui l'accompaignent; se monstrant, outre cela, fort peu et à peu de gens durant son sejour audit lieu, et ne s'y parle d'aulcun passe-temps; mesme les dames de la Cour, ny les filles de la Royne, n'y sont aulcunement parées.

Toute ceste devotion parachevée, le Roy vint en la plaine de Commercy, où il avoit commandé que les susdites compaignies d'Allemans, tant de cheval que de pied, se trouvassent en bataille; à quoy il fut promptement obey; et les ayant veues et jugé belles, il les remercia de leur diligence et affection à son service. Et oultre les monstres qui furent le lendemain faictes, il fist presents à chacun des colonels, reithesmetres, capitaines, et aultres ayant commandements auxdites trouppes, de chaines d'or, selon leur qualité et merite, et à chacune desdites chaines une medaille d'or y pendante, où estoit gravé son portrait. Apres cela il les licencia, leur faisant dire secrettement qu'ils se tinssent prets de marcher à quand ils seroient mandez, et que quinze mois ne passeroient poinct qu'ils n'eussent de ses nouvelles; ce qu'ils promirent; et se retirerent très-contants, ayant pris leur argent d'arres,

---

(¹) *Empanant* : Etendant la main sur.

que l'on appelle en leur langaige *arriguet* (¹). On se doubtoit bien que Sa Majesté faisoit ceste retenue pour l'entreprise de Bouloigne, qu'il avoit merveilleusement à cœur.

Mais, pour endormir les Anglais sur la confirmation de la paix que leur avoit annoncée M. de Vieilleville, Sa Majesté, attendant que toutes choses fussent prestes pour ceste recousse, délibera de faire ses entrées aux bonnes villes de son royaume, et commencer par celles de Champaigne, de Bourgoigne, et, poursuivant son chemin, visiter tout d'ung trait ses frontieres de Savoye et du Piedmont : qui fut cause qu'il s'en retourna à Fontainebleau pour s'y preparer, ayant fait advertir lesdictes villes de sa deliberation. Auquel lieu M. de Vieilleville print congé de Sa Majesté pour s'en aller en sa maison donner ordre à ses affaires, et y prendre le moyen de se trouver en riche équipage auxdictes entrées; et séjourna quasi tout l'hyver à Paris pour ses procès et aultres negoces; puis, sur le printemps de l'année suivante 1548, print le chemin de sa maison.

CHAPITRE V.

On propose à M. de Vieilleville le mariage de sa fille aînée avec le fils du marquis d'Espinay.

ARRIVÉ qu'il fut à Angiers, M. l'abbé de Sainct-Thierry, grand doyen de l'eglise cathedrale, son frere,

---

(¹) *Arriguet.* Lorsqu'on levoit des lansquenets, on leur donnoit des arrhes qui s'appeloient le *lauf guelt;* lorsqu'on les faisoit marcher, ils recevoient une autre somme qui portoit le nom d'*aureit guelt*, ou *arriguet*.

luy dist, apres les bonnes cheres, que M. d'Espinay
luy estoit venu demander sa fille aisnée pour son fils
aisné, que l'on appelle M. de Segré, et prié de luy
en escrire. Et, encores qu'il l'eust reffusée à plusieurs,
il n'estoit pas d'opinion qu'il negligeast ce party, estant ledit sieur d'Espinay riche de quarante mille
livres de rente, d'ancienne et illustre extraction, au
reste fort aisé et nullement en arriere, car il n'y avoit
aucune debte; mais, qui plus est, c'estoit la maison
de Bretaigne autant richement meublée; et sont le
pere et la mere, qui est de ceste illustre maison de
Goulaine, en reputation d'estre fort gens de bien et
d'honneur, faisants ung recueil et chere incroyable à
leurs parents, amys, voisins, et à tous ceulx qui les
viennent voir; et que son advis estoit que, incontinant
qu'il auroit sejourné cinq ou six jours en sa maison
de Sainct-Michel-du-Bois, et veu madame de Vieilleville, qu'il le devoit aller veoir, et remettre sur les
propos que luy-mesme avoit print la peine de luy venir dire jusques à Angiers. « Car il ne la vous demande pas, dist-il, pour vous gehenner en finances,
ny demander l'argent d'un mariage tel que ma niepce
peult et doibt apporter à ung mary tel que cestuy-là;
mais seulement il la veult attendant ses droicts succes-
sifs, sans aultrement vous contraindre; car il scest bien
que la succession de Durestal ne vous peut faillir,
puisque je suis d'eglise et vous mon heritier. Ce n'est
pas encores tout; car la faveur que vous avez à la
Cour le y convie plus que toute aultre esperance, et
ne luy sçauroit-on oster de la fantaisie que vous ne
soyez devant trois ou quatre ans mareschal de France,
qui luy nourrist au cœur et en l'ame quelque marque

de grandeur pour son fils. A ceste cause, mon frere, il me semble que vous y devez soigneusement penser; et si vous l'avez vouée à quelqu'un de vos amis à la Cour, je vous prie de rompre cela dextrement, comme vous sçaurez bien faire; car en meilleur lieu ny plus advantageux ne la pourriez-vous loger. Mais donnez-y ordre promptement, car je suis adverty qu'il y a une princesse, que bien cognoissez, qui recherche à vive force de mettre là-dedans l'aisnée de ses trois filles : qui me fait vous prier encores une bonne foys de croire mon conseil et de l'effectuer. »

M. de Vieilleville luy respondit qu'il ne falloit pas revocquer en doubte la parolle de M. d'Espinay; « car il y a long-temps, mon frere, que je le congnois, pour l'avoir veu souvent aux estats de Bretaigne, où M. de Chasteaubriant, gouverneur de la province, de la compaignie duquel j'estois lieutenant, l'honoroit bien fort, et luy donnoit auxdits estats des premieres places; et, qui plus est, j'ay esté avec mondit sieur de Chasteaubriant à Espinay, qui est ung chasteau fort-bien basty, de grand et spacieux pourpris, et de très-ancienne marque et seigneurie; et quand il n'y auroit que le colleige de chanoines, nommé Champeaux, qui est à deux mille pas du chasteau, on peult bien juger quelle est leur grandeur. Car il n'y a sainte chappelle en France, hormis celles que nos rois ont fondées, qui luy soit comparable, veu que les papes, archevesques ny evesques, mesme le diocesain, n'y ont que veoir; mais le sieur d'Espinay en pourvoit luy tout seul; et sont les préhandes de mil à douze cents livres de rente chacune. Et fault bien dire que le fondateur avoit grand credit avec le duc de Bretaigne, d'obtenir du Pape ung tel privileige de presentation, veu que les sainctes chappelles royales ne l'ont pas; car il leur fault prandre leurs signatures et toutes les aultres provisions en cour de Rome. Mais je ne m'en esbahy pas, puisque ledit fondateur estoit premier chambellan du Grand-Duc, et grand-maistre de Bretaigne; et y a tantost deux cens ans qu'il possedoit dès ce temps-là toutes les terres et seigneuries qui sont aujourd'huy en leur maison, comme il se peult lire autour de sa sepulture : qui fait bien juger qu'ils sont plantez de immemorable ancienneté. Au demourant, ladicte eglise fort bien servie, avec un maistre de chappelle qui entretient, avec nombre de chantres et huit enfans de chœur, une très-bonne musique, et toujours un excellent organiste; et y a doyen, chantre et aultres dignitez tout ainsi qu'en une eglise cathedralle; et en ay veu plusieurs où les ornemens de drap d'or, d'argent et de soye, n'y sont pas si riches ny si communs que là dedans. Mais le service divin y est si devotement celebré, que M. de Chasteaubriant s'y aimoit tant qu'il y a sejourné douze ou quinze jours pour une fois, sans en partir, avec une chere là nompareille, et à toute sa suite, qui ne se pouvoit faire sans une despence excessive. Mais M. d'Espinay en estoit aussi peu estonné et ennuyé que s'il eust esté ung grand prince, et qu'il n'eust eu qu'ung gentilhomme de six mille livres de rente à traicter.

« Mais je crains, mon frere, une difficulté qui pourra reculer ou rompre du tout nostre entreprise, qui est que sa grande-mere et la mienne estoient sœurs, filles d'Estouteville. — Ne vous donnez peine de cela, mon frere, dist M. de Saint-Thierry; car n'estant

M. de Segré et ma niepce que au quart (1) vis-à-vis, les dispences de tels degrés de parentelle s'impetrent fort facilement en cour de Rome; tant y a que je m'en fais fort. — Or, puisque ainsi est, dist M. de Vieilleville, je tiens le mariage pour faict; et ne fauldray d'estre dedans huict ou dix jours au chasteau d'Espinay. »

CHAPITRE VI.

M. de Vieilleville va trouver le marquis d'Espinay.

Sur ceste resolution les deux freres se departirent; et ayant M. de Vieilleville sejourné huit ou dix jours à Sainct-Michel-du-Boys, s'achemina droit à Espinay, où il fut fort magnifiquement receu. Et après toutes caresses, ambrassades et bonnes cheres, M. d'Espinay, prenant M. de Segré par la main, qui estoit ung jeune seigneur de l'aage de dix-sept à dix-huit ans, de fort agreable rencontre et de très-belle esperance, dist à M. de Vieilleville telles parolles : « Monsieur, puisqu'il n'a pleu à Dieu vous donner ung fils, je vous fais present de cestuy-cy, qui est l'aisné de quatre qui me sont demeurez ; voulant desormais qu'il abandonne pere et mere et ceste maison, pour vous suivre et faire service toute sa vie comme à son pere d'honneur; et pouvez croyre, monsieur, qu'il y a plus de six ans que je le vous avois ainsi voué en mon ame ; estant très-marry que vous m'aiez prevenu ; car je jure au Dieu éternel que j'avois deliberé de le vous mener

(1) *Au quart* : au quatrième degré.

mo-mesme jusques à Sainct-Michel-du-Boys, incontinant que j'eusse esté averty de vostre retour de la cour, et vous descouvrir une partie de ma pensée. »

Mais M. de Vieilleville repartit tout aussi-tost, luy disant, après l'avoir fort dignement remercié, qu'il n'estoit besoing qu'il usast de redites, puisqu'il avoit mis sa conception en la bouche de son frere l'abbé de Saint-Thierry; de quoy il luy avoit bien grande obligation, croyant parfaitement que le ciel luy avoit bridé la langue pour ne respondre à plusieurs qui luy avoient demandé sa fille, affin de la luy garder; comme aussi il ne doubtoit point qu'il n'eust esté en pareille peine de ne rien stipuler pour son fils avecques d'aultres; et que, puisqu'ils estoient ensemble, et leurs volontés conformes et unanimes, il luy sembloit, sauf son meilleur advis, qu'ils y devoient mettre la derniere main, et conclure l'affaire avant se départir. A quoy s'accorda fort volontairement M. d'Espinay, qui fist bien cognoistre à M. de Vieilleville, par l'estroit embrassement qu'il fist de sa personne, de quelle ardeur il desiroit ceste alliance; et fust arresté sur l'heure que M. de Segré, au partir d'Espinay, viendroit avec M. de Vieilleville, non-seulement veoir sa maitresse, mais pour le suivre à la cour et ailleurs où il se presenteroit occasion d'aller à la guerre, pour commencer à veoir le monde et se depaïser.

Quant au traitement, il ne se peult quasi exprimer; car l'on eust dit proprement que c'estoit un roy qui traitoit un grand prince, non-seulement pour l'apparat des vivres, qui estoit très-opulent, ny de l'ordre qui y fut tenu six jours durant, mais pour la grande compaignie de noblesse qui se trouva lors au chasteau d'Espinay, à la reception de M. de Vieilleville ; parmy laquelle il n'y eust espèce de passe-temps qui ne fust mise en avant ; les gentilshommes d'une sorte, les dames et damoiselles d'une aultre : mais sur toutes la luitte et les dances emportèrent le prix ; car la Bretaigne a ces deux exercices d'excellent et de singulier sur les aultres provinces de France. Cependant, madame d'Espinay, qui estoit une maistresse dame, provide et très-avisée, donnoit ordre sans bruit pour l'équipaige de son fils, saichant qu'il s'en devoit aller avecques M. de Vieilleville, qui fut de douze chevaulx, deux mulets de coffres, et d'une charette attelée de quatre chevaux, pour porter les hardes et bagaiges de ses gens. Car il luy donnoit trois gentilshommes et deux paiges ; et pour l'entretenement de tout ce train, ladite dame fist mettre dans ses coffres, pour l'année entiere, sept mille escus seulement; car elle se doubtoit bien que, pour la bouche de son fils, il ne se feroit aucune despence.

CHAPITRE VII.

Qualités de mademoiselle de Scepeaux.

Le septiesme jour, ceste grande compaignie se rompit à cause du partement de M. de Vieilleville, qui fust conduit par M. et madame d'Espinay, chemin faisant à Sainct-Michel-du-Boys, en ung autre de leurs maisons, fort belle et de très-plaisante assiete, nommée Sauldecourt, où il fut magnifiquement traité deux jours entiers. Et là ces deux seigneurs se donnerent mutuellement la foy pour le mariage de leurs enfants; puis M. de Vieilleville reprint son chemin chez soy ; auquel lieu il ne sejourna pas semaine entiere qu'il ne receut ung pacquet du Roy par courier exprès, pour le faire diligenter de venir trouver Sa Majesté ; lequel il renvoya incontinant, avec promesse de partir bientost après; car il vouloit donner le plaisir à ces deux jeunes personnes de s'entretenir et deviser ensemble, et à madame de Vieilleville le loisir de bien considerer l'humeur de son gendre prétendu et y prendre garde. Mais, l'ayant trouvé bien conditionné et de conversation fort acostable, elle estima sa fille très-heureuse de tomber en telle main. Aussi, à la vérité, l'on eust irrémissiblement peché de confiner avecques ung mary fascheux et incompatible une telle damoiselle, et si bien née.

La beauté de laquelle je ne vueil poetiquement celebrer ; car il ne suffit pas aux poëtes de tirer, pour les beautés, leurs comparaisons des choses terrestres, comme de lys, roses, œillets et toutes autres fleurs, semblablement du coral, albastre, yvoire, perles et aultres pierres de prix; mais les vont crocheter jusques aux cieux, attaquant le soleil et ses rayons, l'argentine rondeur de la lune, l'estincellement des estoilles, et sur-tout la varieté des supernaturelles couleurs de l'aube du jour, qu'ils appellent aurore ; et bien souvent, trop hardys, passent plus oultre, cherchants les anges et la mesme déité. Mais quand on vient à contempler celles qu'ils ont tant hyperbolisée (pour user du mot de leur plus riche figure, et sans laquelle leur poësie demeure fort seiche), on trouve qu'elle n'approche en rien de la blancheur du lis, et n'a encores atteint, pour belle qu'elle soit, le vermeil de la rose, tant s'en fault qu'elle la puisse surpasser; de sorte que telles louanges deviennent fort regnardieres, au grand mespris et risée, tant de celle qui a esté ainsi vainement louée que de ce pauvre fou passionné qui s'est vanté de rien. Qui sera cause que je me contenteray de dire, avec vérité, que c'estoit une très-belle damoyselle, haulte, droite, et de fort belle taille; les cheveux blonds et luisants, sans aucune tache de rousseur; ayant le tainct fort vermeillement clair, entremeslé d'une très-naïfve blancheur; le tout accompagné d'une humble modestie, d'ung esprit très-gentil, avec une grace si doulce, et parler si élegant, qu'elle se rendoit à ung chacun admirable; et pour mettre la derniere main à ce très-excellent creon, elle n'avoit pas encores saeze ans accomplis.

Il ne se fault pas esbahir si ce jeune seigneur, que le ciel avoit doué de plusieurs perfections en fut, à ceste premiere veüe espris, avec l'impression que desja il en avoit par les rapports que l'on luy en avoit faicts; de sorte qu'il commençoit à apprehender le partement de M. de Vieilleville pour son voyaige de la Cour, et de se veoire privé de la presence de celle qu'il aymoit plus que soy-mesme. Toutesfois, préferant l'honneur à toutes choses, il n'en fist aulcune démonstration, tant estoit secret en son ennuy. Et si ce desir, qui a ung merveilleux pouvoir sur la jeunesse, taschoit de le retenir en la maison, il y en avoit ung aultre qui l'en chassoit; car il brusloit d'envie de veoir la guerre et la Cour, et n'estoit, par ce moyen, son esprit delivré d'un dangereux conflict, ayant à se combatre et se vaincre soy-mesme; mais, prenant la vertu de son costé, qui le fist triompher de l'amour, il remontra à M. de Vieilleville, huit jours après le partement du courrier, qu'il y avoit danger que le Roy trouvât mauvais une si longue demeure, et seroit necessaire de déliberer de son partement, parce qu'il estoit à craindre, s'il sejournoit davantage, qu'il ne fust pas à temps pour avoir sa part de l'entrée de Troyes. De quoy M. de Vieilleville fust très-aise; et, dès le deuxieme jour ensuivant, ils s'acheminerent droit à Angiers, où arrivé, M. de Saint-Thierry receut son frere encore mieux que de coustume, et en plus grande compaignie de gens d'Eglise et de judicature, pour faire paroistre à son esperé nepveu sa grandeur et moyen, qui ne pouvoit assouvir de contentement, se voyant ung si honneste heritier, qu'il trouvoit de très-gentile et fort agréable façon.

CHAPITRE VIII.

M. de Vieilleville présente au Roi le fils du marquis d'Espinay. — Entrée du Roi dans la ville de Chambéry. — Différend du duc de Vendôme et de M. d'Aumalle.

Au partir d'Angiers, M. de Vieilleville fist telle diligence, qu'il se trouva le douzieme jour d'après à Troyes, où estoit le Roy, toutesfois l'entrée desja faicte; de quoy il fut fort deplaisant; car M. de Segré, que je n'appelleray plus que du nom d'Espinay, eust veu chose dont la semblable n'avoit encores jamais passé devant ses yeux, d'aultant qu'elle fust triomphante et magnifique, et mise au nombre des plus belles de toutes les villes de France. Et le lendemain s'estant M. de Vieilleville presenté au Roy pour luy baiser les mains et faire la reverance, Sa Majesté luy demanda où estoit son fils; qui lui respondit qu'il n'estoit pas si heureux que d'en avoir, et que Dieu ne luy avoit donné que des filles. A quoy le Roy repliqua incontinant qu'il sçavoit bien qu'il avoit amené son gendre, et qu'il le vouloit tout presentement veoir. Mais comme M. de Vieilleville voulut differer et remettre cest honneur à trois ou quatre jours de là, affin de l'instruire et apprendre sa cour, ce neantmoins Sa Majesté insista tellement qu'il le fallut envoyer querir; devant laquelle estant la chambre pleine de princes et seigneurs, M. d'Espinay se présenta avec telle assurance et bonne grace que s'il eust esté toute sa vie nourri à la cour et avecques les roys : ce que Sa Majesté loüa grandement; et sur l'heure elle le fist gentilhomme de sa chambre, et voulut que ce mesme jour il en servist : ce qu'il continua tout le voyaige du Piedmont, tant estoit grande la faveur de M. de Vieilleville. Aussi faut-il dire que le Roy affectionna fort mondit sieur d'Espinay pour ses gentiles et agréables façons, et prenoit grand plaisir à son service.

De Troyes, le Roy traversa toute la Bourgoigne, faisant à Dijon, Beaune et autres de la duché ses entrées; puis vint en Savoye pour en faire de mesme, et commença par la ville de Chambery, en laquelle y avoit cour de parlement que François-le-Grand son pere y avoit establie à la françoise, esperant que ceste duché deust demeurer à jamais incorporée à la couronne de France; et comme l'on vouloit marcher en cérémonie, chacun tenant son ranc selon sa qualité, il survint un petit différand entre M. Anthoine de Bourbon, duc de Vendosme, premier prince du sang, qui depuis fut roy de Navarre, et M. François de Lorraine, duc d'Aumalle, fils aisné de M. Claude de Lorraine, duc de Guyse; qui fut tel :

Mondict sieur de Vendosme, qui avoit toujours accoustumé à toutes les entrées de marcher le premier après le poisle du Roy, et seul de son rang, fut esbahy de voir à sa main gauche ledit duc d'Aumalle, auquel il dict telles parolles : « Mon compaignon, tenons-nous rang en ce pays-cy ? — Ouy, monsieur, respond le duc d'Aumalle, et plus qu'en aultre pays de France; car estant cestuy-cy de nouvelle conqueste, duquel je suis gouverneur et lieutenant-général pour le Roy, Sa Majesté veult monstrer à tous les estats d'iceluy en quel estime il a ceste province, et m'a commandé de marcher ainsi. — Je le dy, mon compaignon, repliqua M. de Vendosme, parce que tout ce que pourroit faire le chef de vostre maison seroit d'estre en ma main. — Je le pense bien, monsieur, respond M. d'Aumalle, en la France; mais hors le royaume vous seriez après luy, parce qu'il est souverain, et vous ne l'estes pas, ains subject et vassal de la couronne de France; et M. de Lorraine ne tient son estat que de Dieu et de l'espée. »

M. de Vendosme, picqué de ce superbe langage, se relaisse de son ranc, et se retire comme saige prince, pour obvier à quelque trouble. De quoy adverty, le Roy, qui n'estoit pas encores sous le poisle, mais attendant que tout fust en ordre pour marcher, le fist sçavoir à M. le connestable; et eux deux adviserent d'envoyer devers ledit duc de Vendosme M. de

Vieilleville pour le rappaiser; ce qu'il fist fort dextrement. Mais luy demandant M. de Vendosme, qui estoit desja gaigné par les remontrances qui luy avoient esté faites, comme il pourroit honnestement retourner, veu qu'il en estoit sorty en colere et par dedaing de la reponce du duc d'Aumalle : « Dictes-luy, monsieur, respond M. de Vieilleville, qu'il marche hardiment au ranc où il est; que si le Roy avoit commandé à ung laquais de s'y mettre, que vous le y souffririez, et l'auriez très-agréable pour le respect du mandement : vous ne vistes jamais homme si fasché. » M. de Vendosme, qui ne se pouvoit contenir de rire pour la subtilité de l'advertissement, vint reprandre sa place; mais il n'oublia pas sa leçon, qui offencea tellement M. d'Aumalle, que sans quelque consideration il eust volontiers quitté la sienne; mais il estoit fort esclave des honneurs et de la gloire. Lors le Roy, qui avoit veu M. de Vendosme retourné en son lieu, entra incontinant soubs le poisle, et commencea lors à marcher. Ces deux princes toutesfois ne laisserent de soupper ce soir-là ensemble, tant sont les courtisans dépravez et nourris en dissimulation, au festin que avoit preparé le premier president de ladite cour de parlement aux princes et grands seigneurs de la suicte; car il n'y avoit poinct de dames, estant la Royne demeurée à Lyon.

CHAPITRE IX.

Entrée du Roi dans la ville de Saint-Jean-de-Maurienne, et dans celle de Turin. — Largesses de ce prince en Piémont.

Les aultres villes de Savoye, par le chemin de Chambery tirant au Mont-Cenys, ne meritoient pas qu'un si grand Roy se deubt parer en sorte quelconque. Aussi il les passa en chasseur, sa trompe en escharpe. Il est vrai que à Sainct-Jehan de Morienne, pour ce qu'elle porte tiltre d'evesché, il fust prié par l'evesque et les habitants de les honorer de quelque forme d'entrée, et l'asseurerent de luy donner le plaisir de quelque nouveauté qui le contenteroit, et qu'il n'avoit encores jamais veue. Sa Majesté, pour ne perdre sa part de ceste nouvelle invention, à luy toutesfois incongneue, les en voulut bien gratiffier, et se presenta le lendemain à la porte de Morienne en équipaige assez royal pour une telle ville, accompagné des princes et seigneurs de sa suicte, semblablement de toute sa maison, et entra soubs le poisle à luy preparé. Mais comme il eust marché environ deux cents pas en belle ordonnance, voici une compaignie de cent hommes, vestus de peaux d'ours, testes, corps, bras et mains, cuysses, jambes et pieds, si proprement, qu'on les eust pris pour ours naturels, qui sortent d'une rue, le tambour battant, enseigne deployée, et chacun l'espieu sur l'espaule, et se vont jecter entre le

Roy et sa garde de Suisses, marchants quatre par rang, avec un esbahissement très-grand de toute la cour et du peuple qui estoit par les ruës, et amenerent le Roy, qui estoit merveilleusement ravy de veoir des ours si bien contrefaicts, jusques devant l'eglise; qui mist pied à terre, suyvant la coustume de nos roys, pour adorer : auquel lieu l'attendoient l'evesque et le clergé, avec la croix et les reliques en forme de station, où fut chanté ung motet en fort bonne musique, tous en chappes assez riches et aultres ornements.

L'adoration faicte, les ours dessusdicts remenerent le Roy en son logis, devant lequel ils firent mille gambades, toutes propres et approchantes du naturel des ours; comme de luycter et grimper le long des maisons et des pilliers des halles; et (chose admirable) ils contrefaisoient si naturellement par ung merveilleux artifice en leurs cris, le hurlement des ours, que l'on eust pensé estre parmy les montaignes : et voyants que le Roy, qui desja estoit en son logis, prenoit ung grandissime plaisir à les regarder, ils s'assemblerent tous cent, et firent une chimade ou salve à mode de chiorme de galere, tous ensemble si espouvantable, qu'un grand nombre de chevaux sur lesquels estoient valets et lacquests attendant leurs maistres devant le logis du Roy, rompirent resnes, brides, croupieres, et sangles, et jetterent avec les selles tout ce qui estoit dessus eux; et passerent (tant fut grande leur frayeur) sur le ventre de tout ce qu'ils rencontrerent, qui fut le comble de la risée, non pas pour tous, car il y en eust beaucoup de blessez; mais pour ce desastre ils ne laisserent de dresser une carolle ou danse ronde, leurs espieux bas; parmi laquelle les Suisses s'abanderent;

car ils sont comme patriotes des ours, d'autant qu'il s'en trouve en leurs montaignes, comme en celles de Savoye, estants toutes nommées Alpes ; où le Roy confessa n'avoir receu en sa vie aultant de plaisir pour une drollerie champestre, qu'il fist lors, et leur fit donner deux milles escus.

Finalement le Roy passa le Montcenys, Suze et Villiane, et vint à Thurin, premiere ville et place de renom de tout ce qu'avoit conquis en Piedmont, autrement de-là les monts, le feu roy son pere, François-le-Grand, qui avoit avant mourir instalé pour vice-roy et son lieutenant-général, M. le prince de Melphe, mareschal de France, de tout cest estat, qui estoit le plus grand gouvernement de l'obeissance de la couronne de France ; car il commandoit à douze ou quinze gouverneurs de villes, qui eussent soustenu chacune ung siege des plus furieux trois ou quatre mois ; à plus de vingt ou trente capitaines de gendarmes, qui en ce temps-là estoient au nombre des anciens chevaliers et seigneurs de France ; *item*, à pareil nombre de cavallerie legere, et à plus de deux cents capitaines de vieilles bandes françaises, italiennes, d'Allemagne et de Suisse ; les compaignies de tous lesquels capitaines, tant de cheval que de pied, estoyent respandues en garnison auxdictes villes. Il ne fault point demander si Sa Majesté fut superbement receue, ny avec quels triomphes et magnificences tous les gouverneurs et capitaines susdicts s'efforcerent de faire paroistre à l'envy, chacun en droit soy, à la bienvenue de leur prince, pour avoir cest honneur d'estre veus et recongnus de luy, semblablement recompensés de tant de vaillances et gestes vertueux qu'ils avoient exercez au grand hazard de leur vie pour son service, et la manutention d'ung tel estat, à la gloire et exaltation de sa couronne : s'asseurants bien tous aussi que Sa Majesté n'avoit oublié l'honneur qu'ils avoient acquis à la nation française en la bataille de Sirizolles, qu'ils avoient gaignée quatre contre sept, par l'heureuse conduite du feu prince d'Anghien, dont la memoire estoit si recente qu'il n'y avoit pas encores quatre ans accomplis : en quoy ils ne furent nullement trompés. Car il tira hors desdictes villes frontieres les gouverneurs, et leur donna des gouvernements en la France pour luy faire service en repos; les capitaines de gendarmes il honora de l'Ordre, et à toute la fanterie en général, de quelque nation qu'elle fust, il fist faire double monstre; et fist particulierement beaucoup de riches presens à tous les seigneurs, selon leur merite. Les aultres il privilegea du tiltre de noblesse à perpetuité.

Sa Majesté voulut aussi que la gendarmerie, qui avoit fait monstre il n'y avoit pas trois sepmaines, la refist encore en sa presence pour le mesme quartier; qui fut payée de nouveau. La cavalerie ligere receust mesme faveur. Aux stropiats qui avoient perdu bras et jambes, ou la moitié de la veue, pour son service, il fist donner, oultre les susdictes monstres, de l'argent, et les relegua dedans des abbayes en France, ordonnant aux abbés de leur donner pension annuelle pour le reste de leur vie : et dure ceste institution jusques aujourd'huy, que l'on appelle *ung donné,* qui se court et se brigue quand il vacque par tous soldats qui sont fortunez [1] à la guerre de leurs

---

[1] *Fortunez* : privés par accident.

membres, à faulte desquels ils ne peuvent plus porter les armes : et y a bien peu d'abbayes en France qui n'en soyent chargées. Au fils du prince de Melphe il donna l'evesché de Troyes, l'abbaye de Sainct-Victor de Paris, et d'aultres riches benefices; usant de mesme largesse aux enfans des gouverneurs et capitaines de gendarmerie : somme, il exerça une telle liberalité envers tous, depuis les plus grands jusques aux pionniers et leurs capitaines, qu'il n'y avoit carrefour, rue, chemin, canton ny maison, où l'on n'entendist sonner et retentir ce cry : *Vive le Roy*. Aussi il y laissa douze cents mille francs ; de quoy il ne se fault esbahir; car il fist oultre tout cela une bonté là nompareille, que l'on peut mettre au nombre des plus desbonnaires et charitables traicts qu'un Roy sçauroit faire : car il ordonna que tous les habitans des villes de son obeissance, ausquels ses capitaines et soldats devoient de l'argent, et qui estoient morts sans payer les debtes bien averées, fussent remboursés. Et par toutes les villes, Sa Majesté deputa pour commissaires de l'appurement desdictes debtes, les maistres des requestes de son hostel, que l'on trouva revenir à une somme immense. Qui fut ung contentement si grand à tous les Piedmontois de sadicte obeissance, qu'ils oublierent dès lors les regrets de la perte de leur seigneur naturel, le duc de Savoye ; estimants leur fortune bien meilleure que celle de leurs voisins soubs la subjection de l'Empereur : car leurs soldats, non-seulement les morts, mais les vivants, principalement Hespaignols et Italiens, leur emportoient, changeants de garnison, ou se retirants du service, la pluspart de leurs biens, sans esperance de remboursement ny d'aulcune justice.

CHAPITRE X.

Honneurs rendus à M. de Vieilleville par le prince de Melphe.

Mais auparavant, M. le prince de Melphe estoit venu jusques à Veilliane pour recevoir le Roy et luy baiser les mains, accompaigné d'une grosse troupe de cavallerie et fanterie des plus lestes et braves de tout le Piedmont. Après s'en estre acquité, et avoir receu de Sa Majesté un fort bon visaige, comme s'estant porté très-soigneusement en une si grande charge, et faict le semblable aux princes et seigneurs là presens, il demanda M. de Vieilleville, qui se presenta incontinant; et l'ayant embrassé plusieurs fois, le print par la main, et le mena devant le Roy, disant à Sa Majesté telles parolles : « Sire, voilà le gentilhomme à qui je suis plus obligé que à tout aultre qui soit, non pas en France, mais au reste du monde; car c'est celuy qui, en me sauvant la vie, me fist quiter par ses persuasibles remonstrances le service de l'Empereur pour entrer en celuy de la couronne de France. C'est celuy qui, pour gaigner un serviteur au feu Roy, vostre seigneur et pere, et à Vostre Majesté, me quicta fort liberalement, estant son prisonnier, soixante mille ducats de ranson à quoy je m'estois soubmis : je ne sçay quelle recompense il en a eüe. C'est celuy enfin, qui, avec la poincte de son epée, conserva l'honneur et la vie de ma femme et de mes enfans : par tant d'obligations et bienfaicts, ceste assistance l'asseurera du fonds de l'amitié que je luy doibts porter et porteray toute ma vie; et pour commencer à l'approcher de moy, j'ay esté son fourrier à Thurin, l'ayant desja logé tout joignant mon logis affin de participer en son bon conseil, encores que j'aye esté adverty que ceux qui ont le plus d'authorité auprès de Vostre Majesté l'ayent trouvé fort mauvais; de quoy toutesfois je ne me donne aulcune peine, car ny la peur ny l'esperance ne me feront jamais manquer de mon debvoir ny tomber au vice d'ingratitude. »

M. le connestable, irrité de ce langaige (car il s'addressoit notamment à luy), s'advancea de dire, comme grand-maistre de France, qu'il en falloit laisser faire au grand mareschal des logis du corps du Roy et mareschaux de logis, qui sçavoient les rancs de tous ceux de la suite; car, rompant l'ordre d'un logis, on mettoit tout le reste en confusion. Mais le prince de Melphe, pressé d'impatience, ne se peult garder de jecter cette parole : « Monsieur, monsieur, nous sommes deça les Monts; quand vous serez par de-là et au cœur de France, vous commanderez comme il vous plaira, et à baguette si vous voulez; mais icy qui n'est pas France, ains un aultre pays à part, je vous supplie de n'y faire aulcune ordonnance sur peine d'y estre mal obey. » Sa Majesté, voyant ce prince en colere, print la parolle, et s'addressant au connestable, luy dist qu'il auroit bien peu de credit en son gouvernement s'il n'y pouvoit accommoder ung sien amy à sa fantaisie.

Tout ce venin procedoit de ce que M. le connestable avoit esté averty que, par le commandement du prince de Melphe, l'escriture des fourriers du Roy qui estoient il y avoit huit jours à Thurin pour dresser les logis, fust effacée, et que quelques soldats italiens chasserent les gens de M. le cardinal de Bourbon du logis qui leur avoit esté marqué, et se mirent dedans affin de le garder pour la personne de M. de Vieilleville, semblablement l'hostellerie des Trois Roys, qui estoit retenue pour l'escurie de M. de Vendosme, que d'aultres soldats gardoient pour le train de M. de Vieilleville, qui estoit grand et accreu de celuy de M. d'Espinay ; et que le prince avoit dit que, sans le respect qu'il portoit au Roy, il eust faict crever de harquebuzades tous les mareschaux de logis et fourriers de la Cour. Cela toutesfois demeura ainsi par le commandement du Roy, affin de ne rien troubler et gratiffier ce vice-roy en quelque chose, qui estoit à la verité bien peu. M. le connestable vouloit toujours, par tout et sur tous, estre le maistre, et que personne ne receust aulcune faveur que par la sienne.

On ne sauroit dire en quelles ny quantes manieres de faveurs ce prince de Melphe gratiffia et honora M. de Vieilleville, jusques à luy envoyer demander le mot, quelquefois par le mestre de camp, une aultre par le sergent major ; car M. le connestable ne le donnoit, comme grand-maistre, que pour la maison du Roy ; s'estant toujours ledict prince reservé le sien pour la ville de Thurin, et ne voulut jamais permettre que celuy que donneroit le connestable fust général. On disoit que ceste picque provenoit de ce que ledit sieur connestable s'estoit efforcé de rendre inutile l'ordonnance liberale que le Roy avoit faicte pour la double monstre des soldats, alleguant qu'ils estoient trop bien en ordre (1); mais la remonstrance que fist le prince qu'ils avoient emprunté tout ce qu'ils portoient pour paroistre braves devant leur Roy, qu'ils n'avoient jamais veu, avec la bonne volonté qu'avoit Sa Majesté de leur bien faire, rompit ce coup, et ne laissa-on de passer oultre : en quoy toutesfois ledit sieur connestable fist grand tort à sa reputation, et en fut fort mal voulu de toutes sortes de gens de guerre de Piedmont; qui fut cause qu'il ne se trouva jamais, tant que le Roy fust par delà, à salve quelconque; mesme quand le duc de Ferrare vint jusques à Thurin pour bienveigner le Roy et luy offrir son service, que l'on dressa pour sa bienvenue, devers le pont du Pô, deux bataillons de gens de pied de vingt enseignes chacun, qui firent en leur salve, à l'arrivée du Roy accompaigné dudit duc, durer ou filer une scopeterie de harquebuzades plus d'une heure, il ne s'y presenta nullement, quelque ban que l'on sceust faire à son de tambour, suivant la coustume, que soldat quel qu'il fust n'eust à tirer de bale sur peine de la hart, craignant que quelque desesperé soldat ne luy fist rentrer ceste parolle à coup de plombs bien avant dedans le corps.

A ceste entrevue, le mariage de la fille aysnée dudict duc de Ferrare avec le duc d'Aumale, duquel nous avons parlé cy-dessus, fut mis en avant et accordé.

Mais, pour revenir, M. de Vieilleville n'abusoit pas de telles faveurs, craignant, en advisé courtisan, d'irriter les grands; car il ne donna jamais le mot que deux fois, encores par importunité : la premiere, en

(1) *Qu'ils estoient trop bien en ordre* : qu'ils étoient bien équipés, et n'avoient besoin de rien.

la place Saincte-Petronille, y estants desja les capitaines à la teste de leurs compaignies pour le prendre ; l'autre, ayant accompaigné ledict prince jusques en son logis, qui venoit du coucher du Roy exprès pour changer le mot. Et estoyent les maistres-de-camp, sergents-majors et tous les capitaines, si duicts à l'amitié que portoit leur gouverneur à M. de Vieilleville, qu'ils luy venoient demander son advis de tout ce qui se presentoit pour le service du Roy, et se trouvoient ordinairement à son lever et coucher pour recevoir ses commandements, estant malade le lieutenant general en l'absence du prince : de quoy il ne se fault esbahir, car il leur tenoit une maison si ouverte, que la table du prince de Melphe leur sembloit fort maigre au prix de ceste-là. Aussi, à la verité, la despence du Français est de tout temps bien aultre que celle, non-seulement de l'Italien, mais de toute aultre nation, mesme de cestuy-cy, qui n'avoit aultre bien ny revenu que des estats de mareschal de France, de gouverneur de Piedmont, de sa compaignie de cent hommes d'armes, et aultres pensions et appoinctements que luy donnoit le Roy, qui pouvoient revenir à soixante mille francs par an, et en avoit quitté plus de cent cinquante mille de bonne rente, pour venir au service de France par la pratique mesme de M. de Vieilleville, ainsi qu'il a esté dict cy-dessus. Il y a bien plus, que ledict prince ne voulut jamais porter l'Ordre au col tandis que le Roy sejourna en Piedmont, voyant que M. de Vieilleville n'en estoit pas chevallier.

Il voulut semblablement retenir à toutes forces auprès de luy M. d'Espinay, luy promettant, premier que l'an expirast, le gouvernement de la ville de Chivas, tant en faveur de M. de Vieilleville que pour la bonne oppinion qu'il avoit desja conceue de mondict sieur d'Espinay, à cause des braves faicts de vertu qu'il avoit remarqués en luy, veu sa grande jeunesse.

CHAPITRE XI.

Le Roi apprend à Turin les séditions arrivées dans quelques provinces au sujet de la gabelle, et il y envoie le connétable et le duc d'Aumale avec des troupes pour y mettre ordre.

Le Roy, parmy tant de triomphes, tant de magnifiques entrées en ses villes de de-là les Monts, tant d'applaudissements d'ung nombre infini de seigneurs, capitaines, braves soldats et de tout le peuple de Piedmont de son obeissance, fut adverty que tout le païs de Guyenne, d'Angoulesme et de Xaintonge, s'estoient revoltez contre luy, et que l'on avoit tué à Bordeaux, fort inhumainement, le sieur de Monneins son lieutenant general en la Guyenne, en l'absence du roy de Navarre, et faict sur ses officiers esdicts païs, principallement de la gabelle et grenier à sel, plusieurs meurtres, voleries et très-horribles massacres.

Nouvelles qui très-fort luy despleurent et l'attristerent grandement, voyant le mespris de sa royale authorité, d'avoir ainsi foulé aux pieds son lieutenant, et la perte de tant de gens de bien. Sur lesquelles M. le connestable luy remonstra que ce n'estoit pas de ceste heure que ces peuples-là estoient capricieux, rebelles et mutins; car, du temps du feu Roy, son seigneur et pere, les Rochelais et païs circonvoisins s'estoient oubliez en pareille faulte; et qu'il les falloit exterminer, et en ung besoing y planter une nouvelle peuplade, pour n'y plus revenir, s'offrant ledict sieur connestable d'en prendre la charge, et avec dix enseignes des vieilles bandes qu'il prendroit en Piedmont, et aultant de lansquenets, ensemble mille hommes d'armes, il promettoit d'en avoir sa raison et d'en satisfaire Sa Majesté.

Mais le Roy, prévoyant les cruautés qui s'y pourroient exercer, craignant aussi que l'innocent, en telle confusion, portast la peine du meschant, modera ceste furie, tant estoit clement et debonnaire, et fut d'advis que lesdites forces y accompagneroient bien son compere; mais il voulut que l'on y procedast par justice, ordonnant que capitaine ny soldat n'eust, sur la vie, à forcer, piller ny tuer, sinon ceux qui feroient resistance, et que l'on se saesist des coupables pour en faire, par les prevosts de son hostel et de la connestablie, pugnition exemplaire. Et donna Sa Majesté, pour compaignon à M. le connestable en ceste charge M. le duc d'Aumalle, duquel nous avons tant de fois parlé cy-dessus, fils aysné du duc Claude de Guise.

Ceste deliberation ainsi prinse, le Roy fort fasché repassa les Monts et vint à Lyon, d'où partirent lesdicts sieurs connestable et d'Aumalle pour faire leur voyage; ledict connestable par la riviere du Rhosne pour se rendre à Thoulouse; l'aultre print la riviere de Loire à Rouenne pour venir à Tours, et de-là gaigner Poictiers, chacun avec leur part des forces susdictés.

[1549] De Tours, M. de Vieilleville, qui avoit suivi

M. le duc d'Aumalle, donna congé à M. d'Espinay d'aller veoir Sa Majesté; car il se doubtoit bien que l'on ne meneroit poinct les mains, et qu'ils ne trouveroient à combattre, d'autant que dès Orléans M. d'Aumalle eust nouvelles que toutes ces trouppes populaires estoient écartées et comme fondues, estant leurs chefs advertis qu'il leur descendoit une armée royale sur les bras.

Et s'estant joincts lesdicts sieurs environ Pujols, que l'on appelle entre les deux mers, ceux de Bordeaux envoyerent à Langon ung grand batteau très-magnifique, sur lequel estoient chambres et salles vitrées, painctes d'or et d'azur, et semées des armoiries dudit sieur connestable, avec trois ou quatre deputez pour le luy presenter, et le supplier de s'y embarquer pour descendre en la ville; et avoient quelque harangue à luy prononcer pour l'esmouvoir à misericorde et pitié : mais il les repoulsa fort dedaigneusement, leur disant qu'il ne vouloit entrer à Bourdeaux ny par porte ny par batteau; et qu'il avoit dequoy faire d'aultres nouvelles entrées, car on traisnoit après luy vingt pieces d'artillerie; et les renvoya avec très-rigoureuses menaces. Lesquels misrent, à leur retour, tous les habitants de la ville en telle frayeur et espouvantement, qu'ils eussent aussitost choisy la mort que la vie, pour l'apprehension des cruautés dont on les menaçoit, principallement les femmes et filles; car huict jours premier que l'armée se presentast le bruit estoit commun que tout devoit estre abandonné à la force et au pillage.

Estant entrez en la ville, lesdicts sieurs avec les gens de pied seulement et quelques harquebuziers à cheval, sans y trouver aucune resistance, firent, l'espace d'environ ung moys, faire de terribles executions, tant par mort naturelle que civile; car il fut executé plus de sept vingt personnes à mort en diverses sortes de supplices, comme de pendus, decapitez, rouez, empallez, desmembrez à quatre chevaux, et bruslez, mais trois d'une façon dont nous n'avons jamais ouy parler, qu'on appeloit mailloter; car on les attacha par le mytant du corps sur l'eschaffauct, à la renverse, sans estre bandez, ayant les bras et jambes delivrés et en liberté; et le bourreau, avec un pillon de la mesme longueur et grosseur et façon que ceux des ferreurs de fillace, mais de fer, leur rompit et brisa les membres, si bien qu'ils ne les peurent plus mouvoir ny remuer, sans toucher à la teste ny au corps: supplice à la verité fort cruel; mais ces criminels en furent les premiers inventeurs, car ils avoient pris deux receveurs ou fermiers des greniers à sel d'Angoulesme, lesquels, attachés sur une table tout nuds, ils firent mourir trop inhumainement, à force de bastonades; puis les jetterent en la riviere, disant par mocquerie: « Allez, meschants gabeleurs, saler lès poissons de la Charante. » Mais, au lieu de cela, et par un jugement très-équitable, le bourreau les jecta tous trois dedans ung feu là preparé, et à demy-morts, prononçant tout hault (ainsi estoit porté par leur arrêt): « Allez, canaille enragée, rostir les poissons de la Charante que vous avez sallez des corps des officiers de vostre Roy et souverain seigneur. »

Quant à la mort civile, tous les habitans quasi firent amende honorable en plaine rue, à genoulx devant mesdicts sieurs estant à la fenestre, criant misericorde et demandant pardon, et plus de cent, à cause de leur jeunesse, seulement fouettez, et de merveilleuses amandes et interdictions, tant sur le corps de la cour de parlement que de l'Hostel de Ville, et sur ung grand nombre de particuliers. Il n'y eust pas seulement les cloches qui ne se sentissent de l'ire et vengence du prince; car il n'en demeura une seule en toute la ville, ny au plat païs, sans espargner les horloges, qui ne fust rompue et confisquée au proffit du Roy pour son artillerie; et infinies aultres tribulations et miseres, plus à plain mentionnées en l'histoire de Paradin et aux Annales de France et d'Acquitaine, ausquelles je renvoye le lecteur; et n'en eusse aulcunement parlé, sinon que je ne veux passer soubs silence les braves traicts d'honneur et de justice que M. de Vieilleville, suivant son genereux naturel, exerça en ce voyage.

CHAPITRE XII.

M. de Vieilleville conduit à Bordeaux la compagnie du maréchal de Saint-André dont il étoit lieutenant. — Ce qui lui arrive dans une hôtellerie.

Premierement, ayant pris la compaignie de M. le mareschal de Sainct-André de laquelle il estoit lieutenant, comme dict est, en la ville de Poictiers, qu'il trouva preste à marcher suivant le rendez-vous qu'il en avoit donné, il commanda, par tous les logis qu'il fist jusques à Bourdeaux, de paier comme en l'hostellerie; et affin que son argentier n'en abusast, il ne montoit jamais à cheval qu'il ne prinst serment de son hoste s'il estoit contant ou non, et contraignist toute la compaignie de faire le semblable, alleguant que l'on n'estoit pas sur la terre de l'estrangier, comme Allemaigne, Italie, Hespaigne ou Angleterre, pour ravaiger ny faire aulcun traict en deportement d'hostilité, mais en terre françaíse, et des subjets du Roy, où la pluspart de ladite compaignie avoit ou parants ou amys qu'il falloit respecter et soulaiger ; et s'il y avoit quelqu'un à qui ceste ordonnance ne plust, il se pouvoit hardiment retirer, car sy on y contrevenoit il sçavoit bien le moyen de s'en ressentir ; mais au contraire disoit qu'elle estoit fort aisée à observer, vivant sobrement, sans degast, et commandant aux valets de tenir bride et ne se dereigler; et ne partoit du village que tous les habitans ne se contentassent de leurs hostes, demeurant toujours le dernier pour en ouyr les plaintes ou le contentement; surtout, si on avoit rien pillé ou enlevé, il le faisoit promptement rendre, avec ung fort aspre chatiment des valets à la veue de leurs maistres.

Secondement, marchant toujours la compaignie, et logée en ung gros villaige à trois lieues de Bourdeaux, les palefreniers de M. de Vieilleville descouvrirent dedans le fenil de son logis, sous de la paille et du foing, environ deux cents picques fort belles (car estoient de bois de Biscaye); et quatre-vingts harquebuzes, avec soixante morions gravez sans doreure, six-vingts corcelets la pluspart aussi gravez, cent bourguignotes, cinquante espieux, quatre-vingts rondaches et quarente halebardes, mais de vieille façon. Et ayant faict venir son hoste; il l'interrogea à part sur lesdictes armes, s'il avoit quelque entreprise pour s'en servir à l'execution d'icelle; qui les luy avoit baillées en garde, pourquoy il s'en estoit chargé, s'il avoit jamais eu commandement en ces tumultes populaires, s'il avoit mené les mains en l'affaire des massacres sur les officiers du Roy, s'il avoit part ausdictes armes?

Sur tous lesquels poincts le pauvre homme respondit assez pertinemment, encores qu'il tremblast et fust fort estonné; mais principalement se deschargea de tout malefice, disant entre aultres choses que ses voisins, qui congnoissoient son innocence en tout le progrès des troubles, desquels il ne s'estoit en aulcune façon entremis, avoient apporté, sentant approcher l'armée, leurs armes en son logis; mais qu'il ne sçavoit s'ils avoient participé en toutes ces folies; et, qui plus est, luy dict telles paroles : « Vous voyant, Monseigneur, si debonnaire seigneur, et toute vostre suite domestique si paisible et traitable, sans avoir receu, en deux jours que vous estes ceans, de qui que ce soit une seule rude parolle, je vous veux bien dire qu'il y a en ce logis, dedans ung cavereau que j'ai fait murer, trente et cinq, tant coffres de bois que de bahus, que plusieurs gentilshommes, qui ne se veulent pas fier en leurs maisons, et d'aultres, m'ont faict apporter nuitamment pour garder, sur espérance que mes actions, qui sont du tout exemptes de la recherche de toutes ces desbauches, seront cause que ma maison ne sera poinct pillée ny ravagée; vous suppliant très-humblement, Monseigneur, de tenir la main qu'eux et moy ne recevions aulcun dommaige. »

Mais M. de Vieilleville le jugeant par ses responces incoulpable, et que par le descelement du cavereau il n'estoit pas des plus fins, car il estoit impossible de le descouvrir, tant estoit bien caché ; mais il pensa qu'ayant apprehension de mourir, il luy avoit dict ce secret pour faire eschange de sa vie avecques ce riche present : toutesfois il luy deffendit d'en parler à personne, disant que, s'il se fust adressé à d'aultres, il eust mis son bien et celuy de ses amis en proye. Mais quant aux armes, il luy commanda les mettre toutes en evidence en quelque grange soubs la clef, et luy bailla, sachant que tous les mutins et mauvais garçons du pays s'estoient escartez, ung certificat comme il les avoit achettées et payées, et qu'il les envoyeroit querir quand l'armée partiroit du Bordelais, affin qu'il montrast ledict certificat à tous ceux qui viendroient loger audit village après luy ; et si quelqu'un y vouloit faire force, qu'il l'en vinst advertir, et l'asseuroit d'y donner ordre : qui estoit le vray moyen de les luy conserver, et pour ses amys.

Quand ce bon homme, qui estoit maire dudit villaige et des plus aisez, se meslant de service, void une si grande bonté et courtoisie, il eust adoré M. de Vieilleville s'il le luy eust permis, car il pensoit estre mort, et le suppliant à mains joinctes et les genoulx en terre de prendre ce qu'il luy playroit desdites armes, principalement toutes les picques qui estoient excellemment belles ; mais M. de Vieilleville se courrouceant, luy dict que s'il luy en parloit plus il luy feroit confisquer tout son bien, et la vie quant et quant ; car il y avoit subjet assez grand pour le mettre entre les mains des prevosts, et luy faire son procès : qui fust cause que le pauvre homme se teust et luy demanda pardon, ne congnoissant pas l'integrité de son hoste, qu'il disoit estre la nompareille, veu que la gendarmerie qui estoit logée aux villaiges voisins, en pillant ses hostes, leur faisoit accroire qu'ils avoient sonné le toxsainct, exerçant d'aultres forces et villannies envers les femmes. Cela sçavoit-il par de ses parants et amis desdicts villaiges qui s'estoient reffugiez devers luy, et plusieurs aultres qui, pour éviter l'oppression, se rendoient au quartier de M. de Vieilleville qui luy donna au déloger, outre tout cela et son deffray qu'il reffusa plus de dix fois, une fort ample sauvegarde qui luy servit tout le temps que l'armée sejourna au Bordelais, se vantant partout que le nom de Vieilleville luy avoit saulvé la vie et faict gaigner plus de mil escus; et venoit souvent à Bordeaux veoir les executions de justice, se retirant au logis du Train, où il apportoit toujours, ou des fruicts ou quelque aultre chose ; en recompense de quoy luy faisoit on une fort-bonne chere.

CHAPITRE XIII.

M. de Vieilleville protége un conseiller du parlement de Bordeaux chez qui il étoit logé.

TIERCEMENT, au dernier villaige où la compaignie logea, à une lieüe de Bordeaulx, et qui luy fust donné pour garnison, M. de Vieilleville la laissa entre les mains des sieurs Fervaques et de Chazeron, après avoir donné l'ordre qui y estoit nécessaire, et vint loger, le lendemain de l'entrée de M. le connestable en la ville de Bordeaux, au logis qui luy estoit retenu, auquel ses gens luy avoient faict acoustrer à disner, suivy de plusieurs gentilshommes et capitaines. Et ayant mis pied à terre, M. Valvyn, conseiller de la cour de parlement, son hoste, se presenta à la porte pour le recevoir, se disant très-heureux de loger ung tel seigneur, duquel il esperoit, pour la grande et bonne reputation qui en couroit, ung bon traictement, non-seulement pour le regard de ses biens et famille, mais beaucoup de faveur envers M. le connestable, veu son credit, sur les faulses accusations desquelles on commençoit à le molester, ayant esté desja constitué prisonnier en sa maison, luy recommandant en toute humilité sa personne et son bon droit, et qu'il estoit le très-bien venu. A quoy M. de Vieilleville respondict que l'honneste racueil que presentement il luy avoit faict l'obligeoit grandement à le conserver, et tout ce qui luy appartient, et de prandre sa cause en main; aussi que son port et sa façon ne le jugeoient pas de maulvaise affaire ny de seditieuse humeur; et qu'il ne se devoit estonner de son emprisonnement, estant ceste forme de proceder en tel cas ordinaire, qui ne se faict à aultre fin que pour empescher les habitans d'une ville de conferer ensemble et faire quelques menées ou monopoles; et que après disner ils en parleroient plus amplement, le priant de disner avecques luy.

Et entrez en la salle, madamoyselle de Valvyn, accompagnée entre aultres des jeunes damoyselles ses filles, d'excellente beauté, se presenta semblablement,

mais si esperdüe de l'aprehension de quelque violence
que l'on avoit voulu faire la nuict precedente au logis
de sa sœur, aussi femme d'un conseiller, mais veufve,
et dont ses deux niepces, non moins belles que leurs
cousines, avoient esté contraintes de se retirer chez
elle parce qu'il n'y avoit poinct encores d'hoste,
qu'elle ne luy peust dire aultre chose, sinon luy recommander l'honneur de ses filles et niepces, les luy
presentant toutes quatre. Et comme elle se vouloit
prosterner à genoux, M. de Vieilleville la soubsleva,
luy disant qu'il avoit semblablement des filles, en
souvenance desquelles il traicteroit avec tout honneur
et honnesteté les siennes, et que plustost il luy cousteroit la vie qu'elles receussent aulcun mal ou deplaisir, quand bien le duc d'Aumalle, qui estoit le plus
grand de l'armée, le vouldroit entreprendre : à quoy
il estoit tenu et obligé, non-seulement par sa qualité,
mais par le devoir de chrestien, et de l'obeissance aux
commandemens de Dieu. Et dès lors les print en sa
protection, et les luy bailla, comme à leur mere et
tante, en garde. De quoy le pere et la mere et ces
quatre honnestes damoyselles le remercierent treshumblement, non sans beaucoup de larmes, entremeslées toutesfois de grande asseurance et de contantement ; car elles avoient entendu que, à la furie
de la premiere arrivée, l'on en avoit bien abusé ;
et intimidoit-on tout le monde d'avoir sonné le tocsainct.

La mere, se voyant asseurée par ce langaige, commença à discourir de ses niepces, accusant les gens
de l'hoste de sa sœur, qu'elle nommoit le comte de
Sancerre, et principalement ung jeune gentilhomme

qui voulut rompre la porte de leur chambre pour leur faire desplaisir; mais saulterent par les fenestres sur les fagots, et s'estoient saulvées auprès d'elle. M. de Vieilleville leur demanda sy ce n'estoit pas le bastard de Bueil : toutes respondirent d'une voix qu'il s'appelloit ainsi. « Il ne le fault, dit-il, trouver estrange; car avec ung fils de p..... il n'y a jamais paix ny seureté pour les filles d'honneur en telles choses, à cause du creve-cœur qu'il a que toutes les femmes ne ressemblent à sa mere. »

Estants sur ces propos, la veufve arrive se voulant retirer du tout chez sa sœur, pensant qu'elle n'eust poinct d'hoste, parce que ce bastard la vouloit oultraiger, et incessamment la tourmentoit pour luy representer ses filles. Mais M. de Vieilleville luy promist de luy en faire une bonne reprimande en la presence du comte de Sancerre. Et en attendant, tous et toutes disnerent avecques luy, tant que deux bons plats et opulamment servis se peurent estendre; qui estoit de tout temps son plus commun ordinaire.

Après disner il alla veoir M. le connestable, qui luy fist le racueil accoustumé; et le trouvant prest d'aller au conseil, il y entra avecques luy, ensemble plusieurs aultres seigneurs; à l'issue duquel il print le comte de Sancerre par la main, et luy ayant fait entendre les insolences de son advoué fils, ils l'envoyerent querir, et tous deux le galopperent de telle façon; d'injures et de pouilles, qu'il eust voulu estre mort. Mais le comte de Sancerre, pour regaigner ses hostesses, vint avec M. de Vieilleville en son logis, où il souppa, leur faire les excuses du passé, avec promesses, protestations et serments qu'il ne leur adviendroit jamais rien de tel pour l'advenir, et les prioit instamment de retourner ; mais elles n'y vouleurent jamais entendre, se doubtants bien qu'il estoit de la partie ; et tant que l'armée sejourna au Bordelais elles ne sortirent du logis de M. de Vieilleville, dont bien leur en print ; car elles furent exemptes, tant de ceste force, ou pour le moins de la peine d'y resister, que de l'ignominie generale en laquelle tous les habitans de la ville, hommes et femmes, furent condampnez, comme il s'ensuict.

Pour ce qu'il sembla à M. le connestable, assisté du conseil de tous ces seigneurs, et de six ou sept maîtres des requestes, ensemble des prevosts et aultres juges de sa suite à luy ordonnez par le Roy (car la cour de parlement de Bordeaux estoit interdicte), que toute la ville estoit coulpable de la mort du feu sieur de Monneins, et de la barbare cruauté de l'avoir laissé tout nud trois jours entiers sur le pavé sans sepulture, tous les habitans de la ville, sans respect de sexe ny de qualité, furent condampnez à faire amande honorable, et à genoux, devant le corps dudit de Monneins desterré, puis enchassé en du plomb, là present, en la grand' rue du Chapeau Rouge, demandants pardon à Dieu, au Roy et à Justice, ainsi qu'il a esté dict en l'unziesme chapitre de ce livre ; et devoient confesser l'avoir inhumainement, proditoirement et meschamment tué : de sorte que si ung homme ou une femme se cachoit, qui que ce fust, leurs voisins les accusoient au prevost pour les forcer de comparoistre et obeir comme eux à l'arrest, et participer en ceste honte.

Suivant cela, tous les voisins de M. Valvyn, ung

peu devant l'heure dicte, vindrent en son logis pour le contraindre, sa femme, sa sœur et leurs filles, de se trouver audit lieu, et amenerent des archers du prevost pour mieux se faire obeir. Quant à Valvyn, il s'excusa sur son emprisonnement; mais au reffus qu'en firent les femmes, ils voulurent enfoncer le logis; et Dieu sceit s'il y eust des coups de baston departis, mais de telle sorte, que les archers et la populasse se retirerent plustost que le pas. Ce qu'estant rapporté à M. le connestable, il envoya dire à M. de Vieilleville par ung gentilhomme nommé Saint Supplice, qu'il trouvoit ceste façon fort estrange, et que resoluement il falloit que ses hostes comparussent pour obeir à ce qui avoit esté ordonné, et où luy-mesme avoit esté present, ne fust-ce que pour la consequence. Sur quoy il luy fist responce que si ses hostes estoient contraints de s'y trouver, qu'il iroit quant et eux faire amande honorable; mais qu'il se pouvoit asseurer qu'il y auroit bien du bruict, quoy qu'il en deust arriver.

Encores que ceste parolle fust bien dure et poulsée de grand colere, mesme à ung tel homme qui estoit ung second roy en France, si est-ce que M. le connestable, pour l'amitié et respect qu'il luy portoit, n'en fist aultre instance ny semblant; aussi qu'il consideroit que les capitaines des vieilles bandes qui gardoient les portes de la ville, estoient ceux-là que M. de Vieilleville avoit si bien traictés en Piedmont, et traictoit encores à Bordeaux, car ils le suivoient ordinairement par-tout. Toutesfois, pour obvier à plus grand trouble, il envoya ung aultre gentilhomme, nommé Lusarche, avecques vingt harquebuziers de sa garde, pour faire retirer le peuple s'il y estoit encores; mais il y trouva cinq ou six des capitaines susdicts, qui y estoient desja venus avec environ deux cents harquebuziers, pour assister M. de Vieilleville, pensants que ce fust à luy qu'on en voulust : de quoy il n'estoit besoing, car ils n'y trouverent personne, ayant le baston amorty ceste furie. Ce qu'ayant Lusarche rapporté à M. le connestable, il jugea bien que M. de Vieilleville luy avoit mandé par Saint Supplice la verité, et faict connoistre son affection envers ses hostes, mais qu'il l'en falloit gratiffier, deffendant à Lusarche d'en parler à personne, de crainte que les aultres seigneurs ne voulussent semblablement exempter leurs hostes et hostesses de ceste infamie; mais personne ne s'y hazarda, advertis de sa colere. Et commanda de despescher diligemment l'execution de ceste amande générale, qui fut fort pitoyable et sans mercy : car tous les grands et aultres de la ville luy demanderent pardon à genoulx; et furent bruslez en public toutes les panchartes, anciens privileges, remembrances et vieux enseignemens, octrois, tiltres, franchises et immunitez données par les roys à l'hostel de ville de Bordeaux.

Cela parachevé, M. le connestable envoya à M. de Vieilleville le pardon du conseiller Valvyn, qui estoit prisonnier en sa maison pour y avoir logé le colonel de la Commune l'espace de six jours, durant lesquels il fist de merveilleux et horribles massacres; mais il s'excusoit sur deux points qui estoient bien recevables : le premier, qu'il estoit son parant et avoit encores quelque part en la maison; l'autre, que s'il luy eust reffusé l'entrée il y eust logé par force, en danger d'estre tué, car il s'y présenta avec cinq ou six mille hommes : que s'il eust eu moyen de évader, et la luy abandonner, il l'eust faict de très-bon cœur; mais il luy fust impossible, estant environné de toutes parts. Cependant M. de Vieilleville ne voulut pas remercier M. le connestable de ceste gratuité par procureur, mais y alla en personne bien accompaigné, et luy mena son hoste, qui se prosterna à genoulx; puis estant levé, luy allegua les susdictes raisons, dont il eust son absolution par escrit, et remis en son estat.

CHAPITRE XIV.

Punition de quelques gendarmes qui avoient maltraité un curé.

Er pour le quatrieme, du villaige où estoit logée la compaignie, distant seulement d'une lieue de Bordeaux, les gensdarmes et archers alloient et venoient en la ville, avecques congé de l'enseigne ou du guidon, pour recevoir les commandements de leur capitaine, apprendre des nouvelles et veoir les criminelles executions, chacun à leur tour, et puis s'en retournoient en leur quartier. Desquelles executions ung homme d'armes et deux archers voulurent faire leur proffit, mais à leur ruine et perdition. Car, ayant intimidé le curé du villaige, luy firent accroire qu'ils s'estoient trouvez à la mort de deux que l'on pendoit, qui le chargeoient d'avoir avec eux sonné le tocsainct dedans le clocher de son église, et qu'ils estoient commandez de le mener prisonnier; mais ils le feroient evader s'il leur vouloit donner une bonne somme; et commencerent à luy mettre la main sur le collet et le garotter.

Le pauvre curé, qui sçavoit les nouvelles de Bordeaux, et qu'on les faisoit mourir sur une simple accusation, sans confrontation de tesmoings ny aultre forme de procès, se taxa librement, plustost que d'aller là, à huit cens escus; aussi qu'il se sentoit ung peu coulpable. Mais, non contants de cela, estants advertis que depuis deux mois il avoit mis en ung cachot tous les calices, croix, reliques et aultres meubles d'argent, avec des chasubles, chappes et plusieurs riches ornements de drap de soye, pour les saulver des incursions et furie de la Commeune et mesme de l'armée, le forcerent, la dague sur la gorge, de leur descouvrir ceste musse (1) (à quoy l'apprehension de la mort luy fit promptement obeir), et le lierent en une chambre escartée, affin qu'il ne fust veu et ne parlast à personne, en deliberation, leur main faicte, de le tuer.

Mais le neveu du curé vint en diligence à Bordeaux advertir M. de Vieilleville de ceste volerie; qui monta incontinant à cheval, et entrant au desceu des galands dedans le presbytere, il les trouva faisants trousser leur bagaige pour desloger, ayant trois chevaux chargez de riche butin. Et de prime abordade, poulsé de grand colere, tua le premier qu'il rencontra, s'escriant : « Poultrons, sommes-nous lutheriens pour courre sus aux prestres et voler les églises? » Les deux

(1) *Ceste musse* : cette cache.

aultres ne pouvant fuir furent arrestés. Mais parce que M. de Vieilleville avoit, en venant, protesté et juré de les faire pandre, les sieurs Dolivet de Bretaigne et Lachesnaye de Craonnois les tuerent, pour n'avoir la honte de veoir pandre leurs compaignons portants mesmes couleurs et livrées; car ils eussent esté defaicts en leurs casacques. Le neveu, qui avoit enseigné à M. de Vieilleville le passaige du jardin pour entrer ceans sans frapper à la porte, le mena en la chambre où estoit son oncle prisonnier, qu'il trouva lié sur ung banc, et deux valets chacun ung poignard sur l'esthommac pour l'empescher de crier. Les valets, bien esbahis, se jetterent à genoux; mais cette humilité peu leur servit, car ils furent mis en la place du curé et baillés en garde à son neveu, qui en fut fort soigneux avec l'aide qu'on luy donna; et furent toutes choses restituées à l'église de son oncle.

Le pauvre curé se prosterne à genoux devant M. de Vieilleville, pour le remercier du rescouvrement de sa vie et de ses biens. Mais il luy commanda bientost de se lever et de faire enterrer ces trois corps, sans oublier une chanterie et service accoustumé, affin de prier Dieu pour eux. Il ne fault point demander de quelle diligence et devotion il s'acquitta de ceste charge, veu que les valets, pressez de dire verité, confesserent devant luy qu'ils avoient commandement de le tuer incontinant que leurs maistres seroient prests à partir, de peur que l'on ne courust après eux; et demandoient pardon, mais envain, car ils furent pandus devant l'eglise dudict villaige, sans aultre forme de procès.

Ceste meschante entreprise se pouvoit aisément executer par ces miserables gentilshommes; car le curé n'avoit point d'hoste, ayant toujours eu M. de Vieilleville ceste maxime d'exempter les presbyteres; et en tout lieu où il a eu commandement, il ne permit jamais que personne y logeast, quelque nécessité qu'il y eust de logis, fondé sur une raison assez légitime, qu'il estoit malaisé et quasi impossible à ung prestre de celebrer dignement le service divin parmy tant de bruict et de tabut (1), de veoir semblablement dissiper son bien, et, qui plus est, d'estre en ceste continuelle crainte et apprehension au desloger de ses hostes d'avoir pis; car l'ordinaire du soldat est de jamais ne payer son hoste, mais plustost de le ransonner avecques blasphemes execrables et entremeslés d'injures et de coups.

CHAPITRE XV.

Le connétable et le duc d'Aumale vont diner chez M. de Vieilleville.

Après que M. le connestable eust très-dignement executé sa charge, et laissé ung exemple immortel à tous seditieux et mutins de se contenir en l'obeyssance de leur roy, il delibera de licencier l'armée et renvoyer les compaignies, tant de cheval que de pied, aux garnisons qui leur avoient esté assignées et departies par tous les pays de de-là, pour toujours tenir en bride la populace; mais ce ne fust sans premiere-

(1) *Tabut :* tapage.

ment ordonner de leurs monstres, qui furent faictes au contentement d'ung chacun, mais contre l'esperance de plusieurs; car on pensoit qu'elles deussent estre riches, ou bien de quelque prest attendant l'argent (1) : mais tous en général furent payez, ayant pourveu à cela fort dextrement M. le connestable, mais en secret, et selon le pouvoir qu'il avoit sur les finances de France, desquelles il disposoit comme des siennes propres : aussi disoit-on que cet argent avoit esté pris des deniers de la recepte générale de Guyenne, et de sa seule authorité, encores que le Roy les eust destinez ailleurs.

Doncques, se préparants toutes compaignies à faire monstre, M. le connestable dit en riant, et comme par gausserie, à M. de Vieilleville qu'il vouloit estre son commissaire, car il avoit entendu que la compaignie de M. le mareschal de Saint-André n'estoit pas en équippage de faire service au Roy, et qu'il sçavoit bien qu'il n'y avoit pas vingt chevaux de service. De quoy M. de Vieilleville le remercia avec ung modeste soubsris, le suppliant de ne l'espargner ny tous ses compagnons en la casserie, s'il veoyoit qu'elle y escheust; mais s'il luy faisoit tant d'honneur que de faire luy-mesme sa monstre, qu'il prinst bien garde à soy, car il luy feroit comme aux aultres commissaires. « Et quoy, dist M. le connestable, pensant que ce fust quelque mal? — Je leur donne à disner, monsieur, respond M. de Vieilleville : que si vous me voulez

---

(1) *Qu'elles deussent estre riches, ou bien de quelque prest attendant l'argent :* c'est-à-dire, *qu'elles dussent être riches ou de leur propre bien, ou de celui qu'elles avoient emprunté dans le dessein de ne jamais payer.*

tant honorer que d'en prendre la patience, je vous auray une grandissime obligation ; aussi que, pour venir disner en mon quartier, vous ne vous incommodez nullement, estant le village où est logée la compagnie sur le chemin de vostre couchée au partir de ceste ville. » Ce que M. le connestable, en riant à cœur ouvert, et s'appercevant de l'extreme desir qu'il en avoit, très-joyeusement luy accorda.

Le deuxieme jour après ceste promesse, MM. les connestable et duc d'Aumalle partirent de Bordeaux ; et en une belle plaine, assez près du village susdict, trouvèrent la compaignie en bataille, qui tenoit ung grand pays, car elle paroissoit de plus de six cents chevaux, ayant commandé M. de Vieilleville aux valets qui estoient montez sur les seconds chevaux de leurs maistres, de se tenir aussi en bataille le long de ladite compaignie, un peu à quartier, et non derriere comme on a accoustumé ; lequel, voyant venir toute ceste grande seigneurie, s'advança pour les recevoir, monté sur ung coursier gris-pomeslé que l'on estimoit deux mille escus avec tout son equipage, leur montrant son addresse et sa belle assiete à cheval, et la franc-valeur de son coursier. Et estant tous devant la compaignie, qu'ils reviserent deux fois d'ung bout à l'aultre, ils confesserent haultement d'une commune voix n'en avoir jamais veu une telle, avec des louanges infinies, qui n'estoient, à vray dire, flateresses ny à tort, car il y avoit environ cinquante hommes d'armes, dont le moindre avoit deux mille escus de rente, que l'esperance de la paye n'y avoit pas fait entrer, mais la seule amitié qu'ils portoient à M. de Vieilleville ; et par ce moyen, estant la compaignie de cent hommes d'armes bien complette, il s'y trouva plus de six vingts chevaux, que d'Hespaigne, que coursiers, chacun pour le plus beau, et ung grand nombre de roussins d'eslite, et la pluspart de Dannemarc, qui sont communément de ligiere taille : que s'il se trouvoit quelque homme d'armes qui se servît d'ung roussin de Cleves ou de Flandres, aux grands pieds plats, on crioit tant après luy *au chartier!* qu'il estoit contraint de s'en deffaire; aussi estoit-ce monture d'archer : qui estoit cause que ceste compaignie paroissoit la mieux montée de toutes les aultres, non-seulement de l'armée, mais de toute la France. Et sur tous, les seigneurs italiens qui accompaignoient M. d'Aumalle, à cause du mariage pretendu avec la princesse de Ferrare, l'admirerent et estimerent grandement, affermant qu'en toute l'Italie malaisément s'en pourroit-il trouver une pareille. Aussi M. le connestable dit tout bas à M. de Vieilleville qu'il eust esté bien marry que sa compaignie fust venue en l'armée, car il en eust rougy voyant cestecy; et par gaillardise luy fist lever la main pour prendre son serment de bien servir le Roy, laissant au commissaire ordinaire des guerres à parachever le reste de la monstre. Et luy fust reputé ce traict par toute l'assistance à une très-grande faveur, ne s'estant jamais M. le connestable tant abbaissé, pas pour ung fils de France.

M. de Vieilleville semblablement laissa la compaignie encores en bataille avec l'enseigne et le guydon, et vint accompaigner son grand commissaire pour luy donner à disner, à M. d'Aumalle et à tous les seigneurs de la suite; qui fust soubs une ramade (1) qu'il avoit

---

(1) *Ramade* : ramée.

faict industrieusement dresser en un champ tout joignant le village, où ils furent aussi opulément et friandement traictez pour six plats, que l'on eust sceu estre dedans Paris. Dequoy toute ceste grande compagnie se loua à merveilles, non pas sans ung grand ébahissement d'avoir trouvé si à main et en ung tel lieu de si exquises et rares commodités, tant pour l'excellence du vin que de l'ordre qui fust tenu au service d'une confuse trouppe.

Le disner finy, la compaignie arriva, qui fist mille gentillesses devant MM. le connestable et d'Aumalle, attendants qu'ils fussent prests à partir; et ne furent pas moins de deux bonnes heures voltigeants, maniants leurs chevaux, au grand contentement de toute ceste seigneurie; car aussi bien la suite de M. le connestable avoit pris tout le village pour faire repaistre leurs chevaux. Et estant M. le connestable monté à cheval pour s'acheminer au lieu de sa couchée, il fust conduict par la compaignie jusques à demye lieue, où les trompettes ne s'espargnèrent pas, et s'en trouva plus d'une douzaine; car MM. le connestable et d'Aumalle, et la pluspart de ces seigneurs, en avoient. Mais, comme ils vouloient marcher encores plus oultre, M. le connestable pria M. de Vieilleville de se retirer avec sa troupe, et luy disant adieu, et remerciant de son bon traitement, luy fist de bonnes et grandes offres, M. d'Aumalle semblablement; et tous ces seigneurs en particulier, qui prindrent la routte de Poictiers.

CHAPITRE XVI.

M. de Vieilleville mène à Saintes la compagnie du maréchal de Saint-André. — Sa conduite envers les habitans de cette ville.

Monsieur de Vieilleville, de retour à son village, y sejourna jusques à ce que la compaignie eust esté du tout payée; et ayant faict, suyvant sa coustume, contenter jusques au dernier denier tous les habitants, il en deslogea deux jours après, à leur grand regret, se reputants très-heureux au prix de leurs voisins : et mena, au partir de-là, sa compaignie à Xainctes, ville establie pour sa garnison, où il fut fort honorablement receu des gens d'Eglise, de justice, et bourgeois, jusques à venir audevant de luy, chasque trouppe à part, environ quart de lieue hors la ville, avec offres de leur service, et priere très-humble de les avoir en telle recommandation que ses vertus accoustumées leur faisoient esperer; car le bruit de ses équitables et politicques ordonnances estoit parvenu jusques à eux, qui les rejouissoient extremement; et qu'ils n'estimoient pas qu'il eust encores à faire quelques recherches des choses passées, attendu qu'il leur sembloit que les arrests et executions faictes à Bordeaux y devoient avoir mis la derniere main.

Sur quoy M. de Vieilleville leur respondit, après les avoir amyablement remerciez de leurs honnestes offres, qu'il n'estoit pas venu pour faire aulcune recherche, et quand M. le connestable luy eust voulu commettre ceste charge, que pour rien il ne l'eust accepté ; mais bien au contraire, que, pour le service qu'il a voüé à leur évesque M. de Xainctes, prince du sang, qui depuis fut cardinal de Bourbon, il l'avoit diverty de la resolution qu'il avoit prise d'envoyer en leur ville cinq enseignes de vieilles bandes françaises venues de Piedmont, n'ayant eu meilleur moyen de rompre ce coup, qui estoit comme tout conclu et arresté, que par s'offrir soy-mesme à y venir, et la demander très-instamment pour la compaignie de M. le mareschal de Sainct-André. De quoy ces trois qualités de personnes le remercierent en toute humilité et à très-grande joye. Mais, quand cela fut publié par la ville, il n'y eust habitant, de quelque sorte ou faculté qu'il fust, qu'il ne s'en rejouist au double, aussi pour la difference qu'il y a entre gens de pied et la gendarmerie ; car le gendarme, qui est communement gentilhomme de moyen, s'en va en sa maison, et laisse en la garnison ses chevaux avec ung valet ou deux, qui, se contentants des fournitures portées par les ordonnances du taillon, vivent paisiblement avec leurs hostes ; là où le soldat qui n'a pas grand' retraicte tourmente incessamment le sien, et le tient en une perpetuelle despense et servitude : davantage, ces cinq enseignes, à trois cents hommes chacune, revenoient quasi à deux mille hommes, qui estoit une surcharge pour leur ville fort excessive, au prix de cinq ou six cents hommes, pour le plus. De sorte que toute la ville, toutes ces choses considerées, estoit si esmeue en joye et allegresse que merveilles; et se preparerent tous avecques leurs armes, selon que chacun en pouvoit fournir du reste de la confiscation, pour venir au-devant de M. de Vieilleville et de sa compaignie, qui entra en armes et en fort bel ordre dedans la ville.

Si est-ce que le comble de toute ceste rejouissance ne provenoit pas seulement des raisons ni considerations cy-dessus, mais bien de se veoir hors du danger de la perquisition de leurs deportemens en ces troubles; car toutes qualitez d'habitans, prestres, chantres, clercs du palais, aultrement bazochiens, marchands et artisans, en estoient généralement coulpables; estant chose très-certaine qu'ils partirent de Xainctes en trouppe de six ou sept mille hommes, et vindrent allumer le grand feu de sedition à Bordeaux, où ils firent sonner le tocsainct treze ou quatorze heures sans cesser, qui accreust leur nombre de plus de trente mille hommes. Mais auparavant sortir de leur territoire de Xainctonges, ils avoient fait passer par les flechades (1) ung prestre nommé Mᵉ Jehan Béraud, et un fermier de la gabelle qui s'appelloit Chuche, et commis plusieurs aultres cruautez : de sorte que, croyants et estants en ceste apprehension que M. de Vieilleville venoit pour tout foudroyer, il ne se fault esbahir, après avoir entendu ceste bonne parolle, accompaignée d'une franche volonté en leur endroit, s'il fust receu à cœur ouvert et très-grande joye.

Il fut environ trois semaines avecques eux, et y fist sa feste de Toussaincts; durant lequel temps, pour les gratifier davantaige, il escrivit à M. le connestable estant à Poictiers, mais à leur instante requeste, pour

---

(1) *Par les flechades* : par les armes.

le supplier, quand les habitants de Xainctes envoyeroient devers luy leurs députés pour obtenir du Roy une abolition générale et restablissement de leurs privileges, de les vouloir prandre en sa protection, et leur estre aydant à ce qu'ils peussent avoir une prompte et favorable despesche. Sur quoy M. le connestable luy fist une fort honneste response, qu'il les auroit pour recommandez, et qu'en sa faveur il les affectionneroit sur toutes les aultres villes, et les feroit despescher de telle façon, qu'ils se pourroient louer de l'amitié qu'il luy porte; avec plusieurs autres bonnes offres qui concernoient leurs repos et seureté. Dequoy les habitans demeurerent fort contents, et le supplierent de leur laisser ses lettres, pour s'en prévaloir à l'endroit de M. le connestable, quand ils despescheroient leurs députez. Ce qu'il leur accorda fort librement, avec promesse que s'il se trouvoit à la Cour au temps de leurs députez, il leur feroit paroistre l'affection qu'il porte au bien des affaires de leur ville et communautez.

Par telles courtoisies et gratuitez, il gaigna les cœurs des habitants de la ville de tous estats non-seulement, mais il s'obligea les plus grands seigneurs de Xainctonge, qui le venoient ordinairement visiter, auxquels il faisoit une fort magnifique et très-libérale chere, sans y espargner nullement la despence, à cause principallement de l'affluance de noblesse du païs qui accompagnoit ces grands; à sçavoir, M. de Barbezieux, qui estoit un jeune seigneur de grande esperance, et encore reluisant de la gloire que luy avoit acquise son père à Marseilles, y estant lieutenant-general pour le roi François le Grand quand l'Empereur attaqua, à sa honte et confusion, en son entreprise de Provence ; le sieur de Montguyon et son fils de Montendre ; les sieurs de Challais, de Touverac, de Montchaude, et plusieurs autres riches seigneurs, qui estoient suivis d'un grand nombre de gentilshommes, desquels la pluspart trouverent en la compaignie plusieurs de leurs parants et anciens compaignons de guerre, tant des forts de Boloigne que de Piedmont : nouvelles cognoissances qui accreurent les bonnes cheres, car ce n'estoient que festins, et ouvrirent semblablement le pas aux nobles exercices, car il y fust, entre aultres, couru en six jours unze bagues que plusieurs dames et damoyselles donnerent, mais toutes gaignées par les gendarmes et leurs capitaines. Dequoy tous ces Xainctongeois receurent grandissime desplaisir, mesme pour la risée qu'en firent celles qui les avoient données ; car elles les renvoyerent par mocquerie à l'escolle de la compaignie de M. le mareschal de Sainct-André, soubs ce brave régent, M. de Vieilleville, qui en avoit emporté quatre, et quasi à toutes les aultres donné atteinte, mais avecques les plus belles courses du monde, que l'on estimoit plus que tout le reste.

Après toutes ces bonnes cheres et passetemps, M. de Vieilleville délibéra de son partement pour s'en aller en sa maison, et appella les juges, maire et eschevins de la ville, ensemble les chefs de la compaignie, et ceux qui devoient demeurer en garnison, pour leur faire entendre sa volonté, à ce qu'ils eussent à se comporter modestement, et vivre en toute tranquillité les uns avec les aultres, suivant les ordonnances et édits du Roy. A quoy tous en general promirent d'obeyr : qui fust fort aisé ; car il n'y demeura pour tout chef que le mareschal des logis, et environ quarante, que Albanais que Italiens, et quasi soixante archers françaîs, qui tous n'avoient aultre retraicte que de la garnison ; et aux aultres qui resolurent de s'en aller le voyant partir, donna congé de se retirer en leurs maisons jusques à la prochaine monstre, s'il ne survenoit quelque urgente affaire pour le service du Roy. Ainsi il s'en alla fort regretté de tous les habitans, qui le vouleurent accompaigner jusques à la couchée ; mais il ne le permist pas, se contentant de son train, et de huit ou dix gensdarmes ses voisins, qui se jettèrent à sa suicte.

CHAPITRE XVII.

M. de Vieilleville rend visite au prince et à la princesse de La Roche-sur-Yon. — Conseils qu'il leur donne pour la conservation de leur fils qui étoit en nourrice.

Il print son chemin par Sainct-Jehan d'Angely, où il fut fort honorablement receu, en recognoissance de ce qu'il avoit presenté à M. le connestable leurs deputés à Bordeaux ; et les avoit assistez de tout son pouvoir contre quelques-uns, et d'authorité, qui les avoient voulu calomnier d'estre participants en ces tumultes populaires ; mais ils furent, malgré leurs ennemys, despeschez à souhait, et emporterent, par la diligence et faveur de M. de Vieilleville, lettres d'exemption de toutes amandes, peines et interdictions ausquelles furent condamnées les aultres villes leurs voisines, et desclarez innocents, estant convié à embrasser leur bon droit par l'addresse (1) que luy avoit faicte M. Bouchart, chancelier de Navarre, residant en leur ville, la fille duquel avoit espousé le sieur de Maillé-Brezé, son subject, à cause de sa terre de Lezigny en la comté de Durestal, qui pareillement les luy avoit par lettres recommandez, pour gratiffier son beau-pere, cognoissant l'affection qu'il leur portoit.

Au partir de-là, il s'achemina droit à Mortaigne, où il arriva le troisieme jour, et y trouva M. et madame la princesse de La Roche-sur-Yon, qui furent extrêmement aises de le veoir; mais ne luy donnerent pas le loisir de s'aller raffraischir en sa chambre, à la descente de cheval, qu'ils ne le menerent veoir le petit fils que Dieu leur avoit donné, duquel M. de Sainct-Thierry son frere avoit esté parrain pour le Roy, il n'y avoit pas encore trois mois, et luy avoit donné le nom de Sa Majesté: et estants en la chambre de l'enfant, madame la princesse luy dist: « Mon cousin, voila Henry de Bourbon qui vous gardera bien d'estre mon heritier; monsieur et moy avons telle fiance en vostre amitié, que vous prirez Dieu que ainsi advienne, et qu'il luy plaise le faire croistre en tout heur et prosperité. » A quoy il respondit que tous deux luy feroient un tort irreparable s'ils avoient aultre créance; mais bien plus, qu'il leur en desiroit encores aultant, pour mieux le priver de la succession, à laquelle il ne pensa jamais, sur son honneur et sur son ame; et les advertissoit cependant de prendre garde de plus près à la nourriture de l'enfant, et qu'il luy sembloit qu'ils ne le gar-

---

(1) *Par l'addresse*: par la prière.

deroient gueres, pour deux raisons : la premiere, que la nourrice estoit âgée, maigre et melencolicque; l'aultre, que la chambre n'estoit pas assez aërée, estant toujours les fenestres closes, qu'il falloit au contraire tenir ordinairement ouvertes; plus, luy donner une jeune nourrice des champs, et la traicter de grosses viandes à sa mode rustique; surtout deffendre sa chambre au medecin et à l'appotiquaire, car ils y alloient sans cesse faire des ordonnances, tant pour l'enfant que pour la nourrice, qui prenoit plusieurs brevages pour se faire abonder en laict, à la ruyne de tous deux; car en telles choses le naturel passe tout artifice, et l'artifice corrompt le naturel.

M. et madame la princesse ne rejecterent pas ce conseil, s'appercevant bien que leur enfant devoit avoir quelque maladie secrete, d'aultant qu'il crioit incessamment : et encore que la nourrice fust damoiselle riche et de bonne part, qu'ils avoient fort curieusement recherchée pour nourrir leur enfant à la grandeur et principauté, si trouverent-ils ung honneste moyen de s'en deffaire; et firent oster de dessus son berceau les ciels, poisles et daix qui y estoient avec les rideaux et tour de lict, suivant ceste grandeur, dedans lesquels il estoit comme estouffé; et, par l'advis de M. de Vieilleville, luy rendirent le jour et le soleil à souhait et à toutes heures, avec une nourrice de l'aage de vingt et deux ans, et fort saine : si bien que l'on cogneust, en moins de huict jours qu'il sejourna avec eux, l'amendement de l'enfant; dont le seigneur, la dame et toute la maison benirent sa venue : et furent suivies de poinct en poinct toutes les ordonnances qu'il avoit faictes là-dessus, tant de la nouriture de la seconde nourrice, que de la deffence des medecins. Puis s'en allerent tous ensemble à Beaupreau, une autre maison de madame la princesse qu'ils avoient faict ériger en duché, pour honorer ce petit prince du tiltre de duc. Auquel lieu M. le prince luy monstra tous les vestements et preparatifs qu'il avoit faict faire pour l'entrée du Roy à Paris, et l'equipage de son beau cheval d'Espaigne, le tout très-riche et fort somptueux; car il y vouloit paroistre en prince du sang, et n'estre des derniers en magnificence. Madame la princesse, d'aultre part, luy fist apporter les siens pour l'entrée de la Royne, où elle n'oublia la couronne d'or que la Royne luy avoit desja envoyée, mais enrichie par elle d'un grand nombre de fort riches et excellentes pierreries; estant ce présent de toute ancienneté accoustumé par les roynes aux princesses du sang, à leurs entrées et couronnement en la ville de Paris.

Avant prendre congé, il les supplia de le tant honorer que de se trouver aux nopces de sa fille aisnée, qu'il avoit promise à M. d'Espinay pour son fils aisné; et luy demandant avec quelles conditions, il leur respondit qu'il n'y en avoit encore une seule mise en avant ni aulcunement proposée, mais que l'amitié estoit si grande et inviolable entre le pere et luy, qu'ils s'entredonnerent la carte blanche pour effectuer leur volonté, et qu'il n'y a subtilité ou traverse de conseil, ny rigueur de coustume, qui puisse empescher que cela ne se face, « tant luy et moy l'avons à cœur; car, si le pere aime et estime ma fille, je vous asseure que je me trouve très-heureux de l'esperance de son fils, que vous aimerez bien tous deux quand il aura cest honneur de se presenter devant vous; car c'est un jeune gentilhomme aultant bien né et conditionné qu'il est possible, de l'amitié duquel il n'y a alliance de prince qui me puisse divertir; aussi que ma parolle y est, que je ne fausseray jamais, pour toutes les grandeurs du monde; et plustost la mort que cela m'advienne. »

M. de Vieilleville jecta ce langaige exprès pour coupper court, comme l'on dist, la broche à M. le prince de luy parler d'un aultre mariage qu'il avoit en main, et duquel il se faisoit fort; car il en avoit esté adverty par ung gentilhomme de leans, nommé Lesroches, qui sçavoit tous les secrets de son maistre: de quoy il se prévalut fort à propos, d'aultant que s'il n'eust prevenu par le langaige susdict, et qu'il eust attendu la proposition de M. le prince, il se fust trouvé fort combattu en son esprit, estant le mariage bien avantagieux pour sa fille, et produict par ung tel prince qui avoit sur luy toute puissance; et oultre ce, ne luy estant pas agréable, il eust esté contraint de dire les causes de son reffus, pour honnestement s'en excuser: en quoy il eust peult-estre depleu au prince et à la princesse, car ils affectionnoient merveilleusement [1] la maison où ils vouloient loger sa fille, qui est des premières du Poictou, et se persuadoient qu'à la simple ouverture et prière qu'ils luy en feroient il y deust plier, d'aultant qu'elle n'estoit encores fiancée. Mais se voyant, par ceste déterminée protestation, frustrez de leur espérance, ils se contentèrent, sans parler d'aultre chose,

---

[1] *Ils affectionnoient merveilleusement.* Le prince et la princesse avoient le dessein de marier mademoiselle de Vieilleville à Louis de La Trémouille, premier duc de Thouars, qui épousa, la même année, Jeanne de Montmorency, fille du connétable.

de luy promettre, mais assez froidement, de se trouver aux nopces de sa fille, qu'ils appelloient leur petite cousine de Scepeaux, quand il leur en feroit sçavoir le temps.

CHAPITRE XVIII.

Mariage de mademoiselle de Scepeaux, fille aînée de M. de Vieilleville, avec le fils du marquis d'Espinay.

Il print doncques congé de M. et madame la princesse de La Roche-sur-Yon, et s'en vint en son chasteau de Sainct-Michel-du-Bois, où il sejourna environ trois mois, attendant le temps des nopces de mademoyselle Marguerite de Scepeaux sa fille aisnée : durant lequel sejour il ne fust pas inutile, comme aussi n'a-il esté en quelque lieu qu'il se soit trouvé jamais ; car il appointa plus de dix querelles entre braves et vaillants gentilshommes et capitaines, pour le poinct d'honneur, qui estoient assez castilleuses ; mais il les sçavoit si bien debrouiller et poinctiller, par une longue routine qu'il avoit pratiquée et acquise en la frequentation de tant d'armées et nations, que de toutes parts l'on avoit recours à luy en telles affaires ; mesme les mareschaux de France, ausquels telles decisions s'addressent comme à juges souverains de l'honneur de la noblesse et des capitaines de ce royaume, le faisoient rechercher pour s'ayder de son conseil quand il se presentoit quelque querelle, principallement entre les grands.

Parmy ces appoinctements, desquels il se delectoit nonpareillement, sans y espargner la despence, car c'estoit en sa maison qu'ils se disputoient, il ne laissa de donner ordre pour la conclusion de ce mariage. Et après avoir obtenu la dispense du parantaige du quart vis-à-vis, et envoyé à Tours pour les draps d'or, d'argent et de soye, il despechea quatre gentilshommes devers monseigneur et madame la princesse de La Roche-sur-Yon, monseigneur le duc d'Estampes, gouverneur de Bretaigne, monseigneur de Rohan et de Gyé, aussi lieutenant-general au gouvernement de Bretaigne, pour les supplier de honorer de leur presence les nopces susdictes; qui tous luy tinrent promesse. Aussi y vindrent M. de Scepeaux son aisné, M. et madame de Thevalle, M. et madame de Crapado, M. et madame de La Tour-de-Meynes. Quant à ses voisins, comme M. de La Tour-Landry, qui se tenoit en une aultre sienne maison nommée Bourmont, distant de Saint-Michel trois lieues, M. de Montsoreau, à Challain, qui n'en estoit pas tant esloigné, et M. de Montbourcher, au Bois-de-Chambellay, distant de quelques lieues davantaige, il ne les fist semondre que du jour au lendemain; et tous se trouverent le 24 de febvrier, car ce fut le 25 en suyvant, l'année 1549, qu'elles furent celebrées en une fort grande et admirable compaignie; car M. et madame d'Espinay avoient amené de leur part M. et madame d'Assigny, M. et madame de Querman, M. et madame de Gouleynes, M. de Trouarlet, le baron du Pont, M. de Guemadeuc, M. de Maulac, M. du Bordaige, M. du Boysoreaut, MM. d'Olivet, de Rosmadec, de La Charonniere, du Hallay, et plusieurs aultres. M. de Sainct-Thierry, oncle de la mariée, y avoit semblablement convié de la sienne M. l'évesque d'Angiers, M. l'évesque de Dol, qui estoit de la maison de Laval, l'abbé de Saint-Melaine, de celle de Montejan, et plusieurs notables ecclesiastiques, et des principaux chanoines en dignité de l'église cathedrale d'Angiers dont il estoit grand-doyen, et specialement M. Phelippes du Bec, puisné de ceste maison illustre de Bourry, son jeune nepveu, qu'il nourrissoit sur esperance de luy laisser ses benefices et de le faire d'Eglise; mais par ses vertus et bonne renommée il passa bien plus oultre, car il fut evesque de Vannes, puis de Nantes, et finalement il fut appellé, tant estoit grand et excellent personnage, à l'estat de conseiller du Roy en son conseil d'estat et privé. En somme, il se trouva tant de noblesse, que les villaiges, à trois lieues à la ronde de Sainct-Michel-du Boys, estoient remplis des traints de tous ces dignes prelats, illustres seigneurs et dames, et d'un si grand nombre de gentilshommes et damoyselles d'honneur, que cela paroissoit non-seulement la cour d'ung grand roy, mais une grosse armée; car, oultre les gros bourgs et villaiges susdicts, il n'y avoit mestairie, closerie, hameau ny petite borderie, en toute ceste grande estendue de pays, qui ne fust pleine et chargée de gens et de chevaulx.

D'entreprendre de specifier ou discourir des grandes choses qui s'y firent, de la diversité des passetemps, qui s'y exercerent, de la somptuosité et rechange des vestements, de l'excessive despence qui y fust consommée (car il y avoit quatorze tables, la moindre de quatre plats), de l'opulente abondance de toutes sortes de vivres, et de l'apparat si bien ordonné pour le service d'une telle et quasi infinie assemblée, il seroit impossible d'en sortir à son honneur; car le subject surmonteroit le disant, de quelque suffisance qu'il peust estre doüé. Mais une chose s'y trouva très-admirable, et qui doict estre, comme par grand miracle et singuliere grace de Dieu, remarquée; qui est que, parmy tant de nations françaises, à sçavoir, Bretons, Normands, Angevins, Manceaux et Poictevins, et en lieu où le vin n'estoit non plus espargné que l'eau, il n'y sourdit jamais une seule querelle, pas même entre les valets, qui beuvoient à toutes brides, ny propos jecté à la traverse qui en eust peu allumer la moindre scintille du monde, en six jours que dura ceste brave et magnifique feste, desquels le dernier fut aussi bien et honorablement servy que le premier, et avec telle abondance, sans diminution et retranchement quelconque : de quoy un chacun s'estonna, croyant parfaitement que Dieu avoit beny ce mariage, d'y voir abonder ainsi toutes choses, et les prandre en telle paix et tranquillité.

Les nopces finies, ceste très-illustre et très-grande compaignie se departit, avec ung contentement inexprimable du très excellent traictement qu'ils avoient receu en ceste magnificque feste ; et se retirerent les uns après les aultres, selon que leurs affaires les pressoient, principalement M. et madame la princesse, qui brusloient d'envie de veoir leur petit-fils. Et durerent ce deslogement et ces adieux environ deux jours; les derniers furent les parants plus proches, qui sejournerent encores sept ou huit jours après les aultres, avec la chere accoustumée; et y eussent demeuré davantaige sans ung courier qui arriva de la part du Roy et de M. le mareschal de Saint-André, pour haster M. de Vieilleville de partir et s'en aller à la Cour; qui fut cause que tout le monde print congé, et demeura la maison vuide et deschargée de toutes sortes d'estrangers.

CHAPITRE XIX.

M. de Vieilleville refuse une donation qu'on lui offre de la confiscation de ceux qui seroient condamnés comme Luthériens en diverses provinces.

Monsieur de Vieilleville donna incontinant ordre pour son partement et de M. d'Espinay son beau-fils; car il se resolut de le mener avecques luy, d'aultant qu'il sçavoit bien, encores que l'entreprise fût fort secrette, que après l'entrée de Paris l'on iroit prandre les forts de Bouloigne; ne voulant pas qu'il perdît sa part de ceste guerre, qui estoit son premier cop d'essay, mesme en la presence de son Roy : et d'aultre part ayant esté créé du propre mouvement de Sa Majesté gentilhomme de sa chambre, il estoit plus que raisonnable qu'il se trouvast en équippage digne de faire service à son prince, et selon le grand moyen qu'il en avoit; aussi, perdant ceste belle occasion, il ne la recouvreroit de long-temps, peult-estre jamais : qui furent les raisons pour lesquelles M. de Vieilleville en gaigna contré (1) le pere et la mere du nou-

---

(1) *En gaigna contre* : l'emporta sur.

veau marié, et madame de Vieilleville, qui s'opposoit formellement, pour-le regard de sa fille, avecque eulx et d'aultres à ce desseing. Si falut-il neantmoins, toutes oppositions contredites, passer par-là, car l'honneur, qui est toujours estayé de la vertu, en fust le maistre. On ne laissoit toutesfois de trouver ceste inopinée séparation et partement si precipité fort cruel et estrange, d'aultant que ces deux jeunes personnes ne furent pas quinze jours ensemble.

Arrivé que fut M. de Vieilleville à la Cour, qu'il trouva à Saint-Germain-en-Laye, il fist tous les devoirs accoustumés au Roy, Royne, princes, princesses et aultres seigneurs, dames de la suite : en quoy il fust fort bien veu et receu de tous, et principalement de son maistre, qui luy fist paroistre l'aise qu'il avoit de sa venue : en toutes lesquelles caresses et bienveignants il fist participer M. d'Espinay, qui tousjours par-tout l'accompaignoit.

Quatre ou cinq jours après, M. d'Apchon, beaufrere du mareschal de Saint-André, MM. de Sennectaire, de Byron, de Saint-Forgeul et de La Roue, luy apporterent ung brevet signé du Roy et des quatre secretaires d'Estat, par lequel Sa Majesté luy donnoit, et aux dessusdicts, la confiscation de tous les usuriers et Lutheriens (¹) du pays de Guyenne, Lymosin, Quercy, Perigort, Xainctonges et Aulnys : et l'avoient mis le premier audict brevet, comme lieute-

---

(¹) *De tous les usuriers et Luthériens.* Il paroît qu'on punissoit des mêmes peines les usuriers et les religionnaires. Cependant les persécutions contre ces derniers étoient partielles; elles ne devinrent générales qu'en 1559, lorsque l'édit d'Ecouen proscrivit la religion nouvelle.

nant dudict sieur mareschal, pour obtenir aussi plus facilement par sa faveur ce don, car il estoit estimé fort riche, luy demandants sa part de la contribution pour ung solliciteur qu'ils envoyoient en ces pays-là pour esbaucher la besoigne; et pensants bien le resjouïr, l'asseuroient, par le rapport mesme du solliciteur, nommé du Boys, l'un des juges de Perigueux, qui s'en faisoit fort et en respondoit, qu'il y auroit de proffict plus de vingt mille escus pour homme, toutes despences desduictes et précomptées, et auparavant quatre mois expirez; offrant ledict du Boys de leur faire touscher dix mille escus à departir entr'eux, incontinant, après avoir vacqué ung mois en ceste negociation, sur et tant moins de la somme promise.

Mais M. de Vieilleville, après les avoir remerciez de la bonne souvenance qu'ils avoient eue de luy procurer ce bien en son absence, leur dist qu'il ne se vouloit poinct enrichir par ung si odieux et sinistre moyen, qui ne tendoit qu'à tourmenter le pauvre peuple, et sur une faulse accusation ruyner plusieurs bonnes familles; davantaige, qu'ils sçavoient bien que M. le connestable avoit esté en ce pays-là avec une grosse armée, il n'y avoit pas encore demy an, qui avoit faict ung degast infiny par-tout où il avoit passé; et de donner au pauvre peuple et subjects du Roy ce surcroit de misere et d'affliction, il n'y trouvoit une seule sentile (1) de dignité, encores moins de charité : mais, qui plus est, il aimeroit mieux avoir perdu tout son bien plustost que son nom fust tapoté par toutes les cours, barres, auditoires, parquets et jurisdictions d'une si grande estendue de pays et pro-

(1) *Sentile* : étincelle.

vinces, où l'on feroit convenir, comparoir et adjourner les parties accusées, qui sans doubte en appelleront : « Et nous voilà, dist-il, enregistrez aux cours de parlements en reputation de mangeurs de peuple; car nostre procuration au solliciteur commun de nous tous en fera foy; oultre ce, d'avoir pour vingt mille escus chacun les maledictions d'une infinité de femmes, de filles, de petits enfans qui mourront à l'hospital, par la confiscation des corps et biens à droit ou à tort de leurs maris et peres, ce seroit s'abismer en enfer à trop bon marché ; joinct que nous entreprendrions sur les charges et pratiques des avocats et procureurs du Roy, ausquels seuls ceste recherche appartient par le vray devoir de leurs offices; et les aurons, non-seulement pour parties adverses, mais pour mortels ennemis. » Cela dist, il tire sa dague et la fourre dans ce brevet, en l'endroit de son nom : M. d'Apchon, rougissant de honte (car il avoit esté le premier autheur de ceste poursuite), tire semblablement la sienne et en traverse par grand colere le sien ; M. de Biron n'en fist pas moins. Et s'en allerent tous trois, tirants chacun de son costé sans se dire mot, laissants le brevet à qui le voulut prendre, car il fut jecté par terre.

Les sieurs de Sennectaire, de Sainct Forgeul et de La Roue, qui estoient fort jeunes, le relevent, mais extremement faschez, d'aultant qu'ils avoient fondé beaucoup d'esperance là-dessus comme enfants de famille, car tous trois avoient leurs peres : encores disoit-on que ce du Boys leur avoit advancé mille ou douze cents escus à valoir sur les esmoluments de sa sollicitation; et se deffiants de leur credit de pouvoir faire renouveller ce brevet en leur nom, estants abandonnez des trois aultres, ils achevent par grand raige de le deschirer, despitants et maudissants avec blasphemes, chose ordinaire à jeunes gens, la venue de M. de Vieilleville, par la bonté duquel toutesfois et saiges remonstrances ceste villaine recherche et tirannicque exaction sur le peuple demeura inutile et de nulle valeur et effect.

CHAPITRE XX.

Entrée du Roi Henri II à Paris. — Opulence de cette ville au temps de ce prince. — Guerre avec l'Angleterre. Le Roi va attaquer la ville de Boulogne.

LE Roy sejourna à Saint Germain, faisant ses apprests en diligence pour l'entrée de Paris, poussé d'un très-ardent desir de s'en despescher pour effectuer son entreprise de Bouloigne, affin de prevenir l'hyver, d'aultant qu'en ce pays-là dès le mois de septembre les vents et les pluyes commencent à s'esclorre d'estrange façon.

Elle se fist doncques le seiziesme de juin [1] an 1549, sur le discours de laquelle il ne me fault amuser, ayant esté célébrée par une infinité de bons esprits, comme n'ayant eu sa pareille de memoire d'homme en toutes sortes de magnificences; car le plus grand roy de l'Eu-

---

[1] *Le seizième de juin.* Suivant l'itinéraire des rois de France, cette entrée eut lieu le 15.

rope faisoit son entrée en la ville de laquelle on dict, par commun proverbe, que si le monde estoit un œuf Paris en seroit le moyeu; et les estrangiers, Alemands, Italiens, Hespaignols et Anglais, après l'avoir bien revisée, respondent en latin à tous ceux qui leur demandent que c'est que de Paris : *Orbem in urbe vidimus*, faisants allusion de la rondeur du monde à ceste monstrueuse cité (1). Or Sa Majesté, pour honorer sa grand ville, avoit faict convoquer tous les princes, grands seigneurs de son royaume, qui sont presque infinis, et toute sa maison en general, qui est composée d'un merveilleux nombre de grands et moyens estats (car il n'y en a point de petits, comme chacun sçaist), qui s'y trouverent avec ung si superbe, riche et sumptueux appareil, qu'il est impossible de le bien descrire ny representer; et estoit la Cour si grosse, que l'on compta deux mille paiges qui marchoient devant leurs maistres, portants lances, armets, bourguignotes, gantelets, espieux ou aultres armes, montez sur grands chevaulx, en aultant brave équippage que ceulx des enseignes et guydons des gensdarmes pourroient estre le jour d'une bataille : et pour ce que tous courtisans et aultres gentilshommes de moyen qui peuvent entretenir paiges, leur font porter leurs couleurs sur les sayes en toutes façons de broderies et bigarrures, l'on eust dict proprement que c'estoient des prez fleuris comme au mois de may, qui marchoient devant ceste admirable troupe de principaulté,

---

(1) *Ceste monstrueuse cité.* Dans cette même année, Henri II, effrayé de l'accroissement de Paris, rendit un édit portant défense de bâtir de nouvelles maisons dans les faubourgs. Cet édit, qui n'eut pas d'exécution, fut renouvelé en 1672 par Louis XIV.

seigneurie et noblesse ; et estoit chose très-délectable et esmerveillable à veoir.

Les Parisiens, d'aultre part, pour n'estre veüs ingrats envers leur prince souverain, firent merveilles de le bien recevoir; car il n'y avoit place, canton, carrefour ny carroy, qui ne fust garny, ou d'un théatre, ou d'un arc triomphant, ou d'une pyramide, ou d'un obelisque, ou d'un colosse de nos anciens roys, ou d'un pegme (1); tous élabourez de très-excellents et très-ingenieux artifices, où l'or et l'azur n'estoient nullement épargnez, decorez au reste de festons et trophées, illustrez quant et quant des très-doctes vers grecs et latins de ce poëte royal d'Aurat, et des odes françaises et chants royaulx du divin Ronsard. Mais qui est grandement à noter et rare en toutes les villes du monde, oultre les monstres generales des habitants, qui se montoient à douze ou quinze mille hommes, marchants en ceste entrée en fort bon ordre, et accoustrez assez bravement, chacun selon sa faculté, il se trouva douze cents enfants de ville, en aussi brave, riche et somptueux équippage, eux et leurs chevaux, qui estoient de service, qu'eussent peu être gentilshommes de vingt à trente mille livres de rente ; et ce qui fist croire que leurs chevaux n'estoient pas d'emprunct, ils les manioient à passades, à courbettes et à voltes, comme s'ils eussent esté nourris toute leur vie aux écuries des princes. De quoy il ne se fault esbahir, car il y a dedans Paris plus de cent maisons de trente mille livres de rente chacune, environ deux cents de dix mille, trois ou quatre cents de cinq à six mille,

(1) *Pegme* : Πηγμα signifie une machine de théâtre qui se levoit et se baissoit pour amener et ramener les acteurs.

et une vingtaine, pour le moins, de cinquante à soixante mille livres de rente, tant en fonds de terre que en rente constituée. Je ne comprends en ce nombre les églises collegiales, abbayes, couvents, ny aultres maisons ecclesiastiques, desquelles il y en a quatre qui sont de plus de cent mille livres de rente chacune; sçavoir, l'église de Notre-Dame et tout ce qui en dépend; l'hospital, que l'on appelle l'Hostel-Dieu; le couvent des Celestins et celuy des Chartreux. A ces derniers la Cour de parlement a esté contrainte de faire deffence de plus acquester, tant estoient avides et ardants de se faire grands en domaines et possessions; qui est toutesfois contre le vœu de la vie monastique, laquelle, en general et de quelque ordre que ce soit, n'est fondée que sur la pauvreté, qui les rend plus aptes et capables du jeusne et de l'oraison, aussy qu'ils ne se sont exclus du monde que pour vacquer aux œuvres de piété et contemplation, et non pas aux terrestres.

Toutes ces pompes et festins de Roy, de l'hostel-de-ville et de plusieurs particuliers, et toutes aultres magnificences incomparables, tant royales que parisiennes, parachevées, il fallut entrer en affaires pour exécuter l'entreprise de Bouloigne, de sy long-temps projectée. Et pour y commencer, le Roy vint à Abbeville, où il sejourna environ quatre jours, attendant que son armée, qui se dressoit au village de Neufchastel, près la forest d'Ardelot, fust preste et remplie des forces desquelles il avoit faict estat, et si les troupes d'Allemaigne cy-dessus mentionnées y estoient arrivées; et envoya Sa Majesté M. de Vieilleville reconnoître le tout, pour luy en rapporter certaines nouvelles.

Cependant l'Empereur, comme tuteur du jeune roy Edouard, s'estoit approché à Saint-Omer pour voir les deportements de ceste armée, et si le Roy entreprenoit sur la vieille conqueste [1] ; qui eust esté enfraindre le traicté de paix accordé entre les roys François le Grand et Henry d'Angleterre, ainsi que nous avons amplement déclaré au commencement du second livre. Ledit sieur Empereur, voyant que l'armée s'eslargissoit bien avant en la comté d'Oye, et passoit, pour aller au fouraige, fort loin au-delà de Marquise, qui est le dernier villaige de France tirant à Calais, il despescha ung herault devers le Roy à Montreul, où Sa Majesté estoit desja descendue, luy porter ceste parolle, que, s'il ne faisoit resserrer ses gens, qu'il auroit juste occasion de se douloir et d'y mettre la main, ne pouvant plus tolerer tels degats et insolences, au prejudice du roy Edouard son mineur, et que les plaintes des habitants de Calais et de la comté d'Oye, qui sont en sa protection, l'avoient incité à luy faire ceste remonstrance.

Le heraud, qui s'appelloit Flandres, natif de Monts en Haynaud, ennemy mortel du nom français, comme sont naturellement tous Bourguoignons, oublia sa créance, qui estoit assez honneste, encores qu'elle participast ung peu de la menace, ou qu'il en voulust forger une aultre à sa poste, selon son animosité, va dire au Roy que l'Empereur son maistre luy mandoit que, s'il ne faisoit deffence aux soldats de son armée de plus entrer en la comté d'Oye et de passer oultre le villaige de Marquise, qu'il y donneroit tel ordre qu'il s'en repentiroit, et qu'il le traiteroit en

---

[1] *Sur la vieille conqueste* : Calais.

jeune homme. Le Roy luy voulut faire donner les estrivieres ou le fouet à la cuisine, tant pour l'outraige de sa créance, que pour avoir esté si hardy que de parler sans congé; mais il en fust diverty par M. le duc de Vendosme et M. le connestable, et qu'il luy falloit seulement respondre que si son maistre s'adressoit à luy, qu'il l'accommoderoit en vieux resveur.

Là dessus M. de Vieilleville arrive pour faire son rapport, qui estoit que toutes les troupes estrangieres estoient joinctes en l'armée, et l'avoit laissée fort complette et très-gaillarde; et oultre ce, apporta nouvelles très-certaines que l'Empereur avoit de grandes forces esparses par les Pays-Bas, et qu'il ne cherchoit que l'occasion de rompre la paix d'entre le feu Roy et luy, poursuyvant sa coustume en mauvais naturel, tramer quelque fascheux desseing, nous voyant empeschez contre l'Anglais; n'estant pas d'advis que le herauld Flandres luy portast ceste creance, ny qu'on luy fist aulcun desplaisir; car si on l'irritoit, il pourroit faire beaucoup d'ennuy, et trop en a qui deux meine: mais luy sembloit meilleur que Sa Majesté envoyast devers l'Empereur, pour sçavoir s'il advouoit Flandres de la creance qu'il luy avoit apportée, et qu'on le retînt prisonnier attendant sa response. Ce conseil ne fut pas rejecté, mais approuvé pour très-utile et necessaire. Le herauld Picardie eust ceste charge, qui rapporta au Roy le desaveu de l'Empereur, et qu'il ne s'estoit pas tant oublié, luy permettant de le faire pandre comme ung yvrongne, et qu'aussi bien le seroit-il à son retour. Mais le Roy le renvoya sans luy mesfaire, et en remettoit la punition à l'Empereur, qui fust nulle, comme nous entendismes depuis, car il estoit créature du chancelier Granvelle, qui possedoit entierement son maistre.

M. de Vieilleville adjousta à son rapport, pour tenir Sa Majesté advertie de toùt ce qui concernoit l'armée, qu'il avoit esté au lieu où se dressoient les estappes des vivres, où il avoit trouvé le sieur de Bourran, commissaire général des vivres, ensemble tous les aultres commissaires, clercs et marchants munitionnaires, avecques une si merveilleuse abondance de toutes sortes de vivres requises en ung camp, principalement de farines et de pains desja boulangez, qu'il asseuroit Sa Majesté que son armée n'auroit faulte de rien : de quoy elle receust un grand contentement, et en demeura fort satisfaite. « Mais j'ay ung extreme regret, Sire, dist M. de Vieilleville, de n'avoir peu attrapper le bastard de La Myrande (1). — Comment! demanda le Roy, a-t-il faict quelque insolence au camp avec sa compaignie? car il est assez mutin. — Ha! Sire, respondit-il, le meschant a abandonné vostre service pour prandre celuy d'Angleterre, et y a mené sa compaignie d'Italiens. Que si j'eusse esté adverty d'une heure plustost de sa perfidie, je l'eusse chargé et deffaict avec quarante ou cinquante bons chevaux que j'avois pris pour m'accompaigner au camp faire ma visite, car il n'avoit pas plus de sept vingts hommes espars çà et là, et embarrassez parmy leur bagage; mais allant après, il estoit desja soubs la faveur du canon du fort de Montlambert; toutesfois j'en ay pris douze qui n'alloient pas sitost que les aultres, que j'ay lais-

---

(1) *Le bastard de La Myrande*. Il étoit fils de Louis Pic, comte de la Mirandole.

sez au pont de bricque soubs bonne garde : je m'atténdois bien que le vilain deust tourner visaige et s'advancer pour leur recousse. »

Le Roy, fort faché de ceste revolte, commanda que l'on s'enquist d'eux s'ils sçavoient l'occasion qui avoit desmeu leur capitaine de son service ; et luy en ayant esté amenez deux, ils respondirent qu'ils ne sçavoient aultre mécontentement, si-non que Sa Majesté luy avoit reffusé ung estat de gentilhomme de la chambre vacquant, et encores avecques honte et opprobre ; car il luy fust respondu en public et assez impudemment par ung commis de l'ung des secretaires d'Estat, que le Roy ne donnoit poinct de tels estats aux fils de p.... ny bastards, s'ils ne l'estoient de princes. Mais estants sur ces enquestes, son père, le comte de La Myrande, fort grand joueur, et qui avoit le jour precedent gaigné six mille escus à la chance à trois dez, de M. le duc de Nevers, François de Cleves, lieutenant général pour le Roy en Champaigne et Brie, se presenta devant le Roy tout esperdu, disant en langaige bastard mêlé de français et d'italien : *Corps di Dio* (1), *Sire, je son ruynat. Mon forfante de bastardin m'a robat trente mille escouz in oro, et tout ce que j'avia de riche et precioulx en quatre coffres ; et s'en est andat con les coffres et miei muletti rendre Anglais. Il n'i a pas mon côlliero et mantello de l'Ordre qu'il ne m'a habbia emportat, dispeto di Dio : que feray-je ?*

(1) *Corps di Dio*, etc. : Corps de Dieu ! Sire, je suis ruiné. Mon coquin de bâtard m'a enlevé trente mille écus d'or, et tout ce que j'avois de riche et de précieux en quatre coffres, et il a passé chez les Anglais avec mes coffres et mes mulets. Il n'y a pas jusqu'à mon collier et mon manteau de l'Ordre qu'il n'ait emporté, au mépris de Dieu.

Le Roy, pour toute consolation, se print à rire, comme aussi firent tous les seigneurs là présents, qui jugèrent bien-tost que non pas le reffus de l'estat, mais la friandise du larcin luy avoit faict changer de maistre.

Le Roy demanda à ces douze soldats pourquoy ils avoient suivy leur capitaine en sa meschanceté, et si l'argent de France n'estoit pas aussi bon que celuy d'Angleterre. Ils respondirent assez fièrement que si, mais, puisqu'il les avoit amenez en France, et qu'ils estoient patriotes, tous du Parmésan, il estoit plus que raisonnable qu'ils courreussent sa mesme fortune, et qu'ils ne l'abandonnassent jusques à la mort. « Je vous asseure, dit le Roy, que aussi ferez-vous : car, si je le tenois, je le ferois irremissiblement pandre ; mais en attendant vous irez devant. » Et commanda à l'instant de les mettre tous douze entre les mains du prévost de l'hostel, qui les fist bientost après brancher aux premiers chesnes de la susdicte forest d'Ardelot, sur le grand chemin.

CHAPITRE XXI.

Le Roi enlève aux Anglais tous les forts qu'ils avoient autour de Boulogne. — Combat singulier entre M. d'Espinay et un seigneur anglais.

Le Roy finalement entra en son camp le 23 d'aoust 1549, où il fut receu avec ung merveilleux tonnerre de l'artillerie et de scopeterie de quarante enseignes de gens de pied, nouvelles bandes, et de trente-deux de vieilles, sans les legionnaires de Normandie, Champaigne et Picardie, que l'on comptoit à quarante et quatre enseignes : les estrangiers susdicts estoient ailleurs. Et dès le lendemain de son arrivée on alla assieger le fort de Salencques, qui fut battu de si grande furie, que les capitaines de dedans en furent tellement espouvantez, qu'ils demanderent à parlementer : à quoy ils furent receus ; mais ils se montrerent en ceste negociation si mal entendus aux ruses et pratiques de guerre, qu'ils vindrent de boucq-estourdy trouver M. le connestable dedans ses tranchées, sans demander ny prandre hostaiges ; lequel fist durer si long-temps, en experimenté capitaine, ce parlement, que nos soldats eurent tout loisir de forcer la place, où quelques-ungs se perdirent ; mais pour revanche ils en tuerent plus de quatre-vingts, et tout ce qui leur fist teste à l'entrée dudit fort. Aussi n'y avoit pas là dedans en hommes et femmes plus de deux cents trente personnes. L'un des paiges de M. de Vieilleville, nommé Clerenbault, qui estoit venu coucher aux tranchées pour aider aux valets de chambre à apporter les commoditez de leur maistre et de M. d'Espinay, voyant les soldats enfoncer de telle furie la bresche, qui n'estoit encores raisonnable, les suivit, et se print à grimper comme les aultres, où il receust une harquebuzade en la cuisse ; mais il ne laissa pas d'entrer. Et ne veid-on jamais place, pour estre de reputation, sitost rendue ; car depuis la premiere volée, qui estoit de vingt et cinq pieces d'artillerie, jusques à la prise, il n'y eust pas six heures de temps.

Ceste si furieuse prise apporta un tel espouvantement à tous les chefs et capitaines des aultres forts, qu'en moins de six jours le Roy eust sa raison de tous : car Ambletueil, qui estoit une très-forte place, et qui les surpassoit toutes en assiete, nombres d'hommes, fortifications et abondance de toutes sortes de munitions et vivres, mesme que l'argent des monstres de toutes les garnisons d'autour de Bouloigne y estoit, se soubsmist à la misericorde du Roy, après avoir enduré quinze ou saeze volées de canon. Blacquenay n'attendist pas le siege; mais celluy qui y commandoit envoya devers M. le connestable, le supplier de prandre sa place aux conditions qu'il avoit accordées à ceux d'Ambletueil : à quoy il fut receu, mais non pas sans rire. Ceux de Montlambert n'attendirent ny envoyerent, ains mirent le feu en leur fort, et se sauverent dedans Bouloigne en diligence, avecques leurs bagaiges, bagues, femmes et enfans; qui leur fust fort aisé, car il ne falloit que descendre.

Il ne restoit plus que la tour d'Orde que tous les forts ne fussent en l'obeissance du Roy; de laquelle les advenues estoient fort chatouilleuses, car elle descouvroit de bien loing, tant estoit haulte, et falloit prandre ung grand circuit pour commencer les tranchées. Toutesfois Sa Majesté, pour faire sa conqueste entiere, et ne s'en retourner à Paris sans jouïr d'une parfaicte victoire, ainsi qu'il l'avoit promis, vint camper en ung villaige nommé Huymille, distant de ladite tour environ demye lieue, favorisé d'un valon que ceux de dedans ne pouvoient descouvrir; et environ mille pas au-delà du camp, approchant de la tour, il commanda que l'on besongnast aux tranchées, et y furent employez de quatre à cinq mille pionniers. Mais M. de Vieilleville s'advisa d'un grand point, que du costé de la marine, assez près de la susdicte tour, il estoit necessaire de bastir ung fort qui feroit deux effets : le premier, qu'il empescheroit d'avitailler la tour par mer et par terre; l'aultre, que Calais et Bouloigne ne se pourroient plus secourir ny favoriser le long de la coste. Advis qui fut trouvé très-bon par Sa Majesté, et, comme tel, promptement executé. Aussi l'utilité en parut incontinant; car, dès le troisiesme jour que l'on y eust commencé, l'on descouvrit trois navires anglaises flottants à toutes voiles devers la tour : mais, ayant apperceu nos soldats qui escarmouchoient jusques au pied d'icelle, et quelques enseignes blanches sur le nouveau fort, que le Roy nomma de Vieilleville, elles baissent les voiles, et font alte, sans partir de la rade. Lors Sa Majesté commanda faire venir l'artillerie, qui les salua de quatre ou cinq volées ; mais c'estoit de si loing, qu'elles n'en furent aulcunement endommagées. Toutesfois elles se retirerent; mais, sans l'invention dudict fort, elles eussent raffraischy la tour de gens, de pouldres, de vivres et d'aultres infinies commodités, en despit de toute l'armée.

M. de Vieilleville, se souvenant du duc de Sommerset, qui avoit attaqué l'honneur de France en plein conseil à Londres, ainsi qu'il a esté dict au commencement du second livre, pria M. d'Espinay, son beau-fils, de s'armer, se monter, et se mettre au meilleur et plus riche équippaige qu'il pourroit, comme pour le jour d'une bataille, et qu'il en alloit faire de mesme : mais il desiroit qu'il fust prest dedans deux heures. Cependant il commande à trois gentils-hommes des siens de semblablement s'apprester, lesquels je veux bien nommer, pour leur valeur : l'un, le sieur de Lachesnaye, de Craonois; l'autre, le sieur de Chenevelles, de Normandie; et le tiers, le sieur de Taillade, gascon, que M. de Vieilleville print à son service après la mort de M. de Laval qui mourut à Paris, et, disoit-on, de nom et d'armes, parce qu'il y avoit plus de cinq cents ans que ceste grande seigneurie de Laval et de Vitré en Bretaigne luy estoit venue de pere en fils sans interruption; mais, n'ayant poinct eu d'enfants de l'heritiere de Foix, sa femme, sa maison tomba, par femmes, en celle d'Andelot, puisné de Chastillon, du nom de Coligny. Ce genitlhomme, après la mort de son maistre, fut recherché de trois ou quatre princes de France, à cause de sa grande experiance et addresse à manier et dresser chevaux, à tous lesquels il prefera M. de Vieilleville. Lequel, estant ainsi accompaigné, print ung trompette sans faire bruit, et se presente à la porte de Bouloigne qui mene au Montlambert; et la chiamade faicte, on demanda ce qu'il vouloit. Il respondit que si le duc de Sommerset estoit là-dedans, qu'il luy donneroit volontiers un coup de lance, et que c'estoit Vieilleville. Et encores que le bruict fust commun qu'il y devoit estre, sy luy fust-il respondu qu'il estoit malade à Londres. Et demandant s'il y avoit poinct quelque aultre brave chevalier milort qui voulust tenir sa place, qu'il le recepveroit de très-bon cœur; mais il ne se presenta personne. « Au moins, dist-il, s'il y a quelque fils de millort qui se vueille esprouver contre un jeune seigneur de Bretaigne, nommé Espinay, qui n'a pas encores vingt ans, qu'il paroisse, affin que luy et moy ne retournions point au camp sans faire preuve de nos personnes; car il y va beaucoup de l'honneur de vostre nation si quelqu'un ne se présente. »

Lors le fils du millort Dudlay, qui estoit de pareil aage, genereusement se presenta, contre le gré toutesfois de tous les seigneurs de leans, monté sur ung brave cheval d'Espaigne, et sortit de la ville accompaigné fort seigneurialement. Mais incontinant que Taillade l'eust veu à cheval, il dist à M. d'Espinay : « Je vous donne ce millort. Ne voyez-vous pas comme il chevauche à l'albanoise? il touche des genoulx quasi à l'arson : tenez ferme, et ne couchez poinct vostre boys que à trois ou quatre pas de luy; car le coucher de loing fait tomber le bout de la lance, et perdre la mire à celuy qui la porte, d'aultant que la veue s'esblouit parmy la visiere. » Ce que M. d'Espinay n'oublia pas. De sorte que la capitulation se fist et s'accorda, que qui porteroit son ennemy par terre, il luy seroit loisible de l'emmener prisonnier, et son cheval et armes acquises au vainqueur. Et s'estant esloignez, M. d'Espinay luy donne ung si grand coup de lance, qu'elle se rompit, et le porte par terre, l'ayant attaint par le costé, à demypied au-dessus de l'arson. Quant à l'Anglais, sa lance passa tout oultre, et à sa cheute la laïssa tomber. Ce que voyant, Taillade met incontinant pied à terre, et se saisit du cheval, monte dessus; Chesnaye prend l'Anglais, et, avec une grande reverance, le monte sur le sien, et luy sur celluy de Taillade; le tout avec l'aide des valets, paiges et laquests qui les suivoient. Lors le trompette sonne victoire, puis retraite; et s'en retournerent au camp avec leur prisonnier, qui estoit un peu blessé en l'ayne, de l'estourdissement du coup seulement, laissant les Anglais accompaignez de beaucoup de honte.

Mais ils ne furent pas à portée d'harquebuze du camp, que l'on vint dire à M. de Vieilleville que le Roy, ayant entendu ceste nouvelle, s'en venoit au-devant de luy, accompaigné de bien peu de seigneurs et de quelques capitaines et archers de ses gardes, pour veoir la conqueste de son beau-fils. Et incontinant qu'ils l'eurent apperceu, ils mirent pied à terre, où M. d'Espinay presenta à Sa Majesté son prisonnier, le suppliant de le prandre comme si c'estoit le roy d'Angleterre, et que s'il estoit de cette qualité il seroit plus hardy de luy en faire ung present. Mais Sa Majesté, le luy rendant, et fort aise, tire son espée, et luy en donne l'accolade, le faisant chevalier.

CHÂPITRE XXII.

L'armée du Roi se retire de devant Boulogne.

Les affaires du Roy se portoient merveilleusement bien en ceste entreprise, et avoit-on grande esperance que, non-seulement la tour d'Orde, que ce petit fort de Vieilleville avoit reduict en fort extresme necessité, se deust soubsmettre à sa volonté, mais desja ceulx de Bouloigne commençoient à faire contenance d'entendre à quelque capitulation; car, soubs pretexte de venir avec sauf-conduit visiter le prisonnier de M. d'Espinay, ils en jectoient souvent plusieurs propos à la traverse, mauldissants la conqueste de Bouloigne, et qu'elle avoit épuisé l'Angleterre d'hommes et d'argent; et que s'ils estoient du conseil de leur Roy, ils luy persuaderoient d'entrer en quelque bon accord : aussi bien n'y avoit-il poinct de droict, car son pere ne l'avoit poinct conquestée par vrayes et legitimes armes, ny de bonne guerre, mais par tradiment et vendition, qui derogeoit grandement à la reputation des roys et couronne d'Angleterre : tenants une infinité d'aultres langaiges parmy la bonne chere qu'on leur faisoit aux tentes et pavillons de M. de Vieilleville et de M. d'Espinay, par lesquels on jugeoit aisément qu'ils étoient ennuyés de ceste guerre, ou que, par la honteuse reddition de tant de forts, ils avoient perdu le couraige. Ce qui anima Sa Majesté à poursuivre sa bonne fortune, et faire commencer en toute diligence la batterie plus furieuse que toutes les aultres, pour renverser ceste tour et luy dresser ung beau chemin d'aller assieger Bouloigne, qu'il esperoit forcer de ceste emprainte : de quoy l'on voyoit grande apparence, car ceux de dedans ne firent jamais que cinq saillies sur nostre armée, de peur de perdre leurs hommes, s'attendants bien d'avoir le siege, à toutes lesquelles ils furent toujours rembarrez dedans leur ville, à leur perte et confusion.

Mais la fortune envyeuse du bonheur de Sa Majesté, ou, pour plus chrestiennement parler, Dieu qui ne voulut, par quelque jugement occulte et à nous incongneu, faire abonder le Roy en tant de felicitez, envoya sur le mesme jour une bourrasque de vents et de pluyes si vehemente et furieuse, qu'il ne demeura tente ny pavillon debout; et furent contraints ceux qui estoient logez aux pavillons de se sauver lá pluspart à nage; et sans les chevaux, il y en eust eu beaucoup de noyez; encore s'en perdit-il plus de deux cents, et grand nombre de bagaige. L'oraige dura toute la nuict de telle impétuosité, qu'il sembloit que la mesme terre deust fondre et se transmuer en eau; mais la pluye continua deux jours et deux nuicts sans intermission, dont le Roy fust contrainct, avec ung indicible regret, de rompre son camp. Et estant au pont de Bricque, licencia l'armée, après avoir garny de gens de pied et de cheval les forts dessusdicts, à suffire; à la conqueste desquels, il n'est impossible de croire la celerité dont y usa Sa Majesté; car, depuis le jour qu'il entra au camp jusques à celluy de son departement, on ne comptoit que trois sepmaines.

Si ceux de Bouloigne eussent conquis ung royaume entier, ils n'eussent pas esté si aises ny contants que de veoir l'armée française se retirer: ce qu'ils firent paroistre par les allaigresses, feux de joye, fougades, bruicts d'artillerie, fanfares de trompettes et aultres demonstrations de très-grande rejouissance; nous faisants cependant jouïr à souhait du benefice de ce proverbe qui commande faire pont d'argent à l'ennemy qui se retire, car il n'y eust ung seul qui entreprint de venir donner sur la queue de nostre armée: en quoy ils eussent merveilleusement proffitté, car l'on estoit si battu du vent, trampé de la pluye, et les terres si patouilleuses ez fondrieres, qu'il estoit impossible qu'eulx, sortants du couvert et estants frais, n'y acquissent, avecques proffit, beaucoup d'honneur. Encores s'oublierent-ils d'ung merveilleux advantaige qu'ils avoient sur nous ; car on sçait bien qu'en temps de pluye, principalement comme ceste-là qui tomboit incessamment à grosses undées, l'harquebuzerie est si peu ou moins que rien, et le soldat ne peult faire aulcun effort, mesme que quasi toutes les mesches estoient estainctes; et il y avoit là dedans mille ou douze cents archers qui nous eussent ruinez, voire exterminez de flechades; car la cavallerie ne pouvoit marcher ny avant ny arriere. Toutesfois nous gagnasmes le Montlambert sans aulcun dommaige : de quoy le capitaine, nommé le vicomte Nostre-Dame, qui commandoit là-dedans pour le Roy, ne fist pas moins d'algarades, tant pour tant, avec ses tambours, phiffres et artillerie, nous voyant à saulveté, que les Anglais avoient faictes pour nostre retraicte.

CHAPITRE XXIII.

Générosité du marquis d'Espinay à l'égard du seigneur anglais qu'il avoit vaincu.

Le jeune Dudlay, voyant que nostre armée s'esloignoit de la coste de Bouloigne, supplia M. d'Espinay de le mettre en ranson, et qu'il ne vouloit pas entrer plus avant en France. Sur quoy il luy demanda s'il luy ennuyoit en si bonne compagnie, et s'il n'avoit pas volonté de venir au moins jusques à Paris : qui luy respondit que non, et qu'il aymeroit mieux payer double ranson que de passer oultre, ayant à despescher dedans ung mois une affaire de très-grande importance en Angleterre. Lors l'ung de ses gens, tirant à part M. d'Espinay, luy fist entendre qu'il estoit si amoureux de la fille du comte de Bethfort, que s'il ne repassoit bientost la mer pour l'epouser, suivant les accords desja sur ce faicts, il en pourroit tomber malade; mesme que la damoyselle estoit en une extreme peine de sa prison : qui fust cause que M. d'Espinay luy dist qu'il s'en pouvoit aller quand il luy plairoit, luy promettant de luy faire donner ung bien ample passeport. De quoy l'aultre le remercia, le pressant tousjours très-instamment de le mettre en ranson; et sur le poinct qu'il commençoit à faire declaration de ses facultez et moyens, M. d'Espinay luy va dire qu'il n'estoit besoing d'entrer en ces termes, et qu'estants, à son opinion, leurs premieres armes à tous deux, il ne les falloit poinct mettre à prix d'argent; aussi que la guerre n'estoit pas finie entre les deux Roys leurs maistres, dont il luy pourroit arriver une pareille fortune; mais seulement le prioit de se souvenir du nom de la maison d'Espinay, de laquelle les seigneurs ne vont poinct à la guerre pour se faire riches, car ils le sont naturellement assez, mais pour acquerir honneur, et entretenir leur ancienne reputation, et que, suivant cela, il le quictoit pour quatre guilledines (1) d'Angleterre, bien choisies et dignes d'estre presentées aux princes et princesses ausquels en son cœur il les avoit vouées.

Quand ce jeune millort veid ceste grande et inesperée liberalité (car il pensoit bien en avoir pour six mille escus de taille), il vint embrasser M. d'Espinay de très-grande ardeur, luy offrant et vouant à jamais

(1) *Guilledines* : haquenées.

très-fidelle amitié et humble service, avecque promesse de luy envoyer les guilledines qu'il demandoit, de telle beauté et bonté, qu'il s'en contenteroit et se loueroit toute sa vie de son prisonnier. Et voulant M. d'Espinay adjouter à ceste premiere liberalité une seconde, luy redonna son cheval d'Espaigne, qui estoit à la verité de grande beauté et valeur; mais Dudlay jura et protesta de plustost mourir, voire de ses propres mains, que de le reprendre, et qu'il estoit plus que raisonnable qu'il luy demeurast pour marque de sa victoire. « Et affin, dist-il, qu'il vous souvienne aussi de moy, je luy veux presentement changer le nom; car il s'appelloit *Bethfort*, du nom de ma maitresse; il ne se nommera plus que *Dudlay*. » Et de ce pas s'en allerent trouver M. de Vieilleville au logis du Roy, auquel M. d'Espinay discourut comme tout s'estoit passé; qui en fust bien esbahy, mais très-contant qu'il eust usé d'une telle courtoisie en l'endroit de son prisonnier, qui seroit à jamais remarquée pour très-insigne, principallement en Angleterre, où l'avarice regne sur toutes nations: et le va faire incontinant entendre à Sa Majesté, laquelle admira et loua grandement la gaillarde humeur de M. d'Espinay; et pour ce que ce traict redondoit à l'honneur et gloire de la nation française, elle commanda à M. de Sipierre, son premier escuyer, de luy donner ung fort roussin pour monter son prisonnier qui estoit sur son partement; auquel aussi elle ordonna ung trompette pour le conduire jusques à Bouloigne en toute seureté. Et fut le tout promptement mis en execution.

Ainsi s'en va ce millort anglais très-contant de

M. d'Espinay, qu'il estimoit ung prince; car il ne paya rien pour sa garde ny despence, comme l'on a accoustumé d'y faire passer tous prisonniers de guerre; et si avoit avec luy deux gentilshommes et ung valet, qui furent trois sepmaines, à la suicte de l'armée, traictez d'aultre façon qu'en Angleterre, car ils n'y beurent une seule goutte de bierre, et ne furent, maistre et serviteurs, de leur vie si esbahis de tant d'honnestetés, courtoisies et bons traictements. Arrivé qu'il fust à Bouloigne, l'amour ne luy permist pas d'y sejourner plus d'un jour, et fist voile en Angleterre pour veoir son pere et sa maitresse; et les ayant trouvez à Londres, ils furent merveilleusement estonnez de sa venue; car son pere amassoit de l'argent pour sa ranson, qu'il avoit taxée, comprenant la garde et despense, à sept mille escus. Mais luy ayant declaré son fils la liberalité de M. d'Espinay son maistre, et les courtoisies qu'il avoit receues de M. de Vieilleville, il ne se pouvoit rassasier de hault louer la generosité des Français, et qu'il y avoit long-temps qu'il connoissoit M. de Vieilleville pour ung excellent et brave seigneur, et qui avoit grand credit et authorité en la Cour de France. Et aflin de perpetuer la memoire d'ung tel bienfaict et munificence en sa maison, il fist mettre les armairies de tous les deux aux verrieres des salles et chambres de ses maisons, et augmenta deux guilledines sur les quatre, et six dogues; ordonna qu'en extreme diligence l'on cherchast par toutes les races et haraz de guilledines d'Angleterre, pour les choisir, à quelque prix qu'elles se pussent monter, pour en acquitter promptement son fils et les envoyer en France.

CHAPITRE XXIV.

Le Roi fait la paix avec le roi d'Angleterre.

Le Roy arriva à Amiens, où il sejourna huit jours pour se resfraichir et toute la suite, et pour donner semblablement loisir aux seigneurs volontaires qui se vouloient retirer, de prendre congé de Sa Majesté, et à elle aussi de les remercier de leur service et assistance. De-là M. le connestable le mena par ses maisons de Chantilly, Escouan et l'Isle-Adam : et après y avoir sejourné en chacune trois jours, nous prismes la route de Paris, où M. de Vieilleville donna ordre à plusieurs affaires, et y demeura jusques à ce que le Roy en partit pour aller à Fontainebleau, et y accompaigna Sa Majesté par son commandement, encores qu'il fist grande instance, dès Paris, d'avoir son congé pour s'en aller en sa maison.

Et estant le Roy à Fontainebleau, il fust conseillé, par M. le connestable et quelques aultres seigneurs, d'entendre à la paix avec le roy Edouard d'Angleterre, lequel, ne pouvant plus fournir d'hommes et d'argent pour soustenir ceste guerre, la recherchoit à vive force par l'entreprise d'un Florentin nommé Guidotti, regnicole d'Angleterre, qui, comme de luy-mesme, estoit venu à la Cour en faire la premiere ouverture. Mais les plus fins se doubtoient bien que le jeune roy luy en avoit baillé les instructions, estant contrainct de venir là, tant pour les necessitez susdictes, que pour ce qu'il estoit survenu de grands troubles en son royaume pour la religion.

Le Roy, comme debonnaire prince, voulut nommer des deputez pour aller à Bouloigne affin de conferer avec ceux du roy Edouard qui les y attendoient, et pria M. de Vieilleville, se confiant en son experience et fidelité, d'y aller avec la principale authorité, et comme congnoissant desja l'humeur de ceste nation : mais il le supplia très-humblement de l'en excuser, et qu'il avoit necessairement affaire en sa maison, qui luy estoit de consequence de tout son bien, demandant congé d'y aller. A son reffus, il en fut envoyé d'aultres qui par leur negociation (¹) retirerent Bouloigne en payant une grosse somme d'argent, qui montoit à plus de quatre cents mille escus, par le moyen de laquelle aussi toutes les pensions que pretendoient les Anglais sur la couronne de France furent amorties.

M. le duc de Vendosme, gouverneur et lieutenant-général pour le Roy en Picardie, tira M. de Vieilleville à part pour luy dire qu'il s'esbahissoit grandement comme il avoit reffusé une si belle charge, qui luy estoit donnée du propre mouvement du Roy, l'ordonnant chef et sur-intendant de tous les aultres deputez, et pour faire la paix entre deux grands royaulmes, chose memorable à jamais à sa posterité. « Pour ce, monsieur, respondit-il, que le Roy est trompé et vendu en ceste trame ; car on luy fait faire ung accord aultant prejudiciable à son honneur que aultre sçauroit estre. Ne luy alleguent-ils pas, mon-

(¹) *Par leur négociation.* Le traité entre la France et l'Angleterre fut signé le 24 mars 1550.

sieur, de belles raisons? que beaucoup de grands seigneurs y pourroient estre tuez si on vouloit r'avoir Bouloigne par les armes, et sa personne y pourroit demeurer, et qu'il est plus seant de la retirer par argent que de hazarder tant de gens de bien. Je vous jure, monsieur, que si le Roy attend encores jusques au mois de janvier, on la luy rendra sans argent et sans combat; car deux gentilshommes que j'avois envoyez à Bouloigne exprès pour bien reviser les commoditez et le train de là-dedans, soubs ombre d'y accompaigner le jeune Dudlay, m'ont rapporté qu'ils y sont si contraints et reduicts à telle extrémité de toutes choses, qu'ils ne sçavent à quel sainct se vouer; joinct qu'il n'y peut entrer ny sortir, soit par mer, soit par terre, chose qui soit, estant entourée de tous costez de si grand nombre de forts, et leur roy est si affairé des troubles qui sont en son royaume, qu'il vouldroit Bouloigne abismée; car il ne la peult nullement secourir. Et y a bien davantage, que tous les soldats et mesnaiges qui estoient dedans les forts sont encores là-dedans, qui affament jusques à tout la garnison ordinaire; car ils n'en peuvent sortir. Il me desplaist doncques, plus que je ne puis dire, de veoir le Roy achepter la paix de ceux ausquels il la peut vendre, et qu'il soit servy avec telle infidelité. — Comment donc, dit M. de Vendosme, ne le remonstrez-vous avant partir? — Je le vous remonstre, dit-il, monsieur, à vous qui estes un grand prince, et le premier du sang après M. le Daulphin, et auquel plus que à pas ung cela touche, comme ayant part en l'heritage, et estes gouverneur de la province. Et vous dis bien plus, que vos deputez ne perdront pas leur voyaige, car ils auront ung bon pot de vin pour accelerer la besongne ; car je sçay que tout l'argent qui y est desja affecté n'entrera pas à l'espargne du roy d'Angleterre. Et là-dessus, monsieur, vous disant adieu, je vous baise très-humblement les mains, et vous suys très-humble serviteur. »

M. de Vendosme, auquel ce langaige revenoit souvent au runge (1), cogneust bien qu'il y avoit grand apparence de croire qu'il y eust de la fraude en ceste legation ; mais il ne s'advança jamais d'en parler, craignant d'irriter M. le connestable, soubs l'authorité duquel tout ce negoce se démenoit ; lequel fust très-aise que M. de Vieilleville eust rejecté ceste charge, en laquelle il instala incontinant le sieur de La Rochepot, son frère (2), qui fust le chef sur le sieur de Chastillon et les sieurs du Mortier et Sassety Bochetel, ordonnez avecques luy pour despescher ce traicté en toute diligence, et pour cause.

CHAPITRE XXV.

M. de Vieilleville retourne dans ses terres.

Saichant madame de Vieilleville que M. son mary estoit party de la Cour pour venir en sa maison, elle vint audevant jusques à Angiers, et amena mademoiselle d'Espinay quant et quant, où M. de Saint Thierry les receust à grand joye au doyanné, et avec

---

(1) *Au runge* : à la pensée. — (2) *Le sieur de La Rochepot* : François de Montmorency.

une chere incroyable et grand compaignie, toujours l'attendant; car il avoit pris le chemin d'Orleans, et s'en venoit par la riviere de Loyre. Arrivez qu'ils furent il ne fault demander si la joye redoubla; car le pere et le fils trouverent leurs moitiez, et la mere et la fille les leurs : et furent huict jours en ce contentement, disnants en une maison et souppants en l'autre; car il y avoit alors de grandes et riches maisons en la ville d'Angiers, tant de gens d'église que de judicature, qui les festoient à l'envy chascun à son tour; car il n'y avoit juge ou officiers de roy, en quelque qualité que ce fust, qui ne tînt quasi son estat pour sa faveur; les ungs pour avoir eu moderation de taxe, les autres sans du tout payer finance, quelques-ungs pour estre preferez, et plusieurs pour avoir eu la dispense des quarante jours en une resignation : tant estoit officieux à tous, principalement à ses patriotes. De sorte, si les Angevins eussent eu un duc, il n'eust pas esté quasi mieux venu ny receu en sa ville d'Angiers que M. de Vieilleville, et le duc luy-mesme se fust reputé très-heureux d'avoir ung tel seigneur pour vassal. Et puis vindrent à Saint Michel du Bois.

Or il y a une coustume en France, de toute ancienneté observée, que l'on y appelle les damoyselles de ce tiltre de madame, quand leurs marys sont honorez du grade de chevalerie ; et sont si friandes de cest honneur, qu'elles ne veulent pas perdre ceste qualité, ny de faillir à marcher devant une plus riche si son mary n'est chevalier. Mais madamoyselle d'Espinay fust si respectueuse et discrette, qu'elle ne voulut jamais estre appelée madame tant que madame d'Espinay, sa belle-mere, vesquit, et protesta, qui plus est, de ne recevoir ce tiltre que M. son mary ne fust chevalier de l'Ordre; mesprisant l'aultre sorte de chevaliers comme trop commune, que les roys departent indifferemment à toutes personnes en une armée, sans choix ny respect d'extraction ny de merite, et qu'elle auroit trop de compaignies, entre aultres les femmes des gens de justice; car elle cognoissoit une douzaine de presidens et de conseillers, pour le moins, qui faisoient ronfler leurs contrats et ordonnances bien hautement de ceste qualité, qu'ils disent meriter pour avoir faict leur cours entier aux loix, à cause duquel ils sont passez docteurs en l'un et l'aultre droict.

CHAPITRE XXVI.

Il reçoit le Roi et toute la Cour au château de Duretal.

Environ l'année 1550, M. de Saint Thierry, estant devenu evesque de Dol par le bienfaict de M. de Vieilleville son frere, quicta le sejour d'Angiers et resigna son doyanné et d'aultres benefices à son jeune nepveu de Bourry, cy-dessus mentionné; et tous deux se vindrent tenir à Durestal, ung fort beau chasteau sur le Loir, et autant seigneurial que tout aultre sçauroit estre en France, pour n'estre point de partaige de Prince; vivants tous deux fraternellement, et ne faisants que une maison. Or, n'ayant le Roy jamais descendu en Anjou ny en Bretaigne, il luy print fantasie de faire ses entrées à Angiers et à Nantes; s'esloignant exprès aussi le plus qu'il pouvoit, affin que les Anglais que leur Roy envoyoit devers Sa Majesté pour jurer la paix faicte par leurs deputez en la reddition de Bouloigne, eussent le plaisir de veoir la plus belle traverse et la plus agreable de tout son royaume; car, partant de Calais et passant à Paris, qui estoit leur chemin pour venir à Orleans, et prandre la levée le long de Loire jusques à Nantes, il y a une merveilleuse longueur de païs, et si decorée de grandes et riches villes et superbes chasteaux, et d'une infinité de magnifiques maisons, semée au reste et peuplée si dru de villaiges et villettes, que l'on diroit proprement que de Paris à Nantes ce n'est qu'ung fauxbourg ; et monstrant ceste grandeur aux Anglais, Sa Majesté sçavoit bien qu'ils confesseroient avec admiration qu'il n'y avoit en toute l'Angleterre ny Hibernie rien de semblable.

Or, pour effectuer sa volonté, il s'achemina droict à Durestal (1), auquel lieu il sejourna quatre jours. De vous dire le traictement que fist M. de Vieilleville à toute la Cour seroit peine perdue ; car si en aultres endroits vous avez veu ses magnificences et liberalitez, où il n'estoit poinct question de traicter son Roy, son seigneur et son maistre, les princes et seigneurs qui l'accompaignoient, puis ses compaignons et ses amys, vous pouvez bien croire qu'il y employa et le vert et le sec ; car la table des princes et grands seigneurs estoit de dix plats, et celle des aultres moyens seigneurs, chevaliers, gentilshommes de la chambre, capitainnes et lieutenans de gendarmerie, et aultres gentilshommes,

---

(1) *S'achemina droict à Durestal.* Le Roi y arriva dans les premiers jours de juin. Il y passa cinq jours. (*Itinéraire des rois de France.*)

de six, et toutes fort exquisement servies. Mais, pour tenir toute la suite joyeuse et en allaigresse, il donna une grand cave où il y avoit six-vingts pipes de vin d'Anjou excellent à garder aux Suisses ; de laquelle l'on puisoit le vin à buyes, cruches, barils et bouteilles, comme s'il y eust eu là-dedans une source de ceste vineuse liqueur ; et l'aultre cave, où estoit le vin d'Orleans, de Magdon, de Gascoigne blanc et clairet, et tous les autres vins de bouche, il y avoit quatre sommelliers qui, suivant leur roolle, portoient à tous repas deux bouteilles de blanc et clairet à chascun de messieurs du conseil privé, aux evesques, aux maistres des requestes, aux secretaires d'Estat, aux tresoriers de l'espargne, des guerres ordinaires et extraordinaires, de la maison du Roy, des parties casuelles, et aux medecins : si bien qu'il n'y avoit personne de la suicte qui ne fust contant, et qui ne s'estonnast de ceste prodigalité ; et tous menus officiers de roy, jusques aux valets de pied, portiers, huissiers de salle, valets de fourriere serdeleau (1), y estoient à souhaict abrevez. Et ce qui rendoit la chere très-admirable, estoit que si le maître traictoit les hommes, madame de Vieilleville s'estoit chargée de faire le semblable aux femmes, et tenoit maison aux princesses, dames d'honneur, d'atour, gouvernantes, et aux filles de la Royne, avec telle abondance de vivres, et ung si bel ordre pour le service, que elle en fust merveilleusement louée, et y acquist grand honneur : et disoit-on que le Roy prinst plaisir de venir en habit deguisé veoir, tantost la table des princes, que tenoit M. le cardinal de Bourbon, tan-

---

(1) *Serdeleau* : serdeau. C'étoit l'officier qui recevoit les plats de la desserte du Roi.

tost celle des dames, où estoit des premieres la duchesse de Valentinois.

Et s'esbahissant Sa Majesté d'un si grand apparat de vivres, encores plus de la si longue continuation (car ce fust au disner et soupper du troisieme jour qu'elle fist ceste entreprise), elle fist appeller l'un des maistres d'hostel de M. de Vieilleville, soubs la conduite duquel le tout se manioit, nommé Jehan Vincent de La Porte, aultrement le seigneur Doux, gentilhomme italien; et luy ayant demandé le Roy où se prenoit tant de vivres exquis, et comment on en pouvoit finer en telle abondance et si à main, il luy respondit, si Sa Majesté n'eust surpris son maistre, et que l'on eust sceu seulement quinze jours plustost l'arrivée de la Cour en Durestal, que l'on eust bien veu d'aultres choses. Sa Majesté n'en sceust tirer aultre reponce, qui estoit toutesfois gaillarde, et qui tenoit de la jactance de son païs, car il estoit de Naples, où l'on se vante à l'espaignole, et sorty des comtes de la Biscopie, fort ancienne race, ayant esté nourry paige du prince de Besignan; et pour ce qu'il avoit perdu ses biens pour suivre le party de France, le Roy, tant en ceste consideration que de sa diligence et industrieuse conduite en tous ces admirables festins, luy donna une pension de deux cents escus de rente sur son espargne, sa vie durante, et semblablement en faveur de sa brave responce, qui redondoit à l'honneur de son maistre, encores qu'il fust tout evident qu'il estoit quasi impossible de faire mieux.

CHAPITRE XXVII.

Le Roi reçoit une ambassade du roi d'Angleterre, et lui envoie le maréchal de Saint-André.

SA MAJESTÉ fust advertie que les ambassadeurs d'Angleterre estoient arrivez à Orleans, qui fust cause qu'il partist de Durestal, au très-grand regret d'un chascun, pour accelerer son entrée d'Angiers, où il fust très-magnifiquement receu, et selon que la ville est riche et somptueuse ; car c'est la septiesme de France en toutes sortes de moyens et d'illustration que l'on peult requerir en une grosse et ancienne cité ; et s'en contenta le Roy merveilleusement.

Estants les susdicts ambassadeurs à Saumur, M. de Vieilleville fust ordonné pour les aller recevoir aux Roziers, où ils trouverent leur disner prest ; car les maistres d'hostel du Roy et tous les aultres officiers estoient partis le jour precedent pour cest effect. Le duc de Suffort estoit chef de cette ambassade, accompagné du prince de Hores et des contes d'Arondel, d'Herby, de Salebry et de Solambre, avecques huict ou dix jeunes millorts et aultres gentilshommes de suicte ; et pour dire le vray, c'estoit une très-belle trouppe d'eslite et fort bien choisie, qui pouvoit revenir à cent ou six-vingts chevaux, aultant bien en ordre qu'il est possible, et en très-riche équippage. Et n'eussions jamais pensé qu'il se peust trouver en toute l'Angleterre tant de civilitez; car nos plus mignons et gorriers (1) courtisans ne sont mieux acoustrez ny plus lestement vestus. Ils furent tous logez aux fauxbourgs de Lisses, la personne du duc de Suffort à Casenove, auquel Sa Majesté donna audiance le lendemain de son arrivée. Quant au traictement, raccueil et cheres magnifiques, j'en laisse la charge aux heraux et chroniqueurs: pour le moins personne ne peult ignorer, puisque c'estoit en la maison d'un roy de France, qu'elles ne fussent incomparables et nompareilles; car les aultres roys de la chrestienté, voire de l'univers, n'approchent nullement de nos excellentes delicatesses, ny singulieres façons de triompher en festins, ny leurs officiers, de si friandement et proprement acoustrer les viandes ny les desguiser comme les nostres; n'en voulant aultre temoignage, que tous les princes estrangiers envoyent chercher des cuisiniers et pasticiers en France, et aultres serviteurs pour l'usaige de bouche et tout service de table, pour y estre duicts et nez plus que toute aultre nation.

Le Roy, ayant bien consideré la gaillarde somptuosité et magnifique garde de ceste trouppe anglaise, projecta en soy-mesme d'envoyer devers le roy d'Angleterre quelque seigneur pour jurer mutuellement aussi la paix en son nom, et porter semblablement l'ordre de France; et, le tout bien pensé et revisé, n'en sceust imaginer ung plus propre que M. le mareschal de Saint-André, pour l'asseurance qu'il avoit que une infinité de noblesse l'y vouldroit accompaigner, tant pour le desir de veoir l'Angleterre que pour

(1) *Gorriers* : hommes vêtus à la mode. *Gorre* signifie ruban, livrée.

mériter ses bonnes graces et se prévaloir en sa faveur. Et cependant que l'on conduisoit le duc de Suffort et sa trouppe par les belles maisons du païs d'Anjou, comme le Vergier, Durestal, Jarzé, Plessis-Macé, Serrant et aultres, et qu'on l'entretenoit de divers passe-temps par icelles, où la quinzaine de jours se passa en bonnes cheres, car les officiers du Roy marchoient toujours, Sa Majesté fist apprester en diligence ledict sieur mareschal pour les effects que dessus; et ne se trouva pas moins de soixante seigneurs en sa trouppe, dont le moindre avoit plus de dix-huict mille livres de rente; et s'en presenta d'aultres que l'on fust contrainct de remercier de leur bonne volonté.

Estant à Chartres pour prandre le chemin de Paris, en deliberation de s'embarquer à Bouloigne, il eust advis, tant du roy d'Angleterre que de M. de Rochepot, gouverneur du Boulonnais, qu'il y avoit au pas et destroict de Calaïs quatorze hourgues (1) de Flandres avec d'aultres vaisseaux legiers armez en guerre, qui estoient à la rade il y avoit plus de six jours, sans jamais avoir peu descouvrir leur desseing ny l'occasion de leur sejour, sinon qu'ils estoient à l'Empereur : qui fust cause que M. le mareschal, laissant le chemin de Paris, print la routte de Rouan pour s'aller embarquer à Dieppe, à son très-grand regret et de toute sa trouppe, car M. de Rochepot l'avoit asseuré du meilleur apparat que le roy d'Angleterre avoit faict dresser au port de Douvres pour le recevoir, auquel il devoit faire veoir une armée navalle de six cents vaisseaux se battre; et y estre en personne. Mais les secrettes entre-

---

(1) *Hourgues* : navires.

prises de l'Empereur nous firent perdre ce plaisir, avec contraincte de venir surgir en ung aultre port qui s'appelle Le Rie, auquel nous fumes fort incommodez, car il ne se trouva pour nous monter à la descente des navires que quatre-vingts chevaux qui furent pour les grands ; le reste alla en charette à bœufs, encores bien aises, car j'en vis plusieurs, vestus de satin et de velour, qui eurent la corvée d'aller à pied, entre aultres le comte de Montgommery, fils aisné de M. de Lorges ; mais M. de Vieilleville, le trouvant par les chemins, pria M. d'Espinay de luy prester la crouppe de son cheval. Toutesfois, en la premiere maison où nous descendismes, qui estoit du chancelier d'Angleterre, nommé Mester Bacquel, tout le monde, jusques aux lacquests, fut accommodé de chevaux ; car il en fut amené plus de trois cents. M. de Gyé, pour lors ambassadeur en Angleterre, y estoit venu trouver M. le mareschal.

CHAPITRE XXVIII.

Arrivée du maréchal de Saint-André à Londres.

Arrivez à Londres, M. le mareschal fust logé en la maison royale nommé Westmester, et M. de Vieilleville à Doromplex, le mesme logis qu'il eust en son premier voïage, et tous les aultres seigneurs consecutivement selon leurs rancs ; où dix ou douze millorts des plus anciens furent très-soigneux de les bien recueillir tous, suivant le commandement qu'ils en avoient : et y séjournâmes deux jours, tandis que l'on apprestoit le chasteau de Richemont, qui est assez beau et logeable, sur la Thamise.

Et y estant venu M. le mareschal loger, il descouvrit le commandement secret qu'il avoit de son Roy de ne recevoir ung seul traictement de la part des Anglais, ce qu'il observa fort curieusement ; car incontinant que l'on apportoit des vivres ils estoient plustost renvoyez. Aussy c'estoient si grosses viandes que pour les plus delicates on n'y voyoit que oisons, halebrans et principalement cigneaux, dont ils ont grande abondance, car la Thamise en est quasi couverte pour les deffenses expresses et capitales d'y tirer ; là où M. le mareschal avoit trente-six chevaux de rencontre ; douze qui venoient de Paris chargez de toutes sortes de gibiers et de fruicts excellents jusques à Abbeville ; aultres douze qui dudit lieu portoient leur descharge à Bouloigne, et encores douze qui venoient de Richemont à Douvres prandre ce que les barques apportoient ou à voile ou à rames ; et marchoit jour et nuict ceste diligence : de sorte que les maistres d'hostel du roy d'Angleterre cesserent de plus rien apporter, voyant le peu d'estime que l'on faisoit de leurs presents ; mais ce n'estoit sans ung très-grand esbahissement de veoir tant de sortes de gibiers, et en si grande abondance : car en douze jours qu'il demeura là il ne fust jamais servy sur sa table, qui estoit de douze plats, bœuf, veau ny mouton que pour les potaiges, qui estoient friands et de grands cousts, avec des fruits si excellents, que tous ces millorts mauldissoient l'intemperature de leur climat, d'estre si deffectueuse en telles raritez ; et à chaque repas il n'y en avoit pas moins de huict ou dix, car ils s'y entresuivoient les ungs après les autres.

J'avois obmis la priere que le chancelier d'Angleterre, mester Bacquel, fit à M. le mareschal estant en sa maison, de la part du roy son maistre, qui estoit qu'il ne trouvast maulvais s'il ne luy permettoit de sejourner plus d'ung jour, ou, à tout rompre, de deux en la ville de Londres, et que son bon plaisir fust de n'y faire dire la messe en public, car la guerre estoit dedans le royaume pour ceste occasion. Ce que M. le mareschal luy accorda fort librement, le priant d'asseurer le Roy son maistre qu'il seroit très-marry d'animer son peuple à quelque sedition, et d'abord, veu qu'il estoit venu pour y confirmer la paix; mais il la feroit celebrer si secrettement en son logis, que personne de la nation anglaise, de quelque qualité qu'il fust, n'en auroit cognoissance, et qu'il avoit ses prestres et aumoniers, sans appeler ceux d'Angleterre, et que cela estoit fort considerable, ne ignorant poinct que si ung peuple à qui l'on faict changer par force de religion se trouve tant soit peu d'ouverture de rentrer en sa premiere, n'y hazarde sa vie jusques au dernier soupir. « Et croyez, dist-il, monsieur, qu'il n'estoit besoing de me donner cest advis, car avant mettre le pied en ce royaume j'avois resolu ceste discretion avec M. de Vieilleville; et qu'ainsi soit le voilà qui devise avec M. de Gyé, appellez-le et luy demandez ce qui en est; vous parlez bon français. » M. de Vieilleville venu, le chancelier luy demanda : « Monsieur, estant encores sur la mer, la principale resolution que monsieur qui cy est a prise avecques vous, quelle est-elle? — Je vous jure, respondit M. de Vieilleville, que c'est de ne faire poinct dire la messe tant qu'il sera en ce royaume, qui vienne à la cognoissance de pas ung seul habitant d'Angleterre; mesme la pluspart de nostre suite n'y assistera pas, pour le danger de la conséquence, qui pourroit estre aultant pernicieuse à nous comme à vous. Ce a esté toujours l'advis de M. le mareschal, duquel vous pouvez croire qu'il ne changera tant que j'auray cest honneur d'estre auprès de luy ; et si quelqu'un de nostre trouppe s'esforce d'y contrarier, il se peult bien asseurer qu'il aura tramé une entreprise vaine. » Lors M. le chancelier fist ung très-humble remerciment à M. le mareschal, et print sa main pour la baiser, mais il ne le permit; puis vint embrasser M. de Vieilleville, luy disant qu'il avoit esté tousjours amateur du bien de leur patrie, et le supplioit d'y continuer.

Il ennuyoit assez au roy d'Angleterre qu'il ne voyoit M. le mareschal de Saint André et sa belle troupe, et envoyoit souvent devers luy pour sçavoir quand il seroit prest de faire la solemnité du serment et de l'Ordre : de quoy toutesfois il ne le vouloit presser, craignant qu'il attendist quelque chose de France qui deust servir en ceste cérémonie : et quant à luy, il estoit tout appareillé d'en veoir l'execution. Sur quoy M. le mareschal le supplia de luy donner jour, et qu'il ne fauldroit d'aller trouver Sa Majesté en son chasteau d'Amptoncourt; ce qui luy fut accordé.

CHAPITRE XXIX.

Le roi d'Angleterre reçoit le collier de l'ordre de Saint-Michel.

Le jour venu, le Roy luy envoya douze chevaliers de son Ordre en fort triomphant équipage, pour l'accompaigner jusques audict lieu, où arrivé il le trouva en la grande salle du chasteau en fort grande majesté, auquel il fit une bien humble et basse reverance ; mais Sa Majesté, ne se pouvant contenir d'aise, le vint embrasser fort joyeusement, luy disant en bon langaige français qu'il estoit le très-bien venu pour trois excellentes raisons : « la premiere, que c'estoit pour confirmer à perpétuité une bonne paix entre mon très-cher frere le roy de France vostre maistre, et moy : que mauldict soit-il éternellement qui jamais entreprendra de l'alterer ! l'aultre, qu'il luy a pleu députer le seigneur de France que je desirois aultant veoir, à cause de la grande reputation qui en court, pour me la faire jurer : et la derniere, qu'estant tesmoing du serment que j'en feray, car ce sera entre vos mains, je m'asseure que vous la nourrirez à jamais inviolable entre nous deux ; car je sçay bien que vous estes si avant au cœur du Roy mon bon frere, que vous luy faictes haïr et aimer ce qu'il vous plaist. Vous soyez encores une fois, monsieur le mareschal, le mieux que très-bien venu. » Et l'ayant laissé, il va prandre M. de Vieilleville (car quand M. le mareschal se presenta au Roy il estoit entre luy et M. de Gyé), auquel il fit une fort cordiale caresse, luy disant : « Je vous prans à garant, monsieur de Vieilleville, de tout ce que j'ay dict à M. le mareschal, et jureray bien pour vous que vous ne serez jamais cause d'allumer la France contre l'Angleterre. Mais, monsieur le mareschal, pour ce que je sçay bien que vous m'enlevez M. de Gyé que voilà, où j'ai très-grand regret, car il faut que je die qu'il m'est très-agreable et que c'est ung fort honneste seigneur qui a très-dignement faict sa charge, me laisserez-vous pas M. de Vieilleville en sa place? — Nenny, sire, respondit-il. — Et qui donc, dist le Roy? — C'est ung gentilhomme, sire, qui s'appelle M. de Theligny [1], aultrement Boys-Daulphin. — Je vous prie, que je le voye. » Et l'ayant fait approcher, car il estoit parmy la trouppe, le Roy se detourne et les prend tous trois, leur disant bien bas en soubsriant : « Vous me ferez recevoir une honte à cause de cet ambassadeur, car, ne trouvant pas en ce païs les delicatesses de France, il y maigrira, qui me sera un reproche perpetuel. » Ils se prindrent à rire de la gaillardise de ce jeune prince, et luy avecques eux, qui ne se pouvoit contenir de le regarder par sus leurs espaulles, avec ung esbahissement de veoir ung homme si hault, si gros et si gras. Cela faict, il se presente, à bras ouverts et la teste nue, à recevoir de rang tous les seigneurs de la trouppe, à chacun desquels il donna l'accollade avec ung visaige riant et très-joyeux : qui furent tous bien edifiez de ce jeune

---

[1] *M. de Theligny.* Il paroît qu'il s'agit ici de René de Laval, seigneur de Boisdauphin. Il fut le premier seigneur de France qui eut un carrosse. Il y en avoit alors trois, celui du Roi, celui de la duchesse de Valentinois, et celui de Boisdauphin.

prince, qui n'avoit pas encore saeze ans accomplis et sçavoit parler parfaictement trois langues oultre la sienne, la française, l'espaignole et l'italienne; il parloit semblablement fort bon latin, et avoit très-beau commencement aux lettres grecques; aussi ils luy rompirent tellement l'esprit qu'il ne parvint jamais à l'aage de dix-sept ans.

Le lendemain se fist la cérémonie du serment et de l'Ordre, où tous les millorts, ce croy-je, d'Angleterre se trouverent; car il y en avoit un merveilleux nombre : peult-estre aussi ne l'estoient-ils que par les acoustrements, parce que nous ne les congnoissions pas, et n'avions personne pour les nous qualifier. Si faisoit-il beau voir ceste trouppe, qui s'estoit resserrée auprès de son roy, que l'on eust pris pour ung ange travesti en forme humaine; car il estoit impossible de veoir une plus grande beauté en face, et taille de jeune homme, qui encores s'augmentoit par le lustre et esclat de ses vestements, estants si chargez de dyamants, rubis, perles, esmeraudes et saphirs, si bien appropriez, que toute la salle en reluysoit. M. le mareschal estoit de l'aultre costé avec la sienne, au milieu de M. de Gyé et de M. de Vieilleville, avec environ soixante aultres seigneurs de France que je ne puis tous nommer pour ne les cognoistre; mais je sçay bien que les sieurs de Thurenne, de Vantadour, d'Espinay, de Pompadour, de La Rochefoucault, d'Apchon, de Bourry, d'Aubeterre, de Jarnac, de Senneterre, de Saint-Chaumont, de Crussol, de Levy, de Chambellay, de Montbourcher, de Bressieux, de Maugeron, de Montgommery, d'Urphé, de Riberé, de Sainct-Jehan-de-Ligoure, et de La Castine y estoient, la pluspart toute jeunesse. Il y en avoit tant d'aultres qui s'estoient trouvez à Dieppe, venus de Languedoc, de Guyenne, de Lymosin et de Perigort, qui estoient riches seigneurs et parants de madame la mareschalle madame Marguerite de Lustrac; mais, parce que je ne les avois jamais veus à la Cour, je ne m'enquis pas de leurs noms et qualitez. Il avoit aussi amené six paiges de la chambre du Roy: Scepeaux, Thevalle, La Noe, Puydufou, Chasteauvillain et Avaretz. Les Anglais cependant s'esbahissoient merveilleusement de veoir une si excellente trouppe de Français, et non moins riches de pierreries que leur roy ; car seulement le sieur de Saint-Jehan-de-Ligoure, qui estoit des moindres pour le revenu, mais au reste l'ung des beaux et agreables gentilshommes qu'on eust sceu regarder, en avoit sur luy pour plus de vingt mille escus : de sorte que, en ceste grande salle, parce qu'en devisant on se tourne et revire souvent, ce n'estoient que rayons, estincellements et esclairs qui esblouissoient la veue des regardants.

Le Roy enfin, ayant esté assez long-temps en ceste salle, s'advance à l'ouverture de la chappelle qui y respondoit, et prand M. le mareschal par la main, et le mene là dedans, suyvi de toutes les deux trouppes, qui passerent par les gardes du Roy, vestus de hocquetons de velour cramoisy, deux grandes roses de fil d'or, l'une devant, l'autre derriere, et le bas semé de la lettre E, qui signifie Edouard, aussi de fil d'or, et tous couronnez de couronne imperiale; revenants lesdicts gardes à bien quatre cents, fort grands et puissants hommes, presque d'une taille, et tous blonds.

Le chancelier d'Angleterre apporta un livre que l'on disoit estre la Saincte Bible, sur laquelle le Roy jura à genoux la confirmation de la paix, aux mesmes termes et conditions qu'il est porté par l'acte qu'en despescha le susdict chancelier; et estant Sa Majesté levée, M. le mareschal luy mit le collier de l'ordre de France au col, avec une grande reverance. Le Roy l'embrassa comme frere de l'Ordre, puis M. de Gyé comme ambassadeur de France et nommé dedans les instructions dudit sieur mareschal; il ne voulut oublier M. de Vieilleville semblablement, comme tesmoing de ceste alliance et confederation, et inseré dedans l'acte. Cela despesché, ce fut aux trompettes et hautbois à jouer le jeu, qui le demenerent si bien que tout en retentissoit. Mais cependant les deux trouppes anglaise et française s'entr'embrassoient si fort et si dru, que plusieurs d'aise et de contentement en pleurerent. Après cela on alla disner au festin royal qui fut très-magnifique, et auquel, par ordonnance expresse, et pour faire place aux estrangiers, il ne se presenta ung seul millort ny seigneur d'Angleterre; en quoy ils ne perdirent rien, car M. d'Apchon et M. de Sainct-Jean-de-Ligoure, qui tenoient la table de M. le mareschal servie de mesme comme à Richemont, les y menerent; tous se vantants au retour d'avoir gaigné au change.

Tout ce jour-là passa en feux de joye et allaigresse, non-seulement là, mais à Londres; et y sejourna M. le mareschal le lendemain, où les passe-temps d'Angleterre, qui sont ordinaires et tels que vous les avez veus au quatriesme chapitre du second livre de ceste histoire, n'y furent pas espargnez. Et le jour ensuyvant le Roy mena toute la trouppe à Vindesore, ung aultre chasteau royal assez plaisant, où nous sejournasmes trois jours avecques les mesmes cheres et passe-temps. Mais je ne veux obmettre ung brave traict qui sentoit bien son grand Roy, qui est que, au partir d'Amptoncourt pour venir à Vindesore, d'aultant qu'il y a quelque distance, comme de demye journée, il fut amené deux cents guilledines, desquelles il y en avoit six-vingts avec les scelles et tout le harnois complet de velour de diverses couleurs, et toutes vives (car il n'y en avoit une seule de noir-tanné, gris, ny de feuille-morte, roze-pasle, ny de verd de mer), et estrieux dorés; le reste de maroquin de Levant de diverses couleurs, que nous admirasmes beaucoup, car tout estoit neuf, et comme faict exprès pour nous servir seulement en ceste petite traicte.

CHAPITRE XXX.

Retour du maréchal de Saint-André en France.

Les trois jours expirez, M. le mareschal delibera de son partement, et voulut prandre congé du Roy, qui fust à son grand regret; mais, pressé par courrier exprès de partir, Sa Majesté luy recommanda fort affectueusement la manutention de ce qu'il avoit juré en sa presence, et comme entre ses mains, l'asseurant que de sa part il n'en arrivera jamais inconvenient, n'ayant ung plus grand desir en ce monde que de conserver ceste paix et amitié, et de participer en la felicité que luy apporteroit la veue du roy de France son très-cher frere : « Et fault que je vous die, monsieur le mareschal, que jamais l'an ne passera, voyant nostre paix bien establie, que je ne recherche une entreveue entre luy et moy, et vous prie de m'y aider. Ce ne sera pas chose nouvelle, car d'aultres roys nos predecesseurs ont bien aultrefois jouy de ce plaisir; et lors nous pourrons negocier quelque traicté qui redondera au bien commun de France et d'Angleterre, comme vous sçaurez quelque jour. » Et cela dict, il commença ses embrassements et ses adieux. Et s'addressant à M. de Vieilleville, il luy dist qu'il avoit toujours creu et esperé jusques à l'heure qu'il estoit venu lever le siege à M. de Gyé, de quoy il recevoit ung incroiable contentement; qui luy respondit qu'il y avoit ung merveilleux regret, et que, si cela eust dependu de luy, il n'y auroit prince en la chrestienté auprès duquel il eust plustost ny mieux desiré exercer ceste charge. Le Roy l'embrassa encores une fois de grande affection, puis continua à tout le reste de ces seigneurs; mais ce gentil prince ne peult parachever tout le tour sans nous faire paroistre par son visaige le regret qu'il portoit de nostre partement. Et là dessus, les mesmes chevaux d'Amptoncourt, en l'equipage susdict, nous porterent à Richemont, où arriverent le lendemain le chancelier et les secretaires du Roy, qui apporterent toutes les despesches concernant la negociation et voyaige de M. le mareschal, et mesme des lettres escrittes de la main de leur maistre à nostre roy.

Le millort Dudlay estoit desja à Richemont, qui vint trouver M. de Vieilleville et M. d'Espinay, pour les remercier en toute humilité de la grande courtoisie, avec une infinité d'offres et submissions; et attendoit son fils avec sa ranson, qui arriva le lendemain, et tous deux presenterent deux guilledines à M. de Vieilleville, et six à M. d'Espinay, toutes aussi blanches que cignes, mais des plus belles que l'on eust sceu choisir, non pas en Angleterre, mais au reste du monde, et en bien aultre équipage que les chevaux d'Amptoncourt; car il n'y avoit harnois qui ne fust de velour cramoisy à broderie de fil d'or et d'argent, avec six levriers aux colliers de mesme, et aultant de dogues des mieux choisis, ensemble une douzaine d'arcs de fin bresil, accompaignez de douze trousses ou carquois de mesme parure que les scelles, chargées chacune de sa douzaine de flesches, telles que la Turquie n'en façonne poinct de plus belles. Quand M. de Vieilleville et M. d'Espinay virent choses si excellentes et tant rares, ils ne sçavoient de quelle façon les remercier, leur disant qu'ils avoient perdu en la courtoisie; car leur present valoit sans comparaison plus que six mille escus, oultre la peine qu'ils avoient prise au recouvrement de telles exquisitions, qu'ils estimoient dignes d'estre presentées au plus grand roy du monde. Lors M. de Vieilleville mena le pere et le fils à M. le mareschal, qui ne les avoit poinct encores veus, duquel ils furent fort humainement receus, et eurent des premieres places au disner. Mais auparavant M. de Vieilleville fist escarter tous ces beaux presents, et les mettre hors de veue, sçaichant bien qu'ils seroient importunez d'en départir, et les fist, avec ung passeport du chancelier, passer incontinant la mer; et prindrent quant et quant les valets des chevaux et des chiens qui desjà les avoient accoustumés, pour les mieux panser : de quoy ils furent très-aises, tant de veoir la France que de servir tels maistres.

De Richemont nous vinsmes à Londres, d'où les habitans ne s'estoient encores déclarés; mais, voyants la paix bien faicte, jurée et establie, ils nous firent bien paroistre l'aise et contentement qu'ils en recevoient. Puis descendismes à Grenouych, où l'armée navalle que vous avez veue au prénommé quatriesme chapitre du livre susdict ne nous fust pas espargnée, de-là à Douvre, où nous trouvasmes dix navires, six armez en guerre pour nous servir d'escorte, et quatre pour les seigneurs, leurs trains et tous bagaiges, qui estoient grands; car on avoit achepté une infinité de choses qui ne sont pas communes en France, entre aultres, grand nombre de dogues et de chevaux. Et vinsmes surgir à Bouloigne, où M. de Rochepot fist merveilles de nous saluer de canonades et harquebuzerie, tant de la ville que des vaisseaux qui estoient au port et sur la rade.

M. le mareschal avec toute sa trouppe vint à Amiens, duquel lieu chascun s'escarta avec congé et remerciments pour se retirer en sa maison. Mais M. de Vieilleville l'accompaigna jusques à la Cour lors à Villiers-Costerests, et envoya son train et celui de M. d'Espinay; puis, leur cour faicte pour quatre jours, et après avoir pris congé de leur Roy, ils prindrent le chemin de Durestal, où ils trouverent madame de Vieilleville et mademoiselle d'Espinay qui les attendoient.

Mais M. d'Espinay, pour perpetuer la memoire de la faveur que Dieu luy avoit faicte de vaincre Dudlay, et aussi pour employer les arcs et les fleches que sa victoire luy avoit acquises, fist dresser, avec la permission de M. son beau-pere et pere d'honneur, qui l'eust très-agréable, des buttes à Durestal pour exercer leurs gentilshommes, à chascun desquels il donna ung arc et carquoy : aultant en fist-il au chasteau d'Espinay et de Sauldecourt. Et dure encores jusques à present cet exercice parmy les siens et en toutes ses maisons.

LIVRE QUATRIÈME.

CHAPITRE PREMIER.

Les princes d'Allemagne envoient des ambassadeurs au Roi pour lui demander du secours contre l'Empereur.

Les princes eslecteurs du Saint-Empire, et d'autres princes et prélats d'Allemaigne, ne pouvant plus supporter la tyrannique domination de l'Empereur, irritez principalement de la dure et longue prison en laquelle il detenoit d'aultres princes leurs parants sans les vouloir mettre en liberté, leur faisant cependant souffrir mille indignitez, comme de demeurer quelquefois une heure à genoulx devant luy, criants : « Miséricorde ! » ne voulant semblablement permettre que les princesses leurs femmes, filles ou sœurs, les peussent veoir ny communiquer avec eux ; delibererent de s'assembler pour regarder quel moyen ils auroient de se tirer de ceste cruelle servitude, appellants aussi les bourguemaistres des villes franches, que l'on dict *imperiaies*, pour consulter par entre eux sur ce mal commun à tous les estats de l'Empire, et y apporter quelque salutaire remede au recouvrement de leur ancienne liberté.

Assignants doncques pour cest effect une assemblée generale qu'ils appellent *diette*, ils se trouverent tous en la ville d'Ausbourg, où, après plusieurs deliberations, harangues, consultations, remonstrances, ils ne peurent trouver aultre plus expediant moyen que d'avoir recours à la bonté du roi de France, pour estre le prince de la chrestienté le plus puissant, et qui seul avoit le pouvoir, non-seulement de resister à ce tyran empereur, mais de le contraindre par les armes à venir au poinct de la raison, mesme en une cause si juste, qui estoit de les tirer hors de ceste insupportable oppression ; se souvenant que son pere, François le Grand, l'avoit toujours rangé, par la force, à sa volonté, et que ledict Empereur, encores qu'il fust allié du roi d'Angleterre, des potentats d'Italie, et semblablement de quelques princes de leur nation, n'avoit jamais rien peu conquerir sur sa couronne ; esperants aussi que si Sa Majesté royale avoit pris depuis peu de temps le duc de Parme en sa protection, à plus forte raison il auroit très-agreable d'embrasser la leur et maintenir la liberté germanique, tant parce que la pluspart des princes eslecteurs luy appartenoient de parenté, que de ce que la nation française a pris son origine et extraction de la Franconie, principale province d'Allemaigne. Et proposerent en ceste diette plusieurs aultres poincts, pour mieux et plustost faire condescendre ledict sieur Roi à leur requeste et devotion, n'oubliants rien des histoires et exemples anciens et modernes qui pouvoient servir en ceste occurrance et très-urgente negotiation.

Suivant ceste conclusion, le duc Maurice de Saxe, eslecteur, et qui le premier avoit tramé ceste entreprise, luy ayant l'Empereur manqué de promesse de remettre les susdicts prisonniers en liberté, deputa, avec le consentement des aultres princes et communautés, le duc Georges de Symerck (1), qui estoit du sang impérial de Bavieres, pour aller en France, lequel ils firent accompaigner de plusieurs comtes, seigneurs, gentilshommes, et de quelques doctes personnaiges nourris et entendus aux affaires d'Etat, avec très-amples mémoires et instructions.

Ceste honorable ambassade, qui pouvoit revenir au nombre de cent chevaulx, sans y comprendre leurs chariots, ne fust pas si-tost acheminée et deslogée de Strasbourg, qui fust en octobre 1551, que le Roy n'en receust advertissement certain par les pensionnaires et serviteurs occultes que de tout temps nos roys ont entretenus et entretiennent en Allemaigne: qui fust cause que Sa Majesté despeschea le rhingraff, qui signifie en français comte du Rhin, nourry en France et gentilhomme de sa chambre, jusques à Sainct Dizier, qui lors estoit la premiere ville frontiere de France en ceste marche-là, pour recevoir ces seigneurs avec des maistres-d'hostels et aultres officiers de bouche, ensemble ung mareschal des logis et deux fourriers pour faire leurs logis, affin d'éviter la confusion, qui portoient lettres à tous les gouverneurs, juges et maires des villes par où ils passeroient, de les favoriser en toutes sortes.

Ils furent doncques conduicts en cest ordre depuis leur entrée en France jusques à Fontainebleau, où pour lors estoit la Cour, et sur la despence du Roy, qui fust très-grande, car il n'y manqua rien dont ils se peussent plaindre; mais furent traictez à leur mode, qui est de ne faire que cinq ou six lieues par jour, du

(1) *Symerck:* Simmeren. C'est une ville située dans le Palatinat du Rhin, sur les bords de la Simmère. Elle avoit alors un prince particulier qui étoit parent du comte palatin.

matin, et depuis disner ne sortir de table que à neuf ou dix heures du soir. Et durant ce temps on n'oseroit leur parler d'affaires, par la crainte qu'ils ont qu'on les veuille surprendre parmy leurs buvettes qu'ils appellent *schlofftroumert*. Et avoient pris, par l'advis de leurs truchements, ceste route pour se mieux abbrever; car depuis Sainct-Dizier jusques audict lieu de Fontainebleau l'on traverse les meilleurs et plus beaux vignobles quasi du royaume de France, comme de Chaallons-sur-Marne, Espernay et la montaigne d'Ay, Chasteau-Thierry, Nogent-l'Arthaud et Rosay en Brie.

Arrivez qu'ils furent à Fontainebleau, le rhingraff les mena, sans entrer dedans, droict à Moret, villette à deux petites lieues de-là, désignée pour leur logis, en laquelle ils furent accommodez à la royale, et eurent tout loisir de se raffraichir, reviser leurs mémoires, dresser leurs harangues, conferer et consulter ensemble sur les causes et principaux articles de leur voyage.

CHAPITRE II.

Entretien de M. de Vieilleville avec le comte de Nassau.

Le Roy envoya devers eux, le lendemain, M. de Vieilleville, pour leur faire le bien-veignant de la part de Sa Majesté, et leur dire que, sur l'oppinion qu'il avoit qu'ils eussent entrez en son royaume pour quelque bonne occasion qui devoit regarder le repos, non-seulement des deux nations, mais de toute la chrestienté, qu'ils estoient les très-bien venus, leur offrant, en ceste consideration, toute alliance et amitié; et que, quand il leur plairoit avoir audiance, il estoit tout prest de la leur donner. Le duc de Symerch et toute sa trouppe furent extresmement aises de cette créance, de laquelle ils remercierent très-humblement Sa Majesté, et receurent fort honorablement M. de Vieilleville, tant pour en avoir plusieurs fois ouy parler, que pour le veoir si bien accompaigné, comme aussi estoit-il ; car MM. de Matignon, d'Entragues, le jeune Humieres, aultrement Comtay, le jeune Lude qu'on appelloit Illiers, et d'aultres jeunes seigneurs de la Cour, estoient venus par plaisir et amitié luy faire compaignie. Et le prierent les susdicts de supplier Sa Majesté qu'elle eust agréable que dedans deux jours ils eussent ceste permission de se presenter devant elle, et à telle heure que la commodité de ses affaires le pourroit permettre, mais qu'ils desireroient que ce fust du matin : ce que M. de Vieilleville leur accorda sur le champ, suivant le pouvoir qu'il en avoit; et ordonna, avant partir, aux maistres-d'hostel et officiers susdicts de continuer le service et traictement accoustumé, encores mieux s'il estoit possible, et que telle estoit l'intention de Sa Majesté. Et, ceste ordonnance faicte, il print congé dudit duc et de toute la compaignie et conseilliers d'Estat, pour s'en retourner devers le Roy et faire son rapport.

Mais le comte de Nanssau, qui estoit des premiers de ceste trouppe, et ordonné par les Estats de l'Empire, soubs le duc de Symerch, surintendant de ceste legation, comme mieux cognoissant les affaires, foules et necessités de la Germanie, aussi pour la langue française, qui luy estoit autant familiere que la sienne propre, suivit M. de Vieilleville, le voulant accompaigner jusques à son logis. Mais, sur le reffus et remerciement qu'il faisoit de ceste courtoisie, le comte insista, luy disant qu'il avoit quelque chose d'important à luy dire; qui fust cause que, marchant ensemble, il l'aboucha de ceste façon :

« Je voy bien, monsieur de Vieilleville, qu'il ne vous souvient pas, ou bien que vous ignorez que nous soyons parants. » A quoy il respondit qu'il luy faisoit beaucoup d'honneur, et luy en avoit une grandissime obligation, mais qu'il ne pensoit pas avoir des parants en l'Allemaigne. Sur quoy le comte repliqua que si, à cause de la principaulté d'Oranges. M. de Vieilleville luy dist : « Le dernier prince d'Oranges, nommé Philebert de Chaallons (1), qui fut tué devant Sainct-Dizier, et moy, estions parants, parce que son bisayeul et ma bisayeule estoient frere et sœur; mais d'aultant qu'il n'avoit poinct d'enfants, et qu'il est mort de nom et d'armes, je ne sçay en quelle maison est tombée la principaulté d'Oranges, ne m'en estant pas donné beaucoup de peine, de regret que j'ay que ce très-ancien et très-illustre nom de Chaallons est mort au monde, ne se trouvant plus de masle qui le releve.—Cela est bien vrai, dist le comte; mais j'ay espousé sa sœur (2), et le

(1) L'auteur se trompe : ce ne fut point Philibert de Châlons, prince d'Orange, qui fut tué devant Saint-Dizier; ce fut René de Nassau, prince d'Orange, dont le père, Henri de Nassau, avoit épousé la sœur de Philibert de Châlons, prince d'Orange, tué au siége de Florence en 1530. Il en eut un fils unique, nommé René de Nassau, qui hérita des biens de la maison de Châlons, du chef de sa mère, après la mort de son oncle maternel, et qui fut tué en 1544 au siége de Saint-Dizier. René ne laissa point d'enfans, et il fit un testament par lequel il institua son héritier Guillaume de Nassau son cousin germain, fils de Guillaume de Nassau, lequel étoit frère de Henri et oncle de René. Voyez *l'Histoire des princes d'Orange de la maison de Nassau*, pages 3 et 4.

(2) Celui qui épousa la sœur du dernier prince d'Orange de la mai-

fils que Dieu nous a donné en releve la seigneurie ; car il s'appelle, par clause expresse de nostre contract de mariaige, prince d'Oranges. — Je le vouldrois bien veoir, dist M. de Vieilleville, pour luy offrir mon service, en souvenance de son oncle, que j'avois à demy gaigné et pratiqué pour venir au service du feu roy François, estant sa principaulté enclavée dedans le royaulme de France; ce qu'il m'avoit accordé, et devoit estre le voyaige de Sainct-Dizier le dernier qu'il feroit jamais au service de l'Empereur : ainsi m'avoit promis et juré à l'yssue de l'avitaillement de Landrecy ; mais Dieu en disposa aultrement. — C'est pourquoy, monsieur de Vieilleville, dist le comte, je vous ai recherché de ceste cognoissance, affin qu'il vous souvienne de nous, et que vous ayez nos terres de France pour recommandées, suivant le credit que je sçay que vous avez auprès de vostre Roy, et la reputation qui court de vostre très-franche volonté à vous employer pour vos

---

son de Châlons, se nommoit Henri de Nassau : il en eut un fils unique, nommé René de Nassau, qui mourut sans enfans, et qui laissa tous ses biens à Guillaume de Nassau son cousin germain, qui prit, après sa mort, la qualité de prince d'Orange. C'est ce dernier qui fut regardé comme le fondateur de la république de Hollande. Il étoit fils de Guillaume de Nassau, frère de Henri et oncle de René. René avoit été tué au siége de Saint-Dizier; et il paroît que l'auteur de ces Mémoires n'avoit pas bien débrouillé cette généalogie, puisqu'il suppose que celui qui parloit à M. de Vieilleville étoit Henri de Nassau. D'où il s'ensuivroit que son fils, qu'il avoit amené avec lui, étoit le prince René de Nassau qui étoit mort au siége de Saint-Dizier en 1544; au lieu que le comte de Nassau qui parloit à M. de Vieilleville étoit Guillaume de Nassau, frère de Henri et oncle de René, et que le fils dont il parle étoit ce fameux Guillaume de Nassau qui eut tant de part à la révolution des Pays-Bas, et qui fut regardé comme le fondateur de la république de Hollande. *Histoire des princes d'Orange de la maison de Nassau*, pages 3 et 4.

amis quand vous l'entreprenez. Je prandray doncques, sur cette esperance, congé de vous, pour vous envoyer tout presentement mon fils le prince, car il est en ceste compaignie; m'asseurant qu'en faveur de la parenté d'entre vous deux, et de son honneste commencement, vous serez convié d'affectionner son bien et sa fortune; car c'est ung jeune gentilhomme qui a ung fort beau commencement, accompaigné d'une ardante volonté de bien servir et de parvenir. »

Mais M. de Vieilleville ne le voulut permettre; et puisqu'il estoit si près de son logis, où son disner s'apprestoit, il le supplia de luy faire ceste faveur de disner avec luy et toute la jeunesse qu'il voyoit là presente. Dequoy il le pressa tellement, que le comte fut contrainct d'y consentir, et envoya querir son fils. Et entrant dedans le logis, le comte susdict va choisir, sur la couverture du mulet qui avoit apporté les vivres et aultres commodités de son disner, les armes de la principaulté d'Orange, qui estoient en faux escu ou chargeure sur les armoyries de M. de Vieilleville : de quoy il fust si joyeux et ravy, qu'il ne se pust contenir d'embrasser M. de Vieilleville bien serré, luy disant : « Monsieur mon cousin, je ne m'esbahy plus si mon fils a le cœur français, et pense que si on le luy ouvroit on y trouveroit une fleur-de-lys; car incessamment il a vos roys, vous et vostre nation en la bouche, et croy qu'il seroit très-aisé de le reduire au service de la couronne de France. Quant à moy, je n'y mettray jamais empeschement, et ne l'en divertiray de ma vie; aussi que je ne pense pas que sa fortune puisse jamais beaucoup reluyre au service de l'Empereur; car qui y veult parvenir il fault estre hespaignol, et ne se sert de ceux de nostre nation que à la necessité, et pour advantaiger ses desseings. Tesmoing ce qu'il a faict à ces dernieres guerres pour la religion au duc Maurice de Saxe, par la vaillance et admirable conduicte duquel il a obtenu une merveilleuse victoire, et quasi ruiné les maisons de Saxe, Palatinat et de Hessen; et maintenant qu'il est au-dessus de ses affaires, il n'en faict cas non plus que d'ung valet, et, qui plus est, il luy a manqué de promesse, ne luy voulant rendre les princes qu'il tient prisonniers il y a tantost cinq ans, ainsi qu'il luy avoit promis et juré; mais au contraire, il le menace de luy oster l'électorat de Saxe qu'il luy a donné par confiscation du duc Jehan-Frederic son aisné, s'il luy en faict plus d'instance, et de luy faire, et à tous lesdicts princes, trancher les testes, ne voulant, ainsi qu'il dict, estre importuné ny forcé en ses entreprises et conceptions. Ne voilà pas, monsieur mon cousin, une belle recompense?

« D'aultre part, il a quasi ruyné la pluspart des villes imperiales, aux unes enlevé leur artillerie, des aultres il a exigé tant d'argent, qu'elles en sont reduictes en ung très-miserable estat, et à la pluspart rompu, enlevé et laceré leurs anciens privileges; qui est cause que nous venons devers vostre roy pour implorer son ayde et faveur, et nous prendre, par commiseration chrestienne, en sa sauve-garde et protection, ayant tous les Estats de l'Empire ceste ferme esperance qu'il ne nous fermera pas les portes de sa debonnaireté accoustumée, à nous qui sommes sortis les ungs des aultres, puisqu'il a usé en l'endroict d'estrangiers italiens de ceste clemence et bonté :

vous priant, monsieur mon cousin, au nom de tous les susdicts Estats, de nous y estre aydant quand ceste nostre legation se traictera en vostre conseil de France, et y employer tous vos moyens, amis et crédit; car nous sçavons bien, il y a long-temps, que vous estes bien avant au cœur de vostre roy, et qu'il vous escoute volontiers.

« — Vrayment, monsieur, dict lors M. de Vieilleville, je ne m'y espargneray en sorte quelconque; et quand il n'y auroit aultre respect et consideration que de la nouvelle cognoissance et mutuelle amitié que nous venons de former par ensemble, je puis vous jurer, foy de gentilhomme d'honneur, que vous cognoistrez, avant de sortir de France, que je m'y suis de toute affection employé, encores que je ne soys pas du conseil privé du Roy, ny de celluy de ses affaires, qui sont grades et estats reservez aux cardinaux, aux princes, aux gouverneurs des provinces, chevaliers de l'Ordre, et quelquefois aux capitaines de gendarmes en chef; mais encores faut-il bien de la faveur. Ainsi se gouverne nostre France, qui m'esloigne fort de ceste esperance, n'estant que lieutenant de gensdarmes. » Dequoy le comte de Nanssau fust très-esbahi, disant qu'en la cour de l'Empereur il en alloit bien autrement, car on ne regardoit ny au sang ny aux grands biens ou estats, mais seulement à l'experiance et aux signalez services.

CHAPITRE III.

Autre entretien de M. de Vieilleville avec le prince d'Orange.

Sur ces propos et discours, le prince d'Oranges arriva, qui estoit ung jeune seigneur très-agréable et de façon fort modeste; lequel, sans attendre que son pere le presentast, se vint jecter entre les bras de M. de Vieilleville avec une bien humble reverance, luy disant que ce qui l'avoit faict entreprendre ce voyage provenoit du seul desir de le veoir et luy offrir son service, saichant qu'il n'avoit que luy parant en France, avec lequel il souhaitoit vivre et mourir, pour la grande reputation qui couroit de ses vertus, à la faveur desquelles il eust bien voulu sur-tout faire son apprentissage et façonner sa jeunesse.

« Nous estions, respond M. de Vieilleville après l'avoir dignement remercié, sur ces termes de vous faire bon français, M. le comte vostre pere et moy, à vostre arrivée, qui n'a pas moindre volonté que moy que vous changiez de climat et de party; et nous semble à tous deux que ce seroit vostre meilleur, pour une infinité de raisons que je remets à vous faire entendre une aultre fois (car l'heure nous presse de disner), desquelles la plus pregnante est que la terre dont vous portez le tiltre est dedans le royaume de France. — Je le croy bien, dict le prince; mais ce n'est pas la meilleure ny la sixieme partie de mon bien, qui est entierement dedans les Pays-Bas. Toutesfois il y a ung poinct qui me paroist bien convier à suivre vostre desir, qui est que le prince d'Hespaigne, sans en pouvoir descouvrir l'occasion, ne m'aime nullement, et ne sçaurois faire chose en ce monde qui luy soit agréable, et ne pouvant penser ny imaginer d'où luy provient ceste animosité, car je ne saiche en ma vie l'avoir offensé. — Vous vivez donc en grande misere, dict M. de Vieilleville; car vous pouvez bien quicter vostre part, quelque service que vous faciez, des grands Estats de l'Empire et d'Hespaigne, puisqu'il doit succeder à tout cela. — Il y a bien plus, dict le prince : quelque personnage qui se cognoist aux horoscopes et revolutions des nativitez, et qui a merveilleusement profondy ceste cabalesque science, m'a predit que je dois mourir de sa main, ou par animeuse conjuration tramée de sa part contre ma propre vie. — Qu'attendez-vous doncq, povre prince, dict M. de Vieilleville, que vous ne croyez le conseil de M. vostre pere et le mien ? car ceste apprehensible oppinion est assez bastante pour vous faire mourir; croyant parfaictement que ce devin n'entend, par sa magie, aultre espece de mort que l'imagination que vous en avez, qui vous nourrira toute vostre vie en ung mortel et langoureux ennui, et la vous pourra abbreger. — Je le pense, dict le prince; mais l'intime amitié que me porte l'Empereur son seigneur et pere, accompaignée des grandes faveurs qu'il me depart, m'a si fort enchatené à sa suite, qu'il ne m'est possible, quand bien je verrois la mort toute presente, de m'esloigner ny d'abandonner son service. — C'est assez, repliqua M. de Vieilleville ; que si j'eusse sceu ceste vostre derniere resolution, je ne vous en eusse jamais faict ouverture, et ne vous en parleray tant que je vive. » Et là-dessus ils s'en allerent disner, où le traictement fust merveilleux, et à sa mode accoustumée. Aussi le comte de Nanssau et le prince son fils estoient venus fort bien accompaignez; qui furent tous retenus, entre aultres le comte de Bisch et le plus jeune des enfants du duc des Deux-Ponts, deux des principaulx juges de la chambre imperiale de Spire, et les bourguemestres de Strasbourg et de Niremberg; estant ces quatre derniers desnommez en la legation : les aultres estoient venus pour veoir la France et pour plaisir.

Après disner, voyant le comte de Nanssau que M. de Vieilleville s'en vouloit retourner devers le Roy, le vint tirer à part pour luy donner ung advis bien secret et de grande importance, car il servoit grandement à la matiere, et sans lequel Sa Majesté n'eust pas beaucoup affectionné ceste protestation, ny entré en une si excessive despence de dresser une telle armée, mais s'en fust excusée. Et parce qu'ils furent quasi une heure en ce petit colloque, ces quatre juges et bourguemaistres en entrerent en jalousie, et commencerent à parler allemand au comte, et assez rudement; lequel tourna dextrement leur courroux en risée, disant tout hault, car ils n'entendoient pas français: « Messieurs, ne trouvez pas estrange si ces Allemands sont en colere, car ils n'ont pas accoustumé de se lever sitost de table, après avoir faict une si bonne et delicate chere et beu de si excellents vins. Or adieu, monsieur mon cousin, d'icy à deux jours que nous acheverons le reste. » Et appelle son fils qui devisoit à l'escart avec le jeune Humieres. Et ainsi, chacun tirant sa routte, se departirent.

CHAPITRE IV.

Le Roi donne à M. de Vieilleville une place dans le Conseil d'Etat.

Arrivé qu'il fust devers le Roy, il luy discourut bien amplement de tout ce qui s'estoit passé avec ces messieurs, et comme dedans deux jours, sans compter le present, ils s'attendoient d'avoir audiance. Et luy descouvrit tout le fond de leur legation, et de ce qu'ils avoient à proposer, mesme les justes occasions qui mouvoient les Estats de l'Empire à faire ce remuement, et le rechercher, sur tous les princes du monde, à les prendre en sa protection. De quoy Sa Majesté demeura fort satisfaicte et contante, luy disant qu'il avoit cela de bon que jamais il ne le despescheoit en lieu quelconque qu'il ne luy rapportast une entiere et certaine resolution de toute sa charge, et tousjours quelque bon discours; davantaige, qu'il luy donnoit beaucoup d'aise et de plaisir, car il luy avoit recité l'esbranlement du prince d'Orange de se faire français et venir à son service. Mais il s'estoit cependant reservé le secret advis que luy avoit donné le comte de Nanssau au départir, le remettant à une occasion plus convenable pour le luy faire mieux gouster, affin que Sa Majesté en tirast l'honneur et la commodité qui en pouvoient réussir.

Le mardy au soir, assez tard, dont le lendemain se devoit donner l'audiance à ces ambassadeurs, M. de La Bordaiziere, maistre de la garde-robbe, vint trouver M. de Vieilleville en sa chambre, qui tout le jour n'en estoit sorty, ayant pris une ligiere purgation; auquel il dist telles parolles: « Monsieur, le Roy m'a envoyé vous dire que demain au plus matin vous vous trouviez à son lever, et qu'il n'y ait faulte. — Je me doubte bien, respond M. de Vieilleville, que c'est pour aller querir les deputez d'Allemaigne, car c'est à demain l'assignation de leur audiance. — Vous vous trompez, dist M. de La Bordaiziere, car M. de Crevecœur est ordonné pour cest effect, et s'en est allé desja coucher à Moret pour les amener de bon matin au Chenil que j'ay faict preparer pour les recevoir. — Pour quoy donc seroit-ce? — Je ne sçay, respond l'aultre, mais le Roy m'a commandé de vous bien enjoindre de n'y faillir, et vous dire d'avantage que, pour ce qu'il veult parler à vous à part, il va coucher exprès avec la Royne; et vous sçavez, quand il est là, que personne du monde, pour grand prince qu'il soit ou favory, même M. le connestable, ne se presente ou s'ingere de frapper à la porte ou d'y entrer: la gouvernante des filles de la Royne est commandée de vous attendre de pied coy pour vous ouvrir quand vous y frapperez. Par ainsy, monsieur, n'y faillez pas, et sur les huict heures. Je vous donne le bon soir. »

Ceste créance toutesfois troubla fort l'esprit de M. de Vieilleville, et ne pouvant imaginer qui auroit occasionné le Roy d'envoyer le sieur de Crevecœur les querir, puisqu'il estoit allé les bien-veigner de sa part; et luy sembloit ce traict très-estrange, prenant oppinion que ceste traverse devoit necessairement provenir de quelque maligne imposture, et qu'on luy eust presté quelque charité. Mais il s'asseuroit de n'avoir point failly en sa charge, mesme que le Roy s'estoit fort loué et contenté de son rapport. Si est-ce qu'il ne sçavoit qu'en penser, ny à qui s'en prendre; et ce qui plus le tenoit en telle inquiétude, estoit que Sa Majesté s'estoit descouchée de sa chambre pour parler à luy à part; Sur quoy il fantastiqua tant de choses, que toute la nuit il ne feist que dorveiller, demandant, plus souvent que toutes les heures, s'il estoit jour.

Le jour venu, il s'achemina droict à la chambre de la Royne, attendant l'heure propre pour se presenter devant le Roy; et y allant, rencontra M. le prince de La Roche-sur-Yon tout prest pour aller à la volerie, qui luy demanda s'il n'y vouloit pas venir; car, puisque le Roy couche chez la Royne, tout le monde a liberté d'aller à l'esbat, d'aultant que la chambre est close à toutes sortes de gens, mesme aux valets de chambre. Mais M. de Vieilleville va luy déclarer tout ce que M. de La Bordaiziere luy avoit dict, et qu'il attendoit l'heure pour entrer. De quoy M. le prince entra en une indicible peine, pour l'amitié qu'il luy portoit; et se fist desbotter sur le champ, envoyant dire à ses gentilshommes et faulconniers qu'il remettoit la partie à une aultre fois. Et dist à M. de Vieilleville qu'il vouloit veoir la fin de cecy, car la créance de M. de La Bordaiziere le mettoit en une terrible fantaisie. Et entrerent en la salle de la Royne, où ils ne se pourmenerent gueres que la gouvernante des filles entr'ouvrit la porte de la chambre, et feist signe à M. de

Vieilleville de venir : qui dict à M. le prince : « Je ne sçay que c'est, monsieur, mais vous voyez bien qu'il y a quelque partie dressée. Toutesfois je me fie en mon innocence et en mon espée ; que si quelqu'un m'en a presté d'une, je jure au Dieu vivant, il se peult asseurer que je luy en donneray deux. — Allés, mon cousin, dist le prince, que si l'on vous a calompnié, et si vous prenez pour soustenir vostre droict aultre second que moy, je renonce à jamais à vostre alliance et amitié ; et je ne partiray de ce lieu que je ne vous aye veu sortir. »

Estant entré, il trouva le Roy desja tout prest, mais devisant avecques la Royne qui s'achevoit d'habiller ; et après avoir faict la reverence deue et accoustumée à Leurs Majestez, le Roy luy commanda d'entrer au cabinet de la Royne, et qu'il avoit quelque chose à luy dire ; ce qu'il fist, où estoient M. le chancelier et M. de L'Aubespine : de quoy il fust assez esbahy. Et les ayant saluez, il leur demanda de quoy il estoit question ; mais M. le chancelier luy respondit que c'estoit au Roy à le luy faire entendre, et non pas à eux. « Il ne reste plus, dist M. de Vieilleville, qu'à veoir le grand prevost pour me faire penser en ma conscience. — Si cela estoit en termes, respond M. le chancelier, il n'en fauldroit poinct d'aultres. » Mais M. de Vieilleville repliqua que le tout dependoit de la capture, et qu'ils n'estoient pas assez forts pour l'arrester ; leur monstrant la fenestre du cabinet qui respondoit sur ung jardin, qu'il eust plustost franchie qu'ils n'y eussent pansé : dont ils se prindrent tous trois bien fort à rire. Et entrant Sa Majesté sur ceste risée, il en demanda le motif, qui fust, après l'avoir entendu, à cœur ouvert de la partie.

Ce plaisir passé, le Roy dist à M. de Vieilleville qu'il l'avoit envoyé querir pour luy remonstrer que par cy-devant il l'avoit voulu honorer de beaucoup de grades et estats : premierement, de le faire chevalier de l'Ordre par le feu Roy ; puis de luy donner les cinquante hommes d'armes du feu sieur de Chasteaubriand ; une aultre fois, la moitié de la compaignie du mareschal du Biez : ce que toutesfois il auroit reffusé, à son grand regret, pour le desplaisir qu'il recevoit en son ame de le veoir si peu advancé, l'ayant suivi et servy par si longues années, et avoir esté employé en tant d'importantes et hazardeuses charges, desquelles il se seroit tousjours acquicté avecques gloire et honneur, et au contentement de ses maistres.

Que si maintenant il s'oppiniastre, comme par le passé, à s'excuser de prendre ung estat qu'il luy veult donner, et qui n'est que pour le rendre digne de marcher au ranc des plus grands de son royaume, il se peult asseurer que de sa vie il ne luy parlera d'advancement quelconque, mais que, au contraire, il se pourra bien retirer en sa maison pour y vivre privément et y parachever ses jours. A quoy M. de Vieilleville respondit, avec une très-humble reverence, que puisqu'il plaisoit à Sa Majesté, ainsi haultement le pourvoir, il estoit tout prest, quoy que ce fust, de l'accepter ; et en remercioit très-humblément Sa Majesté, louant Dieu que ce bien luy venoit selon et au desir du serment qu'il avoit faict de jamais ne briguer, solliciter ny importuner Sa Majesté de luy donner aulcun office, grade ou estat.

Alors le Roy print des mains de M. le chancelier les lettres d'estat de conseiller du Roy en son privé conseil, au nom de M. de Vieilleville, toutes scellées, et les luy donna, disant : « Je vous honore de cest estat, monsieur de Vieilleville, pour aulcunement cognoistre vos bons services, et ce, pour ung commencement de quelque remunération, m'asseurant que vous m'y servirez aussi fidellement comme vous avez faict en tout ce que le feu roy, mon seigneur et pere, et moy, vous avons jamais commandé : et pour ce que vostre suffisance et valeur, prudence et fidelité, me sont assez cognues, je n'en vouldrois nullement prendre le serment de vous; mais estant ceste forme et usance en tel cas accoustumée, et de toute ancienneté observée, monsieur le chancelier, faictes lever la main. » Et cependant entra en la chambre de la Royne. Le serment presté, M. de L'Aubespine l'endossa bientost sur ces lettres sur le champ; et entrerent en ladicte chambre, de laquelle Leurs Majestez estoient prestes à sortir.

Mais auparavant le Roy dist à M. de Vieilleville à part, qu'il estoit venu coucher là exprès pour oster à ung chacun l'oppinion que d'aultre que de luy, et de son propre mouvement, il avoit esté promeu à ceste dignité; car si cela fust advenu en sa chambre, tout le monde eust pansé que la faveur du mareschal de Saint André y fust intervenue; mais il vouloit que l'on creust qu'il n'avoit esté convié à l'honorer de ce grade que par soy-mesme, et du desir qu'il avoit de l'advancer en recognoissance de ses merites. De quoy M. de Vieilleville le remercia très-humblement, jusques à donner du genoil en terre, priant Dieu qui luy feist ceste grace de si fidellement s'en acquitter, que Sa Majesté en receust à jamais contentement, et ne se peust repentir de le y avoir colloqué. Là dessus ung huissier de la chambre du Roy le vint advertir, de la part de M. le connestable, que les Allemands estoient arrivez; qui fut cause que Sa Majesté print congé de la Royne pour aller trouver son bon compere, et adviser ensemble de la forme qu'il falloit tenir pour leur donner audience, en quel lieu, à quelle heure et en quelle compaignie; et sortit par une petite porte qui respond sur la chappelle.

M. de Vieilleville, qui avoit laissé M. le prince de La Roche-sur-Yon en peine de luy, le voulut bien lever de cest eschec, et, le trouvant encores en la salle, luy dist qu'il avoit eu si grande haste d'aller devers le Roy, qu'il n'avoit pas eu loisir de le remercier très-humblement de l'offre volontaire qu'il luy avoit faicte de le seconder au cas que mal bastat, ce qu'il faisoit presentement; mais il le supplioit de continuer ceste bonne volonté, ayant plus que jamais besoing de son assistance, car il falloit combattre deux des plus maulvais et dangereux garçons de toute la Cour. Et le pressant le prince, comme desjà tout esmeu de colere, de les luy nommer, M. de Vieilleville ne luy peut donner la bourde toute entiere; car, forcé de rire, il luy nomma M. le chancelier et M. de L'Aubespine, luy monstrant tout aussitost ses lettres d'estat de conseiller du privé conseil, avec son serment desja endossé; et luy discourut tout au long comme toutes choses avoient passé, sans oublier le très-honneste langaige que le Roy luy avoit tenu, qu'il estimoit plus que tout le reste. De quoy ledit sieur prince demeura infiniment aise et contant: qui ne fust sans hault louer Sa Majesté d'une telle discretion; car il avoit aultant ou plus cher le bien et advancement de M. de Vieilleville que le sien propre : et s'en allerent trouver le Roy fort joyeux et contans.

CHAPITRE V.

Le Roi donne audience aux députés des princes de l'Empire. — Il tient conseil sur la réponse qu'on leur fera.

Le Chenil, dont nous avons parlé cy-dessus, estoit ung superbe bastiment composé de deux longs et grands corps de logis, où estoyent deux belles salles et neuf ou dix chambres assez spacieuses, avec galleries haultes et basses, et escuyries pour cinquante ou soixante chevaux, et deux cours qui contenoient dix ou douze loges separées les unes des aultres, pour toutes sortes de chiens, chacune accompaignée de sa chambrette pour les valets des limiers, qui respondoient sur l'estang, pour la commodité de tant de meuttes de chiens courants, pour le fauve et pour le noir, que ce grand et magnifique roy François avoit faict ainsi bastir dedans le pourpris de sa maison de Fontainebleau. Et estoit ce logis voué et dedié pour le grand vaneur de France, et tout son attirail de chasse, affin que luy, qui aimoit ce plaisir plus que aultre roy qui l'ait precedé, n'allast chercher les lieutenans, picqueurs et tous aultres officiers et valets de sa vannerie, plus loing que de mille pas au sortir de sa chambre, pour ordonner de l'assembler quand il y vouloit aller; et ne prenoit pas plaisir qu'aultre que luy s'en entremist, ny d'y estre suyvy que de ceux qu'il nommoit aux mesmes vaneurs.

De ce lieu-là M. le connestable, accompaigné quasi de toute la Cour, horsmis des princes, mais de ce qu'il y avoit de chevaliers de l'Ordre, tous avecques leurs grands colliers de l'Ordre, vint en grande magnificence prandre le duc de Symerch et les aultres deputez d'Allemaigne, pour les mener et conduire devers le Roy, luy baiser les mains, qui les attendoit en la grande salle de Fontainebleau que l'on appelle du Bal. La Majesté, duquel les receust fort humainement, et n'y en eust ung seul des principaulx et plus apparants qu'il ne favorisast de l'accolade, les aultres de la main. Dequoy ils demeurerent fort contants, et bien édiffiez de la familiere privaulté d'un si grand prince. Après cela, la segregation faicte par eux-mesmes de leurs deputez d'avec les aultres qui n'estoient que de la suite, ils entrerent avec le Roy en la salle du conseil, où le duc de Symerch proposa en latin le desir que les Estats du Saint Empire avoient d'entrer en alliance avec Sa Majesté. En quoy il fust assez brief; mais il presenta le comte de Nanssau pour luy faire entendre les occasions de leur legation, et parachever le reste. Duquel le discours fut fort long, mais non ennuyeux, d'aultant que ce fut en très-élegant langaige français : dequoy toute l'assistance receust bien grand contentement. Si est-ce que, en toute et principale substance, sa harangue ne contenoit que les poincts que vous avez veus au commencement de ce livre, avec une infinité d'exemples, tant vieils que modernes; une longue deduction de l'origine des deux nations; submissions et offres merveilleuses de leurs biens, facultez, et de leur vie; sur-tout très-amples louanges de la nation française, des roys et de la couronne de France. Dequoy Sa Majesté les remercia fort humainement, et commanda à M. le chancelier de leur faire entendre son intention ; qui s'en acquitta dignement : aussi en estoit-il tout preparé par le rapport qu'en avoit faict M. de Vieilleville à Sa Majesté. Et pour ce que le faict meritoit bien une meure deliberation de conseil, il leur en remist le reste au lendemain, que le Roy auroit pris l'advis et l'oppinion des princes de son sang et de ses plus feaux conseillers et serviteurs. Ainsi se departit l'assemblée, que M. le connestable remena au Chesnil, et les y traicta comme grand-maistre de France, où ils ne veirent de leur vie ung tel apparat, si abondant, ny tellement ordonné ; et tant que le disner dura, les violons et haultsbois ne manquerent chacun en leur tour; la musique en après, tant de la chapelle du Roy que des chantres de sa chambre, leur dirent graces avec motets et chansons sans nombre. A l'yssue de quoy, confitures et dragées leur furent apportées en toute abondance ; puis ils furent reconduits à Moret par le sieur de Crevecœur, attendants la resolution du conseil de Sa Majesté.

Le Roy, qui vouloit depescher ces Allemands, commanda à M. le connestable de faire convoquer le conseil, auquel il desiroit entrer incontinant après disner; dequoy tout aussi-tost ceux qui en estoient furent advertis par les huissiers. Et toute la compaignie assemblée, et chacun assis selon son ranc, Sa Majesté leur remonstra que la proposition que les deputés des Estats de l'Empire avoient faicte ce matin n'estoit pas de petite conséquence ; sur laquelle il les prioit tous affectueusement de bien pezer le succès du dommage ou du proffit qui luy pouvoit provenir de ceste protection; et que, tout premierement, ils considerassent qu'il estoit fort bien avecques l'Empereur, et que de resveiller ou irriter ung si puissant et dangereux ennemy, il estoit à craindre, s'il en survenoit quelque inconveniant préjudiciable à son Estat, que toute la chrestienté ne luy en donnast le tort, d'avoir si ligerement rompu ceste fraternité, qui estoit à son advis bien stable et arrestée, encores qu'il n'y eust rien de juré entr'eux par acte solempnel de paix ou de treve, et qu'on imputast ceste entreprise au vice d'ambition. Plus, qu'ils se souvinssent qu'il avoit pris n'agueres en sa protection le duc de Parme, pour laquelle maintenir il auroit envoyé une grosse armée de-là les Monts, dont il demeuroit quasi épuisé de finances, estant contrainct, pour son honneur, de l'entretenir, puisqu'il l'avoit entrepris; *item*, la guerre qu'il a eue en Picardie contre les Anglais, pour le recouvrement de la ville de Bouloigne, en quoy semblablement il auroit soustenu une excessive et quasi incroyable despence.

Qu'il luy sembloit qu'ayant mis, par la grande grace de Dieu, fin à tout cela, il ne devoit plus rien entreprendre, mais laisser reposer ses subjects de toutes qualités; car generalement tous ont paty et patissent quand les armées passent et repassent si souvent par son royaume; qui ne se peuct faire sans une pitoyable oppression et foule du pauvre peuple, joinct les ordinaires commissions de creües et recreües, que l'on distribue par toutes ses provinces, causées sur levées des deniers, pour la subvention de ses affaires; et que, d'aultre part, sa gendarmerie et noblesse, qui sont les principales forces et appuys de sa couronne, et les aultres gens de guerre, se retrouvent de ceste heure si harrassez, qu'il est besoing desormais de leur donner quelque respit et relasche. Que à ceste cause, il les prioit non-seulement, mais sommoit, sur le serment et l'obligation qu'ils ont au bien de son service, de luy donner conseil en saine conscience sur une telle et si importante affaire.

CHAPITRE VI.

L'avis du Connétable sur la réponse que l'on devoit faire aux députés d'Allemagne, entraîne les suffrages de presque tous les membres du conseil.

Encore que fussent en ce conseil les cardinaux de Bourbon, de Lorraine, de Guyse, trois ou quatre princes du sang et aultres grands, comme les princes et ducs de Guyse, de Nemours et Daumalle, mesme le chancelier de France, auquel seul il appartient, à cause et pour le devoir de son estat, de prendre tousjours la proposition du Roy pour la deduire, amplifier et mieux faire gouster, par son sçavoir, à l'assistance; toutesfois M. le connestable, sans aultre respect, suivant sa coustume de ne jamais ceder à personne, print incontinant la parolle, disant que le Roy, qui leur demandoit conseil, le leur avoit donné luy-mesme, et faict fort amplement entendre sa conception, qu'il falloit suivre de poinct en poinct, sans aucunement y contrarier, n'ayant en ses remonstrances rien de proposé qui ne fust très-équitable et bien congneu à toute la compaignie; laquelle il supplioit, en bien pezant et considerant le tout, de donner conseil et advis à Sa Majesté, selon la congnoissance qu'il avoit des affaires de ce royaume, et leur desir au bien du service de ceste couronne. Et quant à son oppinion, il aimeroit mieux, non-seulement perdre ses estats, mais tous ses biens, qu'elle fust aultre que celle de Sa Majesté : adjoustant qu'il ne luy pouvoit entrer en la fantaisie que le duc Maurice se fust tourné et bandé si-tost contre l'Empereur, l'ayant fait chef de la maison de Saxe, de laquelle il n'estoit que cadet,, pour l'avoir investy, par la confiscation de son aisné, Jehan Frederic, de l'electorat de Saxe, avec quinze ou saeze bonnes villes qui en dependent, desquelles le revenu monte par an à quinze ou saeze cents mille talarts; et que, pour ceste raison, il ne pouvoit moins que faire conjecturer qu'il se tenoit couvert de quelque sinistre entreprise contre la France, soubs ce très-honorable tiltre de protection. Davantage, que les Allemands sont quelquefois subjects à se desvoyer aussi souvent de l'entendement comme de l'estommac, et ne sont pas trop certains en leurs promesses; alleguant quelques exemples de plusieurs colonels de leur nation qui manquerent de leurs levées de gens de cheval et de pied au feu Roy, pour avoir été gaignez par l'Empereur qui leur haulsa leur solde; et servent commeunement à qui plus leur donne. Mais, premier que de rien accorder avec eux, seroit necessaire, en tout évenement, d'envoyer en Allemaigne sept ou huict habiles hommes bien entendus en la langue germanique, qui se retireroient chez les pensionnaires que le Roy y entretient, pour ensemble descouvrir et donner lumiere diligemment et en toute fidelité, s'il y a quelque venin caché dessoubs telles et si liberalles offres. Que telle estoit son oppinion, et pria M. le cardinal de Bourbon de dire la sienne.

Lequel ne la feist pas si longue, se doubtant bien que le Roy et son bon compere avoient parlé et opiné par la bouche l'un de l'autre; et ce qui plus le luy faisoit croire, estoit que M. le connestable s'estoit advancé, contre son rang et tout l'ordre accoustumé au conseil, principalement le Roy présent, de prendre ainsi indiscrettement la parolle, et en dire le premier, sans aulcune defference, son advis; ce qu'il avoit faict, ce luy sembloit, affin de prevenir toutes aultres opinions, et pour imprimer à tout le reste la sienne : de sorte que, sans trop despendre de langaige, ny ennuyer la compaignie, il va conclure aux mesmes fins.

Tout de mesme en userent les cardinaux et princes susdicts, chancelier, mareschaux de Sainct-André et de La Marche, et six ou sept gouverneurs de provinces, qui firent bientost courre le pacquet, ainsi que ont accoustumé faire les advocats sur un bareau en cause de petite pratique (¹), que l'on appelle *ad idem*. Mais quand ce vint au ranc de M. de Vieilleville, qui avoit pris langue du comte de Nanssau, et entendu de luy ceste particularité à Moret, ne put acquiescer aux precedents advis, mais, ayant tousjours la veue fichée devers la face de son maistre, et luy addressant sa parolle, commença à parler ainsy.

(¹) *Cause de petite pratique :* cause peu importante.

CHAPITRE VII.

M. de Vieilleville ouvre un avis contraire à celui du Connétable. — Griefs contre l'Empereur.

« Je ne vous sçaurois assez exprimer, Sire, l'extresme desplaisir que je reçoy en mon ame, que pour ma premiere entrée en ceste très-illustre et respectable compaignie, qui n'est que d'aujourd'huy seulement que j'en aye esté honoré par Vostre Majesté, je soye contrainct de dire mon oppinion, qui ne peult estre en ma conscience que toute contraire à ce qu'il vous a pleu nous proposer, et aux oppinions de tous messieurs les reverendissimes cardinaux, illustrissimes princes et grands seigneurs qui m'ont precedé; car il semble qu'ils vous veullent ravir, des poings et de dessus le front, la plus grande gloire qui puisse estre offerte, ny arriver à un roy de France, de le choisir protecteur du Saint Empire de la chrestienté, qui est plus estimable, quasi, que si on vous presentoit le mesme diademe imperial, d'aultant que l'on vous a esleu, sur tous les roys et princes du monde, digne de controller les actions d'un empereur tiran, et de le contraindre par les armes à se rendre subject aux loix de l'Empire, et de le chastier de ses malversations. Encores, Sire, ne sçauroit-on juger à quel évenement et conséquence pourra réussir ceste entreprise; car il ne fault poinct doubter que l'indignité de ses tirranicques oppressions, et le mespris qu'il a tousjours faict depuis son election de tous les Estats de l'Empire, principalement des grands princes qui y sont, n'ayent tellement irrité toute la Germanie, que quand on verra vostre armée approcher du Rhin et joindre celle du duc Maurice, qu'il ne soit en danger de perdre sa couronne, et vous en hazard de vous la mettre sur la teste.

« Quant à la bonne intelligence que Vostre Majesté allegue se pouvoir maintenir entre vous deux, ses vulpines ruses et cauteleux deportements, dont il a tousjours usé jusques icy, vous en doivent donner toute preuve; car de sa vie il n'a faict ouverture d'amitié avec le feu Roy et Vostre Majesté, que pour y gaigner quelque advantage, et se prevaloir, par cest amusement, des desseings qu'il projecte contre ceste couronne qu'il a mortellement odieuse; car toute la chrestienté sçait assez que, sans les valeureuses resistances du pere et du fils, il en seroit aujourd'huy paisible monarque. Mais voulez-vous, Sire, un plus certain tesmoignage de son infidelité que de son passaige par la France, pour lequel obtenir, parce que, sans ceste faveur, il perdoit indubitablement tous les Païs-Bas, il se soubsmist quasi à la carte blanche : toutesfois estant hors le royaume, il se mocqua de toutes ses promesses, car il n'en tint pas une; et se voyant dedans Cambray, dist au prince de l'Infantasque (1) telles parolles : « Que le Roy de France ne se mette pas, s'il est sage, en ma misericorde comme j'ay esté en la sienne; car je jure au Dieu vivant qu'il n'en seroit pas quicte pour la Bourgoigne et Champaigne, mais je vouldrois aussi la Picardie, et les clefs devers les champs de la Bastille de Paris, s'il ne vouloit perdre

(1) *De l'Infantasque* : de l'Infantado.

la vie, ou estre confiné en une perpetuelle prison jusques à l'entier complement de ma volonté. »

« Ne voilà pas, Sire, et vous tous, messieurs, ung estrange remerciement? et se pourroit-il imaginer au monde une plus perverse et felonne ingratitude que ceste-là, après avoir esté honoré d'une entrée par toutes les meilleures villes du royaume de France, si pompeuse et magnifique, que nous ne lisons poinct que jamais nos roys en ayent faict une pareille? car, oultre les triomphes, somptuositez, festins et riches presens qui luy furent faicts, toutes les prisons luy furent ouvertes, et n'y avoit criminel, de quelque sorte de crime qu'il eust esté convaincu, sans nul excepter, à qui son chancelier Granvelle ne donnast la grace soubs seing et scel de son maistre, et contresigné de ses secretaires d'Estat. Davantaige, par toutes les villes où il passa, il y avoit ung prince du sang ordonné pour le recevoir. Et vous, monsieur le connestable, l'allastes recueillir à Bayonne pour l'amener à Loches, où le Roy et la Royne sa sœur l'attendoient, par lesquels il fust accompaigné, après tant d'excellentes et incomparables magnificences que malaisement pourroit-on maintenant imiter ny representer, jusques à Sainct-Quentin. Et vous mesme, Sire, assisté de feu M. d'Orleans vostre frere, et suivy de messieurs de Vendosme, d'Anghien, prince de La Roche-sur-Yon, de Nevers, d'Aumalle et de plusieurs aultres princes et grands seigneurs, le vintes conduire en sa ville de Valenciennes. Et pour toute recompense de tant d'honneurs, innombrables peines et excessives despences, avoir eu regret et un despit enragé qu'il ne tenoit encores le feu Roy prisonnier, pour forcer oultre tout droict divin et humain sa volonté, et, au deffault de ce, le menacer de le faire mourir. De sorte, Sire, que ce vilain, sauvage et barbaresque traict, qui procede d'une très-mechante ame, vous doit bien faire desraciner du cœur et de l'esprit toute esperance de jamais pouvoir former avecques luy une parfaite amitié; mais au contraire, aultant de fois qu'il vous en fera parler par ses ambassadeurs, vous devez de tant plus près et soigneusement prandre garde à vos affaires, sans vous amuser, ny jamais plus s'arrester à ses frauduleux appasts et perfides attraicts.

« Et pour venir au duc de Parme que Vostre Majesté a pris en sa protection, penseriez-vous bien, Sire, que le Pape fust chef et principal entremetteur de cette guerre? Rien moins; mais croyez qu'il en est seulement le manteau, soubs la couverture duquel l'Empereur fournit d'hommes et d'argent. En voulez un meilleur tesmoignage? que ce fust luy-mesme qui fist massacrer Pierre-Loys Farneze, pere de ce duc, et que tous les chefs, capitaines, et la pluspart de toutes les trouppes qui font service à Sa Saincteté en ceste entreprise, sont imperiaux, et qui toute leur vie luy ont faict serment et service en ses guerres d'Italie: Vostre Majesté, et la pluspart de ceste compaignie, les congnoist tous, qui me gardera de m'estandre à les vous nommer, pour vous remonstrer, non pas en saine sincerité seulement, mais en toute saincteté de conscience, que vous faictes un tort irreparable à la reputation de vostre couronne de reffuser ceste si honorable charge et élection que le Saint Empire vous presente; car, puisqu'ainsi est que l'Empereur par soubs main vous faict la guerre, ayant desja, oultre les precedentes preuves, faict mener en son chasteau de Milan les capitainnes et gentilshommes français qui ont esté pris en combattant devant Parme et La Mirande, il la luy fault faire tout ouvertement, et à la veue de tout le monde, sans couvrir son jeu, ny aultrement dissimuler. Et ne sçauriez mieux, ny plus genereusement commencer, que par ce beau et superbe voyaige d'Allemaigne, affin qu'il esprouve de plus en plus l'invincible puissance de ceste couronne, qui est telle, que de quelque costé qu'il se soit jamais armé, ny de quelque part qu'il ait tourné ses forces, tant par mer que par terre, il a tousjours trouvé celles du feu roy vostre seigneur et pere et les vostres, pour luy faire teste, qui ont arresté tout court, voire dissipé et reduit à néant toutes ses entreprises.

« Il ne se fault poinct, au reste, excuser sur la necessité ; car la France est inexpuisable, s'y trouvant ordinairement mille moyens de lever deniers sans fouler le peuple, ne fust-ce que des empruncts volontaires sur les plus aisez de ce royaume. Et quant à moy, je pense estre le plus pauvre de la compaignie, au moins des plus malaisez ; mais j'ay encores pour quinze mille francs de vaisselle, tant de cuisine que de buffet, blanche et vermeille, que j'offre liberalement mettre entre les mains de ceux que vous ordonnerez, pour en faire ce qu'il leur plaira, affin de subvenir aux frais de ceste si louable entreprise, que Dieu, par sa saincte grace et bonté, d'aultant qu'elle est fondée sur toute justice et équité, fera réussir, à la gloire et honneur de Vostre Majesté et reputation de la nation française ; remettant à vous faire entendre quelque secrette particularité que l'un des principaux de ceste ambassade m'a dicte, après que tous ces dignes personnages, qui doivent oppiner après moy, auront achevé de parler; et m'asseure que, la vous ayant découverte, vous emploirez toutes vos forces et moyens pour effectuer ce que je vous propose; car, outre ce qu'il y va de vostre supreme grandeur, vous bastirez des boulevarts, courtines et imprenables remparts pour la perpetuelle conservation de tout vostre Estat. »

CHAPITRE VIII.

Avis des autres conseillers d'Etat. — M. de Vieilleville propose au Roi de s'emparer de Metz, Toul et Verdun.

APRÈS que M. de Vieilleville eust ainsi hardiment oppiné, M. de la Caze-Dieu, auquel il escheoit de parler, va commencer ainsi:

« Sire, il ne se peult rien adjouter à l'oppinion de M. de Vieilleville, ny diminuer aussi; et me semble qu'elle est très-digne d'estre suivie; et, sinon que j'estime que Vostre Majesté l'a bien retenue, je la recapitulerois volontiers, pour le très-grand plaisir qu'il y a de la redire et de l'escouter: car son zele très-ardant à la grandeur de ceste couronne, et les moyens qu'il a si promptement trouvez, s'engageant le premier à la subvention par luy proposée, vous doivent bien faire ouvrir le cœur et les yeux non-seulement, mais l'esprit et l'ame, à l'entreprise de ce voyage; et pour ne rien farder, mais dire du vray, le vray seroit une par trop grande honte et indignité de reffuser une si honorable et, pour mieux dire, celeste élection projectée de si longue main, jurée par tels et tant de princes, fondée sur une si saincte occasion, presentée et offerte par si excellens ambassadeurs, et pourchassée par une telle nation, qui est la plus grande, non pas de la chrestienté, mais de toute l'Europpe. Et quant à moy, je pense avoir environ vingt mille livres de rente du bienfaict de nos roys; j'en donne liberalement la moitié, tant que le voyage durera, pour subvenir aux frais de l'armée. »

Parce que M. de La Caze-Dieu estoit fort respecté du Roy et de toute la compaignie, en estime d'un fort homme de bien, et qui avoit eu promesse des sceaulx lorsque le chancelier cuyda mourir, il n'y avoit que demy an, tous les evesques et maistres des requestes, qui estoient environ saeze, oppinerent *ad idem*, offrants en semblable tous leurs moyens et facultez plutost que ce voiage ne se resolust: de sorte que, si ce conseil se fust tenu pour les parties (1), M. de Vieilleville l'emportoit, parce que dix-sept conseillers avoient suivy son oppinion, et quatorze seulement celle de M. le connestable. Mais en matiere d'Estat, principalement pour la guerre, et le Roy present, tous les resultats deppendent de la conclusion de Sa Majesté, par laquelle bien souvent il renverse toutes oppinions, ou n'en prend sinon ce qu'il luy en plaist.

Le Roy, voyant qu'il le falloit quicter (2) pour n'encourrir une si universelle honte par toute la chrestienté; aussi que les cardinaux et princes, ne voulants demeurer des derniers en l'offre de leurs moyens,

---

(1) *Pour les parties* : pour juger un procès. — (2) *Qu'il le falloit quicter* : qu'il falloit abandonner l'avis du connétable.

avoient changé d'advis, demanda à M. de Vieilleville quelle estoit ceste secrette particularité qu'il reservoit à dire : lequel respondit à Sa Majesté, s'il luy plaisoit se retirer à part, qu'il la luy feroit entendre : et s'estant le Roy et tout le conseil levez, il s'approcha de Sa Majesté, qui appella M. le connestable, et luy discourut de ceste façon :

« Sire, vous avez bien sceu comme l'Empereur s'est saezy des villes imperialles de Cambray, Utrecht et du Liege, qu'il a énervées de l'Empire, les ayant unies et incorporées à sa comté de Flandres, et en a faict ung rempart à tous ses Païs-Bas, au grand détriment de toute la Germanie ; et parce que les princes électeurs du Saint-Empire ont descouvert qu'il a projecté en son esprit d'en faire aultant des villes imperialles de Metz, Strasbourg, Thoul, Verdun et aultres villes sur le Rhin qu'il pourra attrapper, ils ont avisé secrettement d'avoir recours à vos forces, sans lesquelles ils ne peuvent destourner ce malheureux et detestable desseing, qui seroit la totale ruine de l'Empire, et la perte manifesté de vostre royaume, d'aultant que par ceste investiture vous seriez à jamais esclave et privé de toute l'intelligence que vous avez en Allemaigne ; car il vous osteroit tout moyen d'y faire, pour l'advenir, aulcune levée, et vous sçavez que c'est le grenier de vos forces, aimants trop mieux les princes susdicts que vous en saezissiez que aultre prince quel qu'il soit, et principalement luy ; car, si vous endurez qu'il y entre le premier, vous aurez toujours, voire de mois en mois, nouvelles forces sur les bras, ausquelles il ne vous sera possible de resister, car il ne vous en sçauroit venir de ce costé-là pour l'empeschement qu'il y mettra. Par ainsi, emparez-vous doulcement, puisque l'occasion s'y offre, des susdictes villes, qui seront environ quarante lieues de païs gaigné sans perdre ung homme, et ung inexpugnable rempart pour la Champaigne et la Picardie, en oultre ung beau chemin et tout ouvert pour enfoncer la duché de Luxembourg et les païs qui sont au dessoubs jusques à Brucelles ; plus, vous faire maistre à la longue de tant de belles et grandes villes que l'on a arrachées des fleurons de vostre couronne, et de recouvrer pareillement la souveraineté de Flandres que l'on vous a si frauduleusement ravie, qui appartient aux roys de France il y a plus de mille ans, et de toute immemoriale ancienneté. »

CHAPITRE IX.

Le Roi approuve cette proposition.

« C'est ce que m'a dict, Sire, le comte de Nanssau, à quoy je veux bien adjouster quelque chose du mien, qu'il vous plaira ne trouver maulvais ; qui est que Vostre Majesté ne considere pas que tous ces princes, qui sont grands, vous preferent à leur empereur, que ils vous aiment mieux pour voisin qu'un prince de leur nation, et que pour vous favoriser ils ne craignent pas d'offencer son frere l'archeduc Ferdinand, qui doit estre empereur après luy, estant desja roy des Romains. Que si, par crevecœur du reject que vous voulez faire de ceste protection qu'ils vous presentent avec tant de courtoisie, ils se rallient avec l'Empereur, vous n'aurez pas moins de quarante mille chevaux et cent mille hommes de pied, devant la fin de novembre, en vostre frontière de Champaigne. Où sont vos forces ny apprests pour leur faire teste? Quel estat pourrez-vous faire de vostre royaume, ny de quelle esperance nourrirez-vous M. le Dauphin de regner après vous? A ceste cause, Sire, meurissez bien, s'il vous plaist, ceste consideration en vous-mesme premier que de conclurre le reffus. Et quant à ce que vous avez allegué, monsieur, addressant sa parolle à M. le connestable, que vous en conjecturez qu'il y ait quelque perfidie cachée soubs si belles offres, j'aimerois mieux avoir perdu tout mon bien pour le service que je vous ay toute ma vie voüé, que ceste parolle parvinst jusques à leurs oreilles; car si tels princes que ceux-là, et qui sont souverains, dont l'un met la pomme ronde (1) en la main gauche d'un empereur à sa création, qui dénote la monarchie; l'aultre, l'espée en la droicte pour se la maintenir; et le tiers, le diademe imperial sur la teste, n'ont ny foy ny parolle, en quelle race de gens la pourra-t-on trouver? Croyez hardiment, Sire, qu'ils y procedent *à la franche marguerite,* et qu'il ne s'y couve que une parfaite amitié qu'ils veulent former mutuellement avecques vous et la couronne de France, qui se convertira en une haine pernicieuse et inimitié immortelle si vous la mesprisez. Il vous plaira doncques, Sire, commander à toute l'assistance de se rasseoir, et faire là-dessus entendre hault et clair vostre intention. »

Le Roy, ayant attentivement compris toutes les remonstrances de M. de Vieilleville, dist à M. le connes-

---

(1) *Dont l'un met la pomme ronde :* allusion à ce qui se pratiquoit au couronnement des empereurs, conformément à la bulle d'or.

table qu'il n'y avoit que tenir, et qu'il croyoit que
Dieu l'avoit inspiré d'avoir en ce jour créé M. de Vieilleville de son conseil; car sans luy il eust rejecté ceste
protection, en quoy il eust faict une grande playe à
sa reputation, et sappé de fonds en comble tout son
Estat. Mais M. le connestable, qui se sentit picqué de
ceste parolle, la recouppa incontinant, disant que ce
qu'il avoit oppiné n'estoit que pour valider et soustenir
sa proposition, et qu'il en ordonnast ce qu'il luy plairoit; qui fut cause que Sa Majesté ordonna à tous ces
messieurs de reprandre leurs places. Mais, premier
que se rasseoir, M. de Vieilleville luy dist à part (M. le
connestable toutesfois present, car personne ne parloit jamais au Roy qu'il ne se jectast à la traverse)
que le comte de Nanssau luy avoit expressement en-
joinct de tenir secret l'emparement des susdictes villes,
« car si elles en estoient adverties vous n'en auriez pas
si bon marché, mais se feroient crever pour la manutention de leur liberté, d'aultant qu'elles s'intitulent
villes franches imperialles ou de l'Empire, qui ne reçoivent édits, loix, commandements, subsides, male-
tostes d'un empereur, ny subjection, que telle qu'il
leur plaist, et ont seance et voix deliberative aux diettes
qui sont convoquées pour le bien commun de toute la
Germanie : et en ceste grande trouppe d'ambassadeurs
que vous voyez, il n'y a que le duc de Simmerch et
le comte de Nanssau qui le saichent. »

Sa Majesté luy dist qu'il luy avoit faict ung très-
grand service de l'en advertir, car ce eust esté le premier propos qu'il eust mis en avant, pour honnestement couvrir sa proposition ; et commença, ayant
repris sa place, à parler ainsi.

CHAPITRE X.

Le Roi déclare sa résolution au Conseil.

« Mes chers cousins, et vous tous, mes bons serviteurs et amys, je ne me puis assez louer de la franche volonté que vous avez au bien de mon service, quand si liberalement m'avez offert vos moyens et facultez pour soulaiger et soustenir mes entreprises; de quoy je vous remercie de tout mon cœur, reservant à en tirer ma commodité, si tant est que mes finances n'y puissent satisfaire. Toutesfois j'espere, avec l'aide de Dieu, que je n'en auray aulcun besoing, car j'ay encores beaucoup de fonds en mon espargne et au tresor du Louvre; aussi que je ne suis nullement en arriere pour le reste de ceste année 1551, estant ce dernier quartier d'octobre, novembre et decembre, encores tout entier à recevoir et entrer dans mes coffres; et que, d'aultre part, les assignations de toute ma gendarmerie, qui est de quatre mille cinq cents hommes d'armes, sont departies, et desja envoyées aux lieux où elle est en garnison, esparse en divers lieux de mon royaume, pour faire monstre pour ce present quartier; qui me vient fort à propos, car j'ay deliberé et resolu en mon ame de suivre le conseil et advis de M. de Vieilleville, et accepter ceste tant honorable protection qui ne peut que redonder à ma gloire et honneur, y estant semonds et appellé pour une infinité de pregnantes raisons que vous sçaurez quelque jour. Nous avons encores quatre bons mois de loisir pour mettre sus une gaillarde armée, de laquelle je veux que le rendez-vous soit sur la fin du mois de mars 1552, aux environs de Jouynville, et sur les limites de la frontiere de Champaigne. Et quand ce voyage ne seroit entrepris que pour resveiller l'ardante jeunesse qui est à ma suicte, de plusieurs princes et seigneurs qui sont pour le present inutiles, encores ne trouverai-je la despence mal employée; et veulx, oultre ma gendarmerie, que j'augmenteray encores de cinq cents lances, remplir mon armée de six mille chevaux ligiers, cent pour compaignie; desquels, dez maintenant, je fais et constitue colonel mon cousin le duc de Nemours; et ne vacqueray, tout le reste de ce mois d'octobre, que à distribuer et despescher des commissions pour les levées de ladicte cavallerie, et pour cent enseignes de gens de pied, nouvelles bandes de trois cents hommes chacune, et de soixante compaignies de harquebuziers à cheval, cent hommes pour compaignie; avecques quarente enseignes de vieilles bandes, que je tireray tant de Piedmont que des autres villes frontieres de mon royaume, qui sont de deux cents chacune; et despescheray en Allemaigne, à mes bons, fideles pensionnaires, les colonels de pistoliers et lansquenets, de m'amener vingt cornettes de gens de cheval, à trois cents hommes chacune, et six regiments de gens de pied, à dix enseignes par regiment, de cinq cents hommes chacune; et m'asseure que mes bons confederez les cantons de Suysse me fourniront, aussi-tost que mandez, douze mille bons hommes, sans compter les legionnaires de Normandie, Champaigne et Picardie, qui pourront revenir à douze mille hommes, et environ huict ou dix mille bons chevaulx des arriere-bans de la noblesse casaniere de mon royaume. De toutes lesquelles forces je veux que mon armée soit composée, oultre que je m'asseure qu'il se trouvera plus de huict mille braves gentilshommes volontaires, que je n'estime pas moins que ma gendarmerie, et où il se trouve beaucoup de seigneurs qui vouldront entreprendre ce voyaige, et y paroistre pour me faire service, acquerir honneur, et se vanter à leur heureux retour d'avoir abbrevé leurs chevaux en ceste tant renommée riviere du Rhin. Et oultre tout cela, je feray publier que toute ma maison se trouve audict mois de mars en armes, pour accompaigner ma cornette; sont encores deux mille bons chevaulx et gentilshommes de nom et de marque. Doncques chacun se prepare de bonne heure de se mettre en équippage, selon ses moyens et facultez, pour me suivre, esperant, avec l'ayde de Dieu, que le tout réuscira à bien, estant mon intention fondée sur toute équité, et pour rembarrer ung si pernicieux ennemy de mon Estat et de ma nation, et qui se baigne et delecte à tourmenter sans aulcun respect toutes sortes de gens. Que si Dieu me faisoit ceste grace de le trouver si à poinct, en bataille bien rangée et ordonnée, que je le puisse combattre, ou son fils le prince d'Hespaigne, je m'estimerois trop heureux d'y perdre la vie. »

Après que le Roy eust achevé de parler, et ainsy disposé de l'estat de son armée, toute l'assistance fist demonstration d'une incredible joye, par ung applaudissement d'allegresse nompareil, disant tous, de voix commune, que ceste prompte volonté luy provenoit d'une inspiration divine que Dieu conduiroit à très-heureuse fin, veu qu'il n'y avoit aucune tache d'ambition ny animosité de vindicte, mais ung desir charitable de secourir une pauvre nation affligée, et mettre beaucoup de grands princes en liberté. A quoy adjousterent tous les princes, tant du sang que aultres, qu'il falloit que generalement tous les bons subjects du Roy, principalement les nobles et aultres de moyen, y employassent les biens et la vie, pour faire espaule à une telle et si saincte entreprise ; et que, quant à ceux qui tenoient, comme princes, le premier ranc en ce royaume, ils estoient tous prests de commencer, pour donner courage, par leur exemple, à tout ce qui estoit au-dessoubs de leur qualité de les ensuivre et faire le semblable. De quoy Sa Majesté demeura infiniment contente et satisfaite : et tous unanimement louerent Dieu de ce que M. de Vieilleville avoit esté ce jour créé et receu en ceste compaignie, sans l'advis duquel, qui avoit combattu et renversé les oppinions des plus grands de ce conseil, et acheminé les aultres à suivre la sienne, la couronne de France estoit en hazard d'encourrir une irreparable honte. Mais comme ils se vouloient lever, M. de Vieilleville dist tout hault qu'il estoit très-necessaire de licentier l'ambassadeur de l'Empereur et le faire sortir du royaume, et par consequent retirer celuy de Sa Majesté : « car nous sçavons bien, dist-il, que, outre descouvrir les desseings du Roy, il taschera de deguiser les actions de son maistre, comme il a faict par cy-devant de l'execution de justice qui fut faicte à Auxbourg dernierement du brave colonel Sebastien Volgeberg et de deux de ses capitaines ; car il fist accroire au Roy, à M. le connestable et à tout son conseil, que son maistre leur avoit

fait trencher la teste pour leurs voleries, violements
et aultres malversations; et jure devant Sa Majesté,
sur mon honneur et sur ma vie, que ne fust que pour
avoir fait service à la maison de France; mesme que
le bourreau, tenant encore l'espée sanglante, prononça
tout hault que tous ceux qui iroient dorésnavant faire
service au roy de France seroient punis de mesme supplice; et qui me croira, il aura dès ce soir son congé affin
qu'il desloge de bon matin. » Ce qui fust encores treuvé
le meilleur du monde par le Roy et toute la compaignie, et ne se pouvoient garder de hault louer sa pre-
voyance et bon entendement : si est-ce que, à deux
heures après l'yssue du conseil, la Cour estoit pleine
de ce propos, que M. de Vieilleville avoit bien taillé
de la besogne au Roy et à la couronne de France;
que ce royaume se fust bien passé de ceste folle entreprise, et quand on est bien à son aise on ne s'y
peult tenir. Mais on descouvrit aussitost de quelle boutique estoit sortie ceste calomnie, en despit de laquelle
toutesfois la jeunesse de la Cour bruyoit de ce voyage
et s'en rejouissoit. M. de Nemours, entre aultres, embrassant M. de Vieilleville, le remercia d'avoir esté si
ferme en son oppinion; car, s'il eust plié comme les
plus grands, il fust demeuré sans charge, et toute sa
vie inutile. C'estoit ung jeune prince, gaillart, fort
volontaire et avantureux, et qui ne manquoit poinct de
valeur, sorty puisné de sa maison de Savoye; et pria
M. de Vieilleville de luy donner ung lieutenant pour
sa compaignie colonelle, jurant et protestant qu'il n'en
auroit que de sa main.

A son imitation, M. d'Anghien et M. Loys de Bourbon, qui depuis fut appellé prince de Condé, freres

de monseigneur Anthoinne de Bourbon, duc de Vendosme, luy en demanderent; comme aussi fist le jeune duc de Longueville, en semblable René M. de Lorraine et le grand-prieur de France, freres et tous deux enfants de feu monseigneur Claude de Lorraine, duc de Guyse, et d'aultres jeunes seigneurs; de sorte que M. de Vieilleville tira de la compagnie de M. le mareschal de Sainct-André vingt et ung hommes d'armes, qui furent tous lieutenants de compaignies nouvelles de gendarmerie ou de cavallerie ligere, et mist les vieux archers en leurs places; puis remplit la compaignie de jeunes gentilshommes de Bretaigne, d'Anjou et du Meyne, puisnez de bonnes maisons, que leurs peres ou freres aysnez, en sa faveur, misrent en bon équippaige pour paroistre en ce voyaige : car, d'y mettre, comme font plusieurs capitaines de gendarmerie, leurs valets de chambre et ceulx de leurs femmes, argentiers, fourriers, brodeurs, appotiquaires et barbiers, il estoit si homme de bien, d'honneur et de conscience, qu'il eust plustost quicté pour jamais les armes, voire choisy la mort que de commettre une telle faute ; « car c'estoit, disoit-il, ung larcin manifeste faict au Roy, d'aultant qu'ils tirent la paye, et n'ont chevaux ny armes, l'addresse ny le couraige de luy faire service, encores moins la hardiesse de regarder par mal le moindre de ses ennemis, tant s'en faut qu'ils osassent le combattre. »

CHAPITRE XI.

Le Roi donne à M. de Vieilleville le commandement de sa cornette.

Ce voyage d'Allemaigne ainsy conclud et arresté par la propre bouche du Roy, M. de Vieilleville fust ordonné par Sa Majesté d'aller le matin devers les ambassadeurs à Moret, pour le leur annoncer. Il est impossible d'exprimer de quelle joye et allegresse ils receurent ceste bonne nouvelle, ny de quelles caresses et embrassements ils le festoyerent. Mais il leur fist bien redoubler l'aise quand il leur asseura des forces dont le Roy avoit faict estat en plein conseil, desquelles il vouloit que son armée fust composée pour l'heureuse entreprise de ce voyage : puis les pria, de la part de Sa Majesté, de venir le dimanche ensuivant disner avec elle, et entendre, en prenant congé, le reste de son intention. Et laissa M. de Vieilleville ung de ses gens au comte de Nanssau, pour luy apporter, incontinant après luy, le roolle de tous ceux qui estoient en leur trouppe, depuis le plus grand jusques au moindre ; leurs noms, rancs et qualitez, et principalement des deputez et ayants charge en ceste legation, priant ledict sieur comte de n'y rien oublier, et pour cause : puis s'en alla, les laissant aussi contants qu'ils furent jamais ; car, par leur calcul, ils trouvoient l'armée royale pouvoir revenir à cinquante mille hommes de pied, et trente ou quarante mille chevaux ; puis l'esperance des presents, à cause de ceste liste, et la rejouissance de veoir les merveilles de ce festin royal, où Sa Majesté devoit estre en personne.

Arrivé que fust M. de Vieilleville devers Sa Majesté, il luy discourut bien au long de l'aise et contentement où il avoit laissé cette allemande trouppe, et de ce qu'il luy avoit pleu accepter ceste protection : « car vous leur faictes cognoistre, luy dist-il, que vous voulez espouser leur querelle et les tirer hors de ceste misere et affliction, puisque vous entrez en une si excessive despence, de mettre sus une telle et si brave armée, que je leur ay de poinct en poinct, et compaignie quasi pour compaignie, despeinte toute telle que Vostre Majesté l'avoit, en plein conseil, projectée; qui a esté le comble de leur allaigresse, que je leur ay promis de bailler par mémoire : à l'ayde de laquelle ils esperent, avec les forces qu'ils y adjousteront, jecter Charles d'Austriche (ils ne le nomment plus aultrement) hors de la Germanie, ou y mourir tous. Brief, Sire, vous ne sauriez croire l'obligation, service et alliance d'amitié qu'ils vous ont vouée; et ne fistes jamais mieux que d'accepter leur offre, ny qui vous redonde à plus grand honneur; joinct que vous ne sçavez encore ce que le ciel vous garde en l'evenement de ceste très-haulte et sublime entreprise. — Qu'il advienne, dist le Roy, ce qu'il plaira à Dieu; mais j'en verrai la fin, et n'en demande aultre recompense, sinon que ces princes-là et leur nation puissent se louer de ma bonne volonté, à laquelle j'adjousteray, moyennant sa grace, de si braves effects, qu'il en sera memoire à jamais; mais surtout je ne desire rien plus que de rencontrer mon ennemy pour le payer tout à la fois des traverses, perfidies et meschancetez qu'il a exercées toute sa vie contre cest Estat, ou y mourir. » Et puis luy demanda quelles nouvelles ils en avoient, où il pouvoit estre et s'il estoit fort? A quoy il respondit que par les dernieres qu'ils avoient receues il estoit à Linx, mais que le roy des Romains avoit l'armée à Ingolstat, et qu'il y avoit long-temps qu'ils raudoient sur les bords du Danube, et qu'ils ruinoient tout ce pays-là.

Sa Majesté luy demanda s'il ne vouloit pas prandre une compaignie nouvelle de gendarmes; dequoy il le supplia de l'excuser, car il estoit si obligé de parolle et d'amitié à M. le mareschal de Sainct-André, qu'il ne pouvoit quicter sa lieutenance qu'après le voyage; et n'y avoit pas vingt et quatre heures qu'il le luy avoit ainsy promis; aussi que sa compaignie demeureroit la plus descousue de toute l'armée s'il l'abandonnoit en ceste extresme et très-urgente occasion. « Doncques, dist le Roy, je veux que sa compaignie et celle du duc de Guise accompaignent ma cornette tant que le voyaige durera, et ordonne dès-à-present que vous y commandiez generalement. » Dequoy il remercia très-humblement Sa Majesté, comme de charge plus honorable mille fois que une compaignie nouvelle de gensdarmes; d'aultant qu'il s'y jecte plusieurs grands seigneurs qui n'ont poinct de charge, pour marcher soubs la cornette du Roy et estre tousjours veus de Sa Majesté. Là-dessus survint M. de Guyse, que nous appellions ci-devant duc d'Aumalle, auquel Sa Majesté fist entendre son intention, qui l'en remercia aussi très-dignement, disant que de meilleure main ne pouvoit estre commandée, l'asseurant que ces deux cents hommes d'armes, soubs ung tel et si valeureux chevalier, passeroient tousjours sur le ventre de cornettes de reithres ou pistolliers; et qu'il n'estoit plus en peine du ranc que devoit tenir sa compaignie en ce voyage; et que, quant à sa personne, il l'avoit vouée aux pieds de Sa Majesté, pour ne l'abandonner jamais qu'ils ne fussent de retour en France.

CHAPITRE XII.

Festin donné par le Roi aux députés des princes de l'Empire.

Le dimanche venu, qui fust environ le 20 d'octobre (1) 1551, tous ces Allemands vindrent du matin à Fontainebleau, conduicts au Chesnil pour se raffraischir et accommoder; puis furent amenez en la grande salle, qu'ils trouverent si richement parée, et le couvert de quatre longues tables si bien ordonné, qu'ils en tomberent en une inexprimable admiration; avec les armoiries de l'Empire, parmy lesquelles il n'y avoit rien meslé de la maison d'Austriche; ensemble toutes celles des deputez et des villes imperiales, avec festons, trophées et merveilleuse abondance de clinquant d'or et d'argent qui voletoit par-dessus, donnant grandissime lustre à tout cest appareil; en l'aspect et contemplation duquel il ne leur ennuyoit nullement, en attendant Sa Majesté: laquelle arrive

(1) *Le dimanche venu, qui fust environ le 20 d'octobre.* Le 20 d'octobre 1551 étoit un mardi. Les dimanches de ce mois tombent le 4, le 11, le 18, le 25.

là-dessus, qui les salua pour la seconde fois, accompaignée de si grands princes et seigneurs, et avec si riches et sumptueux vestements, qu'on les eust tous pris pour estre roys.

Sa Majesté print le duc de Symmerch et le comte de Nanssau pour deviser, M. le connestable et les princes, en devis avec d'aultres et leurs truchements. M. de Vieilleville s'accosta du prince d'Oranges, qui desja le cherchoit; si bien que pas ung d'eux ne demeura seul à faulte d'entretien, attendant le service.

Lequel apporté, chacun desdicts ambassadeurs fust assis selon sa qualité speciffiée au roolle qu'avoit envoyé le comte de Nanssau à M. de Vieilleville; et tousjours ung prince du sang, ou d'aultres, entre deux; le Roy esloigné de tous, non pas tant qu'il n'eust pu parler avec le duc de Symmerch, en disant par les truchements.

De m'estendre et deschiffrer par le menu l'excellence de ce festin, seroit une superfluité subjecte à mocquerie; mais seulement je diray que aux nopces d'une fille de France l'on n'eust peu faire mieux; hormis que M. le connestable ne servit de son estat de grand-maistre, mais le premier à l'aultre table, après celle du Roy, où estoit le reste des députez des princes du Saint Empire et des villes; et à la troisiesme, quelques jeunes princes et seigneurs allemands, qui estoient venus pour leur plaisir veoir la France; à la quatriesme, grand nombre de gentilshommes de suicte, et aultres honnestes serviteurs; tousjours un seigneur de la Cour entre deux, comme dict est.

Le disner finy, le bal commença, où la Royne, toutes les dames, filles de la Royne, et aultres damoyselles se trouverent, ornées, parées, et si richement accoustrées, avec tant de graces et de beautez, que ces Allemands demeurerent comme ravis de chose si rare, admirable et non accoustumée en leur region. Et après la dance royale, qui de deux à deux, que le Roy avoit commencée et menée, on leur sonna des allemandes, parce que c'est leur dance ordinaire, et qu'ils entendent le mieux ; et parmy elles des gaillardes, pour leur monstrer la disposition et bonnes graces de nostre jeunesse française. Après laquelle il ne s'y presenta pas ung seul de leur trouppe, fors le prince d'Oranges, qui s'en acquitta fort dextrement, et eust emporté le prix de la gaillarde, si avec ses despostes, capriolles, tours et destours, fleurettes drües et menues, gamberottes, bonds et saults fort ligiers et adroicts, il eust observé la cadance.

Tous ces passe-temps parachevés, et la collation de confitures prise, qui fut très-somptueuse, le Roy aboucha le duc de Symmerch, faisant le comte de Nanssau le tiers, tant à cause de la langue que de l'authorité et prééminence qu'il avoit en ceste legation ; et furent en ce parlement environ une heure : puis monterent à cheval pour s'en retourner à Moret, affin de partir le lendemain. Mais le Roy les accompaigna jusques au bout de la forest, qui dure lieue et demye de ce costé-là. Et auparavant que d'y arriver, Sa Majesté, qui avoit commandé au sieur de Marconnet, lieutenant de la vanerie, de luy faire lancer un cerf sur le chemin, donna ce plaisir à ces Allemands ; car ledit Marconnet, qui estoit fort experimenté vaneur, n'y faillit pas, et le fist lancer fort à propos : si bien qu'ils le coururent à veue plus de demye-lieue, en une grande et longue lande; et comme il voulut gaigner le boys, il trouva dix levriers en teste, qui luy firent rebrousser chemin et le prindrent. Dequoy les Allemands furent très-aises, car il leur fut entierement departy; mais merveilleusement estonnez de veoir cent ou six-vingts picqueurs, qui avec leurs trompes disoient la mort du cerf; car en leur pays ceste façon de chasser ne s'exerce pas, ains chassent seulement avec la harquebuze ou arbalestre, et l'abbayeur. Et leur dict adieu Sa Majesté, tout de cheval. Ils virent bien toutesfois les presents qui les suivoient, conduicts par les sieurs de Crevecœur, de Soubize et d'ung valet de chambre du Roy, nommé Griffon, avec les officiers qui les devoient porter à la suicte desdicts sieurs, qui estoient chargez de les presenter; sçavoir : quatre buffects d'argent, celuy du duc, doré, de vingt-cinq pieces; les aultres, sans dorure, et de dix-huict pieces chacun; trente et quatre chaisnes d'or, dix de quatre cents escus chacune, dix aultres de deux cents, et le reste de cent; à toutes les médaillons d'or de l'effigie du Roy, avec douze pieces de draps de soye, quatre de velours noir, quatre de satin violet, et quatre de taffetas blanc.

Tous lesquels presents furent departis suivant les qualités, rancs et prééminences specifiées au roolle qu'avoit envoyé le comte de Nanssau à M. de Vieilleville; de sorte que toute ceste trouppe partit le lendemain matin, si contante que merveilles. Quant aux quatre pieces de taffetas blanc, elles estoient dédiées et reservées pour la distribution des escharpes : et n'y avoit, depuis le plus grand jusques aux laquais, valets de cochiers, garsons de cuysine et de table, qui ne portast, au partir de Moret, l'escharpe blanche, avec une allegresse nompareille, accompaignez cependant, qui estoit le comble de leur joye, des mesmes officiers du Roy, pour les conduire jusques à Sainct-Dizier, où ils les avoient pris, avec le traictement accoustumé.

Par toutes lesquelles despences, tant de celle qui fut faicte depuis leur entrée jusques à leur sortie du royaume, que durant leur sejour à Moret et à Fontainebleau, qui fust tousjours sur les coffres du Roy, comprenant la valeur et richesse des presents, comptant aussi douze chevaux coursiers d'Hespaigne, avec ung fort sumptueux équippage, que le Roy donna aux jeunes princes d'Allemaigne qui estoient venus avec les deputez pour veoir le Roy et la France, on peult bien juger que la grandeur d'ung roy de France surpasse et excelle tous aultres roys, et n'y en a aulcun, en tout cest univers, qui luy soit comparable. Aussi, quand ils veulent deputer quelque ambassadeur devers nostre roy, les plus grands seigneurs de leur pays briguent à vive force ceste charge, et se battent à la perche pour y estre préferez.

CHAPITRE XIII.

Le Roi assemble une grande armée, et s'empare de Metz.

[1552] Ces princes d'Allemaigne ainsi partiz, et les nouvelles receues qu'ils estoient hors le royaume, le Roy fist publier l'entreprise et resolution de son voyage, et ordonna du departement de sa gendarmerie, comme de sa principale force; et fist semblablement publier pour les arriere-bans de France, et convoquer toute sa maison pour se trouver tous generalement, au dixiesme de mars ensuivant 1552, au lieu du rendez-vous cy-dessus mentionné. Et ne fault poinct demander de quelle allaigresse et affection ung chacun s'excita à s'y preparer. En quoy tout l'hyver se passa; et n'y avoit bonne ville où les tambours ne se fissent ouyr pour faire levée de gens de pied, où toute la jeunesse des villes se desroboit de pere et mere pour se faire enrooller; et la pluspart des boutiques demeurerent vuides de tous artisans, tant estoit grande l'ardeur, en toutes qualitez de gens, de faire ce voyage et de veoir la riviere du Rhin. Aussi falloit-il bien du monde pour rendre promptement complettes cent compaignies de gens de pied, à troys cents hommes chacune.

Parmy lesquelles il se jecta ung grand nombre de jeunes gentilshommes qui n'avoient pas moyen de se mettre à cheval; car il y avoit en ce temps là, aux bandes françaises, des places pour honorer la noblesse, quand elle se vouloit ranger avec les gens de pied pour faire leur apprentissage d'armes, savoir : douze lanses-pessades en chaque compaignie, à trente livres par moys chacune, et quatre payes royales, à quarente livres par moys aussi chacune, qui estoit ung assez honneste appoinctement pour entretenir et dresser beaucoup de braves gentilshommes; et estoient reservées lesdictes places à soldats de ceste qualité, que les capitaines ne donnoient pas, mais les lieutenants de roy aux villes et provinces frontieres (sur lesquels ils se reposoient); et estoit leur secrette charge d'esclairer les actions des capitaines, n'estant subjects ny obligez à aultres fonctions que de faire les rondes à leur tour, après lesquelles ils se retiroient en leur logis; car de passer les vingt et quatre heures en garde, ils en estoient, et par faveur et par merite, exempts; et pour armes ordinaires portoient le corselet, et jamais la harquebuze : mesme que le gentilhomme français qui suit les bandes desdaigne la halebarde, c'est-à-dire faire l'estant de sergent, encores moins d'estre appelé capporal, alleguant que sont charges mecaniques; car si ung soldat a enfrainct les ordonnances, ou failly en sa faction, ils sont tenus de luy mettre la main sur le collet, et bien souvent de l'attacher eux-mesmes au carquan ou collier, ou de l'appliquer à l'estrapade, ou bien de l'amener jusques au lieu où il fault qu'il passe par les armes; si c'est par les picques, de le pousser dedans les rancs en la misericorde de son parain; si c'est par les harquebuzades, de l'attacher eux-mesmes au pousteau : qui sont traicts que le gentilhomme abhorre, pour le moins en nostre nation française; mais en tout le reste du monde l'on en use pas ainsy; car les plus estimés et redoubtez sont les officiers de la justice, et principalement en Allemaigne.

Enfin l'armée se trouva par trouppes, au moys de mars, sur la frontiere de Champaigne, devers Jouyn-ville, comme nous avons dict, où le Roy sejourna quelques jours, à cause de la maladie de la Royne; mais la voyant asseurée de sa santé, il commencea à marcher et suyvre M. le connestable, qui, avec le gros de l'armée, s'estoit desja emparé de la ville de Metz, par les ruses et stratagemes celebres [1] en plu-

---

[1] *Par les ruses et stratagemes celebres.* Gaspard de Tavannes, dont

sieurs histoires, tant françaises que latines ; encores y a-t-il des Allemands qui en ont laissé quelques memoires en leur langue; ung, entre aultres, en latin, nous appellant trahistres, et use de ces propres termes contre nostre Roy : *Hostis pro hospite, sub spe et fide protectionis, Germaniam invasit, et proditorie, cum omni perfidia, Metim, Tullum et Verdunum, olim clavem Sancti Imperii, amplissimas et immunes civitates sibi asciscere ausus est.*

Mais ce pedant yvrongne estoit ignorant du fonds de ceste entreprise; car toute la perfidie, s'il y en avoit aucune, provenoit des princes de sa nation, qui pousserent Sa Majesté à ceste investiture, suyvant l'advis qu'en donna M. de Vieilleville, à la persuasion du comte de Nanssau, pour les raisons que nous avons amplement deduictes au huictiesme chapitre de ce quatriesme livre.

CHAPITRE XIV.

Entrée du Roi dans la ville de Metz. — M. de Vieilleville refuse le gouvernement de cette ville. — Motifs de son refus.

Le Roy, avant entrer dedans Metz, voulut veoir en la plaine son armée, qu'il trouva plus grosse de quatre ou cinq mille chevaux que le project qu'il en avoit par ci-devant faict ne portoit. Mais la noblesse de France

---

la mère étoit originaire de Metz, fut chargé par le connétable d'une négociation à la suite de laquelle les habitans de cette ville ouvrirent leurs portes.

luy fist paroistre l'affection qu'elle portoit à son Roy, dequoy il fust aussi esbahy que contant; car il y en avoit plus de cinq cents, des maisons et des noms desquels il n'avoit jamais ouy parler, toutesfois avec contenance et façons de braves guerriers et l'équippage de mesme, qui luy fit prononcer ces mots : « Je ne doubte plus, à ce que je voy, que je ne soye le plus fort et puissant prince de la chrestienté; et né tiendra que à moy, au lieu d'estre protecteur de l'Empire, que je ne me fais empereur. » Et ayant faict mettre en bataille ces cinq cents volontaires à part, qui estoient tous quasi de Bretaigne, de Normandie et du Meyne, qui faisoit ung hôt fort gros et furieux, il se presenta à la teste, et pour les envisager tousjours en marchant, et les remercia en general de leur bonne volonté.

Puis ayant demandé à M. de Vieilleville, qui estoit tousjours près de sa personne, accompaignant sa cornette, comme dict est, où estoit Espinay, il se presenta incontinant, car il n'abandonnoit jamais son beaupere, auquel il dict : « Espinay, vous n'avez point de charge en ceste armée; je veux que vous commenciez par ceste-cy, et que vous commandiez à ceste belle trouppe volontaire, et que Scepeaux [1], qui est sorty n'agueres de paige de ma chambre, en porte la cornette. » Sa Majesté sçavoit bien aussi qu'il estoit chef du nom et des armes de M. de Vieilleville; et commanda aux mareschaux de camp de leur bailler quartier tant que l'armée marcheroit, et jusques à la fin du voyaige; à quatre mareschaulx de logis avec six four-

---

[1] *Scepeaux* : Guy de Scépeaux, parent de Vieilleville. Il eut depuis une compagnie de cinquante hommes d'armes, et fut fait chevalier de l'Ordre.

riers, de les loger d'ordinaires, et aller querir le pain et aultres vivres d'amonnition, quand il en seroit besoing, et jamais ne les abandonner.

Le Roy doncques, après avoir bien revisé son armée, bataillon pour bataillon de gens de pied, hôt pour hôt de gendarmerie, et tous scadrons de cavallerie ligière et harquebuzerie à cheval, non sans ung très-grand contentement et indicible allaigresse, et avoir faict ronfler son artillerie, qui estoit de soixante pieces de tous calibres, jusques à trois fois, oultre la scopeterie de toutes les bandes, que vieilles que nouvelles, et de si grand nombre d'harquebuziers à cheval, qui dura plus de deux heures, fist son entrée en la ville de Metz, le lundy de Pasques dix-huitiesme d'apvril 1552, marchant après son armée, qu'il fist traverser toute la ville, entrant par la porte Sainct Thibault, et sortant par celle de Saincte-Barbe, en belle ordonnance; où le maire, eschevins et aultres magistrats, n'oublierent rien de leur devoir à Sa Majesté, comme du poisle, de la harangue et aultres ceremonies accoustumées en France; lequel ils conduisirent jusques à la grande Eglise, pour adorer, et se loger au palais épiscopal.

Tout ce que dessus estoit fort bien, avec grande grace et admiration, executé; mais le séjour de Sa Majesté en la ville, qui fust de neuf ou dix jours, luy apporta beaucoup de prejudice; encores plus ce qu'il fist avant desloger, à faulte de croire conseil; car le mardy au soir, après la huitaine passée, il appella M. de Vieilleville, auquel il dist qu'il estoit plus raisonnable qu'il demeurast gouverneur et son lieutenant-général à Metz que nul aultre, puisqu'il avoit esté le premier qui en avoit sceu le secret, sans la declaration duquel, et sa ferme oppinion au conseil qui en avoit esté tenu à Fontainebleau, qui avoit renversé la sienne et toutes les aultres, il n'eust jamais entrepris ce voyage; le bon succès duquel, dont il voyoit desja de belles apparences, luy devoit estre entierement repputé. A quoy M. de Vieilleville respondit, après l'avoir très-humblement remercié, qu'il n'estoit pas d'advis que Sa Majesté y establist aulcun gouverneur, mais qu'il laissast ceste charge au maire et eschevins, et commander en sa presence aux huict capitaines de vieilles bandes qui y demeurerent avecques leurs compaignies, de luy obeir; et qu'il ne les met que pour la file des vivres de son armée, et la seureté des allants et venants en France, principalement des courriers; et son advis estoit qu'il luy devoit laisser ung maistre d'hostel, avec d'aultres officiers, pour luy entretenir son plat, et honorer ensemble les aultres magistrats de riches presents, pour les gaigner et rendre affectionnez à son service, avec promesse de faire sortir les susdits capitainnes et toutes leurs trouppes, ensemble tout ce qui sera du nom et de la nation française, et leur faire accroire qu'il n'avoit entrepris ceste protection sur aultre volonté que pour faire rendre à tous les Estats du Saint Empire leur premiere et ancienne liberté : « car, Sire, adjousta M. de Vieilleville, s'ils voyent que vous mettiez ainsi des lieutenants par les villes que vous passerez, et des garnisons, vostre entreprise est descouverte, et perdrez par ce moyen ces belles villes de Strasbourg, Spire, Vormes et tant d'aultres qui sont sur le Rhin, lesquelles n'ont pas failly d'envoyer des espions en ceste ville pour esclairer vos deportements, affin de se gouverner en vostre reception suivant le traictement que vous ferez à ceux-cy : je ne sçay qui vous donne ce conseil, mais je le trouve fort pernicieux pour l'avancement de vos affaires; car quand vous aurez les susdictes villes du Rhin, celles qui sont au deça ne vous peuvent fuir ny faillir, et n'est pas en la puissance de trois empires de vous empescher d'en jouir. A ceste cause, Sire, il vous plaira y penser, et vous en supplie très-humblement. Et quant à l'estat dont il vous plaist m'honorer, je ne le veux nullement accepter, aimant mieux mourir qu'il me soit reproché, et à ma postérité, que pour l'ambition d'ung gouvernement j'aye frustré la couronne de France d'une frontiere de telle et si grande estendue, qui vous ramene et faict rentrer au royaume d'Austrasie, qui est la premiere couronne de nos anciens roys. Il y a assez d'aultres gouvernements au cœur de vostre royaume, que je ne reffuzeray pas quand l'occasion s'en presentera ; et vous suppliray seulement de me garder ceste bonne bouche en vostre cœur, quand Dieu vouldra qu'il en vienne à vacquer.

« — Comment seroit-il possible, dist le Roy, que je laisse ung lieutenant estranger en pays estrange, duquel je n'ay le serment de fidelité que depuis vingt et quatre heures, encores avec toutes les difficultez et disputes du monde, jusques à respondre à ceux que j'avois députez pour le prendre de luy et de son conseil, que l'on appelle les *traeze*, qu'ils n'avoient que ung ame, ung cœur et ung honneur, ne pouvants à ceste occasion faire deux serments, et que, de tout temps immemorial, ceux qui ont exercé les charges où ils sont colloquez, l'ont tousjours presté en la chambre imperiale establie à Spire, pour estre, tant qu'ils exerceroient leurs estats, fidelles et obeissants subjects et serviteurs du Sainct Empire; ce qu'ils ont semblablement faict : duquel serment, si on les vouloit descharger, leur honneur saufve, ils estoient tous prests de me jurer fidelité, avecques prealable reservation de leurs anciennes libertez, privileges, franchises et immunitez : et si mon compere n'y fust survenu, qui les y a contraincts, mesprisant toutes leurs allegations, ils n'eussent jamais passé oultre. De façon qu'il n'y a poinct d'apparence que je m'y doive fier; au contraire, seroit ung moyen de perdre la ville et mon armée, et faire coupper la gorge à tout ce qui passeroit d'icy en France, et qui de-là me viendroit trouver. »

Mais M. de Vieilleville, rembarrant ce propos en guerrier et homme consumé ès affaires d'Estat, luy respondit ainsi : « Je trouve, Sire, que l'on n'a gueres advancé vos affaires, de les avoir pressez et contraincts de vous faire le serment; car tous leurs voisins en seront bientost advertis, si desja ne le sont; qui cuira extremmement, et trop tost le sentirez. Et de craindre que ce maistre eschevin, qui s'appelle Tallanges, vous peust, commandant en estat de gouverneur, faire ung maulvais office, c'est mal sentir de sa suffisance, qui ne mist jamais le nez qu'en ung poisle pour boire carroux (1), et vous deffier des braves moyens que vous avez pour prevenir toutes les ruses et subtilitez que l'on pourroit inventer pour troubler vostre service. Car ne laissez-vous pas en ceste ville le capitaine Boisse, qui est mestre-de-camp général de toutes les

---

(1) *Boire carroux :* boire à l'excès.

bandes françaises de deçà les Monts, pour commander aux dix compaignies de vieilles bandes, que vous avez ordonnées y tenir garnison? Ces onze capitainnes, ces anciens fort experimentez, qui ont veu toutes les guerres de Piedmont, et la pluspart de leurs soldats, depuis vingt ans, ne sont-ils pas vos lieutenans? Ignorez-vous que quand ceste idole de maistre eschevin aura donné le mot, qu'ils ne le changent pas entre eux? Entrera-t-il une ame vivante en la ville de qui ne prennent langue premier que de luy presenter? Ne poseront-ils pas jour et nuict ung corps de garde devant son logis, soubs pretexte de le conserver, pour voir qui sort ou qui entre? Se promenera-t-il jamais qu'il ne soit accompaigné de quelqu'un de vos capitainnes pour esclairer ses actions? car en dix compaignies il y a trente capitainnes, en comptant les lieutenans et enseignes. Toutes les rondes au demeurant ne se feront-elles pas par vos capitainnes, et les soldats tirez des corps de garde? Encores faudra-t-il mettre trois ou quatre compaignies de cavalerie pour resister aux courses des garnisons de Luxembourg, qui sera tousjours un renfort pour Vostre Majesté. Que pourroit-il doncques faire au prejudice de cest Estat? Mais au contraire, il ne servira que d'un zéro en chiffre. Davantage, Sire, quand vous l'auriez instalé gouverneur et vostre lieutenant, le vouldriez-vous intituler de vostre nom?—De qui doncq, dist le Roi?» Mais M. de Vieilleville repliqua, que c'estoit encores pour achever de tout perdre et gaster; et qu'il falloit, pour contenter tous les princes de la Germanie, qu'il s'intitulast Gouverneur et Lieutenant général en la ville de Metz et pays messin, pour le Sainct Empire, soubs la protection de Henry deuxiesme très-chrestien roy de France.

CHAPITRE XV.

Le Connétable fait donner le gouvernement de Metz à M. de Gonnor.

Toutes ces remonstrances, qui estoient très-considerables, remuerent fort l'esprit de Sa Majesté, ausquelles à la verité il y avoit beaucoup d'apparence, et meritoient bien d'estre suivies; mais elle en demeura comme entredicte (1) sans advancer aulcune replique; seulement luy demanda s'il estoit resolu de reffuser ce gouvernement. A quoy M. de Vieilleville respondit qu'il ne le pouvoit prendre en saine conscience, veu les raisons cy-dessus, mais supplioit Sa Majesté de les bien peser, et s'y arrester sans mespris ny rejection; aultrement ce voyage se reduiroit au quart seulement de ce que l'on en devoit esperer, avecques une profusion inutile de si excessives finances, qui ne seroit sans une mocquerie pour la couronne de France et la nation françoise parmy les estrangiers.

Le Roy, là-dessus, se retira en son cabinet tout pensif, et faict appeller MM. le connestable, le duc de Vendosme, le cardinal de Lorraine et le duc de Guyse son frere, ausquels il commença à dire qu'il craignoit de se repentir du long sejour qu'il avoit faict à Metz,

---

(1) *Entrediete*: interdite.

et qu'il en devoit estre party dès le troisiesme jour après son arrivée; et puis leur discourut de poinct en poinct tout ce que M. de Vieilleville luy avoit dict et conseillé, mais comme de luy-mesme et s'il l'eust pris en son cerveau; et qu'il estoit bien d'advis qu'on en passast par-là affin d'avoir la raison des aultres villes avec la mesme ruse et doulceur que ceste-cy.

Desja les trois commençoient à applaudir et plier à ce conseil, comme très-utile; mais comme ils voulurent ouvrir la bouche pour l'approuver avecques louange, M. le connestable s'advancea, luy disant assez effrontément que celluy qui luy avoit mis ceste oppinion en la cervelle l'entendoit fort mal, et qu'il entreroit dedans Strasbourg et les aultres villes du Rhin comme dedans du beurre; et qu'ils n'estoient pas plus spirituels que ceux de Metz, estant tous de mesme paste et de nourriture; et qu'il avoit en l'esprit quelque project de quoy ils ne se doubtoient pas. Au reste, qu'on luy en laisse faire; car c'est à luy, puisqu'il a si bien commencé, que l'on doibt remettre le parachevement de la besogne, sans que nul aultre s'en mesle, et s'en reposer sur luy. Et puis luy demanda si celluy à qui il avoit voué le gouvernement de Metz l'avoit accepté. Sa Majesté respondit que non; « car, après luy avoir remontré les raisons que je vous ay dictes, il l'a reffusé tout-à-faict, craignant d'alterer mon service. — C'est tout ung, dist le connestable. J'ay icy M. de Gonnor (1), lieutenant de ma compaignie, et mon parant, qui fera fort dextrement et en

---

(1) *M. de Gonnor.* Artus de Cossé, frère puîné du maréchal de Brissac. Il devint par la suite maréchal de France, et fut connu sous le nom de maréchal de Gonnor.

toute fidelité ceste charge : j'en responds. Il vous plaira, Sire, commander à M. de l'Aubespine, que voilà, qu'il luy despesche son pouvoir. » Ce qui fut incontinant ordonné : et le lendemain au plus matin presta le serment au lever du Roy, devant quasi tous les princes et seigneurs de l'armée, le tenant ledit sieur connestable par la main. De telle façon se laissa mener le Roy et forcer en sa volonté : de quoy il receust honte et dommaige, comme nous dirons cy-après. Par où l'on peult cognoistre qu'il n'y a rien si pernicieux à ung grand prince que de se laisser posseder par ung serviteur qui brusle, après estre gorgé, d'advancer ses parants et ses favorits.

CHAPITRE XVI.

Le Roi entre en Alsace.

L'ARMÉE s'estoit desja esloignée de Metz de trois lieues, et logée à Raucourt : et en partit Sa Majesté pour l'aller joindre le 22 avril 1552, accompaigné des princes et seigneurs de l'armée, et de toute sa maison, et des compaignies de MM. de Guyse et mareschal de Saint-André, ordonnées, comme dict est, pour la cornette du Roy, ausquelles commandoit M. de Vieilleville, suivant l'advis duquel préalloqué (1), furent laissées, pour renforcer la garnison de Metz, la compaignie de M. le Daulphin et celle d'harquebuziers à

---

(1) *Préalloqué* : rapporté ci-dessus.

cheval du sieur de Lancques. Et poursuivant le voyaige, nous passasmes toute la Lorraine et le pays de Vauges avec assez de commodité, car les habitants n'avoient abandoné leurs logis ny les villages : aussi estoient-ils respectez en faveur de M. de Lorraine (1), desja pretendu gendre du Roy. Mais quand nous fumes entrez sur les terres d'Allemaigne, le Français monstra bien son insolence au premier logis; qui effraya si bien tout le reste, que nous ne trouvasmes jamais depuis. ung seul homme à qui parler; et tant que le voyage dura, il ne se presenta personne avec sa denrée sur le passaige; et falloit faire cinq ou six lieues pour aller au fourrage et aux vivres, mais avec bonne escorte, car dix hommes n'en revenoient pas. De quoy l'armée souffrit infinies pauvretés. Et nous commencea ce malheur à l'approche de Saverne, chambre episcopale de Strasbourg.

Duquel lieu le sieur de Lezigny, aultrement Pierre Vive, sur-intendant général des vivres de l'armée, partit avec lettres du Roy, et vingt ou trente commissaires, et aultant de clers des vivres, pour aller à Strasbourg faire sa charge, accompaigné d'ung trompette de Sa Majesté. Et s'estant presenté aux portes de la ville, après que la trompette eust commencé sa chamade de bien loing, on leur ouvrit fort courtoisement, attendu leur qualité, et qu'ils apportoient de l'argent. Et usa de telle diligence pour l'achéminement

---

(1). *M. de Lorraine.* Henri II s'étoit assuré de la Lorraine. La duchesse douairière Christine, nièce de l'Empereur, lui ayant inspiré de la défiance, il la dépouilla de la régence, et lui enleva son fils Charles III, âgé de neuf ans, sous prétexte de le faire élever en France, pour le marier ensuite avec madame Claude sa fille aînée.

des vivres, qu'il en fist partir dès le mesme jour, et la matinée du suivant, pour vingt mille francs, qui raffraichist merveilleusement l'armée.

M. le connestable, qui commençoit à se deffier de ses projects et desseings, avoit donné au susdict sieur de Lezigny une aultre secrette et particuliere charge, de bien remarquer leurs actions, et sentir tout de loing leur volonté sur la reception du Roy, et parler luy-mesme aux plus apparants du magistrat, pour les asseurer de la sincere et très-certaine affection de Sa Majesté en leur endroict; et que la seule cause d'avoir laissé garnison à Metz a esté pour avoir seulement ceste clef, pour le libre et seur passaige des vivres qui viennent de France et la seureté d'ung nombre de gentilshommes qui le suyvent encores, et arrivent journellement en son camp, semblablement pour les courriers et les pacquets; et qu'estant cela bien certain pour le repos de ses affaires, Sa Majesté passeroit par leur ville, en compaignie, non pas telle qu'il appartient à ung si grand prince pour les oster de tout soupçon, mais fort petite. Et luy bailla de tout ce que dessus une lettre de créance à part, et de ce qu'il y pourroit adjouster du sien, car il estoit homme d'entendement : et oultre ce, il devoit prier MM. de Strasbourg de permettre aux ambassadeurs du Pape, de Venize, de Florence et de Ferrare d'entrer en leur ville, qui avoient une extreme envye de la voir pour sa beauté, et qu'ils devoient partir le lendemain après disner pour effectuer leur entreprise. Ce que ces magnifiques seigneurs accorderent fort gratieusement, et qu'ils seroient les très-bien venus en faveur de Sa Majesté. Cependant ledit sieur de Lezigny faisoit filer vivres en abondance, et très-diligement, se doubtant de ce qui arriva.

CHAPITRE XVII.

Ceux de Strasbourg refusent l'entrée de leur ville aux Français. — Ils consentent à recevoir le Roi, pourvu qu'il ne fût accompagné que de quarante gentilshommes.

L'APRÈS-DISNER du lendemain, ces quatre ambassadeurs deslogerent de Saverne, qui n'avoient entrepris ce voyaige qu'à la suscitation du connestable qui leur avoit baillé deux cents braves soldats portants valises et malettes, comme valets de leur train; aussi qu'il s'estoit jecté parmy eux beaucoup d'honnestes hommes, pour veoir semblablement la ville soubs leur faveur; qui avoit grossi merveilleusement la trouppe. Mais incontinant qu'ils furent à la portée du canon, on leur fist une terrible salve; car il en fut tué environ dix ou douze, et s'ils ne se fussent escartez, qui çà, qui là, à toutes brides, il y en fust bien demeuré davantage, car ils tiroyent incessamment.

Le sieur de Lezigny, adverty de ceste adventure, vint parler au magistrat, leur remonstrant que ce déportement ne respondoit pas aux gracieuses parolles qu'ils luy avoient dictes le jour precedent sur sa creance de M. le connestable. Mais ils le rembarerent de grand colere, disants que ceux de Metz, pour ce qu'ils parlent français, se sont laissez surprendre à des Français; mais ceux qui ne parlent que allemand ne se veulent laisser tromper par des *Franchimants;* et que le connestable ne pense pas avoir affaire à des bestes qui laissent entrer en leur ville six compaignies sous ung drapeau, mais qu'il s'asseure que le Roy n'y entrera poinct avec plus de quarente gentilshommes, dont il en sera l'un, et qu'il ne pense pas faire sa trouppe à part. Quant à luy, qu'il sorte incontinant avec ses munitionnaires; et que bien luy a servy d'user de diligence pour la depesche de ses vivres, car il n'en eust pas eu si grande quantité pour une fois : ils ne reffusoient pas ce neantmoins d'en raffraischir le camp du Roy peu-à-peu, en payant, tandis qu'il marchoit sur leur territoire ; car ils en avoient besoing pour la nourriture des forces qu'ils faisoient venir, affin de resister aux usurpations qu'il pretendoit faire sur les limites de la Germanie. Et comme il sortoit de la ville, il veid du costé du pont du Rhin deux regiments de lansquenets et six cornettes de pistolliers qui entroient dedans, et le faisant passer exprès le long des fossez devers Saverne, il ne tint que à luy qu'il ne veid deux mille pionniers qui faisoient rage de travailler aux remparts et fortifications.

Marchant Lezigny avec sa trouppe pour venir en l'armée, il trouva, à demye lieue du camp, ung gentilhomme de M. le connestable, nommé Courcou, qui le mena droict à son maistre, auquel il discourut tout au long de ce qu'il avoit faict à Strasbourg, du langaige et froide affection du magistrat, de la rigueur qu'on luy avoit tenue, et du danger où il avoit esté à la venue des ambassadeurs : conclusion qu'il n'y avoit poinct d'esperance que le Roy y peust entrer avec seulement une compaignie de gens de pied, et qu'ils ne veulent pas estre trompez comme ceux de Metz : « car ils sçavent bien, dist-il, monsieur, que vous fistes entrer six compaignies de gens de pied bien complettes, et fleur d'armée, en leur ville, et n'y avoit qu'une enseigne arborée ; et les appellent bestes et grands sots de s'estre ainsi laissez surprendre et abuser ; mais que si le Roy veut entrer avec quarente gentils-hommes, dont vous serez l'un, il sera le bien venu, et luy feront toute l'honneur dont ils se pourront adviser. » Le connestable, bien fasché, luy deffendit d'en rien dire à personne, non pas mesme au Roy, puis le laissa aller.

Mais le Roy l'envoya querir incontinant, auquel il fist les mesmes enquestes, luy commandant, sur sa vie, de n'en rien desguiser ; qui fust cause qu'il luy discourut au vray comme tout s'estoit passé, laissant Sa Majesté fort mescontente et si indignée, qu'elle, par grand colere, prononcea ces mots : « Je voy bien que M. de Vieilleville est parmy nous ce qu'estoit Cassandre parmy les Troyens, qui leur conseilloit tousjours le bon et la vérité, mais elle n'estoit jamais creue, dont son pere, le roy Priam, en perdit son Estat et sa vie ; mais je proteste à Dieu que pour l'avenir il n'en ira plus ainsy, et ne sera pas dict que toutes mes affaires dependent de l'opinion d'une seule teste. » Et usa d'aultres parolles qui n'est besoing de redire.

M. le connestable, qui n'avoit faulte d'amys auprès du Roy, fust incontinant adverty de ce courroux, pour auquel remedier il ne sceust trouver moyen plus expedient que de faindre le malade, et s'alicta, faisant courrir le bruit, par son medecin, qu'il estoit saezy d'une grosse fievre : qui ne fut pas frustré de son esperance, car Sa Majesté le vint tout aussi-tost visiter, et, sans luy parler nullement du passé ny de Strasbourg, luy demanda de son portement : et, ayant les medecins respondu pour luy, il commencea à dire que le plus grand de son mal provenoit de la malice de ceux de Strasbourg, et qu'il practiquoit maintenant le vieil proverbe qui dict : *Garre le derriere pour les Allemands;* car ils n'ont poinct de tenue ny de resolution, et ne fault que la veue d'une bouteille pour les faire varier et perdre la souvenance de tout ce qu'ils ont promis. Mais le Roy repliqua qu'il ne parlast poinct de cela, et que seulement il se forceast de guerir ; car il falloist desloger de Saverne et passer oultre devers Hagueneau, où leur fortune seroit meilleure.

M. le connestable fust d'advis qu'il devoit aller à Strasbourg avec la compaignie qui luy estoit limitée, ne fust que pour veoir la contenance de ces magnifiques : « Que quand chascun des quarente aura ung paige, c'est le moins que les princes et seigneurs que vous choisirez pour vous accompaigner peuvent avoir, et par ainsi il y peult entrer beaucoup de monde à la file. Au fort, Sire, vous avez à leur dire que vous attendez la derniere resolution du duc Maurice et des Estats, et que meilleur sejour ne pourriez-vous choisir pour cest effect, avec leur permission ; et ce qui viendra, vous le leur communiquerez comme estant du corps desdicts Estats, sans oublier de leur faire particulierement quelques presents pour les y plus facilement induire; car c'est une nation fort subjecte à l'argent, et, sur toutes les aultres, la plus venale : et faudra faire un roolle de ceux que Vostre Majesté vouldra qui le y accompaignent. »

Ce conseil fust trouvé très-bon par Sa Majesté et les

princes et seigneurs qui l'avoient accompaigné en ceste visite, selon l'aptitude naturelle du Français, qui est de favoriser et applaudir tousjours au dire des grands. Donc le roolle fust incontinant commandé, mais avec trop grande promptitude; le Roy en nomma vingt et cinq, le connestable le reste : et y avoit en ce nombre six princes, tous les aultres grands seigneurs et favorits; car il y avoit grand brigue à s'y faire inscripre et preferer.

CHAPITRE XVIII.

M. de Vieilleville conseille au Roi de ne pas entrer dans Strasbourg avec si peu de monde, et son conseil est suivi.

Monsieur de Vieilleville, qui estoit hors de ceste deliberation en son quartier, distant du logis du Roy d'environ une lieue, fust adverty par le premier valet de chambre, nommé Griffon, ayant ce commandement de son maistre, de se tenir prest et en brave equippage, sans armes, pour accompaigner Sa Majesté, qui devoit faire son entrée le lendemain à Strasbourg, et qu'il estoit sur le roolle.

Il monta, ce commandement receu, incontinant à cheval, et vint trouver le Roy, auquel il parle à part de ceste façon : « Quelle entreprise, Sire, est ceste-cy, de vous aller engaiger avec quarente personnes, la fleur de la grandeur de toute la France, en la misericorde d'une nation estrangere et barbare, dont les habitans sont du corps des Estats de l'Empire, et y ont fait le serment? Ne seroient-ils pas tenus pour trahistres et perfides à leur nation s'ils ne vous arrestent prisonnier, pour vous faire rendre Metz, Toul et Verdun, dont vous avez desja faict estat pour l'estendue des limites de vostre couronne? Voulez-vous hazarder Vostre Majesté à mille indignitez que tant d'ivrongnes vous pourront faire recepvoir, vous voyant si foible, seul et en leur puissance? Y a-t-il rien de plus à craindre que une furie populaire et d'une commune? Pensez-vous, au demeurant, Sire, que si quelques princes sont ennemys de l'Empereur, qu'il n'ait pas dedans les villes de la Germanie une infinité de serviteurs obligez, jurez, gaignez et affectionnez, qui seroient bien aises de vous dresser une querelle d'Allemaigne, et peut-estre vous tuer avec vostre trouppe, pour faire service très-agréable, en esperance d'une très-grande remuneration? Car si aultrement, ce grand prince-là auroit perdu son temps, ayant tenu par si longues années le sceptre et diademe imperial; aussi que l'inimitié mortelle qu'il vous porte leur est assez cognüe et repandüe par toute leur nation. D'aultre part, Sire, vous sçavez que par-tout où l'armée a passé nous avons ravaigé comme en terre d'ennemy; il est certain que les maistres des lieux et maisons que nous avons ainsy ruinez, sont là-dedans refugiez: en penseriez-vous sortir sans les recompenser? Par ainsy, s'il vous plaist me croire, Sire, rompez ce desseing, car l'executant vous estes en danger de courir une très-maulvaise et très-honteuse fortune; et si elle advient, que deviendra vostre armée, qui demeurera sans chef, prince ny capitaine? car vous menez tous les principaulx avecques vous, et en pays estrange où nous sommes desja mal voulus pour nos insolences et indiscretions. Quant à moy, je m'en retourne en mon quartier, compaignonner et rire avec mes deux cents gentilshommes d'armes ausquels je commande, prest à marcher quand vostre cornette sera aux champs, mais non pas là. » Et après une très-grande reverance, se retira.

Sa Majesté demeura en une merveilleuse perplexité, ne sachant laquelle des deux oppinions il devoit prendre. Toutesfoys, ayant bien pezé et gousté ceste derniere, il se resolut de la suivre : aussi estoit-elle la meilleure, car elle le tiroit hors du danger d'une honte, et peult-estre de la mort. Et fist avant soupper apporter le roolle, et venir tous ces princes et seigneurs qui y estoient inscrits, lesquels desja s'estoient preparez en équippage fort triomphant, chacun selon ses moyens, esperants partir le lendemain.

Et, le silence faict, il leur dict qu'il avoit changé d'advis pour plusieurs raisons qui concernoient son honneur, sa vie et le salut de son armée, leur alleguant toutes les remonstrances que luy avoit faictes M. de Vieilleville comme prises en sa teste; puis, en la presence de tous, rompist ce roolle et le mist en pieces, commandant que chascun se retirast en son quartier, qui en l'avantgarde, qui à la bataille, pour y exercer sa charge à laquelle il estoit destiné; car il vouloit desloger demain, et passer le long de Strasbourg, pour tirer droict à Hagueneau. Et furent tout en l'instant ordonnez les mareschaux de camp, avec la cavallerie ligiere, pour recognoistre et asseoir le logis de l'armée. Et cela dict, toute l'assistance print congé, louants Sa Majesté de ce changement d'advis;

car il y avoit grande apparence de croire, disoient-ils, que ceste entrée eust apporté quelque desastre, ne fust-ce que de mettre la personne du Roy et de tant de princes et grands seigneurs en la misericorde d'une effrontée multitude de vilains. Ainsy chascun se retira très-contant, horsmis M. le connestable, qui voyoit ceste conclusion faicte aux despens de la reputation de son entendement, car il avoit donné ce conseil.

CHAPITRE XIX.

Le Roi marche vers Haguenau, dont les habitans sont forcés de le recevoir avec ses troupes. — Libéralité de ce prince envers les familles de quelques officiers allemands exécutés à mort par ordre de l'Empereur pour leur attachement à la France.

Doncques le Roy deslogea de Saverne le dixiesme jour du mois de mai audict an 1552, et passa le long de Strasbourg, à une lieue près, au deuxiesme logis que fist l'armée; et au troisiesme vint camper devant Hagueneau, dont les habitans firent fermer leurs portes, et ne laisserent entrer personne; mesmes il fut respondu au cardinal de Lorraine qu'il n'y entreroit que luy troisiesme. De quoy Sa Majesté advertie par le ringraff qu'elle avoit envoyé devant pour les praticquer et adoulcir, elle dist que toutes ces rudesses provenoient des lourdes faultes que l'on avoit faictes en la prize de Métz, et qu'elle n'en esperoit pas moins de toutes les aultres, et qu'il falloit adviser du retour en France; aussi, que depuis son entrée en Lorraine il n'avoit pu entendre aulcunes nouvelles du duc Maurice.

Mais M. le connestable, irrité du mescontentement de Sa Majesté, faict marcher l'avantgarde, à laquelle il commandoit, quasi contre les murs de la ville, et bracquer quatorze canons en diligence, avec menaces que s'ils ne font ouverture au Roy, qui venoit pour leur liberté et les tirer hors de la tirannie de l'Empereur, il les feroit tous pandre et fouldroyer leurs maisons et la ville.

Eux, effrayez de l'apprehension de ce tonnerre, duquel ils voyoient les nuées prestes à s'esclorre, car l'artillerie alloit jouer, demanderent terme de deux heures pour consulter par entre eux sur ceste affaire. Il leur manda pour la seconde fois que s'ils attendoient encores demie heure à se resoudre, et que l'on eust tiré une volée, ils n'esperassent plus de misericorde ; et avoit faict desja renger en bataille, en lieu assez eminent, et qui se pouvoit veoir des murailles de la ville, six mille corcelets et quatre mille harquebuziers preparez à l'assault ; qui fut cause qu'ils vindrent se presenter en toute humilité à M. le connestable, qui les rabroüa fort asprement, les accusant d'ingratitude, et leur commanda de rentrer en la ville pour convoquer le clergé, car ils estoyent catholiques, et les aultres habitans pour venir audevant du Roy avec honneur et reverance, qui les traiteroit comme alliez et confederez : et cependant il se saezit de la porte, et y mist la compagnie du capitaine Saincte Colombe. Cela ainsi ordonné, Sa Majesté se presente à la porte, devant laquelle les habitans des qualitez susdictes, qui l'attendoient, se prosternerent, le suppliants de leur pardonner ceste faulte, qu'ils avoient commise par le maulvais conseil des villes leurs voisines. Mais il les fist lever et les receust fort amiablement, les appellant ses confederez; et le conduisirent avec la croix et le poisle jusques à la principale eglise, qui est bastie et de fondation de nos premiers roys de France; et suivant la coustume de ses predecesseurs, mist pied à terre pour adorer. A l'issue de là, il deffendist que personne entrast en la ville que les officiers de sa maison et de quelques princes et favoris, avec les munitionnaires; de façon qu'elle fust conservée comme si elle eust esté en vray cœur de France.

Or, encores que le Roy y eust trouvé une abondance infinie de vivres, et d'aultres grandes commoditez pour son armée, si ne prenoit-il pas plaisir d'entrer ainsi par la force et menaces dedans les villes, qui devoient, à son oppinion, envoyer audevant de luy deux ou trois lieues, le sentant approcher, et offrir leurs moyens et services; mais il sçavoit bien d'où venoit la faulte: et après avoir revisé toutes les antiquitez du lieu, qu'il recogneust estre pour la pluspart de ses predecesseurs roys de France, il en partit le douziesme jour de may pour aller à Wissembourg, aussi ville imperiale, où il fust receu fort honorablement, sans aucun contraste ny apparence de reffus, mais fort ouvertement et avec toute humanité, jusques à luy vouloir fournir de vivres sans argent, que le Roy ne voulut accepter, ains en fist prendre, en payant, ce qui estoit necessaire par le rapport des munitionnaires.

Sa Majesté y sejourna trois ou quatre jours, durant lesquels les gens de guerre, tant de cheval que de pied, venoient à la file achepter leurs commoditez, mais aussitost en sortoient : en quoy l'ordre fust si bien observé, par la providence des capitainnes Saincte-Colombe et Glénay, qui gardoient la porte devers Spire, toutes les aultres fermées, qu'il n'y survint jamais trouble ny confusion. Semblablement, les habitans alloient se promener par le camp, qui estoit tout autour de la ville; et les femmes en avoient le plaisir sur le parapet des murailles, des clochiers et plus haultes maisons. Les plus riches toutesfois, et les plus gros bourgeois et apparants, s'estoient reffugiez à Spire, et avoient emmené leurs femmes et filles, et tous leurs mesnaiges, craignants la furie et indignation du Roy, causée d'une très-juste occasion ; car ils avoient livré le colonel Sebastien Volgeberg, et quatre de ses capitainnes leurs concitoyens, prisonniers et serviteurs de la maison de France, à l'Empereur, pour le gratiffier, qui les fist mourir à Auxbourg, comme nous avons dist cy-dessus. Mais Sa Majesté n'en parla jamais, et ne voulut faire congnoistre à pas ung de ceux qui estoient demeurez en la ville qu'il eust ceste lascheté en la fantaisie, ny desir d'en tirer vengeance ; seulement se contenta de faire venir tous les parants des susdicts colonel et capitainnes, hommes et femmes, qui furent tous mis en la tente du Roy, vuide de toutes aultres gens, et distribua aux anciens de l'un et l'autre sexe, et aux filles pour les marier, environ dix mille escus ; et aux jeunes hommes fist donner armes et accoustremens, et les donna aux capitainnes des vieilles bandes, pour y estre entretenus toute leur vie ; car on sceit bien que, ung voyage finy, les nouvelles vont à Saint Cassant (1).

(1) *Vont à Saint-Cassant.* Expression proverbiale qui veut dire sont cassées.

Quant aux garsons, qui estoyent environ neuf, que fils, que nepveux des susdicts, il en print quatre pour paiges de la petite écurie, et les aultres il donna à des princes et seigneurs de sa suite, les leur recommandant, et se souvenir de quelle main; qui eurent tous son présent très-agréable, avec promesse de leur donner moyen de vivre.

CHAPITRE XX.

M. de Vieilleville est envoyé à Spire. — La Chambre impériale lui donne audience. — Description de cette assemblée.

Après que le Roy eust ainsi exercé ceste très-charitable et plus que liberale remuneration, digne à la verité d'un si grand prince, au contentement et admiration de tout le monde, principalement des estrangiers, il luy entra au cœur d'envoyer devers ceux de Spire, pour sonder de quelle affection et volonté ils le vouldroient recepvoir s'il se presentoit à leurs portes avec son armée, qui ne leur feroit non plus de dommaige qu'elle a faict à Wyssembourg, et sçavoir semblablement la façon de son entrée, et de quel nombre de gens ils vouldroient qu'il fust accompaigné.

Sa Majesté ayant pris ce conseil avecques soy-mésme, sans le communiquer à personne, envoya querir M. de Vieilleville, auquel elle se descouvrit; et luy commanda de prendre ceste charge : qui l'entreprist très-volontiers, bien qu'elle fust fort chatouilleuse ; mais ce ne fust sans luy dire que les mesmes raisons qu'il luy avoit par cy-devant déduictes pour le divertir de l'entrée de Strasbourg pouvoient servir pour ceste-cy : « C'est tout ung, dist le Roy ; je veux que vous y alliez ; car quand ores ils me l'accorderoient, il ne s'ensuict pas que je m'y veuille presenter, ny que je l'accepte. »

Là dessus M. de Vieilleville s'achemine, et prend seulement vingt gentilshommes d'honneur et deux trompettes ; l'ung desquels il fait desbander de sa trouppe avec ung truchement, pour éviter le hazard que coururent les ambassadeurs, afin de leur annoncer sa venue, et qu'il venoit de la part du Roy leur dire quelque créance.

Il ne se fust pas sitost presenté à la porte, qui estoit fort bien gardée, sur-tout de corcelets, que deux bourguemaistres, estants à cheval, le vindrent recepvoir, luy disant, en beau langaige françaís, qu'il estoit le très-bien venu, puisqu'il venoit de la part d'ung si grand prince, auquel la Germanie avoit une infinie obligation d'avoir pris tant de peine que d'estre venu en personne la mettre en liberté, avec une si brave armée que dès long-temps ils n'en avoient veu une pareille ; et le menerent descendre à la Couronne pour se raffraichir ; mais qu'ils avoient charge de ne l'abandonner, qu'il ne fust prest, pour le conduire au palais ou hostel de ville, où les seigneurs et chefs de la chambre imperiale de Spire l'attendoient : qui fut cause qu'il se diligenta pour ne faire trop tarder ny les ungs ny les aultres.

Estant conduist par les susdicts en la Chambre imperiale, il veid soixante personnes assises en beau ranc, tous l'epée ceinte, à fourreau de velours, et grands bouts d'argent, chacun sa chesne d'or en escharpe, hormis dix, vestus de robbes longues, qui estoient au milieu des cinquante, et vingt-cinq de chasque costé. Et comme il entra, estant au milieu des deux bourguemaistres, ils se leverent tous, sans rompre ny abandonner leur ranc, et le saluerent fort reveremment, puis se rassirent; et les deux dessusdicts le menerent en une chaire qui estoit là preparée vis-à-vis, et à l'opposite des soixante, et aultant élevée que leur siege, couverte de velours cramoisi et ung daix dessus; comme aussi y en avoit-il ung aultre sur les dix : *item,* un siege plus bas, tappissé, pour les gentilshommes qu'il avoit amenez; le tout en un rond fort magnifiquement dressé. Et faisant M. de Vieilleville approcher le truchement du Roy, nommé Baptiste Braillon, abbé de Bourgmoïen, les soixante, tous d'une voix, luy dirent qu'il parlast français, et qu'il n'y avoit pas ung en la compaignie qui n'y eust estudié, et le sçavoit fort bien. Alors M. de Vieilleville commença à parler ainsi :

CHAPITRE XXI.

Harangue de M. de Vieilleville à la Chambre impériale de Spire.

« Si j'eusse pensé, magnifiques seigneurs, trouver une si excellente et spectable compaignie, je n'eusse pas accepté ceste charge, plustost l'eusse-je déferée à ung connestable ou mareschal de France : et quand le Roy, mon maistre, eust deputé devers vous ung prince de son sang, il ne se fust faict aucun tort; car je ne verray jamais assemblée qui mieux me representast le conseil privé de sa très-chrestienne Majesté, où il y a nombre de princes, grands seigneurs, et très-doctes hommes, que celle que je voy devant mes yeux : toutesfois, puisque cest honneur m'est escheu par la beneficence de Sa Majesté, et comme d'une influence celeste, je vous supplie, messieurs, avoir agréable ce que je vous proposeray de sa part, et vouloir adjouster aultant de foy à la créance qu'il m'a donnée, comme si vous l'entendiez de sa propre bouche; et pour commencer je vous diray :

« Que Sa Majesté, bien advertie de la souveraine authorité que vous avez sur tout ce qui concerne l'honneur, la grandeur et conservation du Saint Empire, et que generalement les villes qui sont deçà, et sur le traict et ligne du Rhin, depuis sa source jusques à son emboucheure en la mer, païs et region d'une merveilleuse estendue, dependent de ceste Chambre, et y viennent comme en dernier ressort chercher la justice; mesme que toutes les importantes affaires d'Estat vous sont communiquées pour avoir sur iceux vos saiges advis et premeditées oppinions; Sa Majesté, dis-je, a une extreme envie de conferer avec vous pour entendre ce qu'elle doit plus entreprendre pour ce voyage, ne pouvant avoir aucunes nouvelles du duc Maurice, ny de ses conféderez, ou si elle doit poursuivre plus avant, ou du tout s'en desister; et pour cest effect elle n'a peu prevoir ung plus expedient moyen que de venir en ceste ville.

« Mais premier que de s'y acheminer, elle vouldroit bien sçavoir quelle est vostre volonté sur sa reception, et si vous avez agréable qu'elle face approcher son armée de vostre ville, qui n'y fera non plus de dommaige ny degast qu'elle a faict autour des murailles de Wyssembourg, où elle campe encores aujourd'huy; et, s'il luy vient en fantaisie d'entrer en vostre ville, en quelle compaignie il vous plaist la recevoir.

« De vous arrester sur ce qui s'est passé en la ville de Metz, rien n'y a esté faict qui ne se defface à la simple priere du duc Maurice; car vous ne ignorez poinct qu'il ne soit si amateur de sa patrie, et jaloux de l'honneur et grandeur du Saint Empire, qu'il ne vouldroit, pour mourir, tolerer ny souffrir que une telle ville en fust énervée par son moyen, et que ceste reputation en demeurast à sa posterité; car il est trop grand prince. Mais la principale occasion de ceste saezie, après la premiere, a esté de crainte que les serviteurs de l'Empereur au gouvernement du duché de Luxembourg, ne la surprinssent, estants si proches voisins, pour enclore nostre Roy et son armée, affin de nous coupper le passaige et oster tous moyens de pouvoir retourner en France. Quant à la premiere, elle est assez congneue et manifeste à tout le monde, qui est pour la file de nos vivres et pour la seureté du passaige de France en Allemaigne; car il arrive tous les jours des gentilshommes, capitainnes et Français, en nostre armée; d'aultant que le Roy eust si grand haste de vous venir secourir, qu'il ne donna pas loisir à la noblesse de son royaume de le venir joindre premier que d'en sortir; et pour recompence, les paysants de toute ceste contrée les assomment et massacrent s'ils ne marchent en grande trouppe et caravanne; semblablement, pour la seureté des pacquets et advertissements que les gouverneurs des provinces de France, qui sont en grand nombre, despeschent à Sa Majesté, pour l'advertir du bon portement de tout son Estat; car nous avons des ennemis par-tout, et de très-grandes affaires en Angleterre et Italie, ausquelles toutesfois Sa Majesté a preferé vostre liberté.

« Qui sont les plus pregnantes et pertinentes raisons qui ayent meu Sa Majesté à faire ceste investiture, qui ne durera que jusques à ce que nostre armée campe et se pourmeine en vostre spacieuse, fertile et très-delectable Austrasie. Ne craignez donc, magnifiques et spectables seigneurs, d'ouvrir vos cœurs et vos portes au Roy vostre bon amy et confederé, pour l'honneur et reception, non-seulement selon sa grandeur et merites; mais pour vous acquitter de l'obligation que vous avez à ung si grand prince, qui n'a poinct craint d'exposer sa propre personne pour vous tirer de captivité, et de la tirannicque servitude en laquelle l'Empereur vous a par si longues années reduicts et oppressez. »

CHAPITRE XXII.

Réponse de l'assemblée à M. de Vieilleville.

Quand M. de Vieilleville eust achevé de parler, les dix en se levant se departirent, cinq d'ung costé et cinq de l'autre, et allerent aboucher les cinquante à gauche et à droicte ; et puis se rassemblerent tous les soixante, qui furent pour le moins une bonne heure en ce collocque ; et après s'estre rassis, l'un des dix, nommé Chœlius, commencea à parler ainsi :

« Noble et illustre seigneur, monsieur de Vieille-ville, nous avons ouy fort attentivement, et meurement compris la créance que vous avez prononcée de la part de la Très-Chrestienne Majesté, et tenons à grand faveur qu'elle vous ait député devers nous, et preferé à ung connestable ou mareschal de France, voire à ung prince de son sang ; car nous nous arrestons plus à la bonne renommée d'un chevalier d'honneur, craignant Dieu, valeureux et homme de bien, que à toutes les grandeurs du monde ; estants si bien informez des deportements de vostre armée, que nous avons sceu, avec toute verité, que par tous les villaiges où elle a passé, on ne sçauroit trouver en maison qui soit portes, fenestres, grilles ny meubles, qui n'ayent esté brizez, rompus, enlevez ou bruslez, et beaucoup de maisons, horsmis ceux où vous avez logé avec deux cents hommes d'armes que vous commandez et conduisez, en la conservation desquels vous vous estes si soigneusement employé, que vous avez tousjours laissé vingt et cinq ou trente gentilshommes en vos logis derriere, et jusques à ce que l'armée fût toute passée, pour empescher toutes insolences et cruaultez ; et qui plus est, nous avons bien sceu que vous avez tousjours envoyé de bonne heure demander aux mareschaux de camp vostre quartier, pour aller au-devant de vos hostes, les attester, et asseurer qu'ils n'auroient aulcun mal ny dommaige en leurs personnes, meubles ny bestiaux, mais bien payez de ce qu'ils fourniront; de quoy plus de six cents mesnages qui s'y sont fiez se sont bien trouvez, et plusieurs s'en louent encores par ceste ville; là où par tous les aultres villaiges que l'on n'en pouvoit pas tirer meubles ny bestial, à cause de la subite frayeur de vostre armée; et principalement la cavallerie ligiere en a usé comme en terre d'ennemy. Par ainsi, vous estes le très-bien venu, et de meilleure ny de plus agréable bouche ne pourrions-nous entendre la conception de Sadicte Majesté.

« Pour à laquelle respondre, nous vous disons que nous rémercions très-humblement sa très-chrestienne Majesté de la grande assistance qu'il luy a pleu et plaist encores nous faire, pour repousser les torts et injures faictes à nos princes et confederez de tous les Estats de l'Empire; nous laissant, par ceste très-grande obligation, ung regret perpetuel de ne nous en pouvoir jamais acquitter.

« Mais, que son armée vienne camper auprès de nos murailles, c'est chose que nous ne vouldrions pour mourir permettre. Que si le connestable le luy vouloit persuader et l'entreprandre, nous serons contraincts de nous jecter sur la deffensive; mais de faire son entrée en nostre ville, nous le luy accordons de très-franche volonté, et luy ferons tous l'honneur qu'il nous sera possible. Et tout ainsi que nous voulons paroistre plus advisez que les Messins, nous ne voulons pas aussi estre si rigoureux que ceux de Strasbourg, qui ne luy accorderent que quarante gentilshommes; car nous luy permettons d'y entrer avec cent de tels qu'il luy plaira choisir : oultre lesquels, pour vostre respect et reputation de vos vertus, vous prions de l'accompaigner avec la trouppe que vous avez amenée, et que nous voyons ici presente, qui nous semblent gens d'eslicte et de maison. »

A ceste offre M. de Vieilleville se leva pour les remercyer fort dignement : aussi estoit-elle très-honneste; et adjousta que Sa Majesté n'avoit de quoy se douloir, et qu'elle devoit se contenter, pourveu qu'ils luy accordassent ung aultre poinct pour avoir son entrée et son yssüe en toute liberté, qui estoit que la porte devers son armée seroit gardée par ung de ses capitainnes, et sa compaignie ne seroit que de cent hommes bien comptés. Mais tous, d'une voix, s'escrierent sur ceste parolle, disant : « Nullement, nullement; » et qu'on les voulloit traicter à la messine; et rompirent de colere l'assemblée, se levant avec murmure; M. de Vieilleville semblablement, et s'en alla en son logis de la Couronne, tousjours accompaigné de ces deux bourguemestres, qui le voulurent deffrayer, suivant le commandement qu'ils en avoient; mais il ne le voulust souffrir, et qu'il avoit bon maistre.

Estant monté à cheval, il fust esbahy de veoir toutes les ruës, depuis son logis jusques à la porte par où il devoit sortir, pleinnes de soldats des deux costés, l'ung de corselets et l'aultre de harquebuziers, et la grande place couverte de gens de cheval en bataille, où nous comptasmes six cornettes, qui tous nous firent de belles salves, tant les harquebusiers que pistolliers.

CHAPITRE XXIII.

Le duc Maurice de Saxe donne avis au Roi de son accommodement avec l'Empereur.

Or le Roy avoit envoyé l'un de ses valets de chambre nommé Oriz avec M. de Vieilleville, sous pretexte de veoir la ville; mais il avoit commandement de bien observer tout ce qui se passeroit à Spire en sa negociation, et prendre les devants pour l'en advertir fidellement, et qu'il n'en oubliast une seule parolle. Lequel n'y faillit pas; car, incontinant que ce conseil fut levé, il monta à cheval, et vint trouver au grand galop Sa Majesté, laquelle il certiffia de tout ce qu'il avoit veu et entendu.

Estant sorty M. de Vieilleville, et desja en la campaigne, il demanda Oriz; mais personne ne luy en sceut répondre, ny qu'il estoit devenu. Et estant arrivé devers le Roy, Sa Majesté luy discourut tout au long le fonds de sa charge, sa belle harangue au consulat, si promptement prononcée, leur honneste response, et la reputation en laquelle ils le tenoyent, semblablement leur courroux sur la garde de la porte, qui fist bien penser à M. de Vieilleville que Oriz avoit passé par-là : dequoy il fut bien marry, car il devoit avoir, ce luy sembloit, l'honneur de satisfaire Sa Majesté, puisqu'il en avoit eu toute la peine.

Cependant le Roy loua grandement M. de Vieilleville, luy disant qu'il n'avoit rien obmis en sa charge,

28.

et qu'il l'avoit aussi exactement executée que si le chancellier et tout son conseil luy en eussent donné les mémoires et instructions ; mais qu'il voyoit bien que la prise de Metz, ainsi precipitée, le contraindroit de planter à Wissembourg le bourdon, et qu'il falloit penser du retour, non pas d'aller plus oultre. Là-dessus il arriva des ambassadeurs des archevesques de Trieves, Mayence, Coloigne et aultres princes, devers Sa Majesté, qui n'en tint pas grand compte ; et, leurs harangues faictes, ausquelles le cardinal de Lorraine Charles respondit sur le champ en très-élegant latin, ils furent despeschez du soir au lendemain, et sans ceremonie, et s'en retournerent.

Le lendemain du partement des ambassadeurs, le Roy receut la lettre du duc Maurice par ung gentilhomme allemand nommé Glaris, avec créance qui portoit l'extresme desplaisir qu'il avoit receu que l'on eust failly la ville de Strasbourg et les aultres de la ligne du Rhin ; et que quiconque avoit conduict ceste entreprise s'estoit grandement oublié d'avoir attaqué les villes du plat pays, et par cest amusement faict une telle perte ; car on les eust tousjours fort aisement recouvrées : mais voyant qu'il n'y avoit plus d'ordre de poursuyvre plus oultre leurs desseings, puisqu'ils estoient descouverts, d'autant que les susdites villes prennent garde à elles et se fortifient d'hommes, de remparts et toutes munitions, il supplioit Sa Majesté de se retirer et s'en retourner en France, car il n'en viendroit jamais au-dessus, non pas d'une seule, qu'avec le hazard de deux ou troys batailles ; et que, quant à luy, il n'oseroit se presenter à son seccours ; il luy seroit imputé à trop grande perfidie contre sa patrie ; mais que ce celuy qui avoit pris la ville de Metz avoit fort mal profondy la consequence de cest évenement. C'est le sommaire de la créance que Glaris rendit fidellement au Roy, M. le connestable seul present.

Quant au subject des lettres, il remercioit très-humblement le Roy de son assistance, en vertu de laquelle l'Empereur, craignant que Sa Majesté passast le Rhin avec son armée, luy avoit accordé tout ce qu'il avoit projecté de luy demander par l'entremise du roy des Romains, qui s'estoit monstré en cest accord fort favorable à son party; entre aultres de la reddition des princes, qui tous estoient avecques luy en liberté, et les garnisons hespaignoles mises hors des villes imperiales, où elles estoient par cy-devant; et ausdictes villes leur artillerie rendue, et les daces et tributs supprimez et annullez; et qu'ils estoient, de ceste heure, bien reconciliez, et tous les Estats de la Germanie fort satisfaits. Dequoy il luy avoit une immortelle obligation, et qu'il pouvoit, en recompense, faire estat de sa vie, de son service et de toutes ses forces et moyens, pour les employer envers et contre tous, excepté le Saint-Empire; offrant, sur son honneur et salut, de luy fournir tousjours vingt mille hommes de pied et dix mille chevaux, pour passer sur le ventre à tous ses ennemys; ne voulant que aultre capitainne les conduisist et hazardast à son service que luy en personne, sa vie la premiere; et qu'il se pouvoit vanter par tout le monde d'avoir ung eslecteur du Saint Empire à sa devotion. Que si les aultres six tomboient en mesme concurrence de volonté avec la sienne, il se pourroit bien asseûrer du diademe imperial, advenant la mort de cestuy-cy : encores n'en fault-il poinct perdre l'esperance; car, si le vivant alloit faillir au monde, il a tant de credit et d'authorité envers ses compaignons, que sa voix fera tousjours plier les leurs à une partie de ses desirs; et ainsy le luy promettoit en foy et parolle de prince d'honneur.

Ceste lettre contenta merveilleusement le Roy; mais le connestable se despita fort de la créance de Glaris, car c'estoit à luy qu'elle s'adressoit. « Eh bien, luy dist le Roy, vous avez faict de grands trophées de ceste prise de Metz; mais vous voyez en quelle indignité nous en sommes envers ce prince, et le mescontentement qu'il en a, qui estoit nostre estoille à la lueur de laquelle nous marchions. Vous ne m'avez jamais voulu croire; encores si vous eussiez laissé ung gentilhomme de la ville pour gouverner, suivant l'advis de M. de Vieilleville qui en refusa l'estat, prevoyant ce qui en est advenu, nous eussions executé une partie de l'entreprise, et n'eussions pas jecté le manche après la coignée. Or c'en est faict, et n'y fault plus penser, mais seulement deliberer de nostre retour en France, avec nostre courte honte. » Le connestable, qui cognoissoit sa faulte, demeura comme interdit, n'ayant que repliquer là-dessus, et se retira, bien fasché, de la presence de son maistre.

Voilà comme, pour s'arrester en son oppinion, et desdaigner ou mespriser toutes les aultres, ce brave et superbe voyaige, ensemencé de tant de princes, seigneurs et grands capitainnes, qui devoient porter une armée entiere, et de cette groisse (1) enfanter à la couronne de France une centaine de bonnes villes pour le moins, avorta de neuf moys; encores à male peine

---

(1) *De cette groisse* : de cette grossesse.

en porta-t-il trois bien complets, car nous commenceasmes à camper le sixiesme de mars, et tournasmes la teste de l'armée devers France le 23 du moys de may.

CHAPITRE XXIV.

Retour de l'armée du Roi en France.

Doncques fust advisé de partir l'armée en quatre. Le Roy, le duc de Vendosme, le connestable et le duc d'Aumalle en prindrent chascun leur part, qu'ils devoient mener par divers chemins; mais celluy du duc d'Aumalle, fut le pire des quatre, estant pays estroict, montueux, sterile, et fort mal peuplé de villaiges; et pour ce que c'estoit ung jeune prince non encores gueres experimenté, le Roy commanda à M. de Vieilleville de l'assister avec la compagnie de M. le mareschal de Saint André, oultre son quart d'armée qui estoit composé de dix aultres compaignies de gensdarmes, de quatre mille chevaux ligiers, desquels il fut créé sur le champ colonel, et distraicts de l'obéissance du duc de Nemours qui en estoit general, de vingt enseignes françaises nouvelles bandes, de dix vieilles, un regiment de lansquenets, cinq cens harquebuziers à cheval. Et M. de Vieilleville y fit venir M. d'Espinay avec les cinq cents gentilshommes volontaires desquels le Roy luy avoit donné la charge. Le departement de l'armée ainsy faict, et comme l'on faisoit les appresses pour desloger le lendemain au plus matin, et prandre chacun sa routte, ceux de Spire envoyerent quarante mille pains et cinquante pippes de vins au Roy ; et avoient chargé ceux qui conduisoient ce raffraichissement de s'addresser à M. de Vieilleville pour en faire le present, qui amenerent le tout en son quartier ; et avoient, quant et quant, avec le charroy, particulierement pour luy, de la part desdicts de Spire, beaucoup de singularitez ; sçavoir, quatre pippes de vin, une douzaine de saulmons du Rhin, et en paste à leur mode, tous entiers ; cinq cents d'avoyne, deux charniers, l'un plain de venaison de cerf, l'aultre de sanglier, et une cacque de saulmon sallé.

Ces deputez arrivez devers M. de Vieilleville, il les presenta à Sa Majesté, à laquelle il testiffia leur present estre en son quartier. Restoit d'envoyer les commissaires des vivres pour s'en saezir et en tenir compte. Cependant Sa Majesté remercia fort humainement par lettres les seigneurs de la chambre imperiale de Spire, de ceste très-grande et très-liberale courtoysie, comme faicte fort à propos et en l'urgente necessité, et remunera en grand roy ceux qui en avoient esté les conducteurs, qui s'en retournerent très-contants à Spire, et dès le mesme soir ; car il n'y a pas plus de deux heures de chemin de Wyssembourg jusques-là, et belle plaine.

M. de Lezigny, accompaigné de sa squadrille de commissaires et clercs des vivres, avec force charroy, vint au quartier de M. de Vieilleville pour prendre le present de Spire ; mais se doubtant que le commandement de M. le connestable seroit sans misericorde, et qu'ils avoient charge d'enlever le tout, en avoit desja faict partir toute nuict, justement la moitié, monstrant aux dessusdicts l'aultre; lesquels, indignez de ce retranchement, dirent qu'ils s'en plaindroient au Roy et à M. le connestable, et qu'il n'estoit pas raisonnable que le serviteur taillast à son maistre les morceaux, et tout à plain d'aultre langaige inutile, qui ne passoit pas oultre toutesfois, car ils cognoissoient l'humeur de l'homme. A quoy il respondit qu'ils le prinssent s'ils vouloient; car s'ils partoient de-là sans l'enlever, ils ne le y trouveroient pas dans une heure : et leur monstra une carte de la cosmographie du traist du Rhin, par laquelle il leur fist veoir que au chemin qu'ils alloient prendre, qui estoit de trente lieues, il n'y avoit que vingt et deux villaiges; et s'il faisoit son debvoir, il se saeziroit de tout le present, veu que tous les aultres carts de l'armée n'ont, par leurs chemins, que belles plaines, ung milliasse de villaiges, et grand nombre de bonnes villes; et que, à cause des destroicts et passaiges mal accessibles du sien, il avoit reffusé de l'artillerie, contraincts de changer tous leurs charroys en mullets et sommiers.

Ces commissaires ne furent pas oppiniastres, et enleverent incontinant ceste moitié; mais ils n'oublierent pas à faire leur plainte, sur laquelle M. le connestable se courroucea asprement devant le Roy, taschant à rendre odieuse ceste hardiesse, et à le faire entrer en colere, jusques à dire qu'il falloit envoyer toute l'armée pour la recousse de ceste moitié, car elle y avoit generallement interest. Sa Majesté, voyant la chose preparée à une mutinerie, veult entendre que c'est, et envoye querir M. de Vieilleville qui n'avoit pas attendu ce messaige, car il estoit aux trousses des commissaires, et se presenta, peu s'en fallut, aussitost fort bien accompaigné, disant : « Qu'il plaise à Vostre Majesté, Sire, commander à M. le connestable de prendre le chemin que vous avez ordonné à M. d'Aumalle, nous serons très-contants de luy quicter tout ce que nous avons pris, et de nous acheminer par le sien : que si vous sçaviez les necessitez, incommoditez, famines et mesaises qu'il nous conviendra pastir par ce chemin-là, tant s'en fault que nous voulussiez oster ce que nous avons, que vous nous devriez honorer de tout le present de Spire, et avoir regret d'avoir si mal partaigé ce jeune prince ; car je ne pense pas que la moitié de nos trouppes en puisse revenir. Et qu'ainsi soit, Sire, il plaira à Vostre Majesté veoir et bien considerer ceste carte de la cosmographie du traist du Rhin, en combien de perils et dangiers nous allons engoulfer, par ung chemin estroict de trente lieues de long, où il n'y a une seule ville, et pour le plus trente et deux villaiges. » Le Roy, encores qu'il fust bien tard, print la peinne de bien reviser ceste carte, et trouva le dire de M. de Vieilleville si veritable, que s'il eust peu revocquer l'ordonnance des chemins il l'eust faict très-volontiers ; mais, voyant la rudesse et sterilité de ce pays-là, declaira en l'instant la prise des vivres que avoict faicte M. de Vieilleville fort bonne, et la luy adjugea ; deffendant à M. le connestable, pour éviter quelque trouble ou sedition en son armée, d'en plus parler, car tel estoit son plaisir. Dequoy il cuyda crever de raige et despit ; car il pensoit bien, par son credit, que Sa Majesté commanderoit que le tout fust ramené, qui estoit desja au premier logis que l'on devoit faire le lendemain, et très-malaisé à forcer si on l'eust entrepris ; car M. de Vieilleville, premier que de venir parler au Roy, avoit faict partir tous les harquebusiers à cheval et deux mille à pied, pour garder le passaige.

Mais Sa Majesté ne se pouvoit garder de hault louer M. de Vieilleville, disant qu'il luy apprenoit sa leçon, et que, à la vérité, ung chef d'armée ne doit jamais marcher sans une carte, non plus qu'un bon pilote ou patron de galere sans sa calamite (1), pour cognoistre la portée des païs où il marche, la distance des lieux, les difficultez des montaignes et rivieres, et que de sa vie il n'y fera faulte : luy donnant ce los et honneur d'en avoir le premier apporté l'invention en France.

CHAPITRE XXV.

L'armée se retire partagée en quatre corps. — Celui que le duc d'Aumale commandoit souffre de grandes incommodités dans sa marche. — L'armée réunie assiége Rodemack.

Doncques le lendemain, qui fut le 25 de may 1552, l'armée ainsy departie commencea à marcher par les chemins ordonnez. Le Roy s'en alla devers la duché des Deux-Ponts. M. le connestable le suyvoit d'une journée. M. de Vendosme retourna sur ses voyes, c'est-à-dire reprint le chemin que l'armée avoit tenu de Metz à Wyssembourg; et M. d'Aumalle enfourna ce destroict qui representoit le chemin de Chamberry au Montcenys, horsmis que les torrents n'estoient pas

(1) *Calamite* : boussole.

si impetueux et ravyssants, ny les precipices si espouvantables. Toutesfois en plusieurs endroicts il falloit que les gastadours et pionniers eslargissent le chemin pour les mulets et reste du bagaige : en quoy nous patismes beaucoup ; et campions le long des cousteaux et collines, car il se trouvoit bien peu de plaines, encores gueres spacieuses, poinct de villaiges, ny ung seul païsan qui nous apportast aulcun raffraichissement. Ce que voyant, M. de Vieilleville envoya le mareschal-des-logis de la compaignie, nommé Moysandiere, avec six hommes d'armes et dix archers, traverser la montaigne et reconnoistre ce qui estoit au-de-là, et dire, s'ils trouvoient des peuples, qu'ils apportassent leurs denrées, et les asseurassent qu'ils seroient bien payés à leur mot : ce qu'ils firent ; et à leur retour au quatriesme logis (car il y avoit troys lieues de traverse par pays tousjours montueux jusques à trouver la plaine), ils amenerent avec eux soixante paysants chargez de toutes sortes de commoditez, dequoy ils furent bien payez et reconduicts en toute seuresté, qui abbreverent toute ceste plaine de nostre courtoysie, que à mesure que nous marchions nous trouvions tousjours des païsants avecques vivres, mesmes des femmes chargées de fourmages, de jonchées, dequoy elles remportoient bien de l'argent ; et s'en retournoient tous fort contants : qui nous fust un grand soulaigement. Aussi, sans ce bon ordre et police, qui n'estoit, à son de tambour et de trompette, que sur la vye à qui raviroit seulement une prune, nous estions ruynez ; et le faisoit M. de Vieilleville si rigoureusement observer soubs l'authorité de M. d'Aumalle, qu'il n'eust pas pardonné à son propre frere.

Mais le vin du present de Spire nous estoit fort escharsement distribué par les compaignies, comme si nous eussions esté assiegez; encores ceste providence de M. de Vieilleville de departir d'une telle ruze, voire hardiese avec le Roy, ce present, nous soulagea grandement. Toutesfois on ne peust tant faire qu'il n'en tombast beaucoup de malades, à cause que tout le monde estoit logé à l'estoille et campoit à la haye, à faulte de trouver villaiges. Nous trouvions bien quelques chasteaux, sans aucune maison au pied; mais si hault encruchez, qu'il n'en failloit esperer aucune commodité, aussi que nous n'avions poinct d'artillerie. Nous marchasmes ainsy douze jours en extresmes necessitez, durant lesquels il n'y eust que les grands et aisez qui coucherent en licts qu'ils faisoient porter; le reste de toute l'armée ne se despouilla jamais.

Au quatorziesme jour nous vismes la plaine, qui nous donna une telle rejouissance, qu'il ne nous souvenoit plus des peinnes et necessitez passées; mais elle estoit toute couverte, à perte de veue, de sappins si haults et droicts, que la Savoye ny toutes les Alpes n'en portoient poinct de pareils; parmy lesquels il se trouvoit, quasi de lieue en lieue sur nostre chemin, de bons et gros villaiges que M. de Vieilleville conserva comme son propre heritaige. Et fismes deux journées de camp à traverser ceste très-agréable et nompareille forest; et payoit-on si bien partout où l'on passoit, que les habitants d'une forte, plaisante et belle ville, mais très-ancienne, nommée Kaiser-Lutern, qui signifie en françois *Clair-Empereur*, vindrent au-devant de M. d'Aumalle, et luy en apporterent les clefs, avec offre de service et presents de beaucoup de vivres. Mais M. de Vieilleville ne luy conseilla pas d'y laisser entrer une seule compaignie, ny de cheval ny de pied, mais sa personne seulement et les seigneurs qui l'accompaignoient, et que l'armée camperoit autour de la ville, sans rien briser ny faire aulcun degast, non plus que à Wissembourg : et prindrent tous nos malades, qui estoient environ deux cents, avec promesse de les bien traicter pour leur argent, et leur donner bonnes et seures guydes pour s'en revenir à Metz; ce qu'ils promirent en consideration et recognoissance que le Roy et son armée estoient cause que leur prince, seigneur et maistre, le comte palatin, eslecteur du Sainct-Empire, par cy-devant prisonnier de l'Empereur, estoit en liberté, et qu'ils en avoient eu depuis trois jours certainnes nouvelles. Dequoy M. d'Aumalle les asseura davantaige, leur monstrant le double de la lettre que le duc Maurice avoit escrite au Roy, de laquelle Sa Majesté avoit faict faire plusieurs doubles pour en departir à tous les princes et seigneurs de son armée : dequoy les dessusdicts habitants firent une telle et si grande allaigresse, qu'ils menerent par tous les quartiers de nostre camp environ vingt pippes de vin, où il se fist une chere merveilleuse ; en quoy le regiment des lansquenets ne fust pas oublié, car il y avoit trois capitainnes et soixante soldats natifs de là-dedans. Et après nous estre raffraischis deux bonnes journées avec si bons amys, nous prismes la routte de Metz, sans avoir crainte, pour l'advenir, de tomber en aulcune necessité.

Enfin nous rejoignismes l'armée, qui s'estoit desja ralliée à Rodemach que l'on commençoit à battre ; dequoy il n'estoit besoing, car il se fust bien rendu à la simple sommation d'ung laquais, d'aultant qu'il n'y avoit que des paysants et des femmes dedans, qui estoient si esperdus de ce que le capitainne de la place et ses soldats les avoient abandonnez, et si ignorants de traicts, usances, loix, pratiques et factions de la guerre, que pas ung seul n'eust l'esprit ny hardiesse de se presenter avec signal sur la muraille pour parlementer, ny dire qu'ils se vouloient rendre, mais se misrent tous à genoulx à l'entrée de la porte, qu'ils ouvrirent criant misericorde, où les soldats exercerent beaucoup de cruautez; et ne peust-on y arriver si à temps qu'il n'en fust tué la pluspart, et beaucoup de femmes et filles forcées. Le Roy y vint luy-mesme, l'espée au poing, qui sauva le reste, et commanda lever une banderolle blanche, sous laquelle ce peuple et les femmes, au nombre desquelles y avoit trente ou quarente damoyselles, furent rangées, avec deffenses, sur peine de la hart, d'y toucher, non pas même d'en approcher.

M. de Vieilleville, qui avoit laissé M. d'Aumalle malade au quartier, et venant trouver le Roy, rencontra environ vingt et cinq soldats qui se retiroient du camp, et emmenoient chacun sa femme, où estoient unze damoyselles, avecques un grand et riche butin, les chargea, luy septiesme, de telle furie qu'il les deffit, et ramena ce famail (1) soubs la banderolle blanche, pour les conserver avec les aultres, abbandonnant le butin aux siens. Et ce qui ne fut tué sur le champ passa par la corde; car ils ne purent eschapper devant chevaux de service qui courent mieux que bidets, et estoient la pluspart à pied, et combattus en

---

(1) *Ce famail:* cette troupe de femmes.

une plaine. Le Roy luy en sceust un grandissime gré, aussi qu'il fust adverty que c'estoient Lorrains que l'on avoit enrollez aux bandes françaises pour faire le voyage, qui se vouloient retirer, quittants le service avec ceste derniere main, et se trouvants quasi rendus en leurs maisons.

CHAPITRE XXVI.

La reine de Hongrie, sœur de l'Empereur, entre en Champagne avec une armée. — On délibère si l'on attaquera cette princesse. — Avis du connétable et de M. de Vieilleville.

Après la prise de Rodemach, il fust advisé d'y laisser garnison pour quelque temps, et de le fortiffier, affin de suyvre la royne de Hongrie, sœur de l'Empereur, laquelle, avec une armée assez forte, estoit entrée sur les frontieres de Champaigne et Lorraine, pris la ville de Stenay, et bruslant par-tout où elle passoit, en intention de faire retirer le Roy de l'entreprise d'Allemaigne, et desgaiger son frere d'un si grand et puissant ennemy : qui estoit à la verité ung stratagesme de guerre de très-subtile invention, mais executé trop tard, car l'Empereur avoit desja rendu les abbois, et faict toutes submissions proposées par le duc Maurice, qui encores entreprist, nonobstant la retraicte de nostre armée, de l'assieger à Inspruck.

Ceste princesse avoit avecques elle de grands seigneurs, comme le comte de Mansfelt, gouverneur de la duché de Luxembourg, les comtes de Challain, de

Maisgue et de La Chau, et, oultre ce, ung très-experimenté capitainne, nommé Martin Vanroux, mareschal de Cleves, et plusieurs aultres vaillants capitainnes qui l'avoient animée à mettre sus cette armée, composée de quinze mille hommes de pied, de tout ce qu'ils avoient peu ramasser de Flandres, Claives, Gueldres, Haynault et aultres vallons, de deux mille Hespaignols, de quatre mille chevaulx des ordonnances de Bourgoigne, et de deux mille aultres chevaulx de noblesse.

Une telle armée meritoit bien qu'on y eust esgard; car, encores que une femme en fust le chef, si n'estoit-elle commandée ny conduicte que par les advis et ordonnances des seigneurs cy-dessus, grands guerriers, et qui avoient faict plusieurs foys preuve de leurs experiances et valeurs à nos despens, et principalement ce Martin Vanroux, qui avoit par cy-devant repris en moins de. . . . . (1) sur le feu duc d'Orléans, frere du Roy, la duché de Luxembourg, qu'il n'avoit peu conquerir qu'en quatre moys; et de les suyvre à la debandade, seroit se mettre au hazard de recevoir, oultre la honte, ung irreparable dommaige: qui fust cause que Sa Majesté, pour ne rien entreprendre legerement, voulut mestre ceste affaire en meure deliberation du conseil, qui, pour cest effect, fut assemblé le 28 de may, estant encores à Rodemach, assez près de Théonville, place que l'on ne vouloit pas attaquer. En ce temps-là on la tenoit pour imprenable.

M. le connestable, qui ne doubtoit poinct que l'on ne suyvist son advis d'aller après la royne de Hon-

---

(1) *En moins de.....* Lacune dans le manuscrit.

grie, parle le premier en ce conseil, selon sa coustume, disant au Roy et à l'assistance que l'on perdoit temps, et demandoit ce que l'on vouloit faire de ceste armée, puisque l'on ne vouloit attaquer Théonville, et que la royne d'Hongrie a beau faire ce qu'il luy plaist, puisqu'on luy en donne le loisir; mais qu'il s'asseure bien qu'elle se retirera belle erre (¹) dedans Bruxelles incontinant qu'elle se verra suyvie; et que ce retardement est de trop grande consequence. Tous les princes et seigneurs, gouverneurs de provinces, s'accordérent bien-tost à cela; et luy, desja comme de cause gaignée, se vouloit lever et rompre l'assemblée : mais le Roy commanda le silence, et à tous de demeurer, voulant entendre l'oppinion d'ung chacun, et qu'ils n'estoyent assis là ny appellez pour néant.

Lors M. de Vieilleville, auquel il eschéoit de parler, va dire ainsy : « Plustost, Sire, que de laisser vostre armée inutile, il seroit plus que necessaire de suyvre l'advis de MM. les princes, et d'aller après ceste Royne que l'on ne trouvera pas si espouvantée comme l'on pense, car elle a de fort asseurez capitainnes avecques elle, que Vostre Majesté cognoist tous; mais si vous acquiescez à ce conseil, Vostre Majesté se va precipiter en deux fort pernicieux inconvenients. Le premier, qui regarde la pitié de vos subjects de Champaigne et de Picardie; car, puisque vous estes bien adverty que par-tout où elle passe le feu y a esté mis, les povres gens, qui après son passaige se seront retirez en leurs maisons à demy-bruslées, et raccommodées de ce qu'ils avoient peu saulver, avecques leurs femmes et enfants, seront de rechef

---

(¹) *Belle erre :* bien vite.

tourmentés et parachevés en ruyne par vostre armée ; de sorte qu'il n'y aura espece de malediction que ce peuple, qui est vostre, ne vous donne, se voyant ainsy affligé sur affliction, et par son roy qui les doit soubslever de leur misere. Telle est leur esperance, veu les tailles et subsides qu'ils vous payent ordinairement.

« Quant à l'aultre, Sire, qui concerne vostre armée, pense Vostre Majesté qu'elle ne mauldisse pas semblablement tous ceux qui l'auront conduicte en ces villaiges bruslez, chercher toute incommodité et la famine, car elle n'est pas de malheur assez harrassée, mais je dis bien davantaige qu'elle est diminuée du tiers, d'aultant que tous ces volontaires, incontinant qu'ils ont trouvé le chemin de France ouvert, se sont quasi tous escoulez, et plusieurs aultres qui sont sur vostre Estat, et beaucoup de capitainnes, soubs faincte de maladie ; et si vous asseureray que des cinq cents gentilshommes dont vous avez honoré mon fils d'Espinay, il n'en est pas demeuré plus de trois cents : ils estoyent venus sans convy (¹) ; aussi se sont-ils retirez sans dire adieu ny vous remercier. Et d'aultre part, vous eustes hier nouvelles que les trois cents malades que vous aviez laissez en la ville des Deux-Ponts sont tous morts, parmy lesquels il y avoit beaucoup de noblesse et vingt et deux signalez capitainnes, qui est une trop importante perte ; et des deux cents que nous avions laissez à Kaiser-Lutern, il n'en est revenu à ce matin que trente et trois : et tant d'aultres morts par-cy par-là, car nous n'avons jamais faict logis qu'il n'en soit demeuré plus de six,

---

(¹) *Sans convy* : sans invitation.

sans compter le nombre infini de chevaulx que nous y avons perdus. Par ainsy il n'y a aulcune apparence que une armée, ainsy desbiffée, doive entreprendre de courre après une aultre fraische, gaillarde, reposée, et où il y a bien des hommes, qui est sousteneue, nourrie et raffraichie de toutes les commoditez que l'on sçauroit desirer des Païs-Bas, et comme estant sur son fumier. Mais affin que la vostre, Sire, ne demeure inutile, il me semble, saulf meilleur advis, puisque nous sommes portez en la duché de Luxembourg, que nous la devons tout presentement enfoncer, et allér de ce pas assieger Danvilliers. Je tiens les chefs de l'armée ennemye si vaillants et couraigeux, qu'ils entreprendront de nous faire lever le siege. Dieu veuille qu'ils y viennent, et nous trouvent seulement reposez de troys jours! Aultrefoys le feu Roy, vostre seigneur et pere, a bien dressé une armée exprès pour venir conquester ceste duché, que vous pretendez vostre vray et naturel heritaige; et maintenant que nous sommes dedans par cas fortuit, il vous tourneroyt à grand reproche d'en sortir sans tenter la fortune; et m'asseure que nous l'emporterons, car l'ennemy ne s'en doubte pas. C'est, Sire, ce que je vous doy remonstrer en saine conscience de très-humble et très-fidele serviteur de Vostre Majesté. »

Ainsi que M. de Chastillon, colonel des bandes françaises et nepveu de M. le connestable, se vouloit descouvrir pour en dire son advis, car c'estoit son ranc, le Roy luy imposa silence, disant qu'il n'en vouloit pas ouyr davantaige, et qu'il s'arrestoit à ceste oppinion, se resolvant de la suivre comme bien recherchée sur les choses passées et presentes, et qu'il ne se pouvoit dire mieux ny rien au contraire. A ceste cause, commanda audict colonel d'advertir les capitainnes sous sa charge de se tenir prests pour marcher le lendemain, et qu'il vouloit accelerer ce siege premier que l'ennemy fust adverty ; et fist pareil commandement à tous les capitainnes de gensdarmes là presents, et aux colonels de la cavallerie ligiere, ducs de Nemours et d'Aumalle. Et puis se leva, laissant bien faschées quinze ou vingt personnes d'honneur qui avoient encores à dire, mais surtout M. le connestable, qui se voyoit ainsy renverser. Et au sortir de la tente où s'estoit tenu le conseil, M. de Vendosme (1) vint acoster M. de Vieilleville, auquel il dict tout bas en riant telles paroles : « Escoute, hau, esprit de contradiction, et qui tousjours en gaignes, je te prie, de parent et d'amy, viens-t'en soupper avecques moy, car j'ai quelque chose à te dire. » Ce qu'il luy accorda ; et pria M. le comte de Sault, ung jeune seigneur de Provence qu'il aymoit, d'aller tenir sa table, qui estoit d'ordinaire de quatre bons plats.

CHAPITRE XXVII.

Le Roi assiége Danvilliers et le prend. — Siége d'Yvoy.

Doncques le Roy partit le lendemain, qui estoit le premier de juin audict an 1552, pour son voyage de Danvilliers, et envoya M. le cardinal de Lorraine,

---

(1) *M. de Vendosme* : Antoine de Bourbon, depuis roi de Navarre, et père de Henri IV.

sous pretexte de prendre possession de son évesché de Verdun, avec grosses troupes prevenir l'ennemy et s'en saezir; car s'il s'en fust advisé le premier, toute ceste entreprise revenoit à néant, n'estant la distance que de quatre lieues de l'une et l'autre ville, et ceste-cy, grande, riche et opulante, d'où nostre armée tira infinies commoditez pour le siege, lequel Sa Majesté planta le cinquiesme jour dudict mois, après son partement d'entre Rodemach et le mont Saint Jehan; en quoi la diligence fust si grande, et la batterie si furieuse, de trente canons, que ceux de dedans voulurent entrer en capitulation; mais ils n'y furent receus, et leur fust respondu que s'ils ne se rendoient promptement à la volonté du Roy, ils estoient pour jamais exterminez et perdus; à quoi ils obeyrent, au grand regret des soldats, qui s'attendoient bien d'avoir ceste curée, lesquels desja se couppoient les chausses aux genoux pour traverser jambes nues, allant à l'assaut, l'eau qui estoit dedans les fossez, à l'imitation des grands qui avoient couché aux tranchées parce qu'ils l'avoient veu faire à M. de Vieilleville; car, en ce temps-là, toutes qualitez de gens, j'entends de gentilshommes, de gens de guerre, et des honnestes hommes et d'estat des villes, portoient les chausses entieres, le hault tenant au bas; et ne parloit-on lors des gregues ny de provensalles, qui ne sont venus en usaige que depuis que les bas de soye raz de Millan et d'estame ont eu le cours et la vogue en ce royaume.

De pareille diligence et furie fut assiégé Yvoy, ville encores plus forte, et où il y avoit beaucoup de cavallerie des ordonnances de Bourgoigne, qui se peult comparer en valeur à nostre gendarmerie : aussi n'est-ce que une mesme nation, mais la diversité des princes, provenant des anciens appanaiges des fils de France, nous a ainsi divisez et rendus ennemis : car, de tout tems immemorial, les vieux ducs de Bourgoigne et les comtes de Flandres estoient Français, parants et serviteurs de la couronne, et qualiffiez de ce beau tiltre de pair de France.

Or, la sentinelle du clocher descouvrit de loing une grosse trouppe de cavalerie française, qui venoit avec les mareschaux de camp recognoistre les quartiers pour l'armée et faire l'assiette du camp, de quoy il advertit leur gendarmerie, qui ne faillit pas de sortir au son de la sourdine (1), jusques au nombre de trois cents armez à écu; car ils ne portoient avec leurs harnois que des bas de saye, et les nostres les sayes tous entiers, mais sans manches; et attendirent en un vallon fort large et spacieux ceste trouppe d'environ quatre cents cinquante chevaux ligiers que conduisoit M. le duc de Nemours, à bien demie lieue de leur ville, et les chargerent de telle furie qu'ils les rompirent, et furent en danger d'estre tous tués ou pris. Toutesfois la generosité de ce jeune prince soustenoit le combat jusques à ce que son cheval luy faillit et les siens semblablement, pour n'avoir poinct la honte ny le reproche de l'avoir laissé perdre; mais le tout eut esté envain, si non que de bonne fortune M. de Vieilleville arrive là, qui alloit executer une aultre entreprise avec six-vingts bons chevaux et bien

(1) *La sourdine* est faite d'un morceau de bois qu'on pousse dans le pavillon de la trompette pour en affoiblir le son. On se sert de la sourdine à la guerre, lorsqu'on veut déloger sans que l'ennemi entende le son de la trompette.

armez jusques à la haulte piece et garde-bras, qui se jecte entre la ville et les ennemis, et les attacque si furieusement et à l'improviste sur la queue, qu'ils furent contraincts de tourner teste pour y resister. Le duc de Nemours et les siens, favorisez de ce secours, reprindrent couraige, et tous ceux qui vouloient gaigner la guerite se rallierent si bien et recommencerent à combattre, que les Bourguignons furent mis à vau-de-routte, et en demeura de morts sur la place environ quatre-vingts et aultant de prisonniers, entre lesquels estoient les sieurs de La Chau, de Vergy, de Saint-Falles, Haraucourt, du Paroy, le jeune Haussonville, et huict ou dix gentilshommes de nom; le reste, qui se sauva, ne peust rentrer dedans Yvoy, mais se retira à toutes brides dedans Montmedy.

Après ceste deffaicte, M. de Nemours dist à M. de Vieilleville telles parolles : « Mon pere, je ne vous puis nier que je ne vous doive, après Dieu, l'honneur et la vie; car, pour ne vous rien desguiser, je m'estois desja rendu à Haraucourt sur le poinct que vous feistes la charge, et que l'on ouït crier *France et Vieilleville!* de sorte que je suis à vous, faictes de moy ce que vous voudrez. » Et n'est possible d'exprimer de quels remerciments et accolades il le caressa. Sur quoy M. de Vieilleville loua Dieu de ce qu'il s'estoit trouvé si à propos pour luy faire ung si bon et signalé service. Et commencerent à recongnoistre la ville, faire l'assiette du camp, prandre les quartiers, et se loger attendant le gros de l'armée, qui arriva à trois ou quatre heures après, qui fut ung lundy vingtiesme de juin que le Roy y planta le siege. Et dès le mesme jour sur le soir, on commença à prendre le tour des tranchées, qui se trouverent conduites le lendemain jusques sur le bord des fossez par la diligence des Suysses que avoit amenez M. l'amiral d'Annebaud, qui estoyent bien aises de gaigner de l'argent extraordinairement; aussi fuston contrainct de s'en servir et les bien payer avant la main (¹), à cause de la grande perte que l'on avoit faicte de pionniers par l'Allemaigne. Ausquelles tranchées furent incontinant arrangées et poinctées trente et quatre pieces en batterie, qui firent en deux jours une bresche merveilleuse; et sembloit que le Roy voullust mettre la ville en pouldre, car il fist encores bracquer auprès de la porte du pont dix-huit canons, qui espouvanta grandement ceux de dedans. Mais le comte Ernest de Mansfelt qui y commandoit leur donnoit couraige, avec asseurance de les bien faire recompenser du service qu'ils feroient à l'Empereur; à quoy les Bourguignons s'obligerent avec promesse d'y faire leur devoir et y mourir tous : mais les Allemands, qui estoient sa principale force, refuserent de soustenir deux si grandes bresches, dont il cuyda crever de despit, parce que c'estoit sa nation ; cependant fut contrainct de se rendre à la volonté du Roy, aimant mieux, par humilité, experimenter sa misericorde qu'en combattant l'animer à la cruauté contre ses soldats et les habitants.

(¹) *Avant la main* : d'avance, avant le travail.

CHAPITRE XXVIII.

Prise d'Yvoy. — M. de Vieilleville est fait maréchal de camp. — Prise de Montmédy.

La ville d'Yvoy rendue à si bon marché contre toute esperance, car elle ne cousta pas vingt hommes de marque ny trente pionniers, l'on fist retirer à son de tambour, arriere de la ville plus de quart de lieue, toutes les bandes de gens de pied, de quelque nation qu'elles fussent, sans sçavoir pourquoy; mais après cela M. le connestable y fist tout aussitost entrer sa compaignie et celle de son fils aisné Montmorency, pour la garde d'icelle. Dequoy les bandes françaises et de lansquenets irritées y entrerent par la petite bresche de la porte du pont, de quoy l'on ne se donnoit pas garde, et la saccagerent et pillerent, quelque ordre que l'on y sceust mettre, disants qu'ils avoient eu toute la fatigue, estre tousjours aux tranchées et à la bouche du canon, et qu'on les privoit de leur esperance contre toutes les usances et loix de la guerre, estant chose non jamais encores ouye, veue ny praticquée par tous les status anciens et nouveaux de l'ordre et discipline militaire, que les gens de cheval fussent preferez en faict de garde de ville aux gens de pied; mesmes les grands s'en mutinerent, principalement M. le prince de La Roche-sur-Yon, M. de Nemours, M. d'Aumalle et aultres, qui maintenoient que si ceste garde appartenoit aux gens de cheval, elle devoit estre reservée à M. de Vieilleville pour y installer le sieur d'Espinay son fils, ou aultre qu'il luy plairoit; car depuis qu'il eust defaict la cavallerie qui estoit là-dedans ils n'avoient faict aucune saillie, et perdirent si bien couraige, qu'ils ont plus pensé depuis ceste routte à cappituler et à se rendre que à combattre; et luy en doit estre totalement la gloire de la prise attribuée. Mais c'estoient des moindres traicts de M. le connestable, lequel en toutes ses conceptions ne croyoit que soy mesme. Cependant il cuida, pour sa peine de novalizer (1) ainsi et pervertir l'ordre ancien des choses, faire une grandissime perte; car, voulant sondict fils empescher le sac de la ville, frappant à tors et à travers sur les soldats, on luy tira une harquebuzade qui donna dedans l'arson de la selle d'armes; que si elle eust esté plus haulte d'un doigt il en avoit tout droict dedans le ventre; mais le guydon de son pere y fut tué, et le mareschal de logis de sa compaignie, et perdirent tous deux douze ou quinze gentilshommes de leurs compaignies; qui fut cause qu'ils se retirerent, car on sceit bien quel advantaige les gens de pied en une ville peuvent avoir sur la cavalerie par les fenestres, portes et boutiques des maisons. Mais les soldats ravagerent et emporterent ce qu'ils voulurent; de quoy Sa Majesté receust ung merveilleux desplaisir, et ordonna pour gouverneur de la ville le sieur de Bleneau, auquel furent donnez trois compaignies de gens de pied, dont le capitainne de la principale, car elle estoit des vieilles bandes, se nommoit La Molle. On voulut se jetter sur les informations; mais tous les lansquenets, qui estoient quatre regiments, se mutinerent si asprement,

(1) *Novalizer* : innover.

que ce fust aux prevosts de l'hostel de la connestablie des mareschaux et des bandes à se retirer; encores y eust-il trois archers de son prevost estropiez, car on n'en vouloit qu'à eux, sçaichants bien que ceste ordonnance provenoit de luy, qui fust pour ceste fois fort peu respectée; aussi que le Roy, pour obvier à plus grand inconvenient, non sans grandes considerations, fist cesser ceste chicanesque entreprise.

L'ordre qui estoit necessaire pour la garde de la ville d'Yvoy donné, et le comte de Mansfelt et aultres prisonniers envoyez en toute seureté au bois de Vincennes, Sa Majesté en deslogea le 24 de juin; mais à cause de la feste il ne fist que une lieue ce jour-là, et demeura à Maladoy, auquel lieu les sieurs Pierre Strozzy et de Bourdillon, mareschaux de camp, la vindrent supplier de leur donner encores ung compaignon, d'aultant que le troisiesme, le sieur de Langey, messire Martin du Bellay, estoit si valetudinaire qu'il ne pouvoit exercer la charge; qui leur revenoit à trop grande fatigue; et quant ores il seroit bien sain, il en escherroit bien ung quatriesme, estant l'armée augmentée quasi de la moitié pour la venue de M. l'admiral avec les Suysses, qui mene une fort belle arrieregarde. Sur quoy, pour leur satisfaire, Sa Majesté fit venir M. de Vieilleville, auquel elle dist telles parolles: « Vous avez ouy leurs remonstrances, je n'en sçaurois choisir un plus experimenté ny qui l'entende mieux; qui faict que je vous donne ceste charge de mareschal de camp; elle vous sera pour presaige de l'estre quelque jour de France; et si je vy encores six ans, vous en sçauriez certainnes nouvelles. » Ce que M. de Vieilleville, après l'avoir très-dignement remercié, fort volontiers accepta, laissant le commandement de la compaignie de M. le mareschal de Sainct-André au sieur de Fervacques qui en estoit enseigne, mais au grand regret de tous les compaignons, car ils perdirent ceste bonne table : et print avec luy vingt et cinq gentilshommes de ladicte compaignie, ses plus favorits.

Quant à Montmedy, les capitainnes qui estoient dedans, effrayez de la prise de Danvilliers et Yvoy, qu'ils estimoient imprenables, s'offrirent à la capitulation premier que d'estre sommez : qui leur fust imputé à grande lascheté et couardise, car ils estoient environ deux mille hommes de guerre bien armez; et rendirent la place, leurs vies, armes et bagues sauves, avec une seule enseigne arborée et un tambour battant; mais ils laisserent toute l'artillerie et munitions de guerre.

Ceste sotte composition rapportée au Roy, qui estoit allé à Scedan (¹) parce qu'il commençoit à se trouver mal, dist que c'estoit quelque brasseur de bierre que la royne de Hongrie avoit instalé en ceste charge en faveur de sa nourrice; et y mist Sa Majesté pour gouverneur le capitainne Baron.

CHAPITRE XXIX.

Prise de Lumes.

Il y avoit auprès de Scedan une aultre place assez forte, nommée Lumes, de laquelle le seigneur s'ap-

(¹) *Scedan :* Sedan.

pelloit Buzancy, le plus insigne voleur de toute la contrée; car ce chasteau estoit sur les marches de Champaigne pour aller aux Pays-Bas, et sur le chemin des marchands fréquentans les foires d'Anvers et de Francfort; et, paix ou guerre, amis et ennemis, il faisoit ordinairement de grandes prises et butins : de quoy M. de Nevers avoit infinies plaintes, qui avoit bien juré et protesté, si jamais il le prenoit, de le faire pendre au portal de son chasteau; mais quand il sceust la prise de Danvillier et d'Yvoy il mourut de peur et de desplaisir.

Madame la mareschale de La Marche, fille aisnée de madame la duchesse de Valentinois, sçaichant les immenses richesses qui estoient là dedans, vint supplier la Royne, qui estoit desja arrivée à Scedan, de demander au Roy la confiscation de ce chasteau, pour recompenser son mary et leurs subjects de Scedan des dommaiges, pertes, courses et volleries que la garnison de Lumes faisoit incessamment, et avoit faict depuis dix ans, sans discretions de treves ny de paix, sur leurs terres; qui luy fust incontinant accordée. Et ayant retiré le brevet du don, elle-mesme vint supplier Sa Majesté de vouloir commander à M. de Vieilleville de s'aller presenter devant le chasteau avecques quelques trouppes, et de le faire sommer; et qu'elle sçavoit bien que le sieur de Malberg, nepveu du feu sieur du Busancy, le rendroit à la premiere sommation, car tous les soldats l'avoient abandonné : ce que le Roy accorda, mais ce ne fust sans luy demander pourquoy elle avoit plustost choisy Vieilleville que ung aultre capitainne de l'armée : « Pour ce que, Sire, dist-elle, que premierement je le cognois pour ung fort advisé chevalier, qu'il sçaura si bien conduire ceste charge, que Malberg, encores qu'il soit fin et rusé, ne luy fera aulcune supercherie ; après, c'est ung très-homme de bien, et ne cognois gentilhomme ne capitainne en toute la France, plus fidele observateur de vos commandemens que luy : oultre cela, il n'est nullement avare, et creveroit plustost que de s'enrichir du bien d'aultruy : davantaige, je scey qu'il vouldroit gratiffier madame la duchesse ma mere en tout ce qu'il luy seroit possible, car il me souvient bien de la peine qu'il print de la mettre d'accord avec M. le mareschal de Saint André, pour l'estat de mareschal que tient mon mary, et de la venue qu'il donna, mais bien verte, à M. le connestable pour cest effect; m'asseurant au reste qu'il me rendra bon compte de toutes les richesses qui sont là dedans, et ne se appropriera de pas une que de mon consentement et à mon sceu. » Ce que le Roy trouva fort bon; et l'ayant faict venir, il luy commanda de prendre quelques trouppes, et de se presenter devant le chasteau de Lumes.

M. de Vieilleville print deux compaignies de cavallerie ligiere, et, avec ses vingt et cinq gentilshommes, fist sommer le sieur de Malberg par ung trompette de se rendre; que s'il attendoit une volée de canon, qu'il n'esperast aulcune misericorde ny tout ce qui estoit leans, dont il sçavoit le nombre, et qu'il n'y avoit que ses valets avec des femmes; car puisque les fortes places se rendoient sans souffrir qu'on tirast seulement une canonade, comme Montmedy, il n'estoit pas raisonnable qu'une telle bicocque se fist trop prier de se sousmettre à l'obeissance et volonté d'un si grand roy.

Le sieur de Malberg se presenta sur le rempart, demandant qui estoit là devant; auquel il fust respondu que c'estoit M. de Vieilleville, gentilhomme ordinaire de la chambre du Roy, et l'un des quatre mareschaux de camp en ceste armée royale. De quoy il fut très-aise, car il le cognoissoit, et demanda à parler à luy.

M. de Vieilleville luy envoya les sieurs d'Orvaux et de Montbourchés pour le faire sortir et demeurer là pour hostaiges jusques à son retour; mais il les avoit bien enchargez de soigneusement réviser le dedans de la place, quel nombre de gens il y pouvoit avoir, et que le sieur d'Orvaux sortist pour luy en faire fidele rapport.

CHAPITRE XXX.

Butin immense trouvé dans la ville de Lumes.

Estant Malberg devant luy, il loua Dieu que la reddition de la place se devoit faire entre ses mains, pour l'asseurance qu'il avoit que les richesses qui estoient là dedans seroient conservées à l'heritiere, nommée mademoiselle de Bourlemont, sa cousine germaine; lesquelles richesses estoient dedans une salle, de laquelle il luy monstra les clefs que M. de Vieilleville print incontinant; et luy en demanda l'inventaire, affin qu'il ne fust rien esgaré ny soustraict: ce que luy promit Malberg, le suppliant qu'il n'y entrast poinct de gens de pied. Lors M. de Vieilleville luy fist veoir les deux cents chevaux ligiers en bataille, et les vingt et cinq hommes d'armes bien armez et montez de mesme, et puis son train. Là dessus Orvaux arrive, qui rapporte qu'il n'y avoit d'hommes en tout comptant, lacquais et valets, qu'environ douze.

Après disner, luy et Malberg, l'inventaire en main, entrent en la salle avec un tiers en qui M. de Vieilleville se fioit comme en soy-mesme; et furent jusques à six heures du soir à faire reveue de tous ces riches meubles, suivant les articles, où il ne fust trouvé aulcun deffaut, jusques aux chemises, ny pareillement du coffret où estoient les bagues; et puis allerent soupper. Mais M. de Vieilleville enferma dedans ce tiers, auquel fust donné à soupper par une petite fenestre, avec commandement de n'ouvrir à personne; et s'il entendoit du bruit, et qu'on voulust rompre ou porte ou fenestre, qu'il appellast; car il y avoit en ceste trouppe de vingt et cinq hommes d'armes sept ou huict, que Gascons, que Lymousins, se disants parents de M. le mareschal de Saint André, qui estoient d'assez maulvaise conscience.

Le lendemain, par ce tiers mesme, il envoya querir madame la mareschale de La Marche, et luy apporta pour guide cest inventaire; lequel, quand elle eust veu : « Comment! dist-elle, trouverai-je tout cela en estat ? — Je vous en puis bien assurer, respondit-il, madame, car je y ay couché ceste nuict tout ainsy que me voyez. » Alors elle luy donna une petite chesne qu'elle avoit au col, avec ung ruby qui y pendoit. « Vous ne vous appouvrissez poinct, madame, pour ce present, car vous en trouverez pour plus de vingt mille escus de pareilles. » Et luy presenta l'inventaire du coffret, qui estoit à part : mais il la pria de se haster, car M. de Vieilleville l'attendoit à disner.

CHAPITRE XXXI.

La maréchale de La Marck entre dans Lumes pour se saisir du butin que le Roi lui avoit donné.

Arrivée qu'elle fust, on se mist à table; et, après disner, M. de Vieilleville la mene en ceste riche salle, et y entrerent sans Malberg, qui se trouva fort esbahy, avec seulement deux damoyselles et ce tiers; et, les meubles confrontez avec l'inventaire, qui estoit fort aisé, car dès le jour precedent ils avoient mis les meubles à part, selon le cours des articles, M. de Vieilleville luy dist telles parolles :

« Madame, voilà ce que le Roy vous a donné, qui est un très-riche present, car je l'estime à plus de soixante mille escus; mais ayez pitié de cette pauvre héritiere, et ne doubtez pas que, de telle courtoysie dont vous vous comporterez en son endroit, Dieu ne permette que de pareille l'on n'use envers ceux que vous laisserez après vous; et ne ignorés poinct que nous ne sommes nez que pour estre ususfructiers de tout ce que nous possedons en ce monde. Quant à ceste place, j'emmeneray Malberg avecques moy pour le presenter au Roy, affin qu'il le mette sur son estat, et feray sortir tout ce qui est icy de sa part, et tout presentement : la fille est à vous, comme sont *trois* femmes qu'elle a ; vous avez amené assez de gens pour garder la place jusques à ce que le Roy la face desmanteler : et adieu, madame, je m'en vais penser du partement pour aller au camp. — Comment, monsieur de Vieilleville, dist-elle! je jure au Dieu vivant qu'il n'en ira pas ainsi; car je veux que vous particippiez au present qu'il a pleu au Roy me faire; et que nous partissions pour le moins des deux parts au tiers. — J'aimerois mieux n'avoir jamais esté, dist-il; je vous vendrois trop cher mon service : contez seulement que j'ay faict en toute fidelité ce qu'il a pleu à Sa Majesté me commander : et adieu encores une fois. » Là dessus il partit; mais il fist sortir tout le train dudit Malberg, et vint trouver le camp à Douzay (1). Mais, pour ce qu'on luy dist que le Roy estoit bien malade, il en partit le lendemain, qui fut le 29 de juin, et s'en vint à Scedan où il trouva desja la mareschale de La Marche, qui avoit faict une incroyable diligence; car toute nuict elle avoit faict transporter à Scedan tout ce qui estoit dedans Lumes, au desceu de tout le monde, encores qu'il y eust plus de soixante chariots, faisant dire et semer partout que c'estoient vivres et munitions que l'on menoit au camp de Douzay; mais elle n'avoit pas oublié de hault loüer M. de Vieilleville au Roy, et qu'il luy avoit donné une très-grande occasion de luy demeurer à jamais parfaicte et très-obligée amie.

Elle avoit aussi presenté à la Royne mademoiselle de Bourlemont (2), qui fut mise sur l'estat des filles

---

(1) *Douzay* : Douai. — (2) *Mademoiselle de Bourlemont*. Elle étoit fille de René d'Anglure, baron de Bourlemont, et d'Antoinette d'Aspremont : elle est nommée dans la liste que Brantôme nous a laissée des filles de reine. On n'y trouve point le nom de mademoiselle de

de la Royne; et fist appeller mademoyselle Janne de
Scepeaux, seconde fille de M. de Vieilleville, qui estoit aussi des filles de la Royne, qu'on appeloit Vieilleville à la Cour, à laquelle elle fist present d'un tour
de col et de brasselets de fines perles orientales, d'une
piece entiere de velour cramoisy, et d'une saincture
d'or du poids de dix vingts escus : laquelle estoit fort
favorité de la Royne sa maistresse, tant pour le respect
des signalés services de son pere, que pour son gentil
esprit et sagesse, et qui ne cedoit à pas une en beauté,
principalement en naifve blancheur, qui est le tainct
le plus excellent et recommandé en visaige de femme,
quelque chose que puissent dire les serviteurs des
claires brunes ; car bien souvent, soubs cestuy-cy, il
se couve une revesche et bizarre humeur, et l'autre
porte tousjours tesmoignage de sa doulce simplicité et
pure innocence.

Si madame la mareschale eust bien ses esplingues
des esmoluments de l'armée, son mary ne faillit pas
d'avoir encore plus richement ses esguillettes ; car, incontinant que Bouillon fut pris, le Roy luy en fist
ung present avec la duché, qui valloit de vingt-cinq à
trente mille livres de rente ; et en porta toute sa vie le
titre, laissant celluy de La Marche, qui luy fut ung
très-grand advantaige et merveilleux repos ; car il avoit
une infinité de querelles et d'alarmes de la garnison de
Bouillon, qui couroit incessamment en temps d'hosti-

Scépeaux; mais Brantôme a eu soin de nous avertir lui-même qu'elles
n'y sont pas toutes nommées : « En nommerai-je encore davantage,
dit-il ? Non, car ma mémoire n'y sauroit fournir ; ainsi il y en a
tant d'autres, dames et filles, que je les prie de m'excuser si je les fais
passer au bout de la plume, non que je ne les veuille fort priser et
estimer, mais je n'y ferois que resver et amuser par trop. »

lité sur les terres de Scedan, et ses ravageoit jusques aux portes et barrieres ; et aultant de procès à soustenir et à vuyder, en temps de paix, avec les officiers de la duché pour les hommaiges, fiefs, denrées de censives, et tous les aultres droicts seigneuriaux, à cause de la voisinance des terres que chacun pretendoit luy appartenir.

Le Roy commenceant de se guerir partit de Scedan, et arriva en son camp le quatriesme juillet, où fust faict grandissime allaigresse pour sa reconvalescence ; et dès le douziesme jour d'après, fut advisé de marcher sans s'arrester, sinon pour combattre les forts que l'on rencontreroit sur le chemin de Guize, où l'on avoit projecté de conduire l'armée, et n'eusmes pas faulte d'exercice ; car de lieue en lieue il s'en trouvoit quasi, et mesme des petites maisonnettes sur le hault des chesnes et ormes bien haults, où il y avoit des prestres et quelques païsants qui tiroient harquebuzades et garrots (1) d'arbalestre sur nostre bagaige. Mais depuis qu'on eust trouvé l'invention de coupper les arbres à belles canonades, ils se sauverent de vistesse ; et ne trouvasmes plus de tels empeschements de si petite resistance.

CHAPITRE XXXII.

Le Roi s'empare de plusieurs forts ; ensuite il licencie son armée.

IL y avoit d'aultres forts où il fallut mener les mains, faire tranchées, et poincter le canon, comme Symay ;

(1) *Garrots* : traits.

Trelon et Glajon, en l'expugnation desquels nous perdismes beaucoup d'hommes; entre aultres, le sieur Destaugues fust tué à Trelon, de quoy M. le connestable irrité, car il estoit son parent, et ung jeune seigneur de belle esperance, fist razer de fonds en comble le chasteau, et n'y demeura pierre sur pierre; qui estoit l'un des plus beaux de toute la contrée.

Glajon fust semblablement bruslé. Mais s'en retournant M. de Vieilleville d'appaiser une sedition qui s'estoit esmeue entre les Suysses de l'arriere-garde et les nouvelles bandes françaises de la bataille, pour le pain, il trouva dix soldats français qui avoient esventré quinze ou seize corps morts des Bourguignons, et desvidoient leurs trippes comme les trippieres à la riviere; et, surmonté de colere, se rue dessus, et les charge du baston qu'il tenoit, comme portent communément tous seigneurs qui ont commandement en une armée; et les battit bien, et les fist battre et fouller aux chevaux par ceux de sa suicte; et s'en alloit avecques cela; mais par grand malheur l'un d'eux va dire : « Par la mort d...., monsieur, vous nous aymez aultant pauvres que riches. On nous a asseurez qu'ils ont avallé leur or et leurs escus : estes-vous marry que nous les cherchions dedans leur ventre? » A ceste parolle il se irrita davantaige, et despita tellement, qu'il protesta devant Dieu qu'il les feroit tous presentement pandre; et les fist arrester, envoyant en diligence querir le prevost des bandes, leur disant : « Tigresque canaille, quel oprobre faictes-vous à nature! quelle abhominable cruauté avez-vous aujourd'huy exercée au christianisme! et de quel deshonneur avez-vous avilly les armes, et foullé aux pieds la bonne renommée de nostre nation, qui est estimée la plus courtoise de toutes celles de l'univers! Je jure à Dieu que vous en mourrez. » Le prevost demeura trop à venir; qui fut cause que passants par-là quatre ou cinq cocquins qui mesme avoient horreur d'une telle abomination, ils s'offrirent de les pandre en leur donnant leurs depouilles; ce qui leur fust promptement accordé. Ainsi finirent miserablement leurs jours ces barbares sauvaiges et detestables trippiers.

Après la prise et le sac de ces trois braves forts, Trelon, Symay et Glajon, le Roy partit de Roquigny, et vint à Montreul-les-Dames : au desloger duquel lieu, y ayant séjourné deux jours, il falloit pour tirer païs traverser une grande forest et fort dangereuse pour les ambuscades des ennemis; car il estoit bien en leur puissance de nous faire beaucoup d'ennuy, et en avoit-on des advertissements. M. de Vieilleville, comme mareschal de camp, donna cest advis que M. l'admiral passeroit le premier avec toute l'arrieregarde et que le Roy le suivroit : qui fust trouvé fort bon, et fust ainsy faict. Estants à my-chemin de ceste forest, qui duroit deux grandes lieues, nous eusmes une alarme qui contraignit le Roy de mestre armet en teste; mais ce ne fust rien; et la passâmes du tout sans en avoir d'aultre. L'on croyoit que l'incommodité des pluyes, qui estoient grandes et continues, divertit l'ennemy de rien entreprendre dadvantaige, dont bien nous en print; car s'ils eussent eu de l'esprit et du couraige, ils eussent gaigné pour le moins nostre artillerie, qui ne pouvoit aller qu'à force de leviers, à cause des fondrieres où elle s'enterroit ordinairement; et y fallut employer les lansquenets et les Suysses.

Ceste vilaine forest eschappée, nous arrivasmes le vingt-sixieme jour de juillet à Estrée-au-Pont, où le Roy fust contrainct de rompre son camp à cause de la continuation des pluyes, et du païs qui estoit si détrempé, que l'on ne pouvoit quasi marcher; et y sejournâmes trois jours pour faire les monstres de la gendarmerie et cavallerie ligiere; lesquelles faictes, M. de Vendosme emmena la moitié de l'armée en Picardie pour le recouvrement de Hedin, et le Roy licentia le reste; et chascun se retira en sa maison ou en sa garnison.

Telle fust la fin de ce voyaige d'Austrasie, qui dura environ trois mois et quatorze jours, que l'on pouvoit fort aisément empieter et réincorporer à la couronne de France, de laquelle ce pays-là, admirable en beauté et abondance de tous biens, a esté autrefois le premier et principal siege : dequoy tout homme qui s'y sera pourmené demi an seulement ne doubtera jamais; car toutes les églises cathedralles et grosses abbayes sont basties et fondées de nos roys, comme aussi sont les tours et anciens chasteaux, et la pluspart des murs et enceinctes des meilleures villes; mesme ung seul roy, nommé Dagobert, a fondé douze beaux monasteres sur la riviere du Rhin, et establi Strasbourg en evesché, imitant en ceste devotion le roy Clothaire son pere, qui en avoit fondé trois ou quatre, et érigé Trieves en archevesché. Mais si ceste augmentation n'est advenue à la France, il est facile à juger, par le discours de ceste histoire, d'où en provient la faulte, et à qui on la doict imputer.

TABLE DES MATIÈRES

CONTENUES

DANS LE VINGT-SIXIÈME VOLUME.

FRANÇOIS DE SCEPEAUX, SIRE DE VIEILLEVILLE.

Notice. Page 3

LIVRE PREMIER.

Chap. premier. Noblesse de M. de Vieilleville.	21
II. M. de Vieilleville entre dans la maison de Louise de Savoie, mère de François I.	23
III. Guerre de Naples. — Prise de Pavie.	25
IV. M. de Vieilleville pris sur mer.	26
V. Suite de la guerre de Naples.	29
VI. M. de Lautrec évite la bataille.	31
VII. Prise de Melphe.	32
VIII. M. de Vieilleville commande une galère.	35
IX. Combat naval.	36
X. M. de Vieilleville est pris.	38
XI. Autre combat naval.	39
XII. M. de Vieilleville se rend maître d'une seconde galère.	41
XIII. M. de Vieilleville revient trouver M. de Lautrec.	43
XIV. Siége de Naples.	44
XV. M. de Vieilleville retourne à la Cour.	47
XVI. Guerre en Provence. — Surprise d'Avignon.	49
XVII. M. de Vieilleville se rend maître d'Avignon.	52

Chap. XVIII. *Le maréchal Anne de Montmorency vient à Avignon.* Page 54
XIX. *M. de Vieilleville est fait chevalier par le Roi.* 57
XX. *M. de Vieilleville envoyé par le Roi en Piémont.* 59
XXI. *M. de Vieilleville part du Piémont pour retourner à la Cour.* 61
XXII. *M. de Vieilleville est fait lieutenant d'une compagnie de cinquante hommes d'armes.* 64
XXIII. *Réflexions de l'auteur sur les emplois militaires.* 67
XXIV. *Trêve avec l'Empereur et le roi d'Angleterre.* 69
XXV. *Brouillerie du Roi et du Dauphin.* 71
XXVI. *Mort du maréchal de Montejean. — Il laisse une riche veuve. — Lettre de cette maréchale à M. de Vieilleville.* 74
XXVII. *Le marquis de Saluces vient à Paris avec la maréchale de Montejean.* 78
XXVIII. *Le marquis de Saluces veut épouser la maréchale de Montejean.* 81
XXIX. *Décision du parlement sur les prétentions du marquis de Saluces.* 84
XXX. *La maréchale préfère le prince de la Roche-sur-Yon au marquis de Saluces.* 86
XXXI. *Acquisition de la terre de Châteaubriant par le connétable de Montmorency. — Voyage du Roi en Bretagne.* 88
XXXII. *Moyens employés par le connétable pour avoir la terre de Châteaubriant.* 92
XXXIII. *Autres acquisitions faites par le connétable.* 97
XXXIV. *François de Bourbon, comte d'Enghien, parent de M. de Vieilleville.* 100
XXXV. *Le comte d'Enghien va commander en Provence.* 104
XXXVI. *M. d'Enghien arrive à Marseille.* 107

CHAP. XXXVII. *Entreprise sur Nice manquée.* Page 110
— XXXVIII. *Chagrin de M. de Grignan.* 115
— XXXIX. *Jonction de la flotte du Roi avec celle de Barberousse.* 118
— XL. *Guerre de Piémont.* 121
— XLI. *Suite de la guerre de Piémont.— Bataille de Cerisolles, le 11 avril 1544.* 128
— XLII. *Suite de la bataille de Cerisolles.* 132
— XLIII. *Mort de François I.— Son éloge.— Bataille de Marignan.* 136
— XLIV. *Suite de l'éloge de François I.— Bataille de Pavie.* 138
— XLV. *Suite de l'éloge de François I.— Parallèle de ce roi et de Charlemagne.* 141
— XLVI. *Suite de l'éloge de François I, et du parallèle avec Charlemagne.* 143
— XLVII. *Circonstances de la mort de François I.— Origine de la fortune du maréchal de Saint-André.* 146

LIVRE SECOND.

CHAP. PREMIER. *Avénement de Henri II à la Couronne.— Ambassade de M. de Vieilleville en Angleterre.* 149
— II. *Coutume de servir les rois d'Angleterre à genoux.* 154
— III. *Etat de la cour d'Angleterre.* 158
— IV. *Fêtes données par les Anglais à M. de Vieilleville.* 161
— V. *Retour de M. de Vieilleville à la cour de France.* 163
— VI. *Saint-André demande le bâton de maréchal de France.* 166
— VII. *Conseil que lui donne M. de Vieilleville.* 171
— VIII. *Entretien de M. de Vieilleville avec le connétable et avec le Roi.* 175
— IX. *Crédit du connétable de Montmorency, et son caractère.* 178

Chap. X. *Etat de la Cour au commencement du règne de Henri II.* Page 185
XI. *Obsèques de François I.* 190
XII. *Duel de Jarnac et de la Châtaigneraie.* 198
XIII. *Procès du maréchal du Biez et du sieur de Vervins.* 201
XIV. *M. de Vieilleville refuse une partie de la dépouille du maréchal du Biez.* 207
XV. *M. de Vieilleville accepte la lieutenance de la compagnie du maréchal de Saint-André.* 212
XVI. *Mécontentement de ceux qui pretendoient à cette lieutenance. — Digression sur M. de Thevalle, beau-frère de M. de Vieilleville.* 215
XVII. *Soins de M. de Vieilleville pour mettre en bon état la compagnie du maréchal de Saint-André.* 220
XVIII. *M. de Vieilleville fait la revue de cette compagnie.* 224

LIVRE TROISIÈME.

Chap. premier. *Sacre de Henri II.* 228
II. *Des quatre barons donnés en otage pour la Sainte-Ampoule. — Difficultés survenues au sujet des bannières de ces barons.* 230
III. *M. de Vieilleville discute devant le Roi la préséance entre les barons. — Décision du Roi.* 233
IV. *Henri II prend la résolution de visiter les provinces de son royaume.* 236
V. *On propose à M. de Vieilleville le mariage de sa fille aînée avec le fils du marquis d'Espinay.* 238
VI. *M. de Vieilleville va trouver le marquis d'Espinay.* 242
VII. *Qualités de mademoiselle de Scepeaux.* 244
VIII. *M. de Vieilleville présente au Roi le fils du marquis d'Espinay. — Entrée du*

DES MATIÈRES. 477

Roi dans la ville de Chambéry. — Différend de MM. Vendôme et d'Aumale. Page 247

Chap. IX. *Entrée du Roi dans la ville de Saint-Jean-de-Maurienne, et dans celle de Turin. — Largesses de ce prince en Piémont.* 251

X. *Honneurs rendus à M. de Vieilleville par le prince de Melphe.* 256

XI. *Le Roi apprend à Turin les séditions arrivées dans quelques provinces au sujet de la gabelle, et il y envoie le connétable et le duc d'Aumale avec des troupes pour y mettre ordre.* 261

XII. *M. de Vieilleville conduit à Bordeaux la compagnie du maréchal de Saint-André dont il étoit lieutenant. — Ce qui lui arrive dans une hôtellerie.* 265

XIII. *M. de Vieilleville protége un conseiller du parlement de Bordeaux chez qui il étoit logé.* 269

XIV. *Punition de quelques gendarmes qui avoient maltraité un curé.* 276

XV. *Le connétable et le duc d'Aumale vont dîner chez M. de Vieilleville.* 279

XVI. *M. de Vieilleville mène à Saintes la compagnie du maréchal de Saint-André. — Sa conduite envers les habitans de cette ville.* 284

XVII. *M. de Vieilleville rend visite au prince et à la princesse de La Roche-sur-Yon. — Conseils qu'il leur donne pour la conservation de leur fils en nourrice.* 289

XVIII. *Mariage de mademoiselle de Scepeaux, fille aînée de M. de Vieilleville, avec le fils du marquis d'Espinay.* 294

XIX. *M. de Vieilleville refuse une donation qu'on lui offre de la confiscation de ceux qui seroient condamnés comme Luthériens en diverses provinces.* 298

XX. *Entrée du Roi Henri II à Paris. —*

Opulence de cette ville au temps de ce prince. — Guerre avec l'Angleterre. Le Roi va attaquer la ville de Boulogne. Page 302.

Chap. XXI. Le Roi enlève aux Anglais tous les forts qu'ils avoient autour de Boulogne. — Combat singulier entre M. d'Espinay et un seigneur anglais. 310

XXII. L'armée du Roi se retire de devant Boulogne. 316

XXIII. Générosité de M. d'Espinay à l'égard du seigneur anglais qu'il avoit vaincu. 319

XXIV. Le Roi fait la paix avec le roi d'Angleterre. 323

XXV. M. de Vieilleville retourne dans ses terres. 326

XXVI. Il reçoit le Roi et toute la Cour au château de Duretal. 328

XXVII. Le Roi reçoit une ambassade du roi d'Angleterre, et lui envoie le maréchal de Saint-André. 332

XXVIII. Arrivée du maréchal de Saint-André à Londres. 335

XXIX. Le roi d'Angleterre reçoit le collier de l'ordre de Saint-Michel. 339

XXX. Retour du maréchal de Saint-André en France. 344

LIVRE QUATRIÈME.

Chap. premier. Les princes d'Allemagne envoient des ambassadeurs au Roi pour lui demander du secours contre l'Empereur. 349

II. Entretien de M. de Vieilleville avec le comte de Nassau. 352

III. Autre entretien de M. de Vieilleville avec le prince d'Orange. 359

IV. Le Roi donne à M. de Vieilleville une place dans le Conseil d'Etat. 362

V. Le Roi donne audience aux députés des princes de l'Empire. — Il tient conseil

DES MATIÈRES. 479

sur la réponse qu'on leur fera. Page 369

Chap. VI. *L'avis du Connétable sur la réponse que l'on devoit faire aux députés d'Allemagne, entraîne les suffrages de presque tous les membres du conseil.* 373

VII. *M. de Vieilleville ouvre un avis contraire à celui du Connétable. — Griefs contre l'Empereur.* 376

VIII. *Avis des autres conseillers d'État. — M. de Vieilleville propose au Roi de s'emparer de Metz, Toul et Verdun.* 381

IX. *Le Roi approuve cette proposition.* 384

X. *Le Roi déclare sa résolution au Conseil.* 387

XI. *Le Roi donne à M. de Vieilleville le commandement de sa cornette.* 393

XII. *Festin donné par le Roi aux députés des princes de l'Empire.* 396

XIII. *Le Roi assemble une grande armée, et s'empare de Metz.* 400

XIV. *Entrée du Roi dans la ville de Metz. — M. de Vieilleville refuse le gouvernement de cette ville. — Motifs de son refus.* 403

XV. *Le Connétable fait donner le gouvernement de Metz à M. de Gonnor.* 410

XVI. *Le Roi entre en Alsace.* 412

XVII. *Ceux de Strasbourg refusent l'entrée de leur ville aux Français. — Ils consentent à recevoir le Roi, pourvu qu'il ne fût accompagné que de quarante gentilshommes.* 415

XVIII. *M. de Vieilleville conseille au Roi de ne pas entrer dans Strasbourg avec si peu de monde, et son conseil est suivi.* 419

XIX. *Le Roi marche vers Haguenau, dont les habitans sont forcés de le recevoir avec ses troupes. — Libéralité de ce prince envers les familles de quelques officiers allemands exécutés à mort pour leur attachement à la France.* 422

Chap. XX. M. de Vieilleville est envoyé à Spire. — La Chambre impériale lui donne audience. — Description de cette asemblée. Page 426

XXI. Harangue de M. de Vieilleville à la Chambre impériale de Spire. 428

XXII. Réponse de l'assemblée à M. de Vieilleville. 431

XXIII. Le duc Maurice de Saxe donne avis au Roi de son accommodement avec l'Empereur. 435

XXIV. Retour de l'armée du Roi en France. 439

XXV. L'armée se retire partagée en quatre corps. — Celui que le duc d'Aumale commandoit souffre de grandes incommodités dans sa marche. — L'armée réunie assiége Rodeniack. 443

XXVI. La reine de Hongrie, sœur de l'Empereur, entre en Champagne avec une armée. — On délibère si l'on attaquera cette princesse. — Avis du connétable et de M. de Vieilleville. 448

XXVII. Le Roi assiége Damvilliers et le prend. — Siége d'Yvoy. 453

XXVIII. Prise d'Yvoy. — M. de Vieilleville est fait maréchal de camp. — Prise de Montmédy. 458

XXIX. Prise de Lumes. 461

XXX. Butin immense trouvé dans Lumes. 446

XXXI. La maréchale de La Marck entre dans Lumes pour se saisir du butin que le Roi lui avoit donné. 466

XXXII. Le Roi s'empare de plusieurs forts; ensuite il licencie son armée. 469

FIN DU VINGT-SIXIÈME VOLUME.

www.ingramcontent.com/pod-product-compliance
Lightning Source LLC
Chambersburg PA
CBHW051617230426
43669CB00013B/2085